Outlook 2021

Die Anleitung in Bildern

von

Otmar Witzgall

Vierfarben

Wir hoffen, dass Sie Freude an diesem Buch haben und sich Ihre Erwartungen erfüllen. Falls Sie Anregungen, Wünsche und Kommentare haben, lassen Sie es uns wissen: **service@rheinwerk-verlag.de**.

Informationen zu unserem Verlag und Kontaktmöglichkeiten finden Sie auf unserer Verlagswebsite **www.rheinwerk-verlag.de**. Dort können Sie sich auch umfassend über unser aktuelles Programm informieren und unsere Bücher und E-Books bestellen.

Autor Otmar Witzgall
Lektorat Erik Lipperts
Copy-Editing Annette Lennartz, Bonn
Typografie & Layout Vera Brauner
Satz Christine Netzker
Herstellung Maxi Beithe
Covergestaltung Silke Braun
Coverbild Shutterstock: 703649008 © baranq
Druck mediaprint solutions, Paderborn

PEFC
PEFC/04-31-0810

Dieses Buch wurde mit mineralölfreien Farben auf PEFC-zertifiziertem Papier aus nachhaltiger Waldwirtschaft gedruckt. Der Umwelt zuliebe verzichten wir zusätzlich auf die Einschweißfolie. Hergestellt in Deutschland.

Bibliografische Information der Deutschen Nationalbibliothek:
Die Deutsche Nationalbibliothek verzeichnet diese Publikation in der Deutschen Nationalbibliografie; detaillierte bibliografische Daten sind im Internet über *http://dnb.dnb.de* abrufbar.

ISBN 978-3-8421-0915-5

4., aktualisierte Auflage 2023, 2., korrigierter Nachdruck 2026
Vierfarben ist eine Marke des Rheinwerk Verlags.

Rheinwerk Verlag GmbH • Rheinwerkallee 4 • 53227 Bonn
service@rheinwerk-verlag.de

Liebe Leserin, lieber Leser,

Microsoft Outlook ist das Standardprogramm für den Versand und die Organisation von E-Mails – nicht nur beruflich, sondern auch privat. Es bietet zahlreiche Möglichkeiten, um produktiv zu arbeiten und gut vernetzt zu bleiben. Wie findet man in dem riesigen Angebot immer genau die Funktion und die Einstellung, die man gerade braucht?

Keine Sorge, unser Autor Otmar Witzgall hat die komplexe Software für Sie in überschaubare Einheiten aufgeteilt und zeigt Ihnen Schritt für Schritt, was jeweils zu tun ist. Sie müssen diese Anleitung also nicht von Anfang bis Ende durchlesen – jedes einzelne Thema ist für sich verständlich beschrieben und kann daher bei Bedarf schnell nachgeschlagen werden. Ob es nun um das Verfassen oder Beantworten einer E-Mail, um die Organisation von Kontakten und Besprechungseinladungen oder auch einen effektiven Schutz gegen unerwünschte Werbung und Viren geht – Sie werden sicher durch alle Möglichkeiten geführt. Und mit den leicht verständlichen Anleitungen klappen auch anspruchsvolle Aufgaben wie die Sicherung und Archivierung aller Daten ganz mühelos.

Dieses Buch wurde mit größter Sorgfalt geschrieben und hergestellt. Sollten Sie dennoch einmal einen Fehler finden oder inhaltliche Anregungen haben, freue ich mich, wenn Sie mir eine E-Mail schreiben. Für Kritik bin ich dabei ebenso offen wie für lobende Worte. Doch nun wünsche ich Ihnen viel Spaß beim Entdecken von Outlook!

Ihr Erik Lipperts
Lektorat Vierfarben

erik.lipperts@rheinwerk-verlag.de

Inhalt

1 Outlook kennenlernen und einrichten ... 8

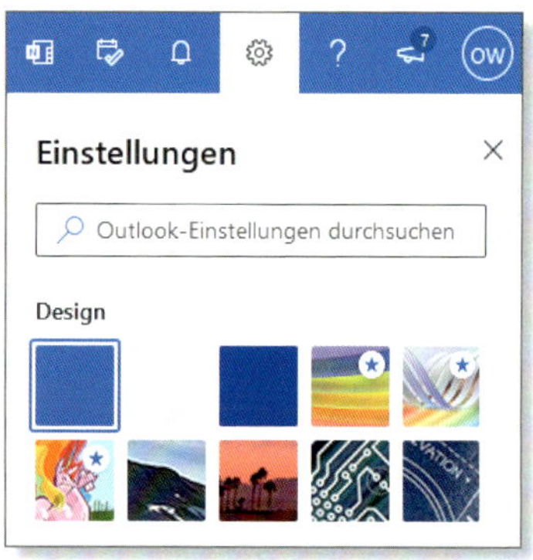

2 E-Mails verfassen und versenden 36

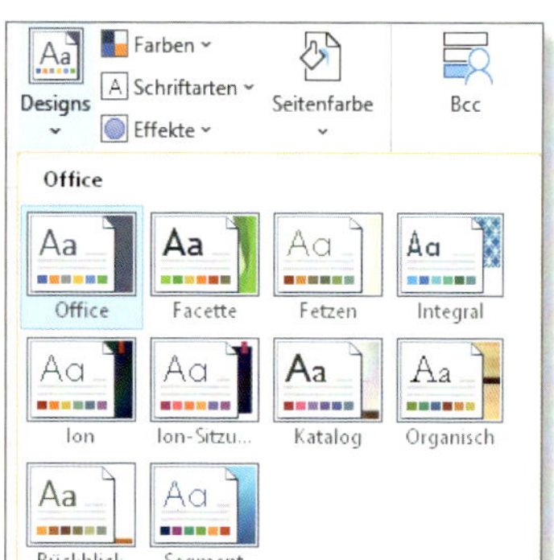

3 Den Posteingang verwalten 70

Inhalt

Kategorien
Personen suchen
Adressbuch
E-Mail filtern
Suchen
Laut vorlesen
Sprache
Ungelesen/ Gelesen
Kategorisieren
Zur Nachverfolgung
Alle Kategorien löschen
Aktion
Blaue Kategorie

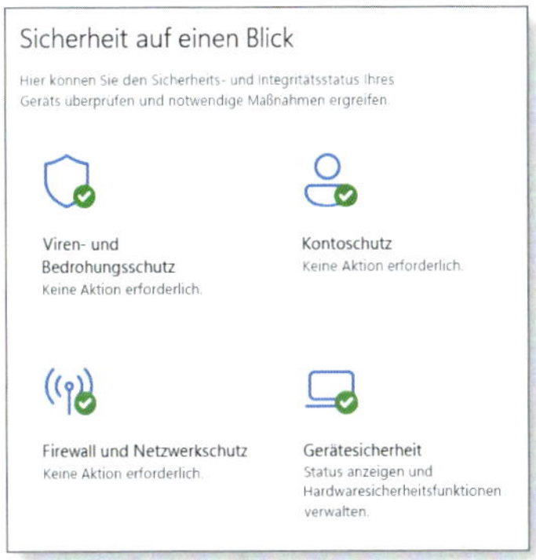

Sicherheit auf einen Blick
Hier können Sie den Sicherheits- und Integritätsstatus Ihres Geräts überprüfen und notwendige Maßnahmen ergreifen.
Viren- und Bedrohungsschutz
Keine Aktion erforderlich.
Kontoschutz
Keine Aktion erforderlich.
Firewall und Netzwerkschutz
Keine Aktion erforderlich.
Gerätesicherheit
Status anzeigen und Hardwaresicherheitsfunktionen verwalten.

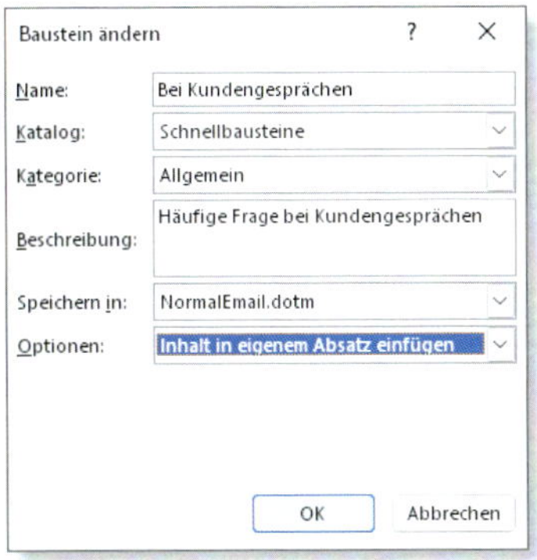

Baustein ändern
Name: Bei Kundengesprächen
Katalog: Schnellbausteine
Kategorie: Allgemein
Beschreibung: Häufige Frage bei Kundengesprächen
Speichern in: NormalEmail.dotm
Optionen: Inhalt in eigenem Absatz einfügen
OK
Abbrechen

Inhalt

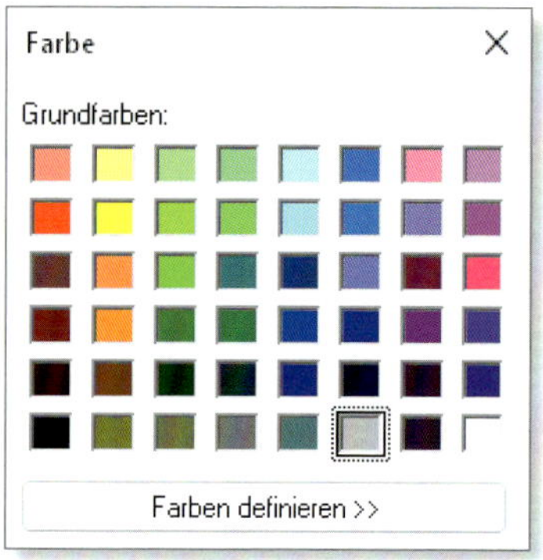
Farbe
Grundfarben:
Farben definieren >>

Senden
Von
An
Cc
Bcc
Betreff

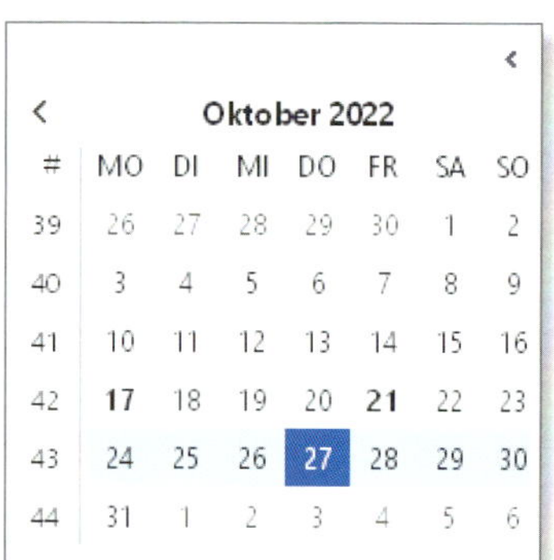
Oktober 2022
MO DI MI DO FR SA SO
39 26 27 28 29 30 1 2
40 3 4 5 6 7 8 9
41 10 11 12 13 14 15 16
42 17 18 19 20 21 22 23
43 24 25 26 27 28 29 30
44 31 1 2 3 4 5 6

Ansicht ändern
Ansichtseinstellungen
Ansicht zurücksetzen
Detailliert
Einfache Li...
Aufgabenl...
Aktiv
Erledigt
Heute
Überfällig
Zugewiesen
Serveraufg...

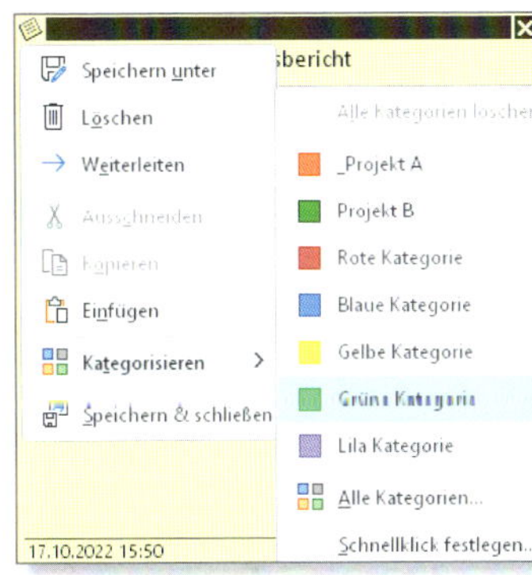

Speichern unter
Löschen
Weiterleiten
Einfügen
Kategorisieren
Speichern & schließen
17.10.2022 15:50
bericht
_Projekt A
Projekt B
Rote Kategorie
Blaue Kategorie
Gelbe Kategorie
Lila Kategorie
Alle Kategorien...
Schnellklick festlegen...

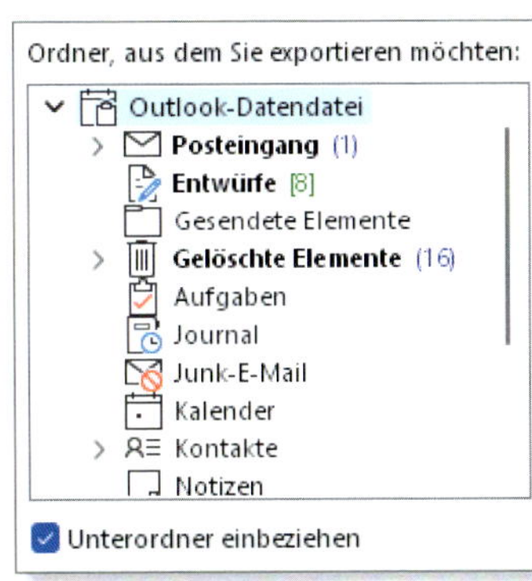

Ordner, aus dem Sie exportieren möchten:
Outlook-Datendatei
Posteingang (1)
Entwürfe [8]
Gesendete Elemente
Gelöschte Elemente (16)
Aufgaben
Journal
Junk-E-Mail
Kalender
Kontakte
Notizen
Unterordner einbeziehen

Kapitel 1
Outlook kennenlernen und einrichten

Damit Sie Outlook für Ihre E-Mails nutzen können, müssen Sie einen E-Mail-Provider auswählen und dort ein E-Mail-Konto anlegen. In diesem Kapitel erfahren Sie, wie Sie ein E-Mail-Konto bei Outlook.com anlegen. Anschließend verknüpfen Sie dieses E-Mail-Konto mit Outlook. Außerdem lernen Sie die Benutzeroberfläche von Outlook kennen.

E-Mail-Konto bei Outlook.com
Ich zeige Ihnen, wie Sie einen E-Mail-Account bei *Outlook.com* anlegen. Schritt für Schritt führe ich Sie durch den Anmeldeprozess ❶.

Outlook mit dem E-Mail-Konto verbinden
Haben Sie erst mal einen E-Mail-Account angelegt, verknüpfen Sie diesen mit Outlook. Outlook bietet Ihnen an, die Einrichtung automatisch oder manuell ❷ vorzunehmen.

Die Benutzeroberfläche kennenlernen
Gewinnen Sie einen schnellen Überblick: Menüband, Ordnerbereich, Aufgabenleiste, Zoombereich und die Symbolleiste für den Schnellzugriff. Darüber hinaus finden Sie auf der Registerkarte **Ansicht** in der Gruppe **Layout** ❸ verschiedene Möglichkeiten, Einstellungen für die Benutzeroberfläche vorzunehmen.

❶ Dies ist die Anmelde- bzw. Registrierseite von Outlook.com. Hier melden Sie sich für einen E-Mail-Account an.

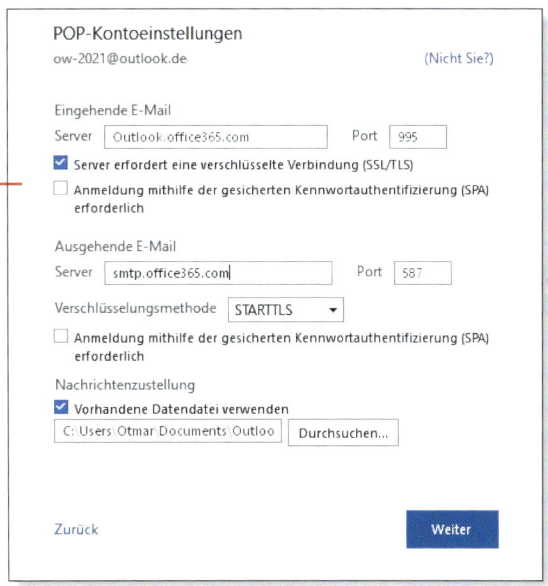

Hier binden Sie Ihr angelegtes E-Mail-Konto manuell in Outlook ein. ❷

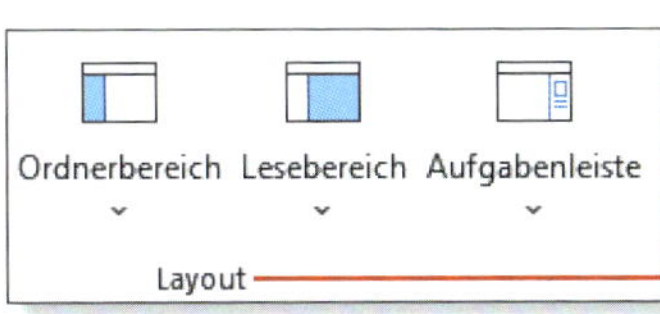

❸ Auf der Registerkarte **Ansicht** finden Sie die wichtigsten Einstellungen in der Gruppe **Layout**.

Ein E-Mail-Konto anlegen

1

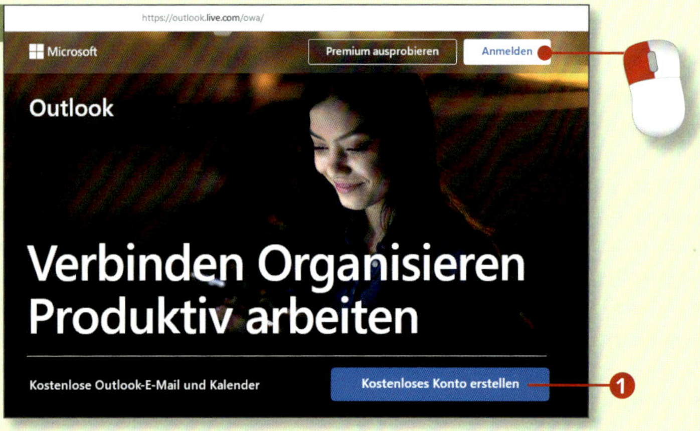

2

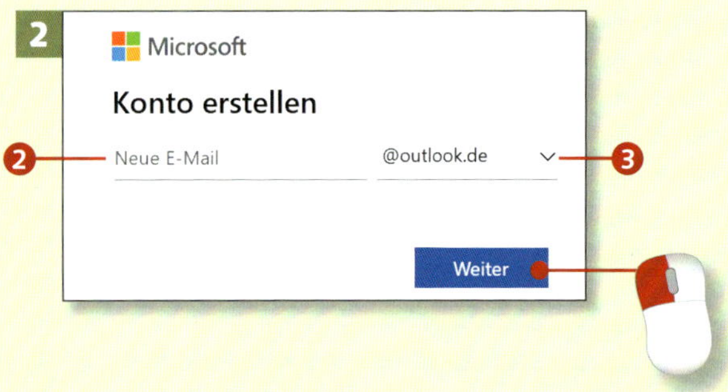

3

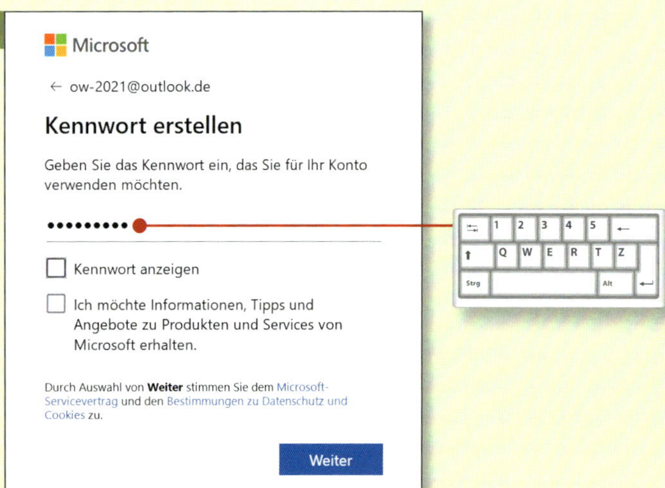

Sie können prinzipiell jeden E-Mail-Account eines Internetproviders in Outlook einbinden. Ich zeige Ihnen hier, wie Sie ein E-Mail-Konto beim Microsoft-Dienst Outlook.com anlegen.

Schritt 1

Öffnen Sie die Internetseite *www.outlook.com*. Klicken Sie auf die Schaltfläche **Kostenloses Konto erstellen** ❶. Wenn Sie bereits ein Konto haben, dann klicken Sie auf **Anmelden**. Fahren Sie in diesem Fall mit Schritt 9 fort. Folgen Sie danach dem Abschnitt »Outlook mit Active-Sync-Konto verbinden« ab Seite 14.

Schritt 2

Geben Sie den ersten Teil der E-Mail-Adresse ein ❷. Wählen Sie dann den zweiten Teil nach dem @-Zeichen über die nach unten zeigende Pfeilspitze ❸. Microsoft prüft im Hintergrund, ob Ihr Adressvorschlag möglich ist. Wenn Sie keine Absage bekommen, klicken Sie auf **Weiter**.

Schritt 3

Erstellen Sie als Nächstes – nach den entsprechenden Vorgaben – Ihr Kennwort, und klicken Sie auf **Weiter**.

Schritt 4

Geben Sie Ihren **Vornamen** und **Nachnamen** ein. Schließen Sie auch diesen Schritt mit einem Klick auf **Weiter** ab.

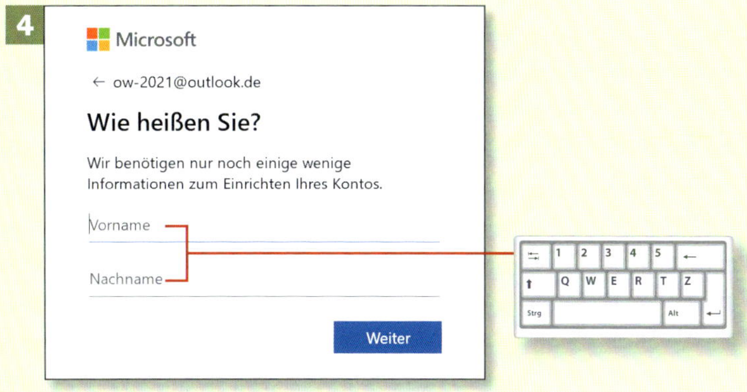

Schritt 5

Wählen Sie nun über die nach unten zeigende Pfeilspitze ❹ Ihr **Land** aus – **Deutschland** ist voreingestellt. Darunter geben Sie über die nach unten zeigenden Pfeilspitzen Ihr **Geburtsdatum** ❺ ein. Verlassen Sie das Formular mit einem Klick auf **Weiter**.

Schritt 6

Da sie kein Roboter sind klicken sie auf **Weiter**. Lösen Sie geduldig die folgenden Rätsel. Beantworten sie die nachfolgenden Abfragen. Danach wird Ihr Konto erstellt.

Sicherheitsabfrage bei Veränderung vertraulicher Daten!

Wenn Sie aufgefordert werden: Tragen Sie eine Telefonnummer und eine alternative E-Mail-Adresse ein. Über eine dieser beiden Optionen erhalten Sie einen Code, den Sie eingeben, wenn Sie vertrauliche Daten ändern möchten.

Ein E-Mail-Konto anlegen (Forts.)

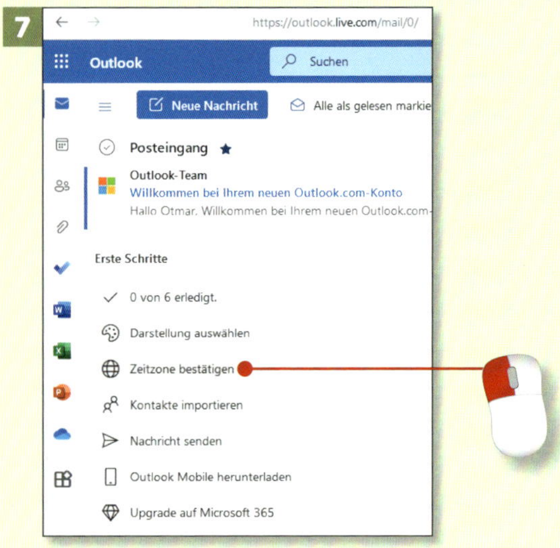

Schritt 7

Damit ist Outlook.com mit Ihrer E-Mail-Adresse und den Standardordnern eingerichtet. Es öffnet sich anschließend die E-Mail-Ansicht Ihres Outlook.com-Accounts. Es folgen noch einige Schritte, bis Outlook.com Ihr Konto einrichtet. Verifizieren Sie die Auswahl der richtigen Zeitzone unter der Navigation **Erste Schritte** mit Klick auf **Zeitzone bestätigen**.

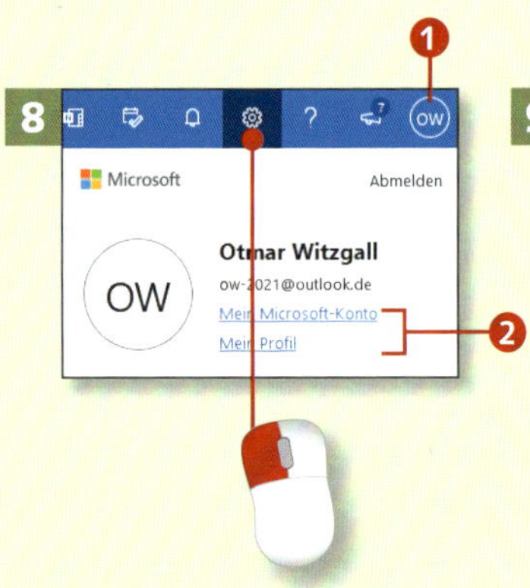

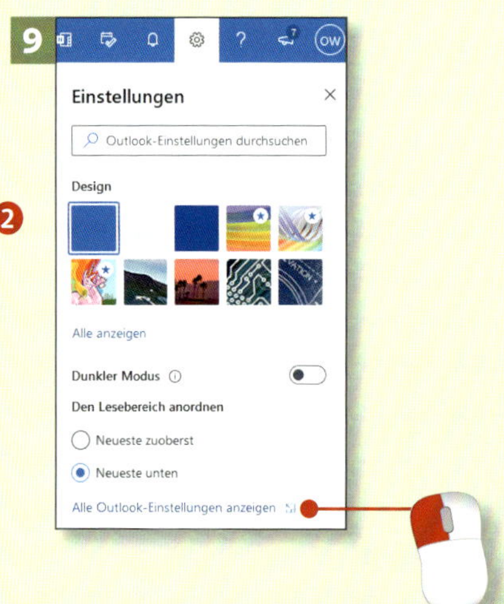

Schritt 8

Auf der rechten Seite können Sie mit einem Klick auf Ihr Namenssymbol ❶ Ihr Profil einsehen und Ihr Microsoft-Konto anzeigen lassen ❷. Um weitere Einstellungen aufzurufen, klicken Sie auf das Zahnradsymbol in der oberen Leiste.

Schritt 9

Über den Dialog zu den **Einstellungen** gestatten Sie Smartphones, Tablets, Computern und Apps die Einrichtung von POP-Konten in Outlook. Scrollen Sie ganz nach unten, und klicken Sie auf den Link **Alle Outlook-Einstellungen anzeigen**.

Erlaubnis für POP-Konten in Outlook.com aktivieren

In den Outlook-Einstellungen erlauben Sie die Verbindung Ihres Outlook.com-Kontos mit Outlook (siehe dazu Schritt 9 bis 11 in diesem Abschnitt sowie Schritt 6 und 7 im Abschnitt »Outlook manuell mit POP-Konto verbinden« ab Seite 19).

Schritt 10

Im Fenster **Einstellungen** klicken Sie auf **E-Mail** und im Untermenü auf **E-Mail synchronisieren**.

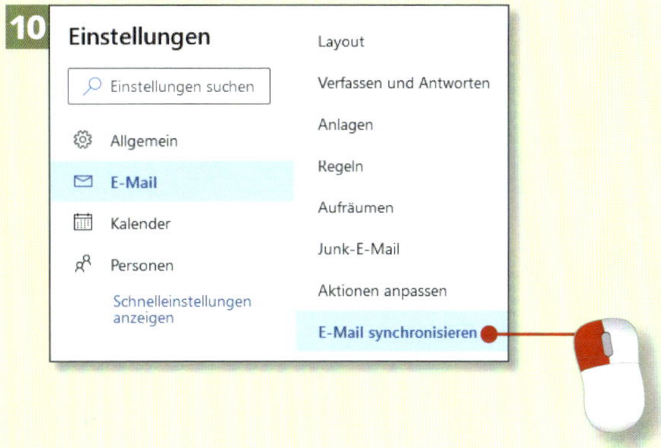

Schritt 11

Im Abschnitt **POP-Optionen** beantworten Sie die Frage **Geräten und Apps die Verwendung von POP gestatten** mit **Ja** ❸. Sie verlassen dieses Formular mit einem Klick auf **Speichern**.

Schritt 12

Hier sehen Sie den unteren Teil des Formulars. Die Einstellungen für POP-Konten ❹ benötigen wir später in Schritt 6 und 7 im Abschnitt »Outlook manuell mit POP-Konto verbinden« auf Seite 19.

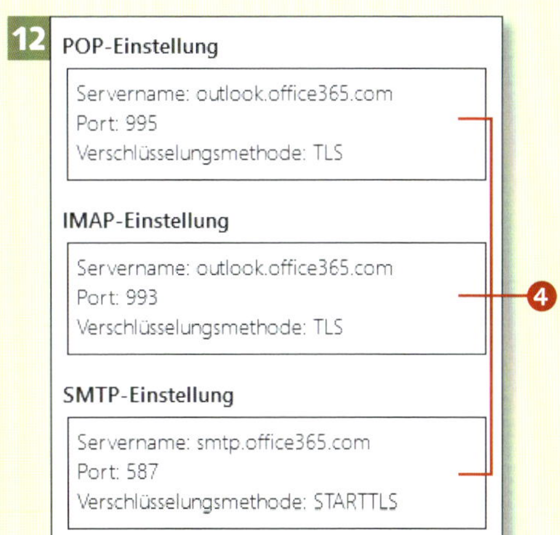

Outlook.com und Office-Anwendungen

Über das Rastersymbol oben links – wie in der Abbildung zu Schritt 7 zu sehen – haben Sie Zugriff auf weitere Onlineanwendungen von Microsoft, wie z. B. die Office-Programme Word, Excel und PowerPoint.

Outlook mit Active-Sync-Konto verbinden

1

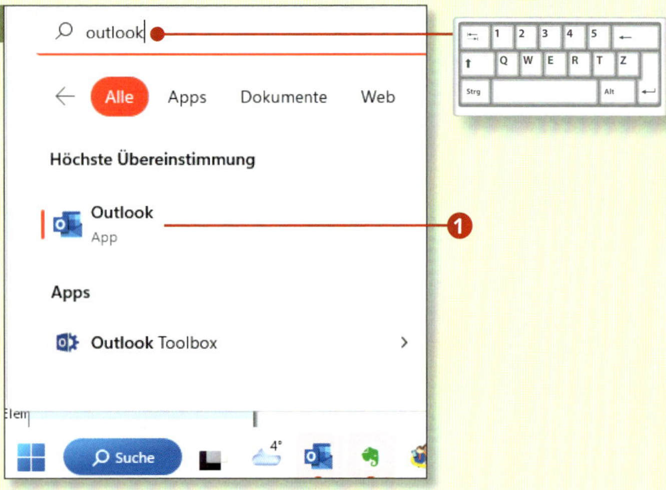

2

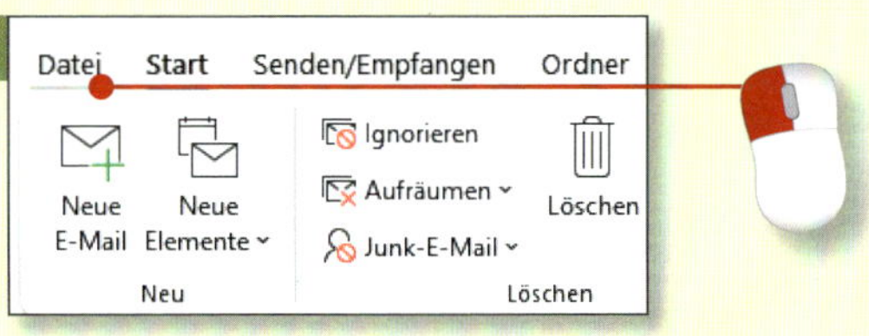

3

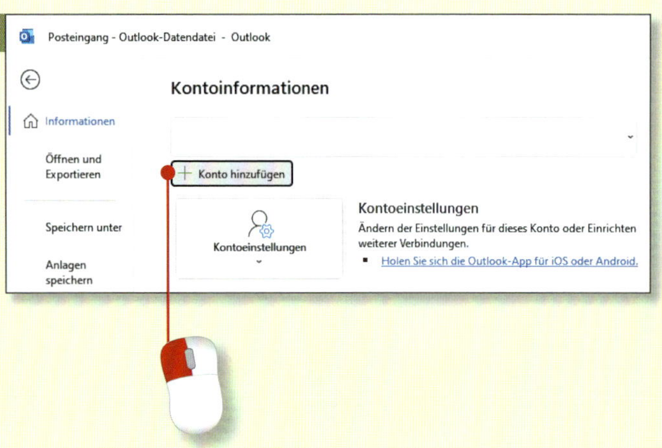

Nachdem Sie ein E-Mail-Konto bei Outlook.com eingerichtet haben, verbinden Sie Outlook mit dem Exchange-ActiveSync-Dienst von Outlook.com.

Schritt 1

Starten Sie Outlook, indem Sie in das Cortana-Suchfeld klicken und dort »Outlook« eintippen. In der Trefferliste erscheint das gewünschte Suchergebnis **Outlook App** ❶. Klicken Sie darauf, oder drücken Sie einfach die [↵]-Taste.

Schritt 2

Wenn Sie aus dem Programm heraus starten, klicken Sie auf die Registerkarte **Datei**.

Schritt 3

In der sogenannten *Backstage-Ansicht* klicken Sie auf die Schaltfläche **Konto hinzufügen**.

Schritt 4

Geben Sie im erscheinenden Fenster Ihre zuvor registrierte E-Mail-Adresse ein ❷. Danach klicken Sie auf **Erweiterte Optionen**.

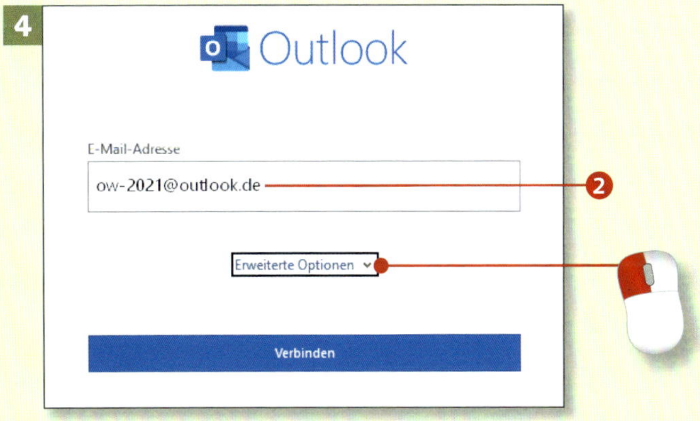

Schritt 5

Es erscheint der Satz **Ich möchte mein Konto manuell einrichten**. Bestätigen Sie dies, indem Sie in das Kästchen davor ein Häkchen setzen ❸. Klicken Sie weiter auf **Verbinden**.

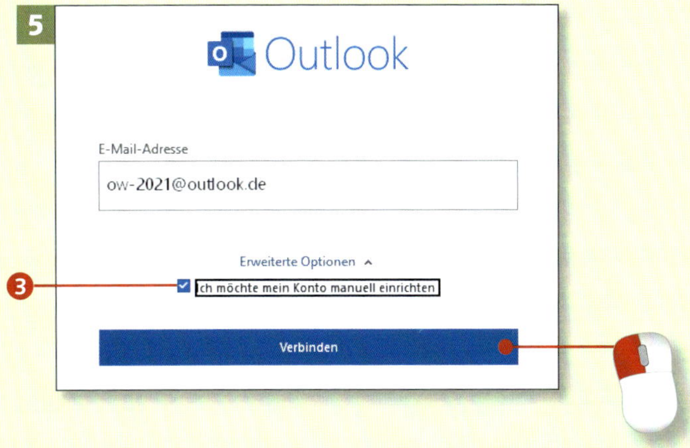

Schritt 6

Jetzt möchte Outlook wissen, welche Art von Dienst Sie zum Verbinden nutzen möchten. Klicken Sie auf die Schaltfläche **Outlook.com**. Der Server ist so ausgestattet, dass er Ihnen eine Art Exchange Server anbietet, den sogenannten *Exchange-ActiveSync*-Dienst.

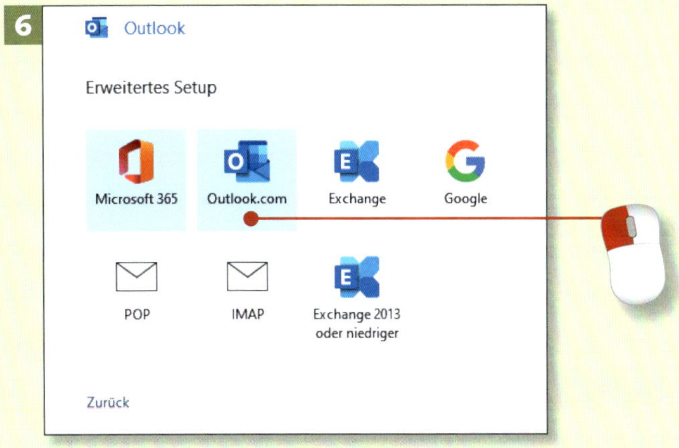

Exchange ActiveSync
Über das Internet ist Ihr E-Mail-Konto mit einem Austauschdienst (entspricht: *Exchange Server*) verbunden. Über diesen werden Ihre E-Mails, Kalender mit Aufgaben und Kontakte aktiv synchronisiert, also zwischen Outlook.com im Netz und Outlook auf Ihrem Computer aktuell abgeglichen (entspricht: *ActiveSync*).

Outlook mit Active-Sync-Konto verbinden (Forts.)

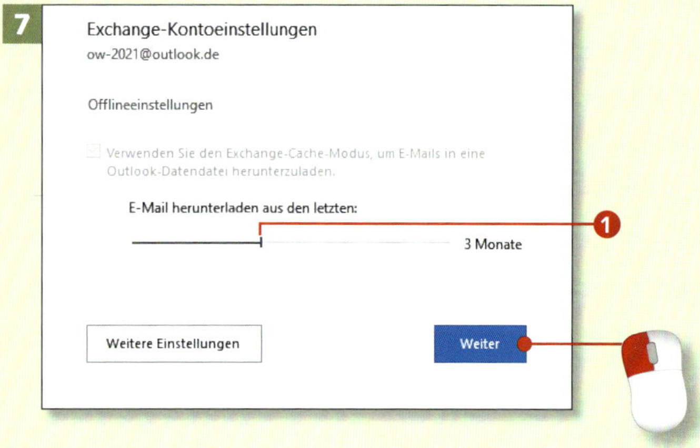

Schritt 7

Es werden sofort die **Offlineeinstellungen** abgefragt. Da alle Ihre E-Mails auf dem Server gelagert sind, werden Sie gefragt, wie viele Monate lang Sie die E-Mails in Ihrem Outlook haben möchten. Voreingestellt sind **3 Monate**. Stellen Sie den gewünschten Zeitraum mithilfe des Schiebers ❶ ein, und klicken Sie auf **Weiter**.

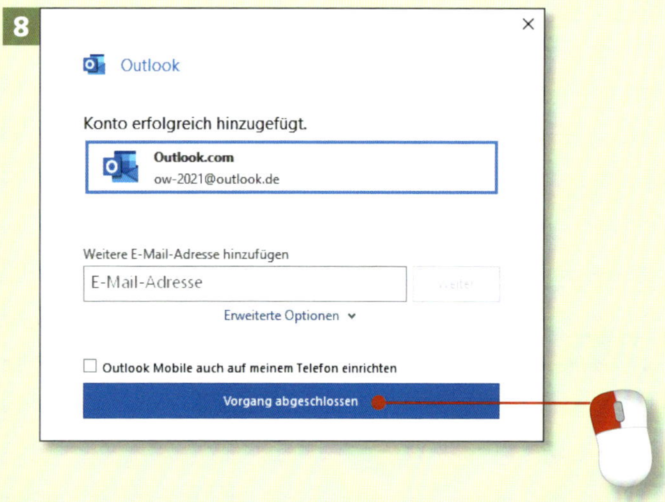

Schritt 8

Ohne weitere Nachfrage verbindet sich Outlook nun mit dem Dienst und zeigt an, dass das **Konto erfolgreich hinzugefügt** wurde. Klicken Sie auf **Vorgang abgeschlossen**.

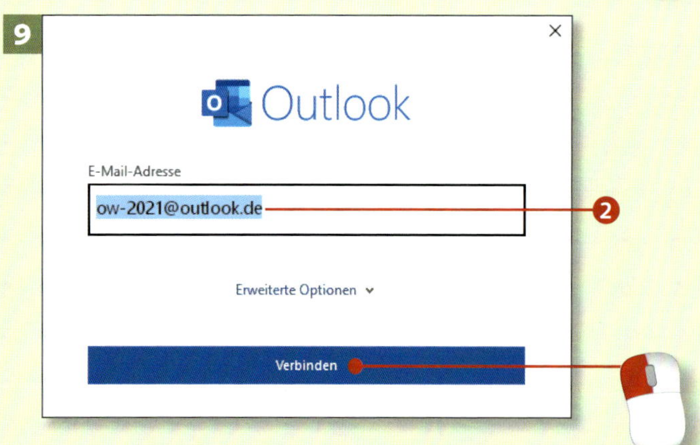

Schritt 9

Haben Sie in Schritt 5 nicht das Kästchen für eine manuelle Einrichtung aktiviert, weil Outlook automatisch mit dem ActiveSync-Dienst verbunden werden soll, geht es so weiter: Tragen Sie in die Maske Ihre E-Mail-Adresse ❷ ein, und klicken Sie auf **Verbinden**.

Verknüpfung misslungen?

Sollte die automatische Verknüpfung nicht funktionieren, verknüpfen Sie Ihr E-Mail-Konto, wie es im Abschnitt »Outlook manuell mit POP-Konto verbinden« ab Seite 18 beschrieben ist.

Schritt 10

Ohne einen weiteren Zwischenschritt schließt Outlook den Verbindungsversuch mit Outlook.com erfolgreich ab ❸. Klicken Sie auf **Vorgang abgeschlossen**.

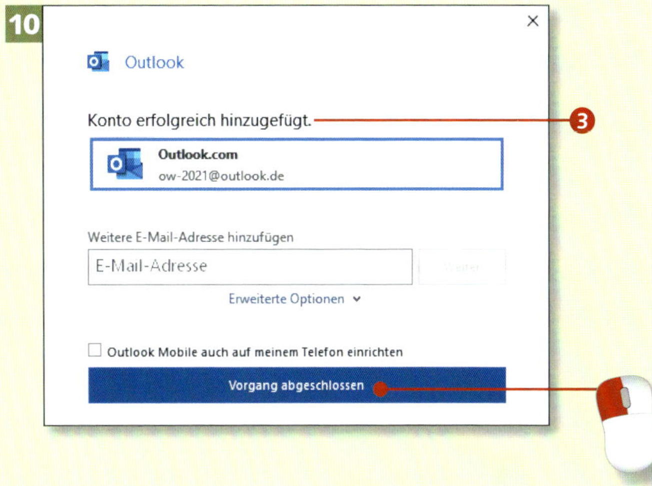

Schritt 11

Auf dem Startbildschirm von Outlook sehen Sie links im *Ordnerbereich* die **Outlook-Datendatei** mit dem Namen Ihrer E-Mail-Adresse. Klicken Sie auf den kleinen Erweiterungspfeil.

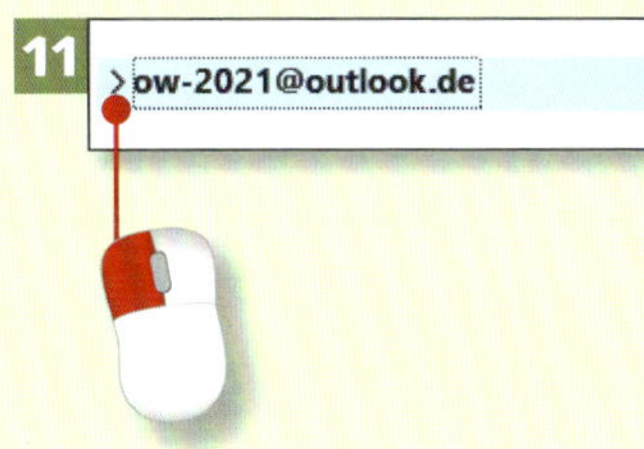

Schritt 12

Sofort klappt im E-Mail-Bereich eine ganze Liste von automatisch generierten E-Mail-Standardordnern auf. Klicken Sie auf **Posteingang**. Beim ersten Aufruf erscheint eine Information ❹ zum Filter *Relevanz im Posteingang*. Hier wird zwischen relevanten und sonstigen E-Mails unterschieden. Wollen Sie diese Unterscheidung nicht, deaktivieren Sie den Posteingang mit Relevanz auf der Registerkarte **Ansicht** mit Klick auf **Posteingang mit Relevanz anzeigen** und **Posteingang mit Relevanz deaktivieren**.

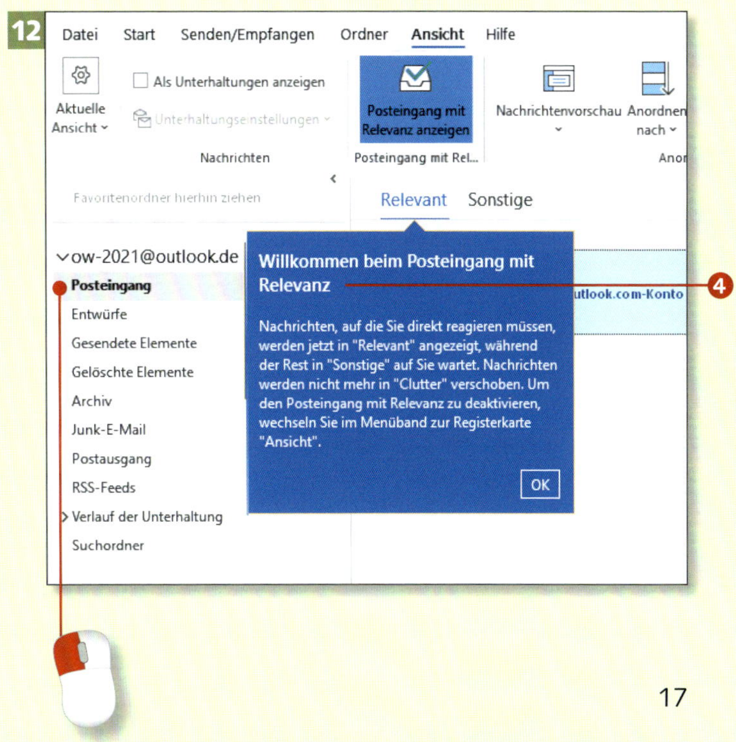

Outlook manuell mit POP-Konto verbinden

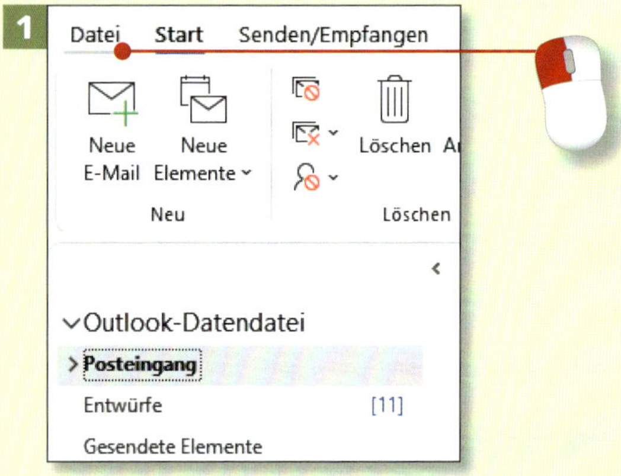

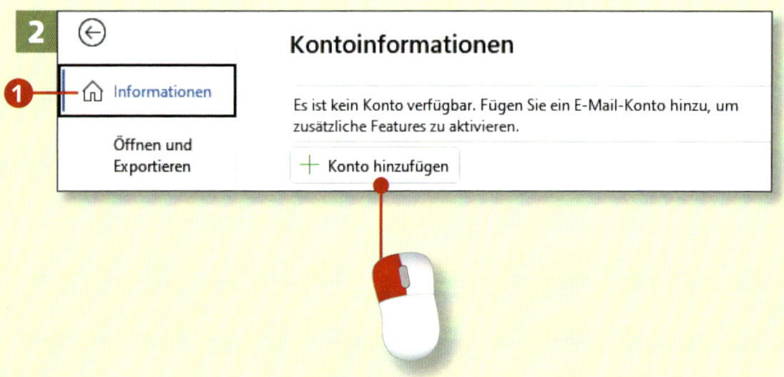

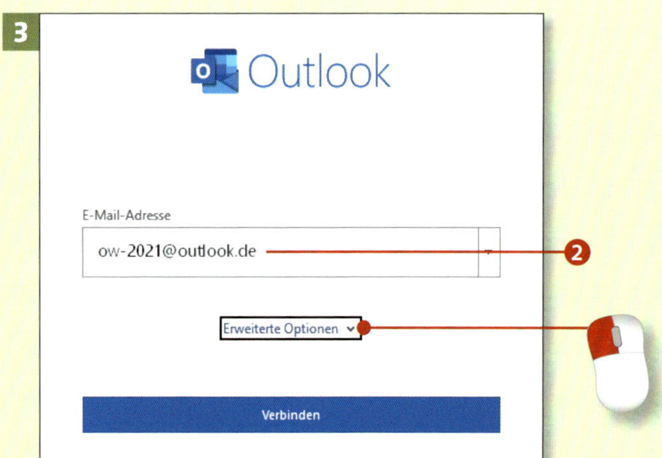

Wenn es zu Fehlern kommt oder Sie Ihr E-Mail-Konto anders einbinden möchten, müssen Sie selbst »Hand anlegen«. Hier verknüpfen Sie Ihr E-Mail-Konto als normales Konto im POP-Format.

Schritt 1

Sie haben Outlook gestartet und befinden sich im **Posteingang**. Klicken Sie auf die Registerkarte **Datei**.

Schritt 2

Sie landen in der Backstage-Ansicht, in der Sie zahlreiche Einstellungen vornehmen können. Unter **Informationen** ❶ finden Sie den Bereich **Kontoinformationen**. Klicken Sie auf **Konto hinzufügen**, um manuell ein Konto einzurichten.

Schritt 3

Hier tragen Sie in das Feld Ihre E-Mail-Adresse ❷ ein, die Sie bei Outlook.com registriert haben. Klicken Sie auf **Erweiterte Optionen**.

Schritt 4

Es erscheint der Satz **Ich möchte mein Konto manuell einrichten**. Stimmen Sie dem zu, indem Sie per Klick ein Häkchen ❸ setzen. Klicken Sie dann auf **Verbinden**.

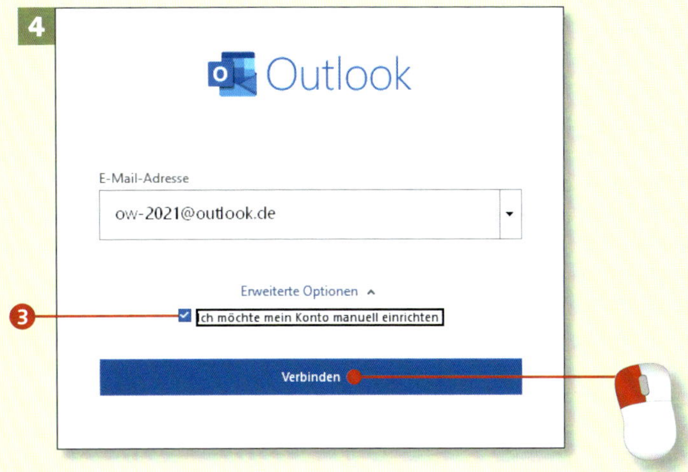

Schritt 5

Im Fenster **Konto hinzufügen** wählen Sie den entsprechenden Dienst aus. Aktivieren Sie die Option **POP**.

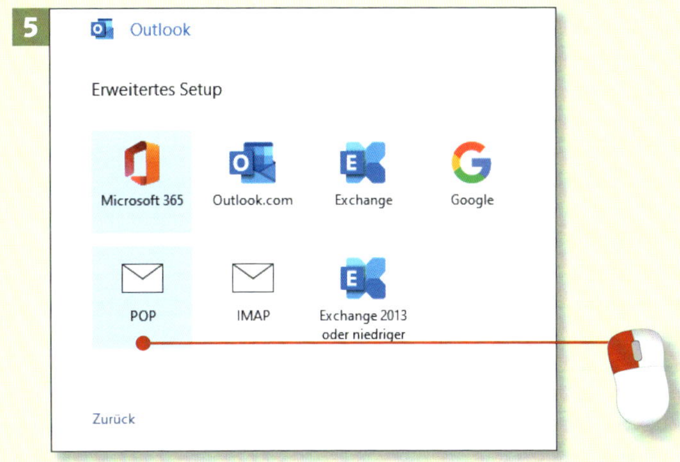

Schritt 6

Im Fenster **POP-Kontoeinstellungen** tragen Sie die Servereinstellungen für **Eingehende E-Mail** ein. Bei **Server** schreiben Sie »Outlook.office365.com« und bei **Port** die Zahl »995« (siehe dazu auch Schritt 12 auf Seite 13). Der Aussage **Server erfordert eine verschlüsselte Verbindung (SSL/TlS)** ❹ stimmen Sie durch Setzen eines Häkchens zu.

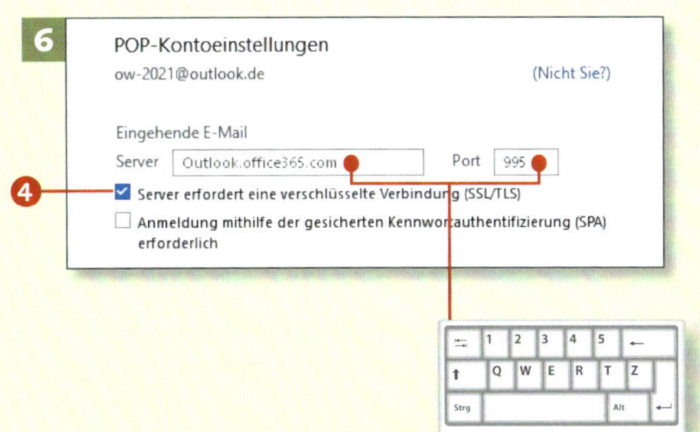

Outlook manuell mit POP-Konto verbinden (Forts.)

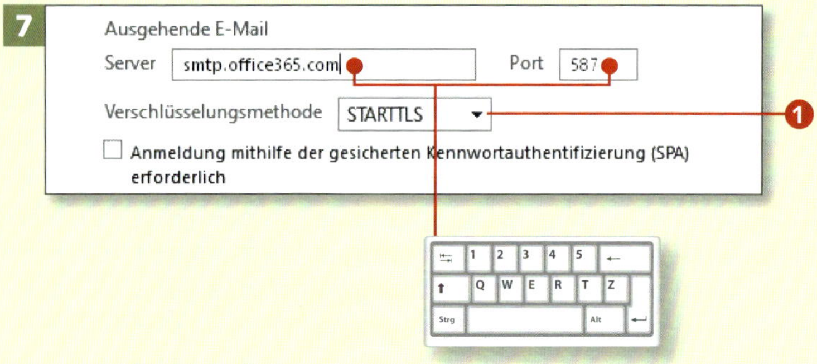

Schritt 7

Damit Ihre **Ausgehende E-Mail** weitergeleitet wird, tragen Sie bei **Server** »smtp.office365.com« und bei **Port** »587« ein. Bei der **Verschlüsselungsmethode** wählen Sie über den Pfeil **STARTTLS** ❶ aus.

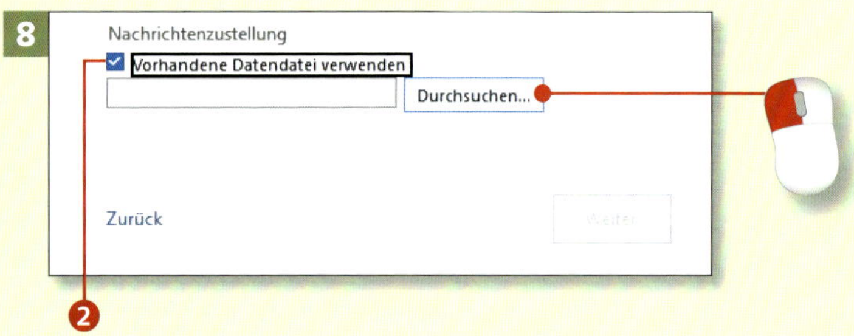

Schritt 8

Im Abschnitt **Nachrichtenzustellung** aktivieren Sie **Vorhandene Datendatei verwenden** ❷ und klicken auf **Durchsuchen**.

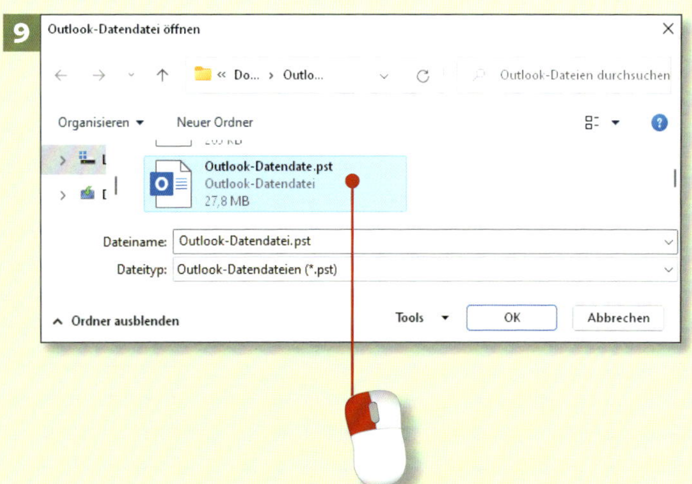

Schritt 9

Nun öffnet sich das Explorer-Fenster **Outlook-Datendatei öffnen**. Klicken Sie auf die angelegte Datendatei *Outlook-Datendatei.pst*, und bestätigen Sie mit **OK**.

POP- oder IMAP-Konto

Beim *POP-E-Mail-Konto* holen Sie in Outlook eine Kopie einer E-Mail vom Server und verwalten diese in Outlook unabhängig vom Server. Bei einem *IMAP-Konto* bearbeiten Sie mit Outlook in Echtzeit die E-Mails auf dem Server. Dazu greifen Sie mit Outlook auf die E-Mail-Ordner des Servers zu.

Schritt 10

Um die Konfiguration zu vervollständigen, klicken Sie auf **Weiter**.

Schritt 11

Fehlt noch die Eingabe des **Kennwortes** für den E-Mail-Account. Dieses haben Sie bei der Registrierung auf Outlook.com vergeben. Mit einem Klick auf **Verbinden** schließen Sie den Vorgang ab.

Schritt 12

Sie bekommen die Bestätigung, dass Ihr **Konto erfolgreich hinzugefügt** worden ist. Mit einem Klick auf **Vorgang abgeschlossen** kehren Sie zu den Kontoeinstellungen zurück.

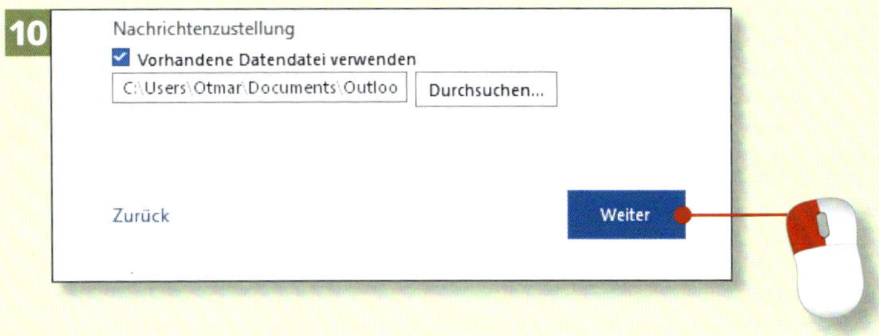

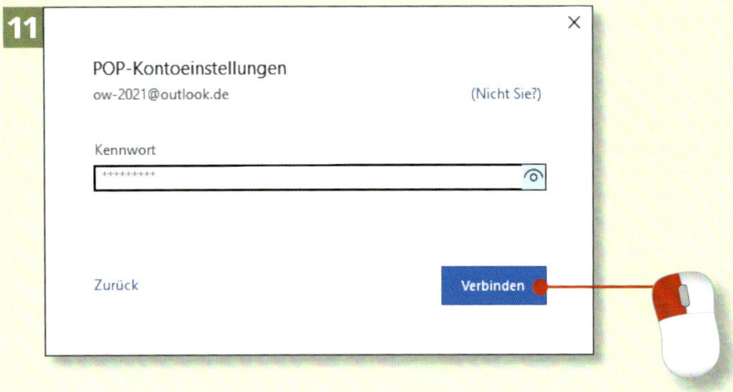

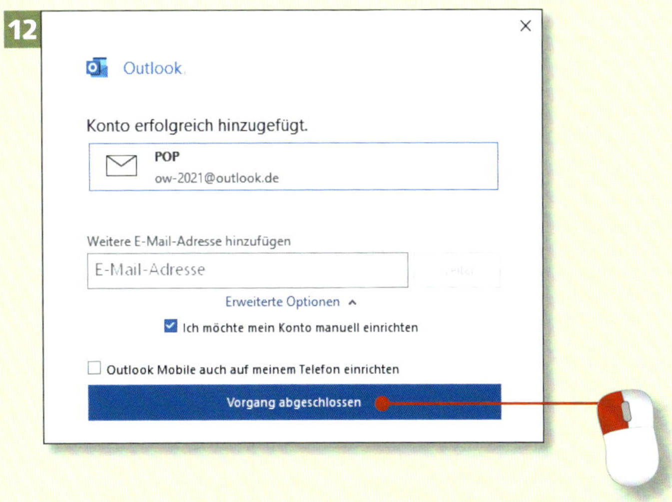

POP- oder IMAP-Konto

Möchten Sie eine E-Mail im IMAP-Format einbinden, dann geben Sie wie in Schritt 3 Ihre E-Mail-Adresse ein und klicken auf Verbinden. Sie aktivieren, wie in Schritt 5 angeboten, das IMAP-Icon und geben Ihr Kennwort ein. Outlook bindet automatisch das E-Mail-Konto als IMAP-Konto ein. Im IMAP-Konto gibt es ausschließlich nur E-Mail-Ordner. Einige Anwendungen stehen zur Bearbeitung von E-Mails nicht oder nur eingeschränkt zur Verfügung: z. B. Kategorien und Nachverfolgung.

Die Benutzeroberfläche kennenlernen

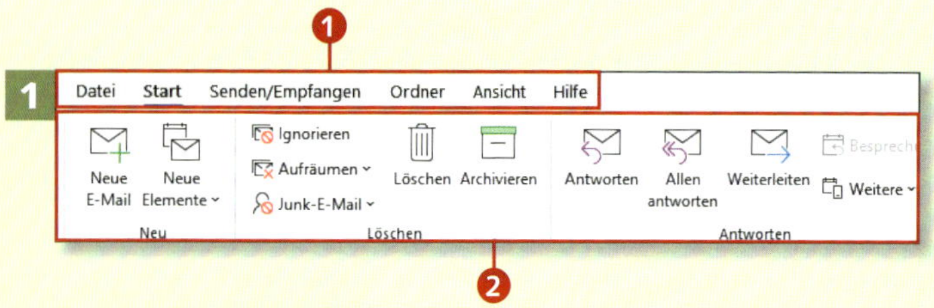

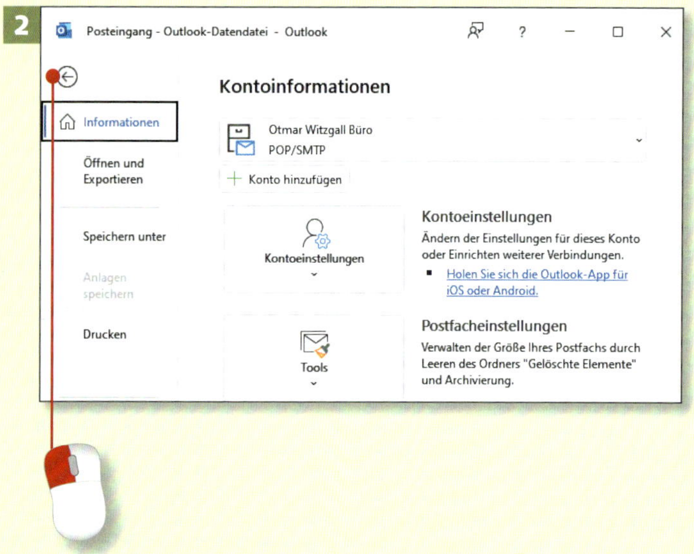

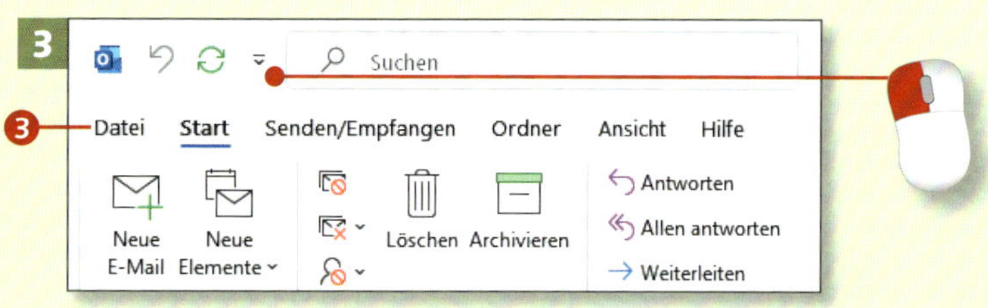

Ich gebe Ihnen nun einen kurzen Überblick über die Outlook-Benutzeroberfläche.

Schritt 1

Zunächst sticht das *Menüband* ins Auge. Es gliedert sich in verschiedene Registerkarten ❶, die sich aus aufgabenspezifischen *Befehlsgruppen* ❷ zusammensetzen. Jede Gruppe hat meist mehrere Befehle.

Schritt 2

Etwas Spezielles ist die Registerkarte **Datei** ❸ (in Schritt 3). Mit einem Klick auf diese Registerkarte gelangen Sie in die Backstage-Ansicht, in der Sie zahlreiche Einstellungen vornehmen können. Über das Pfeilsymbol oben links kommen Sie wieder in das Menüband zurück.

Schritt 3

Ganz oben links oberhalb der Registerkarten befindet sich die *Symbolleiste für den Schnellzugriff*. Hier platzieren Sie Ihre Lieblingsbefehle, mit denen Sie häufig oder gerne arbeiten. Klicken Sie dazu auf die kleine Pfeilspitze.

Schritt 4

Im Aufklappmenü **Symbolleiste für den Schnellzugriff anpassen** stehen Befehle zur Auswahl. Sie wählen diese mit einem Häkchen zur Anzeige als Symbol aus oder ab. Über den Befehl **Weitere Befehle** passen Sie die Symbolleiste nach Ihren Wünschen an. Hilfe dazu finden Sie im Abschnitt »Schnell auf Befehle zugreifen« ab Seite 252.

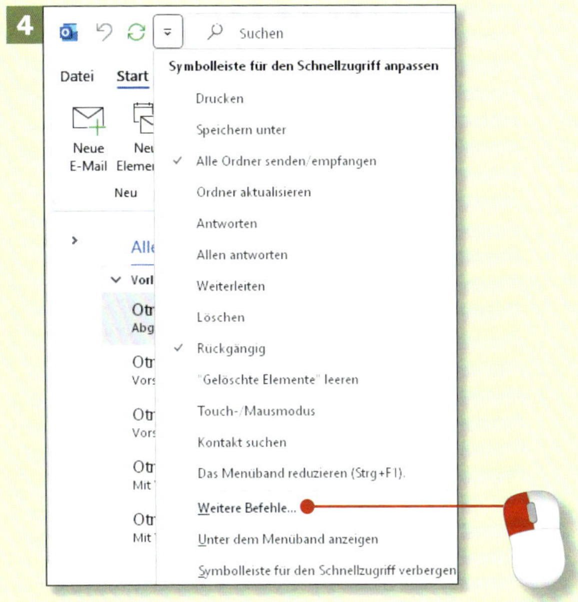

Schritt 5

Grundlegende Änderungen an der Benutzeroberfläche nehmen Sie auf der Registerkarte **Ansicht** in der Gruppe **Layout** ❹ vor. Dort finden Sie Einstellungsmöglichkeiten für den **Ordnerbereich**, den **Lesebereich** und die **Aufgabenleiste**.

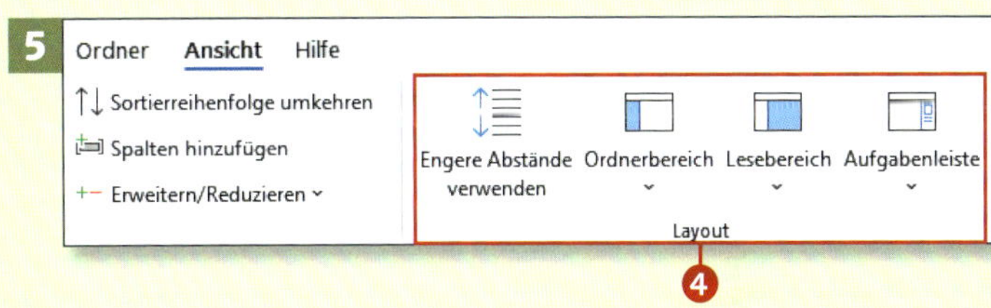

Schritt 6

Der Ordnerbereich befindet sich links auf der Benutzeroberfläche. Im unteren Teil des Outlook-Fensters sehen Sie die verschiedenen Outlook-Bereiche ❺. Je nach Bereich (hier **E-Mail**) finden Sie die dazugehörigen Standardordner.

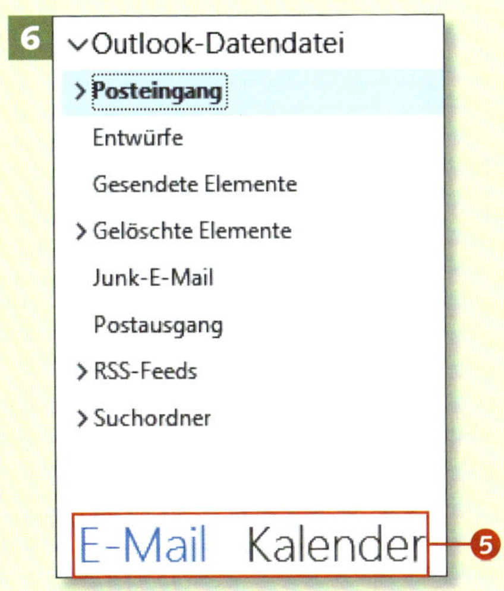

Die Benutzeroberfläche kennenlernen (Forts.)

7

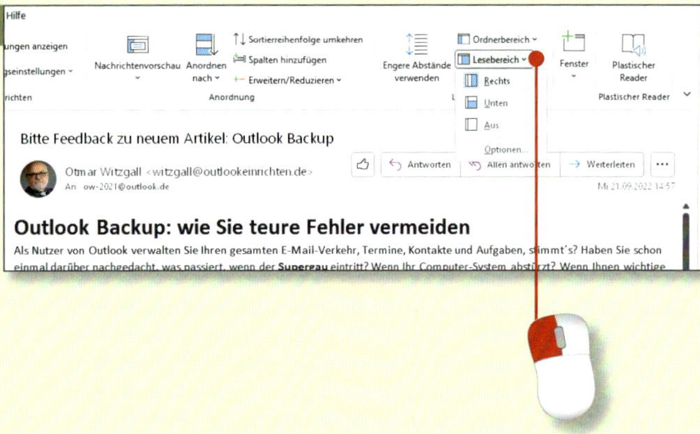

Schritt 7

Klicken Sie auf der Registerkarte **Ansicht** in der Gruppe **Layout** auf den **Lesebereich**. Lassen Sie im Menü der Schaltfläche die Vorgabe **Rechts** aktiviert. Dadurch lesen Sie Ihre E-Mails im rechten Bereich des Outlook-Fensters. Markieren Sie links in der *Nachrichtenliste* eine E-Mail, um im Lesebereich den kompletten Inhalt zu sehen.

8

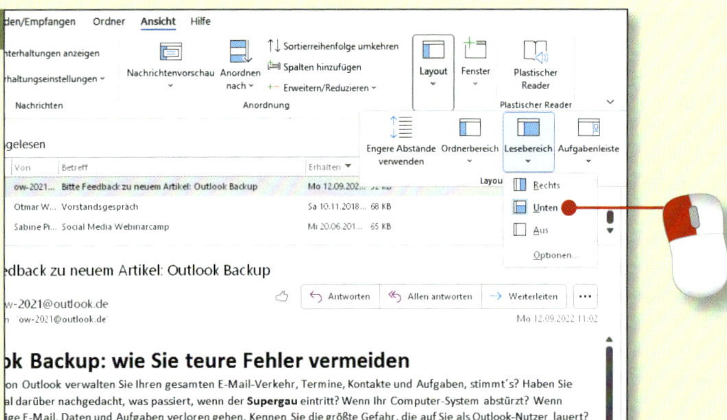

Schritt 8

Hier sehen Sie den **Posteingang**, wie in Schritt 7 beschrieben, mit einer Ausnahme: Der **Lesebereich** ist jetzt **Unten** aktiv. Der Vorteil besteht darin, dass Sie dadurch mehr Informationen über die E-Mail im Blick haben.

9

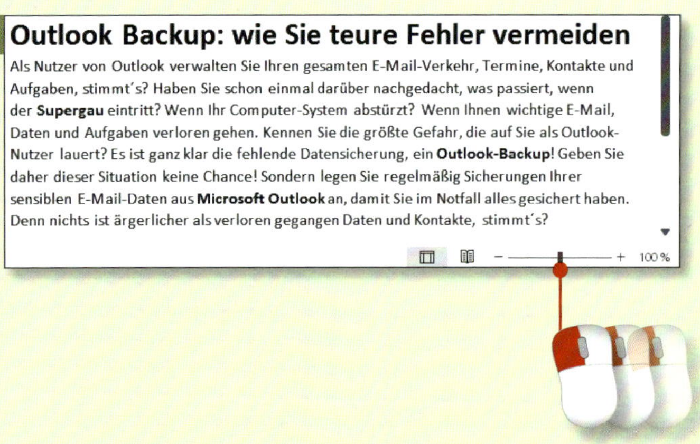

Schritt 9

Unten am rechten Ende der *Statusleiste* befindet sich der *Zoombereich*. Schieben Sie mit der Maus den Schieberegler nach rechts oder links. Es verkleinert oder vergrößert sich der Inhalt des Lesebereichs. Klicken Sie alternativ auf das Minus- bzw. Pluszeichen.

Schritt 10

Klicken Sie auf der Registerkarte **Ansicht** auf die Schaltfläche **Layout** und anschließend auf **Aufgabenleiste**. Sie können dort bis zu drei Bereiche aktivieren: **Kalender**, **Personen** und **Aufgaben**.

10

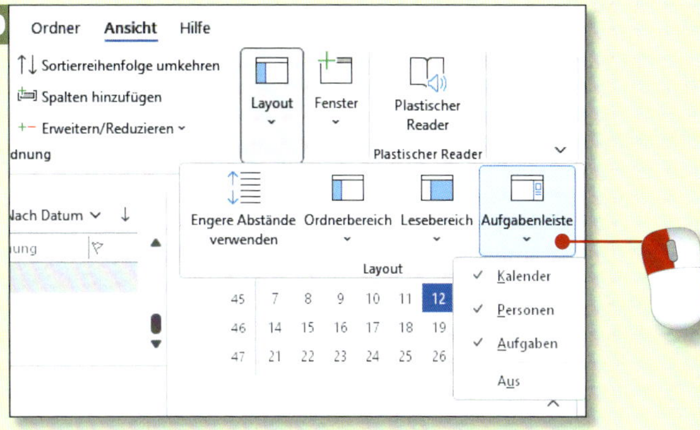

Schritt 11

Zurück zu den Bereichen. Klicken Sie auf **E-Mail**, um den gleichnamigen Bereich zu öffnen (siehe Schritt 6). Es werden die E-Mails im Posteingang angezeigt. Rechts neben dem Ordnerbereich sehen Sie die Nachrichtenliste, die alle E-Mails enthält, die sich im gewählten Ordner befinden. Im Lesebereich rechts sehen Sie den Inhalt der angewählten E-Mail.

11

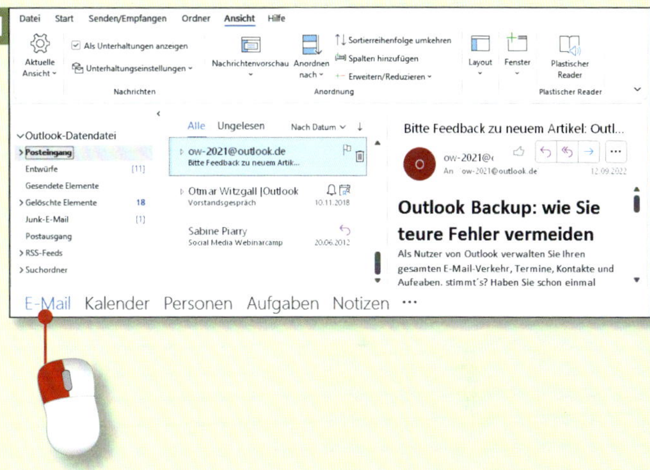

Schritt 12

Mit einem Klick auf **Kalender** gelangen Sie in den Bereich **Kalender**. Es wird standardmäßig die Ansicht **Monat** geöffnet, womit die Termine eines Monats angezeigt werden.

12

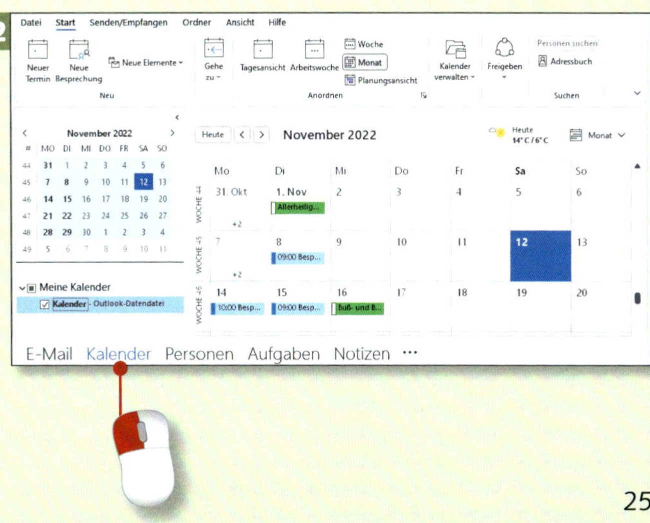

Schaltflächen im Menüband

Je nach Bildschirmgröße sind manche Befehle von Befehlsgruppen erst nach einem Klick auf die entsprechende Schaltfläche zugänglich (siehe die unterschiedliche Anordnung in den Schritten 7 und 10).

Die Benutzeroberfläche kennenlernen (Forts.)

13

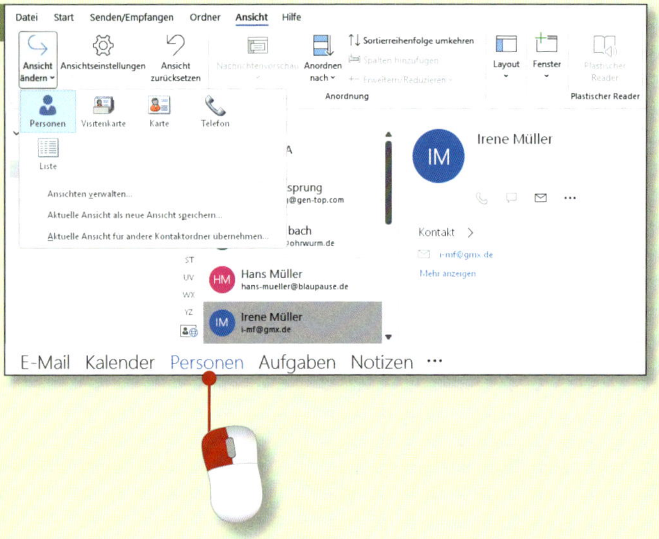

14

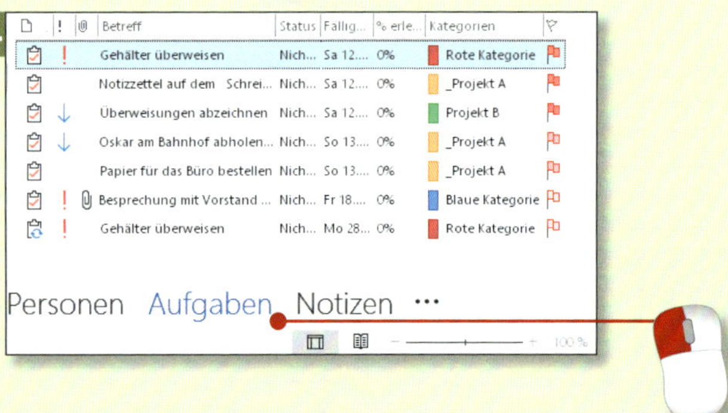

15

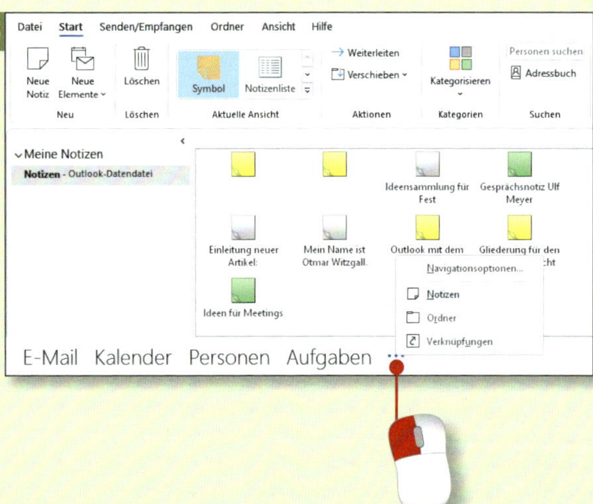

Schritt 13

Wenn Sie auf **Personen** klicken, wird der **Kontakte**-Ordner in der **Personen**-Ansicht mit dem Lesebereich angezeigt, in dem Sie weitere Informationen zum ausgewählten Kontakt sehen können.

Schritt 14

Klicken Sie nun auf **Aufgaben**, um in den gleichnamigen Bereich zu gelangen. Es werden die Aufgaben mit Wichtigkeit und Kategorien angezeigt.

Schritt 15

Um in den Bereich **Notizen** zu gelangen, klicken Sie zunächst auf das Symbol mit den drei Punkten und wählen anschließend **Notizen**. Es werden die Notizen in der **Symbol**-Ansicht angezeigt. Einige Notizen sind entsprechend ihren Kategorien farbig hinterlegt. Falls Sie noch keine Notizen angelegt haben, ist dieser Bereich selbstverständlich noch leer.

Bereiche

Standardmäßig sehen Sie die Bereiche **E-Mail**, **Kalender**, **Personen** und **Aufgaben**. Wie Sie das ändern können, lesen Sie im Abschnitt »Zwischen Outlook-Bereichen navigieren« ab Seite 32.

Schritt 16

Nun klicken Sie erneut auf das Symbol mit den drei Punkten und danach auf **Ordner** ❶. Auf diese Weise öffnen Sie den gleichnamigen Bereich. Hier haben Sie eine Übersicht über alle Ordner, die in allen Bereichen existieren.

Schritt 17

Am rechten unteren Rand des Menübandes finden Sie ein kleines Pfeil-nach-unten-Symbol ❷ zur Anzeige des Menübandes. Mit den verschiedenen Optionen verschaffen Sie sich bei einer kleinen Bildschirmauflösung mehr Übersicht. Alternativ minimieren und vergrößern Sie das Menüband mit der Tastaturkombination `Strg` + `F1`.

Schritt 18

Unten rechts befindet sich links neben dem Zoombereich das Buchsymbol für die *Leseansicht*. Mit seiner Aktivierung verschaffen Sie sich beim Lesen mehr Platz: Der Ordnerbereich ist dann minimiert, die Aufgabenleiste ausgeblendet. So können Sie sich ganz auf den Inhalt einer E-Mail konzentrieren.

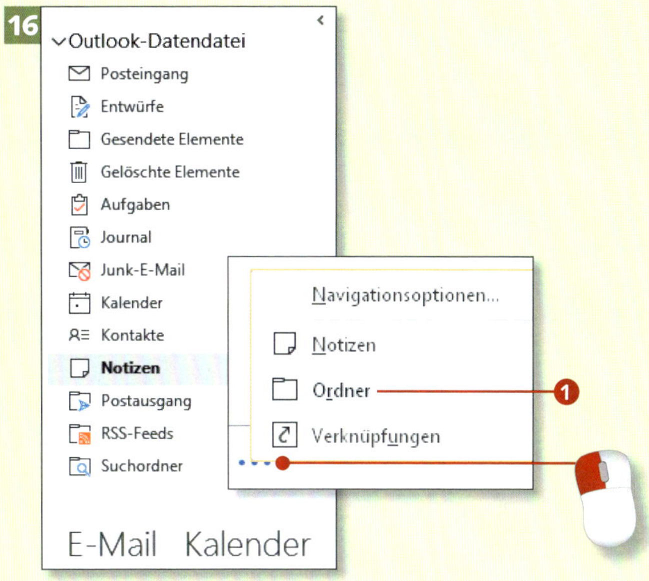

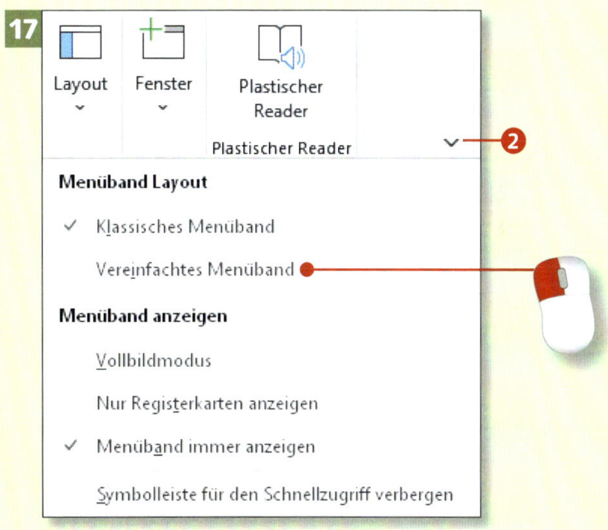

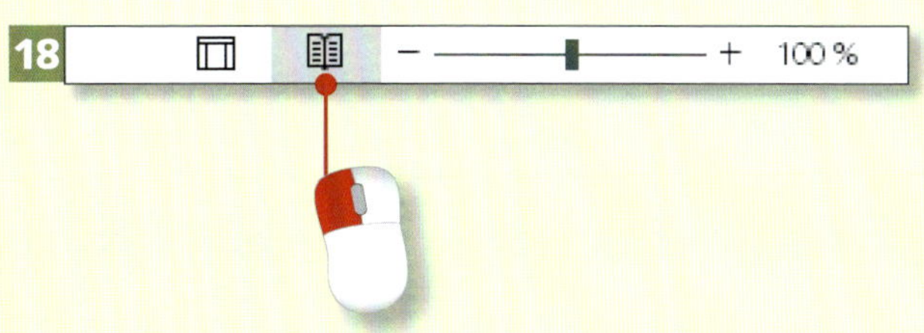

Outlook per Touchscreen bedienen

1

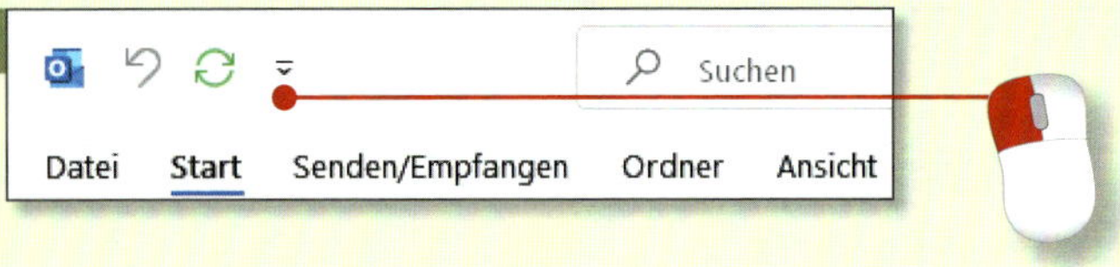

Outlook 2021 ist für die Bedienung per Fingereingabe mit Windows 11 optimiert. Verwenden Sie einen entsprechenden Bildschirm, gibt es spezielle Einstellungen.

2

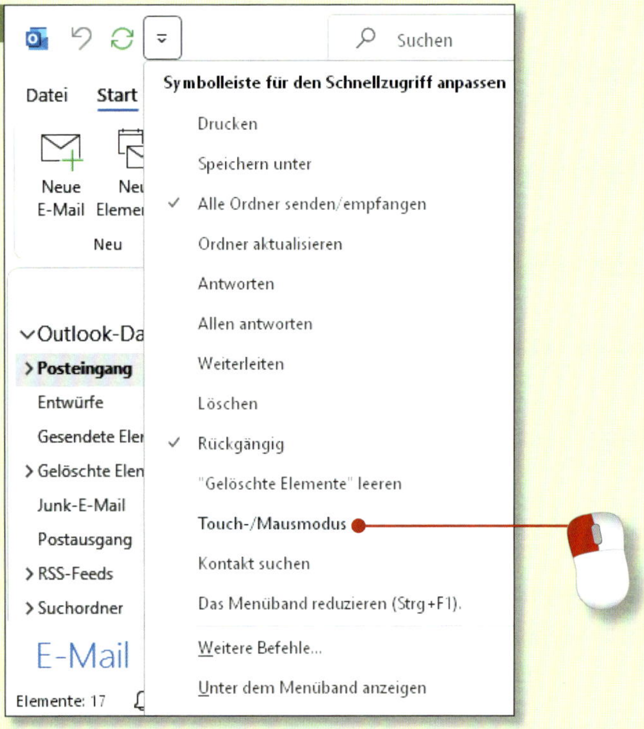

Schritt 1

Klicken Sie auf die Pfeilspitze am Ende der Symbolleiste für den Schnellzugriff.

Schritt 2

Es öffnet sich das Aufklappmenü **Symbolleiste für den Schnellzugriff anpassen** mit aktivierten und deaktivierten Befehlen. Klicken Sie auf die Option **Touch-/Mausmodus**.

3

Schritt 3

Es erscheint das dazugehörige Symbol in der Leiste. Klicken Sie darauf. Nun können Sie den Abstand zwischen Befehlen für die Fingereingabe optimieren. Das farblich unterlegte Symbol ❶ zeigt die aktuelle Auswahl. Klicken Sie jetzt auf den Befehl **Fingereingabe** ❷.

Schritt 4

Nun sehen Sie die meisten Elemente der Benutzeroberfläche, insbesondere im Menüband ❸, in die Breite gezogen. Die Schaltflächen und Befehle stehen nun wesentlich weiter auseinander. Sie sind jetzt für die Eingabe mit dem Finger optimiert.

4

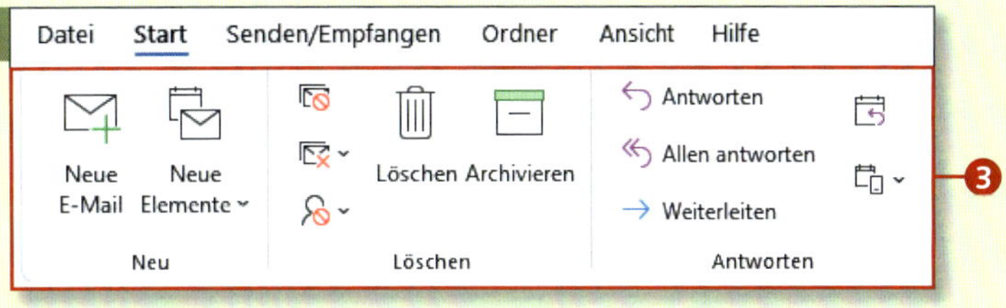

Schritt 5

Im Bereich **E-Mail** befinden sich zusätzlich die wichtigsten Bediensymbole zum Bearbeiten von E-Mails ❹ am äußersten rechten Rand der Outlook-Benutzeroberfläche. Von oben nach unten handelt es sich um die Befehle **Löschen**, **Antworten**, **Als ungelesen markieren**, **Verschieben**, **Zur Nachverfolgung**, **Vorheriges Element**, **Nächstes Element**.

5

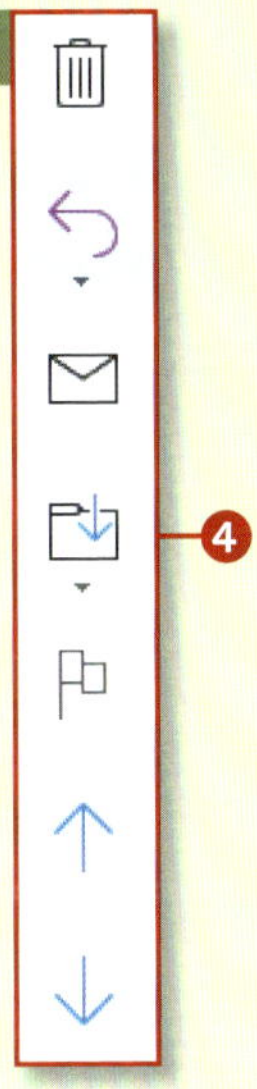

Schritt 6

Hier sehen Sie im direkten Vergleich die Abstände der Symbole des Menübandes im Fingermodus ❺ und im Mausmodus ❻.

6

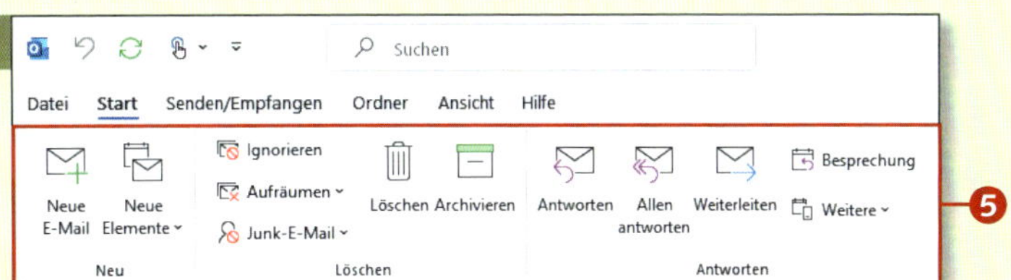

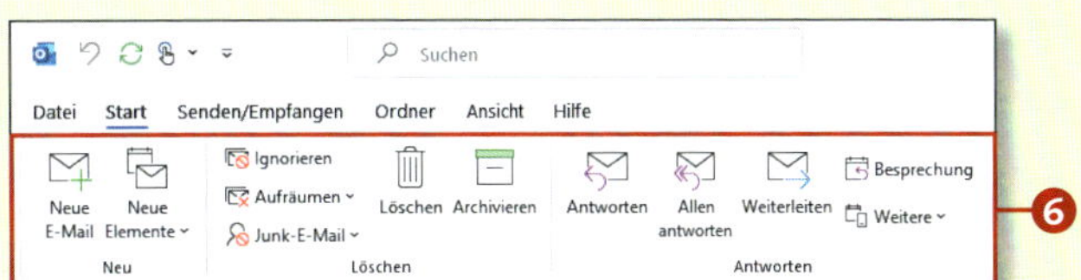

Mit Ordnern arbeiten

Ordner enthalten die verschiedenen Outlook-Elemente, seien es E-Mails, Termine, Kontakte, Aufgaben oder Notizen. Sie erfahren, was Sie mit den Ordnern alles machen können.

1
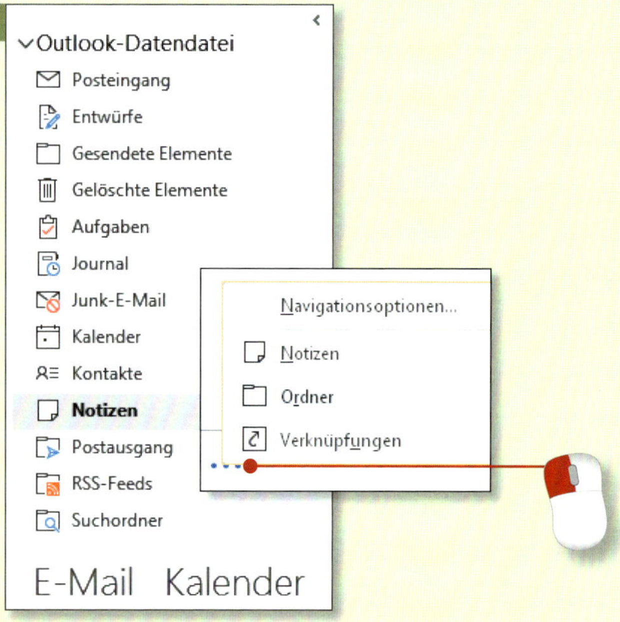

Schritt 1

Klicken Sie im unteren Bereich auf das Symbol mit den drei Punkten und danach auf **Ordner**. Auf diese Weise öffnen Sie den gleichnamigen Bereich. Sie finden hier aufgelistet alle Ordner für E-Mails, Kalender, Kontakte, Aufgaben und Notizen.

2
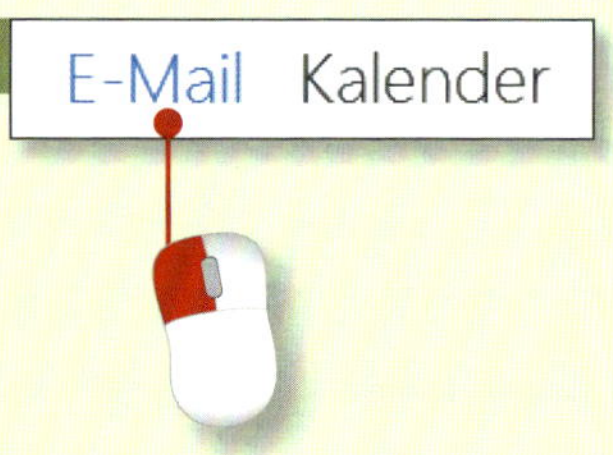

Schritt 2

Klicken Sie auf **E-Mail**, um diesen Bereich zu sehen.

3
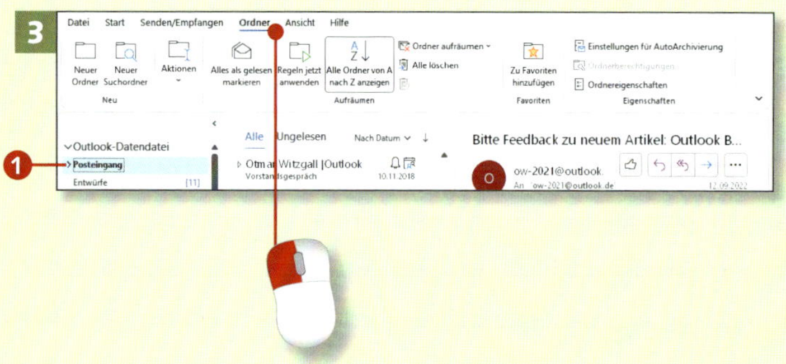

Schritt 3

Abhängig vom markierten Ordner finden Sie auf der Registerkarte **Ordner** alle Informationen und Bearbeitungsmöglichkeiten, z. B. für den **Posteingang** ❶.

Alternative zur Registerkarte »Ordner«

Markieren Sie den gewünschten Ordner, und öffnen Sie mit gedrückter rechter Maustaste das *Kontextmenü*. Darin finden Sie alle Befehle, die sich auch auf der Registerkarte **Ordner** befinden.

Schritt 4

Legen Sie einen neuen E-Mail-Ordner an. Klicken Sie in der Gruppe **Neu** auf **Neuer Ordner**. Alternativ rufen Sie den Assistenten für neue Ordner mit der Tastaturkombination [Strg] + [⇧] + [E] auf.

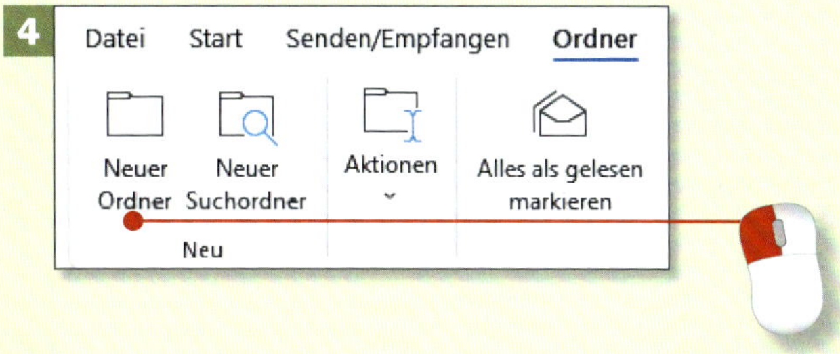

Schritt 5

Es öffnet sich das Fenster **Neuen Ordner erstellen**. Tippen Sie bei **Name** einen aussagefähigen Begriff – hier »Projekt A« – in das Eingabefeld. Wählen Sie über das Auswahlmenü den Typ des Ordners aus, in unserem Fall **E-Mail und bereitgestellte Elemente** ❷. Im Abschnitt **Ordner soll angelegt werden unter:** markieren Sie z. B. den Ordner **Posteingang**, und bestätigen Sie mit **OK**.

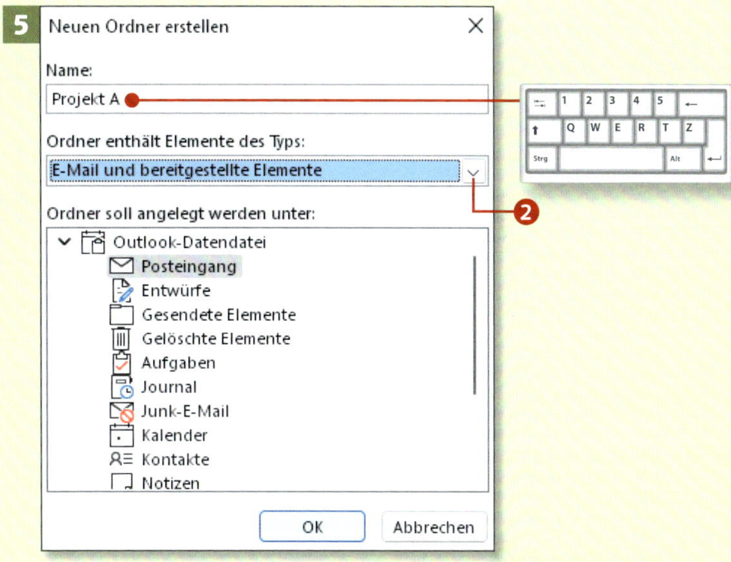

Schritt 6

Der neue Ordner wird als Unterordner im Posteingang angelegt. Somit bekommt der Posteingang eine Pfeilspitze zum Auf- und Zuklappen. Klicken Sie auf die Pfeilspitze, um den von Ihnen erstellten Unterordner zu sehen.

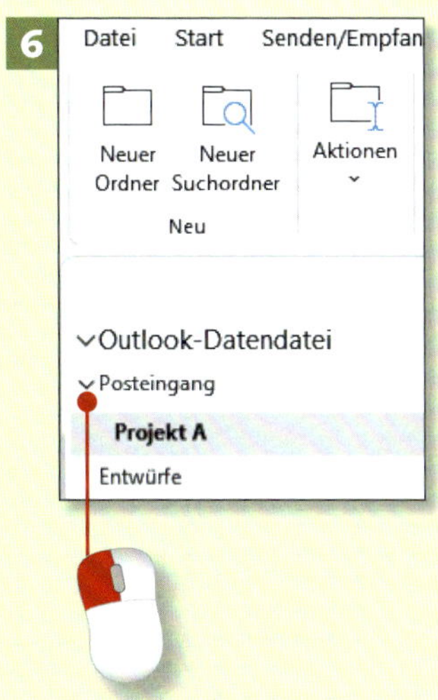

Zwischen Outlook-Bereichen navigieren

Zum Navigieren zwischen Bereichen gibt Ihnen Outlook einige sehr hilfreiche Funktionen an die Hand.

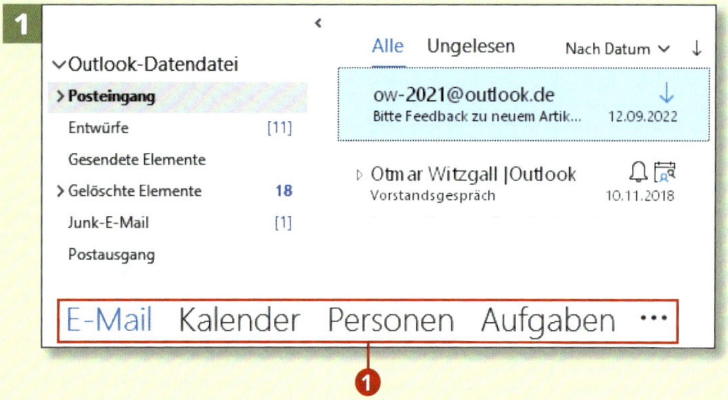

Schritt 1

Im unteren Teil des Outlook-Fensters befinden sich die Begriffe zum Starten der Outlook-Bereiche ❶. Klicken Sie auf einen der Begriffe, um ihn zu öffnen.

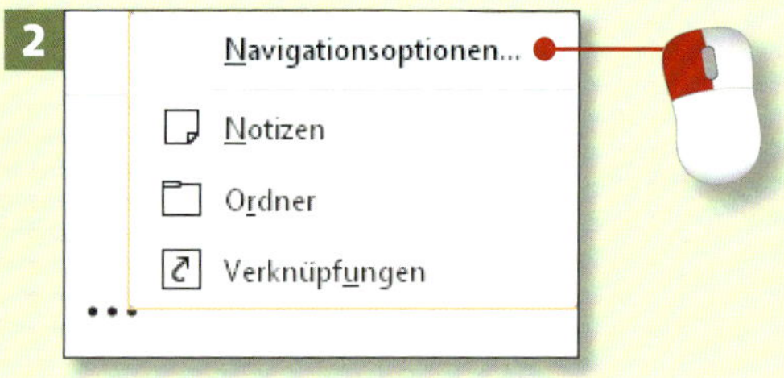

Schritt 2

Sind Ihnen die Begriffe zu unübersichtlich, dann lassen Sie sich den Text als Symbole anzeigen. Klicken Sie auf das Symbol mit den drei Punkten und dann auf **Navigationsoptionen**.

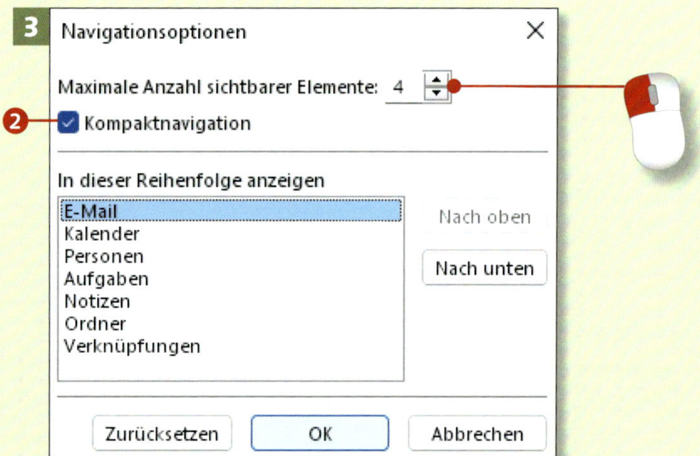

Schritt 3

Setzen Sie im Fenster **Navigationsoptionen** ein Häkchen bei **Kompaktnavigation** ❷, und wählen Sie bei **Maximale Anzahl sichtbarer Elemente** über die Pfeilspitzen die Option **4** aus. Schließen Sie mit **OK**.

Navigationsoptionen variieren

Ändern Sie die Reihenfolge der Bereiche über die Schaltflächen **Nach oben** bzw. **Nach unten**.

Schritt 4

Jetzt sind die Begriffe den Symbolen ❸ gewichen. Sie haben nun mehr Übersicht und öffnen die Outlook-Bereiche schneller.

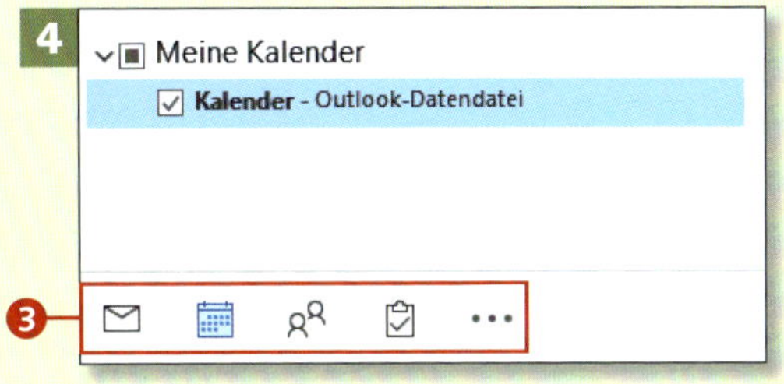

Schritt 5

Sie wollen mit mehreren Bereichen gleichzeitig arbeiten? Kein Problem! Klicken Sie auf der Registerkarte **Ansicht** in der Gruppe **Fenster** auf **In neuem Fenster öffnen**.

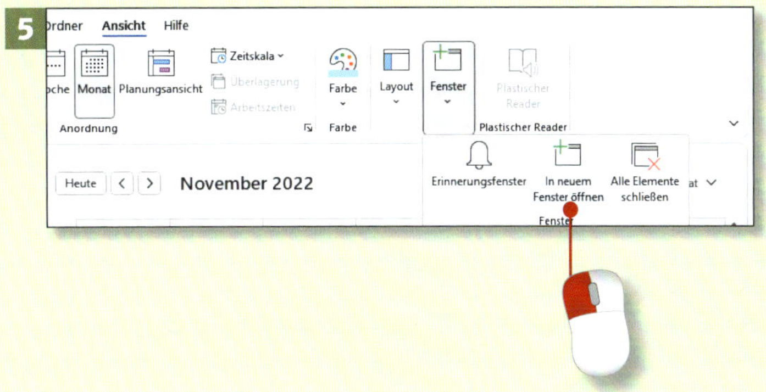

Schritt 6

Schon öffnet sich z. B. ein zweiter Kalender. Klicken Sie auf **E-Mail**. Nun haben Sie ein Fenster mit einem **Kalender** ❹ und ein weiteres Fenster mit dem Bereich **E-Mail** ❺ geöffnet. Es lassen sich beliebig viele Bereiche gleichzeitig in einem neuen Fenster öffnen und auf dem Bildschirm verteilen.

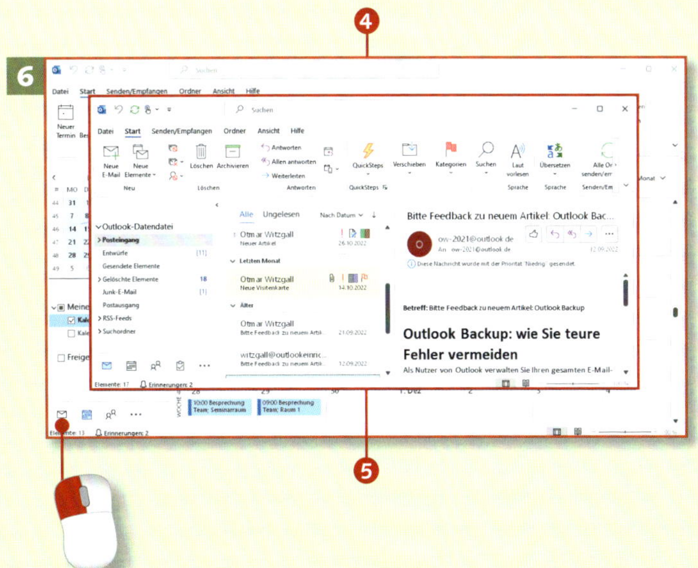

Navigieren mit Tastaturbefehlen

Wesentlich schneller geht der Aufruf der Bereiche mit Tastaturkombinationen. Die Bereiche sind von **E-Mail** (1) bis **Ordner** (6) durchnummeriert. Starten Sie z. B. den Bereich **Personen** bei gedrückter Strg-Taste mit der Zahl 3, also mit Strg + 3.

Die Outlook-Hilfe nutzen

Outlook bietet Ihnen zwei unterschiedliche Arten von wertvoller Hilfe für Ihre Fragen sowohl online als auch offline an – also mit und ohne Internet.

1

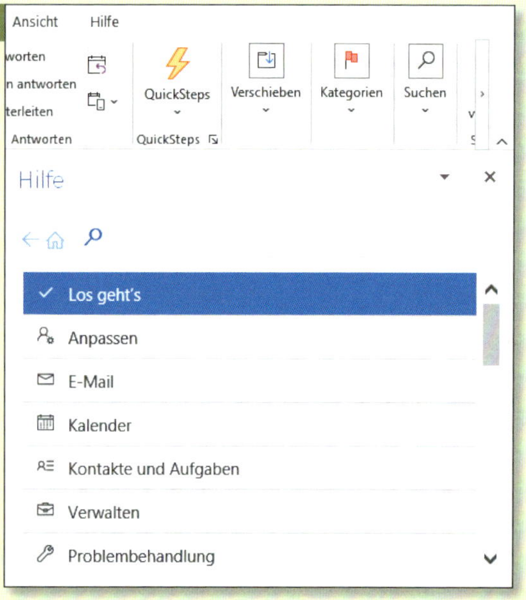

Schritt 1

Starten Sie die Hilfe-Funktion der Windows-Programme auf der Tastatur mit der Funktionstaste F1. Es öffnet sich die Startseite rechts angedockt mit Themen zu den Top-Kategorien. Klicken Sie auf das gewünschte Thema.

2

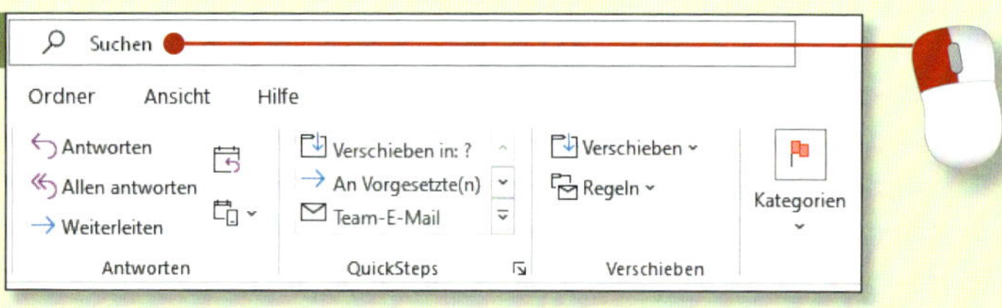

Schritt 2

Noch schneller durchsuchen Sie die Hilfe nach passenden Themen oberhalb der Registerkartenleiste mit dem Eingabefeld **Suchen**. Klicken Sie in das Suchfeld. Sie können es auch mit F3 öffnen.

3

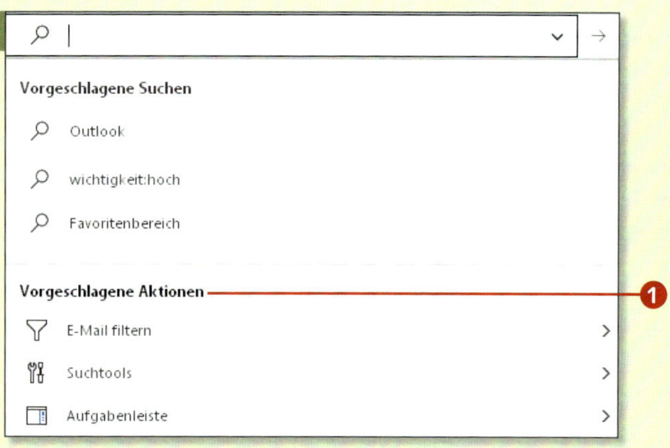

Schritt 3

Es öffnet sich eine Auswahl von Befehlen unter verschiedenen Überschriften, hier **Vorgeschlagene Suchen** und **Vorgeschlagene Aktionen** ❶. Hier werden die Befehle sofort ausgeführt.

Schritt 4

Geben Sie in das Suchfeld z. B. das Stichwort »Priorität« ❷ ein, sehen Sie eine Auflistung von **Vorgeschlagenen Suchen** und sofort ausführbaren **Aktionen** ❸. Ein Klick auf **Hilfe zu »Priorität« erhalten**, führt Sie direkt wieder in die Windows-Hilfe wie in Schritt 1.

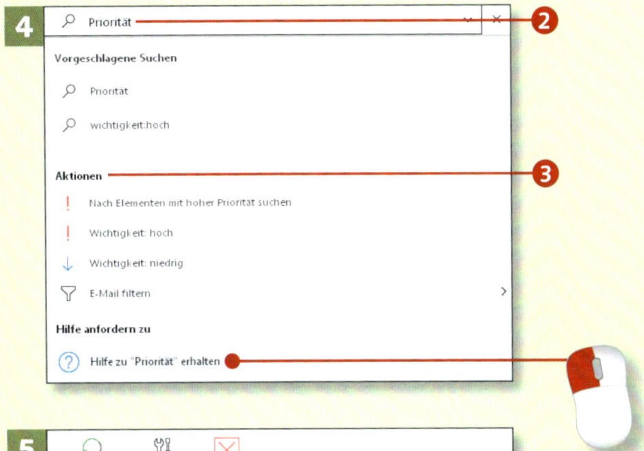

Schritt 5

Zu dem Suchbegriff finden Sie passende Artikel mit Anleitungen. Klicken Sie auf die erste Überschrift.

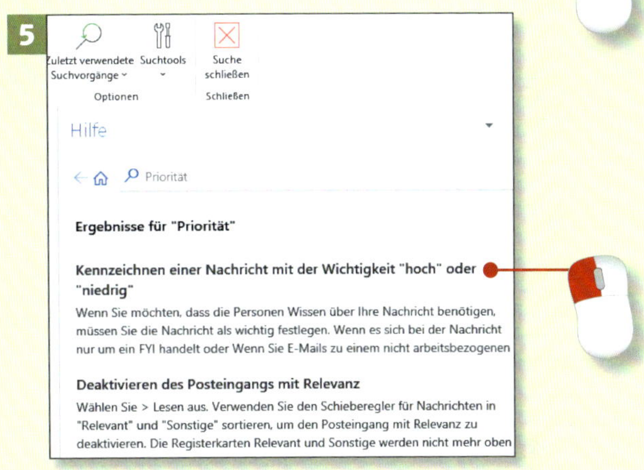

Schritt 6

Es öffnet sich der gewünschte Artikel. Schritt für Schritt werden Sie angeleitet, wie Sie E-Mails mit Prioritäten kennzeichnen. Mit Klick auf das Haussymbol ❹ kommen Sie auf die Hilfe-Startseite wie in Schritt 1 zurück. Ein Klick auf das Schließkreuz ❺ beendet das Hilfe-Fenster.

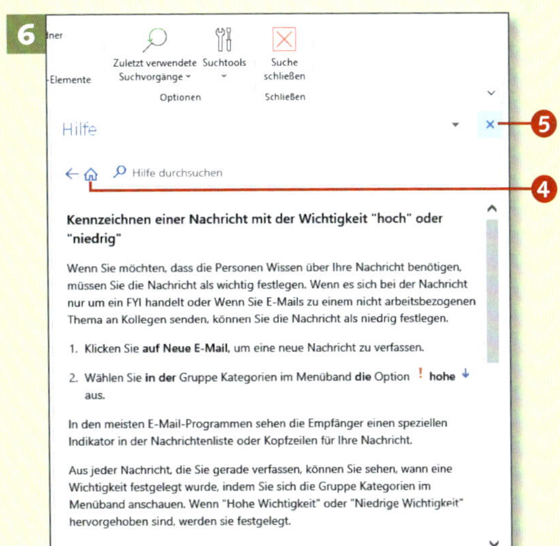

Suchergebnisse und Internet

Bei Verwendung der Hilfe-Funktion sollten Sie immer online sein. So erhalten Sie die bestmögliche Hilfe auf Ihre Fragen.

Kapitel 2
E-Mails verfassen und versenden

Hier erfahren Sie, wie Sie eine E-Mail vom E-Mail-Kopf bis zum Nachrichtenteil schreiben und gestalten. Outlook bietet Ihnen zum Speichern und Entwerfen einige Optionen an. Aber Sie wollen die E-Mail auch versenden. Hier erfahren Sie, wie das geht.

Optimieren Sie Ihren Text

Einen Text zu verfassen ist das eine. Die bestmöglichen Ausdrücke dafür zu finden ist das andere. Den Text dann auch noch korrekt zu schreiben ist die Krönung. Dafür stellt Ihnen Outlook eine Reihe von Werkzeugen ❶ zur Verfügung, mit denen Sie einen optimalen Text verfassen.

Nutzen Sie die vielfältigen Möglichkeiten, eine E-Mail zu gestalten

Sie gestalten gerne Texte, geben ihnen eine eigene Handschrift? Oder sind Sie eher dankbar, wenn Sie fertige Vorlagen einfach auswählen können? In Outlook können Sie komplette Designs auswählen ❷. Vielleicht würden Sie gerne ein Lieblingsfoto als Hintergrund für Ihre E-Mail nutzen? Lesen Sie hier, wie es geht!

Senden Sie die E-Mail an einen oder mehrere Empfänger

Sie schreiben eine E-Mail an einen Kunden. Ach ja, die bearbeitenden Mitarbeiter sollten gleich eine Kopie ❸ davon bekommen. Diverse Abteilungsleiter erhalten die E-Mail ebenfalls, um weitere Planungen für die Fertigung vornehmen zu können. Der Kunde braucht dies aber nicht zu wissen. Outlook macht es möglich!

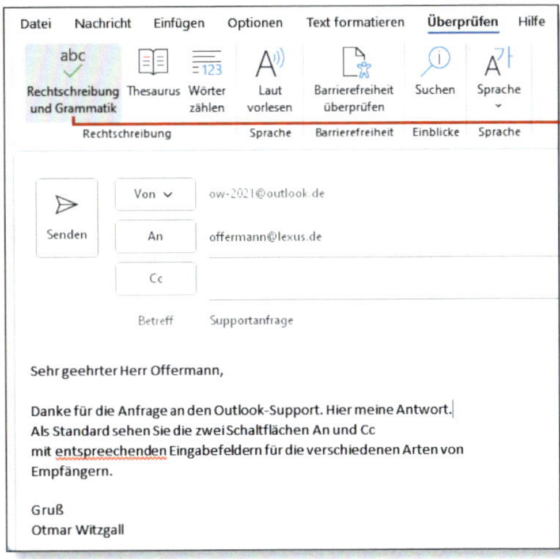

1 Optimieren Sie Ihren Text, und korrigieren Sie Fehler mit dem Befehl **Rechtschreibung und Grammatik**.

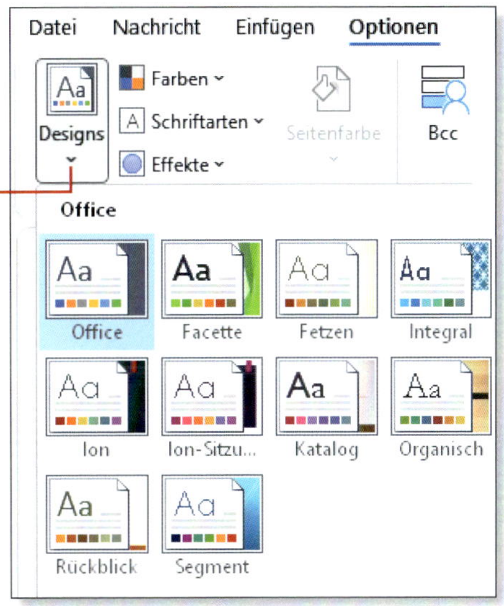

2 Outlook stellt Ihnen verschiedene vorgefertigte Designs zur Verfügung.

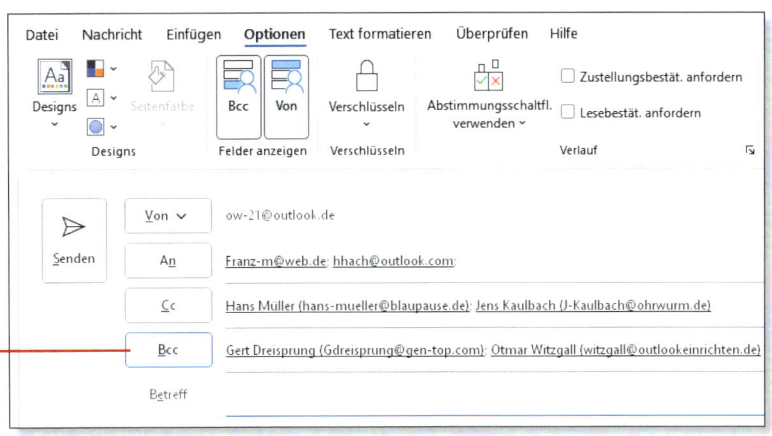

3 Mit der aktivierten Blindkopie (**Bcc**) versenden Sie die E-Mail an weitere Personen, die für den Empfänger nicht sichtbar sind.

Empfänger, Betreff und Co. eingeben

1

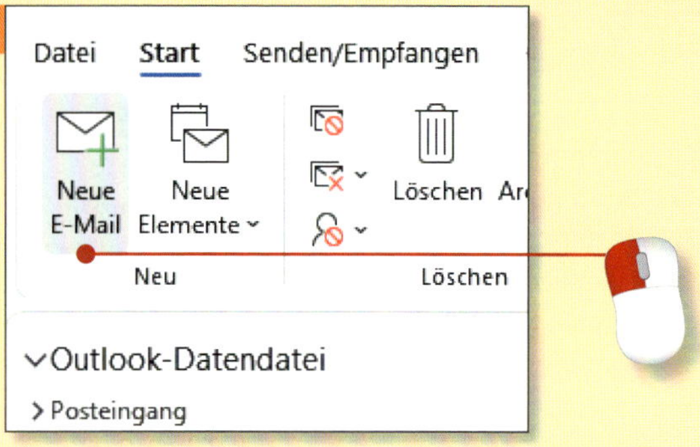

2

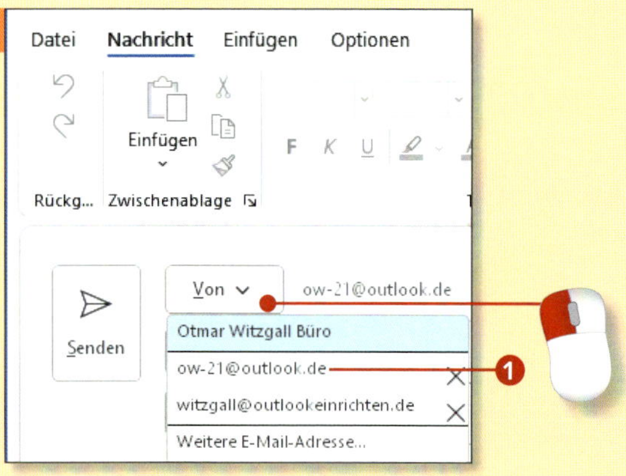

3

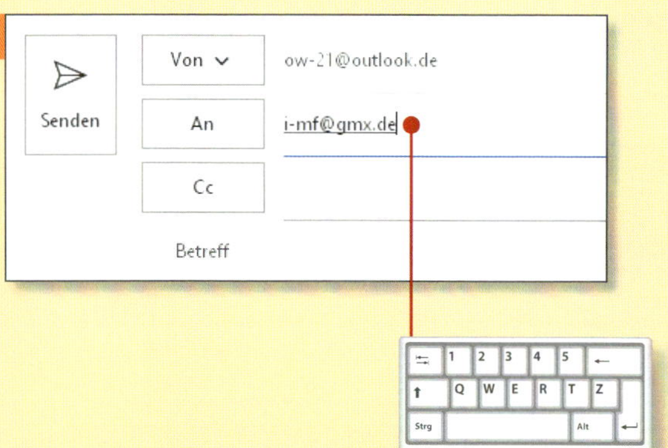

Eine E-Mail ist ein elektronischer Brief. In diesem Abschnitt zeige ich Ihnen wesentliche Inhalte eines E-Mail-Kopfes.

Schritt 1

Klicken Sie im **Posteingang** auf der Registerkarte **Start** in der Gruppe **Neu** auf **Neue E-Mail**. Alternativ starten Sie eine neue E-Mail aus jedem beliebigen Outlook-Bereich mit der Tastenkombination Strg + ⇧ + M.

Schritt 2

Es öffnet sich eine neue E-Mail. Bei dem Absender **Von** ist Ihre Standard-E-Mail-Adresse eingetragen ❶. Wenn Sie mehrere E-Mail-Konten verknüpft haben, klicken Sie auf den Pfeil bei der Schaltfläche **Von**. Sie sehen weitere Auswahlmöglichkeiten. Mehr dazu lesen Sie im Abschnitt »Kontoeinstellungen ändern« ab Seite 254.

Schritt 3

Die nächstliegende Möglichkeit, eine E-Mail-Adresse einzufügen, ist, sie einfach einzutippen. Geben Sie also in das Eingabefeld neben **An** die E-Mail-Adresse des Empfängers ein.

Schritt 4

Sollten Sie sich nur an einen Teil des Namens erinnern, schreiben Sie diesen in das Empfängerfeld **An** ❷. Klicken Sie auf der Registerkarte **Nachricht** in der Gruppe **Namen** auf **Namen überprüfen**. Alternativ überprüfen Sie den eingetippten Namen mit der Tastenkombination [Strg] + [K].

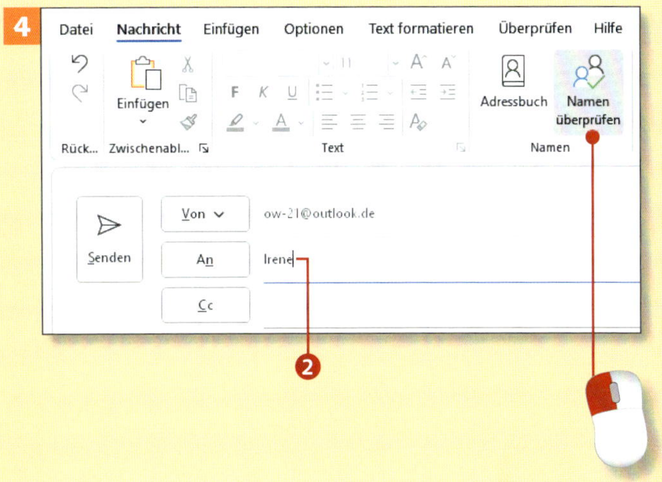

Schritt 5

Findet Outlook bei der Überprüfung der gespeicherten Kontakte die eingegebene Zeichenfolge, so ergänzt das Programm im Empfängerfeld automatisch die E-Mail-Adresse ❸.

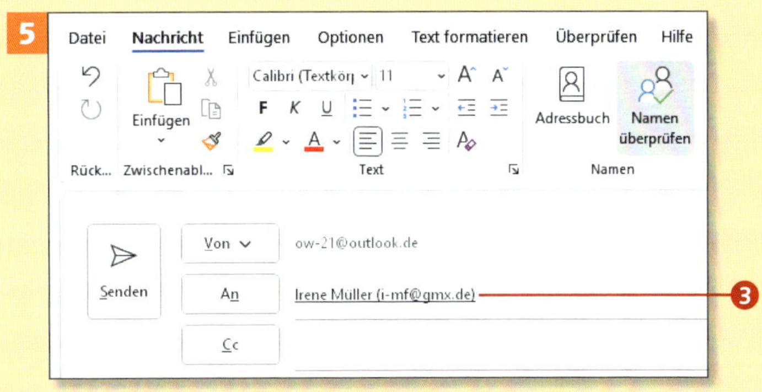

Schritt 6

Eine weitere Möglichkeit, E-Mail-Adressen einzugeben, ist das *Adressbuch*. Bei dieser Variante müssen Sie nichts eintippen, sondern benutzen ausschließlich Ihre Maus. Klicken Sie auf die Schaltfläche **An**.

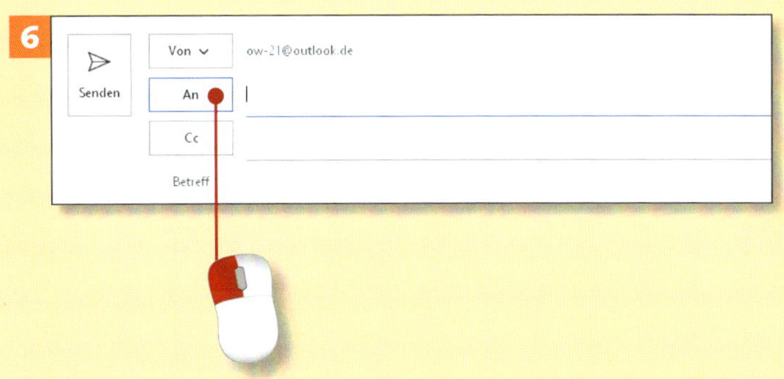

Mehr über das Adressbuch …

… erfahren Sie in den Kapiteln »Ein Adressbuch anlegen« ab Seite 152 und »Das Adressbuch für E-Mails verwenden« ab Seite 182.

Empfänger, Betreff und Co. eingeben (Forts.)

7

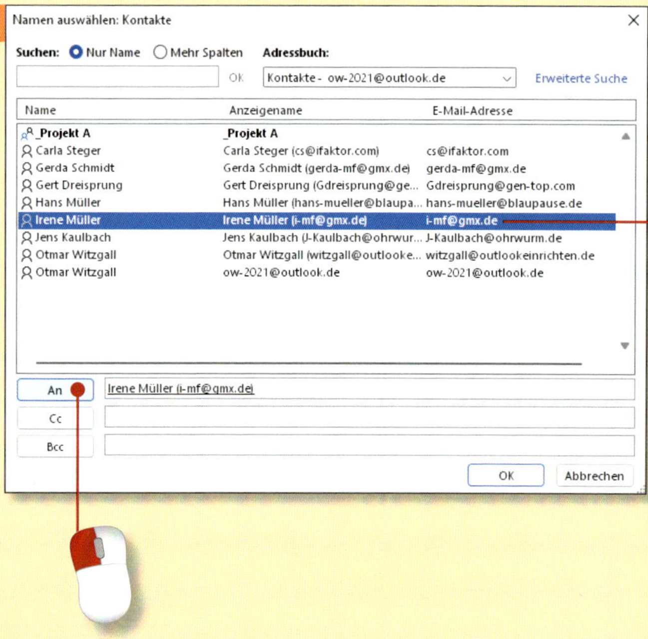

Schritt 7

Es öffnet sich das Fenster **Namen auswählen: Kontakte**. Markieren Sie den gewünschten Namen ❶, und übernehmen Sie die Auswahl mit einem Klick auf **An**. Schließen Sie das Fenster mit **OK**.

8

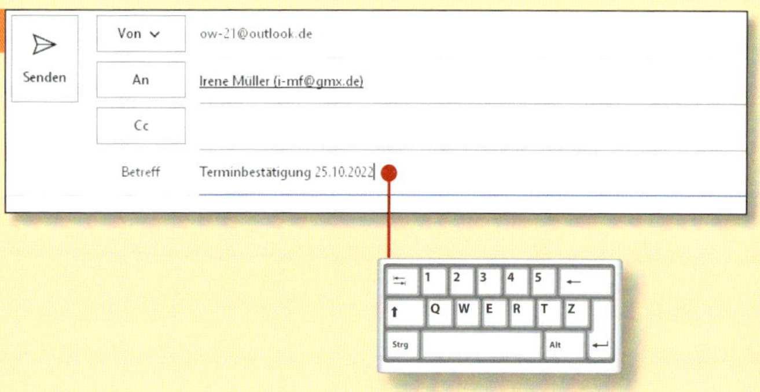

Schritt 8

Tippen Sie in das Eingabefeld **Betreff** eine Art Zusammenfassung, die das Anliegen der E-Mail erkennen lässt. Wichtig: Sie müssen nicht zwingend einen Betreff eingeben. Ohne Betreff machen Sie es Ihren jeweiligen Empfängern aber unnötig schwer – und nicht zuletzt ist es auch eine Frage der Höflichkeit.

9

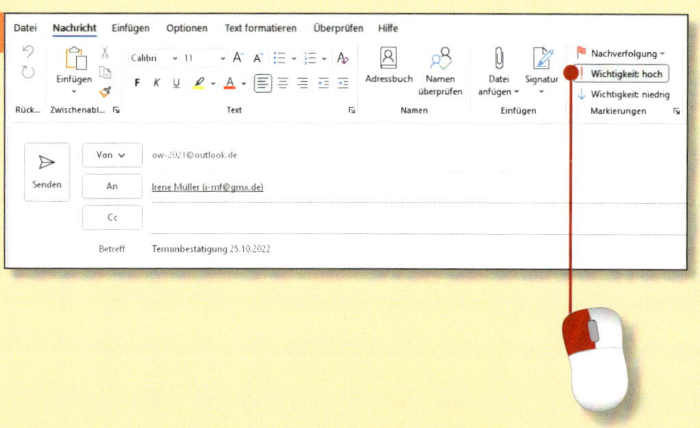

Schritt 9

Geben Sie an, wie wichtig Sie den Inhalt für den Empfänger einschätzen. Sie wählen zwischen **hoch** und **niedrig** aus. Keine Auswahl bedeutet automatisch *normal*. Klicken Sie auf der Registerkarte **Nachricht** in der Gruppe **Markierungen** auf **Wichtigkeit: hoch**. Die E-Mail erhält damit ein rotes Ausrufezeichen. Setzen Sie diese Möglichkeit aber mit Bedacht ein.

Schritt 10

Geben Sie der E-Mail noch einen digitalen »Knoten im Taschentuch« mit, die sogenannte **Nachverfolgung** oder Wiedervorlage. Klicken Sie dazu in der Gruppe **Markierungen** auf **Nachverfolgung** und dann auf **Nächste Woche**.

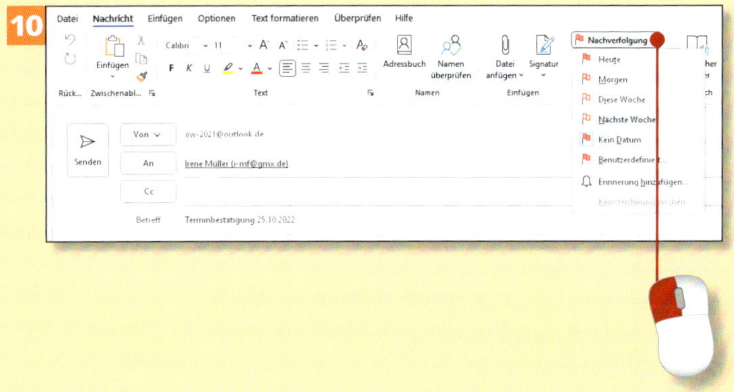

Schritt 11

Im E-Mail-Kopf werden Sie darüber informiert, dass in diesem Beispiel am Montag, dem 26. September 2022, die Nachverfolgung beginnt und am Freitag, dem 30 September 2022, fällig ist ❷.

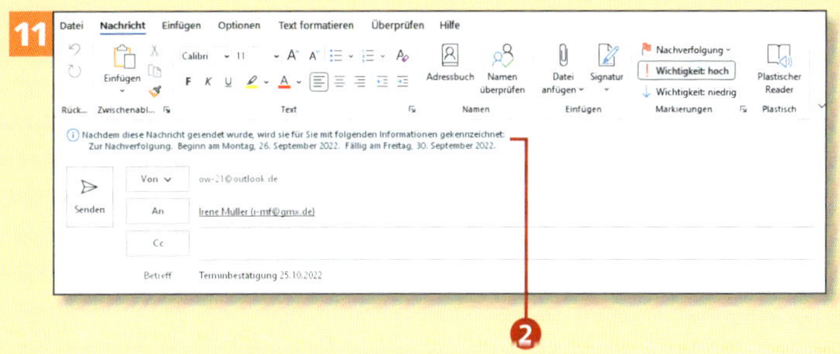

Schritt 12

In der gesendeten E-Mail sehen Sie das rote Ausrufezeichen, das für *Wichtigkeit: hoch* steht, und das rot eingefärbte Fähnchen für die Nachverfolgung ❸.

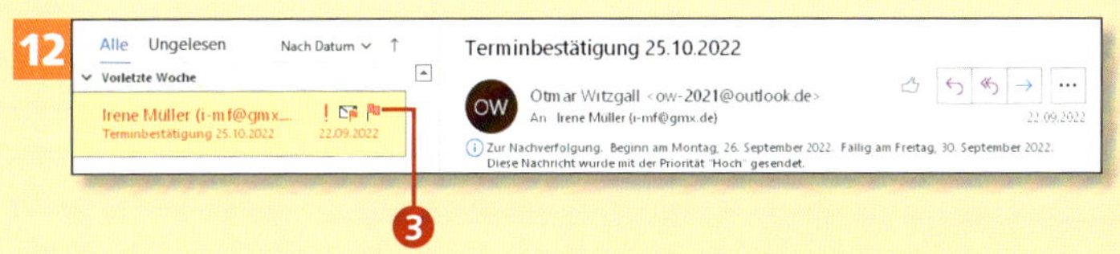

Mehr zur Nachverfolgung …

… oder zum »digitalen Knoten im Taschentuch« zeige ich Ihnen im Abschnitt »Nachrichten zur Nachverfolgung kennzeichnen« ab Seite 112.

Eine E-Mail an mehrere Empfänger versenden

Neben der Zustellung an den eigentlichen Empfänger können Sie Ihre E-Mail mit den Befehlen »Cc« und »Bcc« auch weiteren Empfängern zusenden.

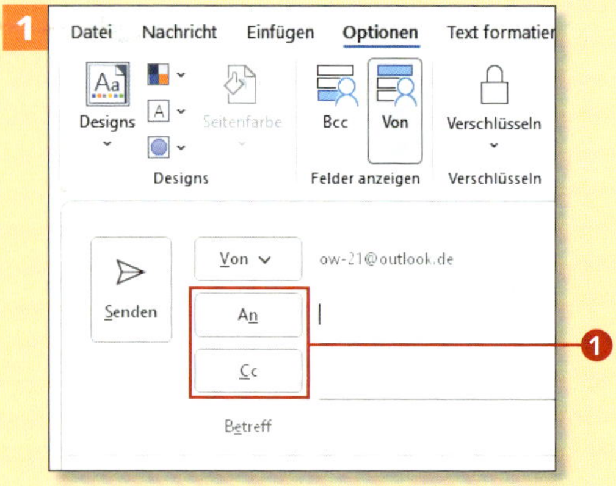

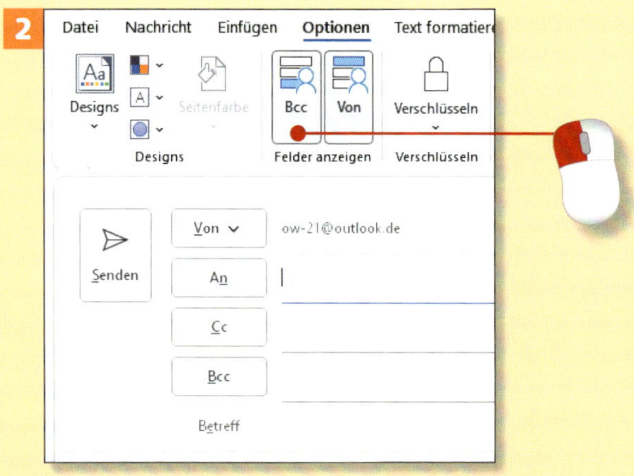

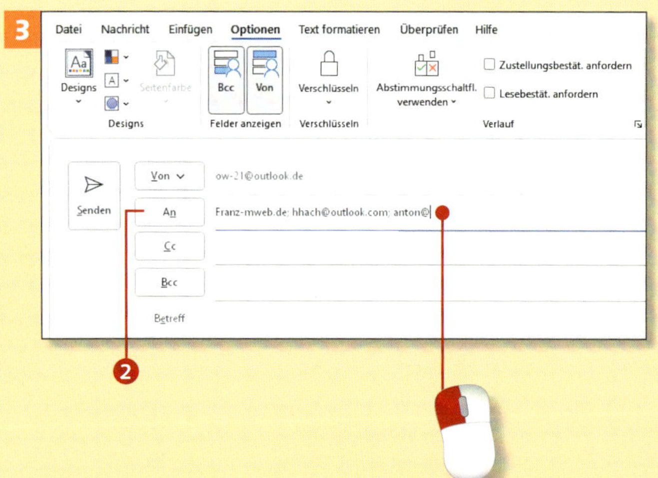

Schritt 1

Öffnen Sie eine neue E-Mail mit Strg + ⇧ + M. Als Standard sehen Sie die zwei Schaltflächen **An** und **Cc** ❶ mit entsprechenden Eingabefeldern für die verschiedenen Empfängergruppen.

Schritt 2

Aktivieren Sie die zusätzliche Schaltfläche **Bcc** über die Registerkarte **Optionen** in der Gruppe **Felder anzeigen**. Bcc steht für *blind carbon copy* und bedeutet wörtlich »unsichtbarer Durchschlag«, meint also eine Blindkopie.

Schritt 3

Tippen Sie in das Feld **An** einen oder mehrere Hauptempfänger Ihrer Nachricht ein. Achten Sie darauf, nach jeder Adresse ein Semikolon einzufügen. Alternativ fügen Sie die E-Mail-Adressen über **An** ❷ und das *Outlook-Adressbuch* ein, wie im vorigen Abschnitt beschrieben.

Schritt 4

Fügen Sie in das Feld **Cc** weitere Empfänger hinzu. Cc steht für *carbon copy*, also eine Kopie. Die unter Cc stehenden Empfänger erhalten die Nachricht demnach als Kopie zur Kenntnis.

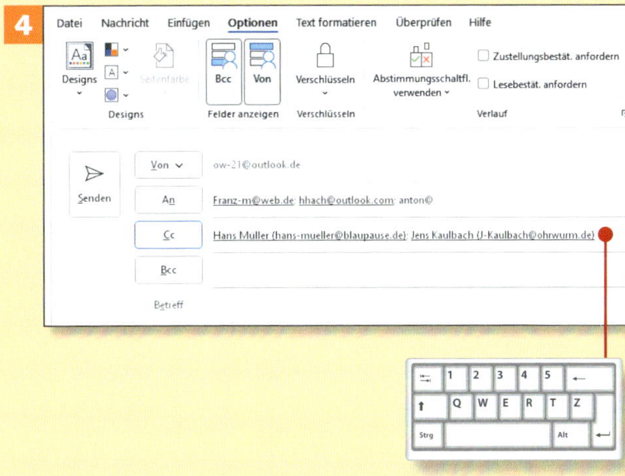

Schritt 5

Die im Feld **Bcc** ❸ stehenden Empfänger sind für diejenigen Empfänger, die in den Feldern **An** und **Cc** stehen, beim Empfang der E-Mail nicht sichtbar.

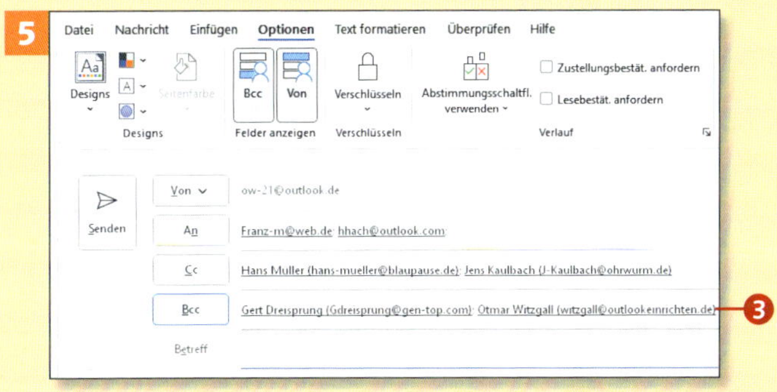

Schritt 6

Die Eingabe des Betreffs vervollständigt die notwendigen Informationen für den E-Mail-Kopf. Klicken Sie dazu in das Feld **Betreff**.

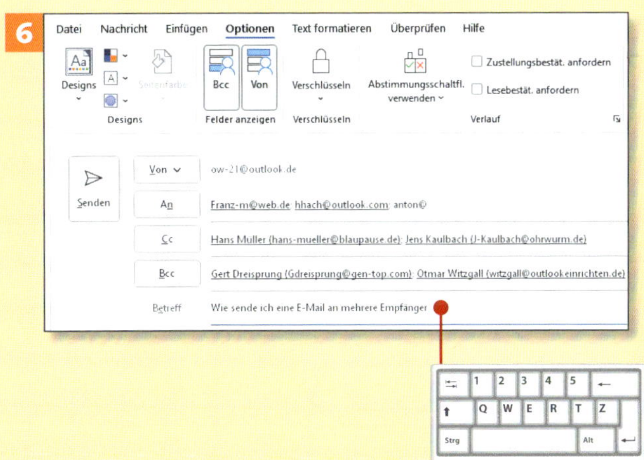

Wann ist »Bcc« sinnvoll?
Blindkopien sollten dann eingesetzt werden, wenn die Bcc-Empfänger untereinander nicht erkennbar kommunizieren und man davon ausgehen kann, dass sie ihre E-Mail-Adressen nicht ausgetauscht haben.

Text eingeben

1

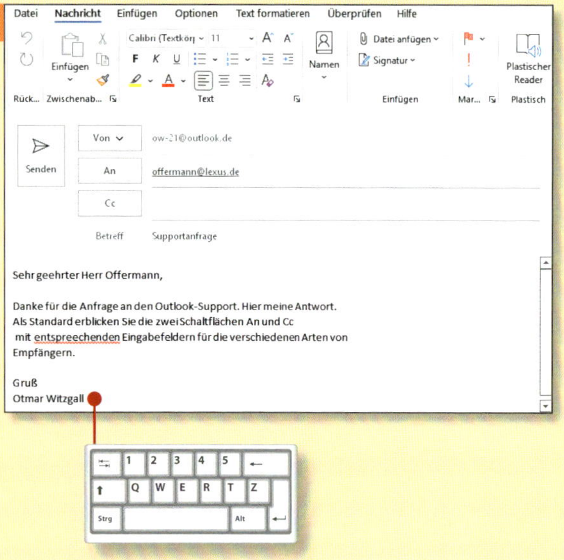

2

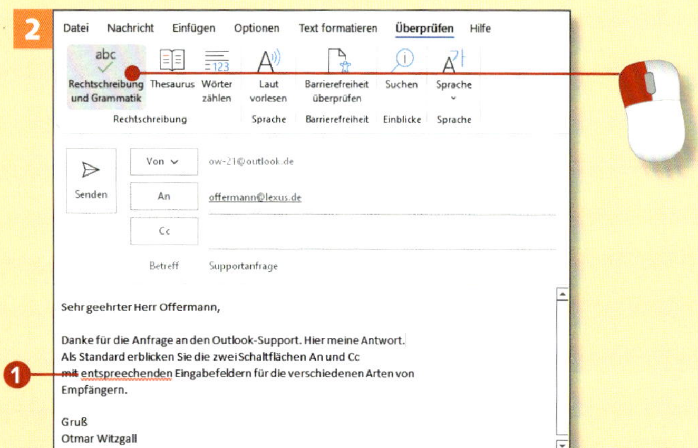

3

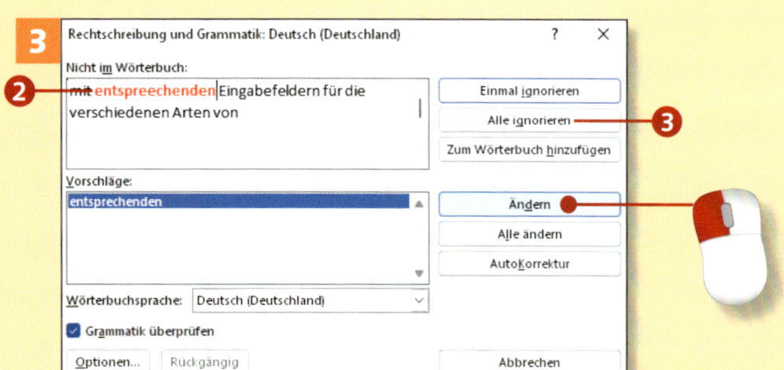

In diesem Abschnitt zeige ich Ihnen, wie Sie einen eingegebenen Text korrigieren, optimieren und in eine gewünschte Sprache übersetzen lassen.

Schritt 1

Öffnen Sie eine neue Nachricht mit [Strg] + [⇧] + [M]. Füllen Sie Empfänger und Betreff aus, und schreiben Sie einen kurzen Text.

Schritt 2

Ihnen fällt sicher das rot unterstrichene Wort auf – es ist falsch geschrieben ❶. Klicken Sie auf der Registerkarte **Überprüfen** in der Gruppe **Rechtschreibung** auf **Rechtschreibung und Grammatik**. Alternativ starten Sie die Rechtschreibprüfung mit der Taste [F7].

Schritt 3

Es öffnet sich das Fenster **Rechtschreibung und Grammatik**. Das falsche Wort erscheint im oberen Feld rot ❷. Im unteren Bereich sehen Sie **Vorschläge**. Klicken Sie zur Korrektur des Wortes auf **Ändern**. Sollten Sie ein Wort gebraucht haben, das korrekt geschrieben ist, klicken Sie alternativ auf **Alle ignorieren** ❸.

Schritt 4

Findet Outlook keinen weiteren Fehler, sehen Sie die Meldung **Die Rechtschreibprüfung ist abgeschlossen**. Schließen Sie das Fenster mit **OK**.

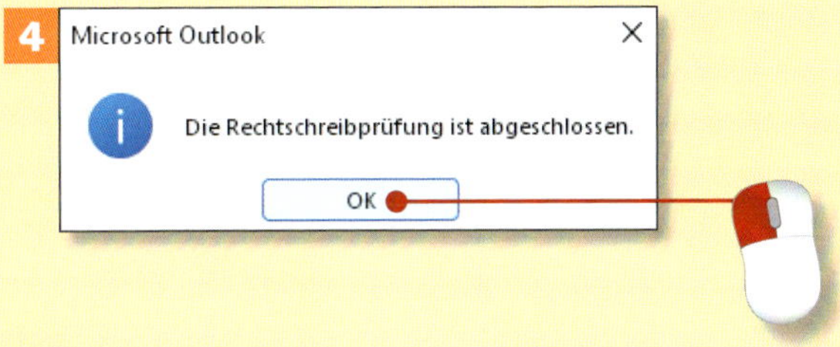

Schritt 5

Sie möchten den ungewohnt klingenden Ausdruck »erblicken« durch ein geläufigeres Wort ersetzen? Markieren Sie den Ausdruck ❹ mit einem Doppelklick, und klicken Sie auf **Thesaurus**.

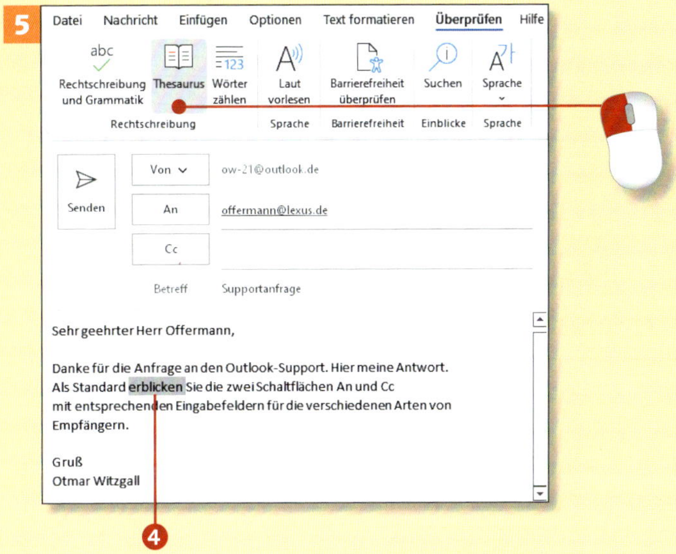

Schritt 6

Es öffnet sich das Fenster **Thesaurus**. Hier finden Sie sinnverwandte Verben zu dem eingegebenen Begriff »erblicken«. Wählen Sie den gewünschten Begriff aus, und bestätigen Sie die Übernahme in Ihre E-Mail mit **Einfügen**.

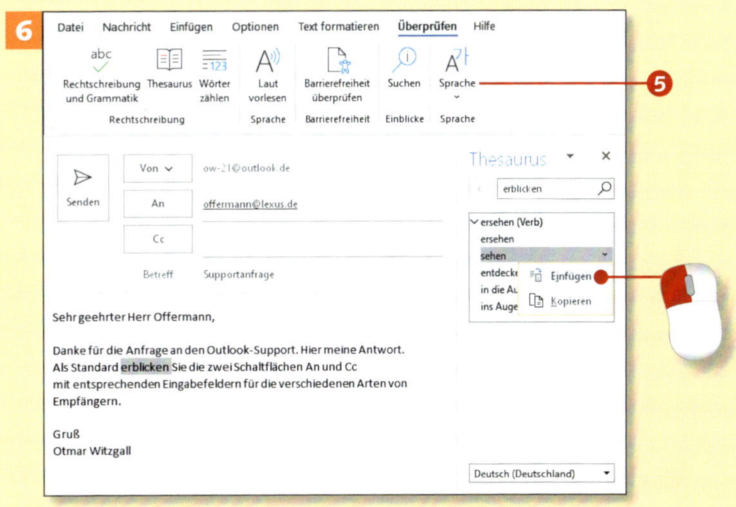

Rechtschreibprüfung in Fremdsprachen

Über die Schaltfläche **Sprache** ❺ (in der Abbildung zu Schritt 6) können Sie auch die Rechtschreibprüfung für Fremdsprachen festlegen.

Text eingeben (Forts.)

7

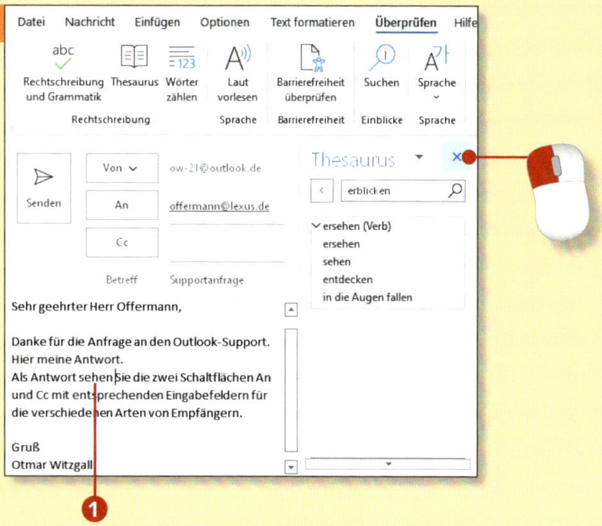

Schritt 7

Der Begriff ist durch »sehen« ersetzt worden ❶. Blenden Sie den Thesaurus durch einen Klick auf das Schließkreuz wieder aus.

8

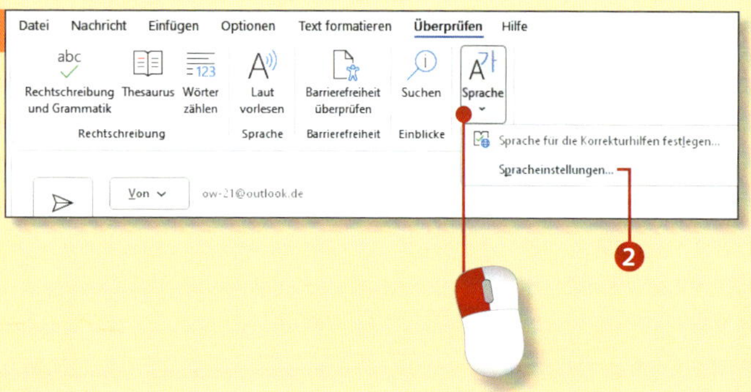

Schritt 8

Sie wollten den Text eigentlich auf Englisch schreiben? Kein Problem! Klicken Sie auf der Registerkarte **Überprüfen** in der Gruppe **Sprache** auf den Pfeil nach unten und dann auf **Spracheinstellungen** ❷.

9

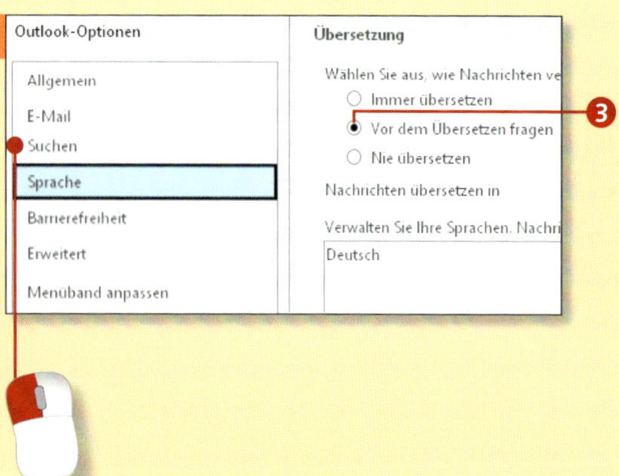

Schritt 9

Es öffnet sich das Fenster **Outlook-Optionen**. Wählen Sie die Option **Suchen** aus. Im rechten Bereich **Übersetzung** aktivieren Sie **Vor dem Übersetzen fragen** ❸.

Für alle, die mit Texten arbeiten

Wenn Sie mit Vorgaben für die Länge von Texten arbeiten, können Sie mit **Überprüfen ▸ Rechtschreibung ▸ Wörter zählen** kontrollieren, ob Sie auf Kurs sind.

Schritt 10

In der Zeile **Nachrichten übersetzen in** klicken Sie beim Auswahlfenster auf den Pfeil und wählen als Übersetzungssprache hier **Englisch** aus. Schließen Sie das Fenster mit **OK**.

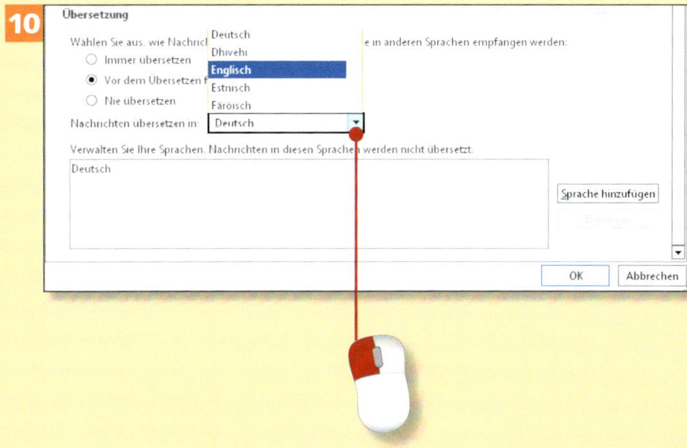

Schritt 11

Markieren Sie den zu übersetzenden Text mit [Strg] + [A]. Klicken Sie mit der rechten Maustaste in den markierten Text ❹.

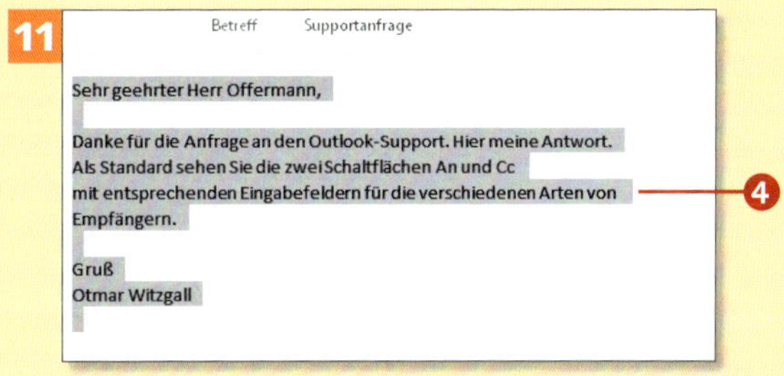

Schritt 12

Im Kontextmenü wählen Sie **Übersetzen** aus. Neben dem Rechtspfeil öffnet sich ein Fenster mit dem übersetzten Text. Klicken Sie in das Fenster. Daraufhin überschreibt der englische Text den markierten Text in der E-Mail.

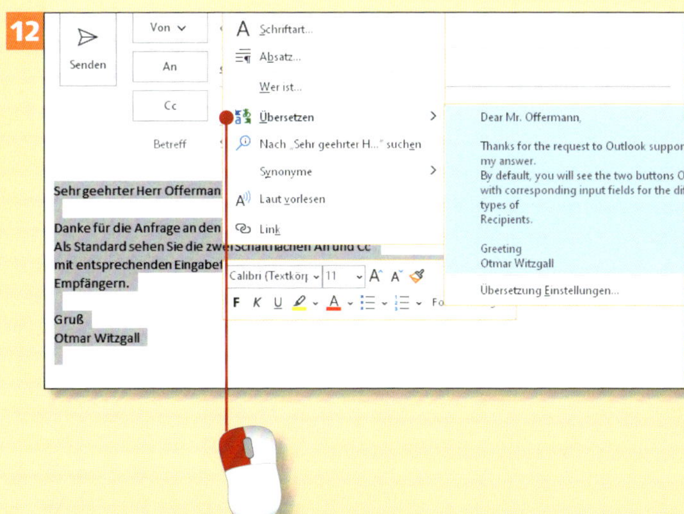

Die E-Mail als Entwurf speichern

Wenn Sie beim Schreiben einer neuen E-Mail, beim Beantworten oder Weiterleiten gestört werden, legen Sie Ihre Nachricht einfach als Entwurf ab.

1

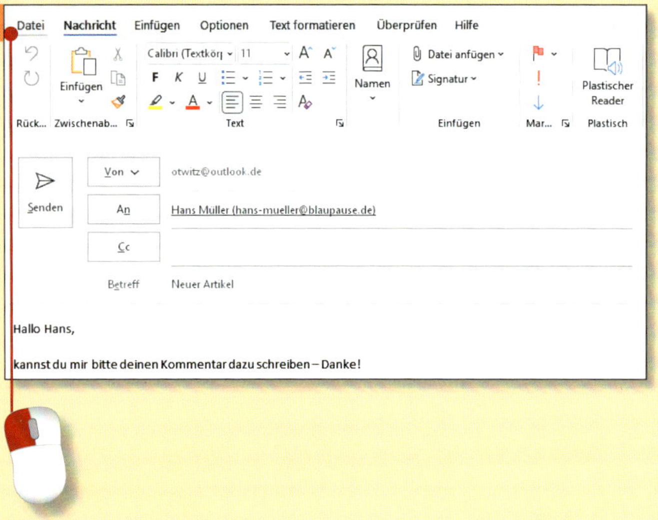

2

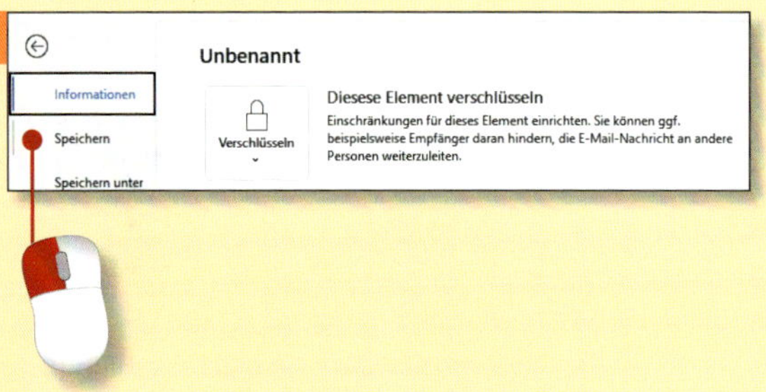

3

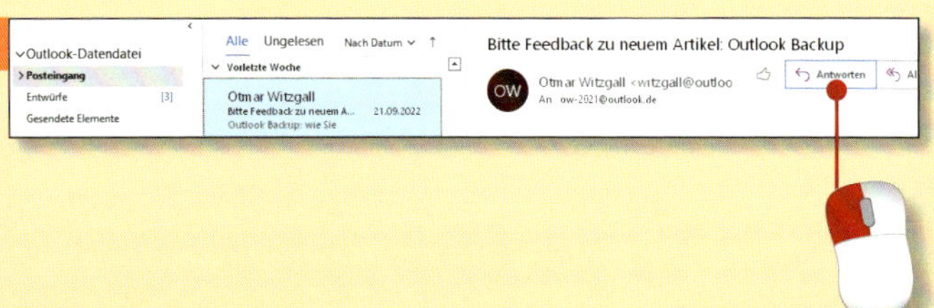

Schritt 1

Starten Sie ein neues Nachrichtenformular mit der Tastenkombination [Strg] + [⇧] + [M]. Schreiben Sie den Nachrichtentext. Sie werden unterbrochen und können die E-Mail nicht beenden? Legen Sie sie daher unter **Entwurf** ab. Klicken Sie dazu auf die Registerkarte **Datei**.

Schritt 2

In der Backstage-Ansicht klicken Sie auf **Speichern**. Die E-Mail erscheint sofort im Ordner **Entwürfe**. Wir schauen uns aber zuerst die zweite Möglichkeit an, eine E-Mail als Entwurf zu speichern.

Schritt 3

Klicken Sie im **Posteingang** auf eine Nachricht und oberhalb des Lesebereichs auf das Zurück-Symbol für den Befehl **Antworten**.

»Posteingang« oder »Entwürfe«?

Wenn Sie in einer absehbaren Zeitspanne die E-Mail im Posteingang weiterverarbeiten, lassen Sie sie im Ordner **Posteingang**. Sonst empfehle ich, sie im Ordner **Entwürfe** weiterzubearbeiten. Der Posteingang als Briefkasten sollte leer sein.

Schritt 4

Die E-Mail bekommt im Posteingang die rote Kennzeichnung **[Entwurf]** ❶. Die neu geöffnete Registerkarte **Nachricht** ❷ zeigt, dass im Posteingang eine Nachricht bearbeitet wird. Sie schreiben einen Text, schicken die E-Mail aber erst später ab. Mit Strg + S speichern Sie die E-Mail ab.

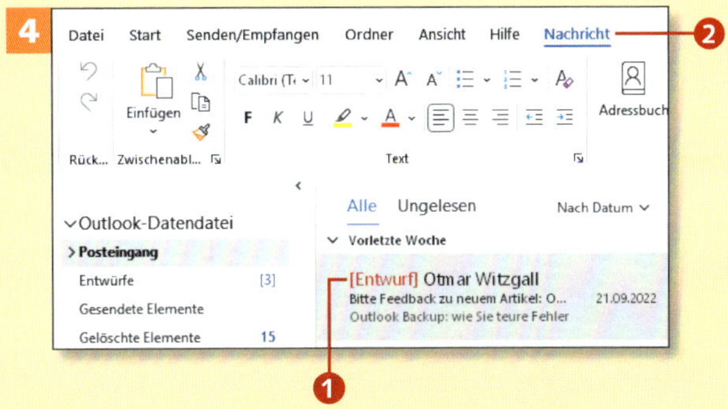

Schritt 5

Auch im Ordner **Entwürfe** sehen Sie dieselbe E-Mail in ihrem bearbeiteten Zustand ❸. Hier fehlt die Kennzeichnung **[Entwurf]** wie im Posteingang, weil sich die E-Mail ja im Ordner für **Entwürfe** befindet.

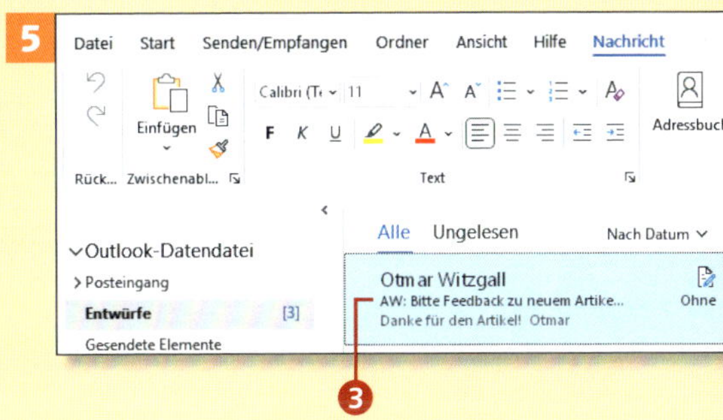

Schritt 6

Sie sehen eine Gegenüberstellung der Ordner **Posteingang** und **Entwürfe**: Bearbeiten Sie in einem Ordner die E-Mail ❹, übernimmt die E-Mail im anderen Ordner die Veränderung ❺. Falls Sie die E-Mail im Posteingang löschen, bleibt sie im Ordner **Entwürfe** zur Bearbeitung erhalten.

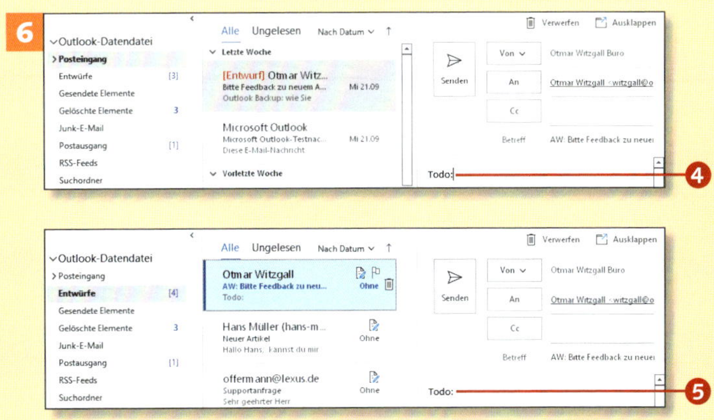

Die E-Mail versenden

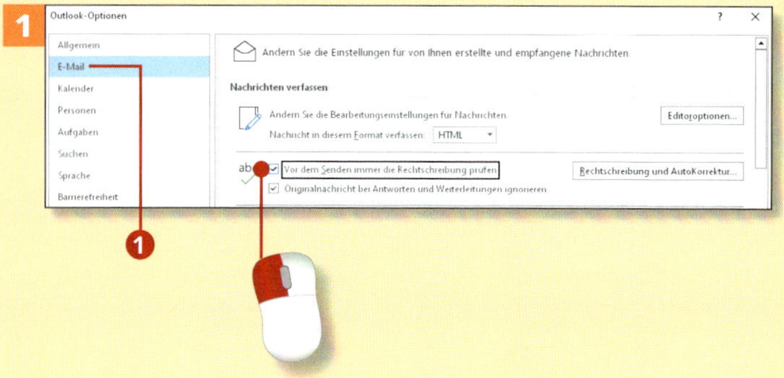

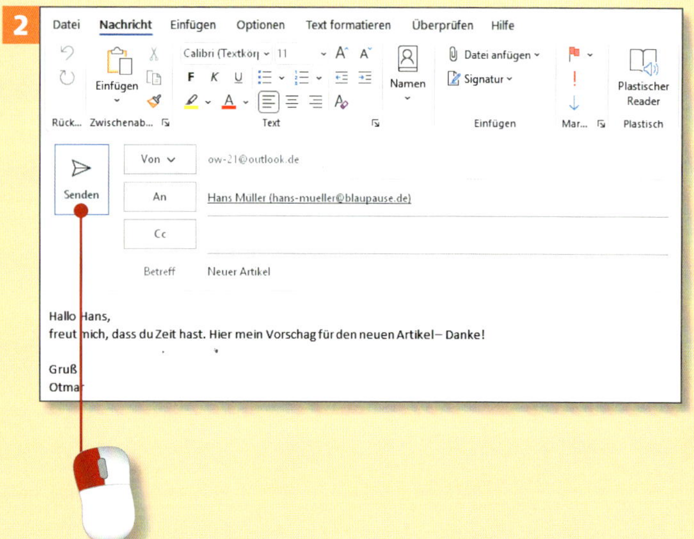

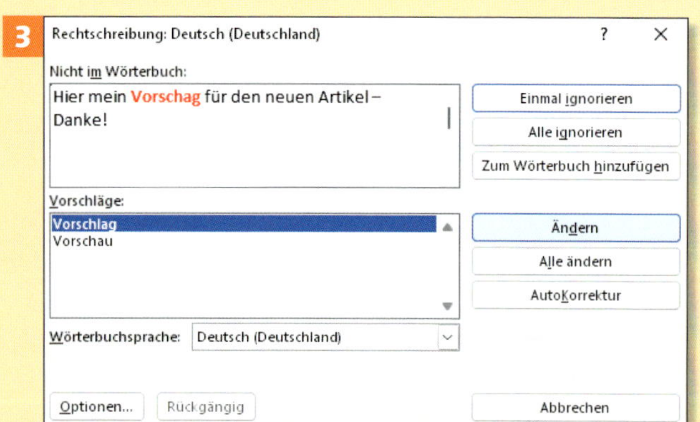

Jetzt bringen Sie die Nachricht auf den Weg. Zuvor prüfen Sie aber noch, ob Sie auch wirklich alles richtig geschrieben haben.

Schritt 1

Klicken Sie auf die Registerkarte **Datei** und in der Backstage-Ansicht auf **Optionen**. In den **Outlook-Optionen** wählen Sie links den Bereich **E-Mail** ❶. Setzen Sie bei **Vor dem Senden immer die Rechtschreibung prüfen** ein Häkchen, und schließen Sie das Fenster mit **OK** (in der Abbildung nicht zu sehen).

Schritt 2

Öffnen Sie ein neues Nachrichtenformular mit Strg + ⇧ + M. Tragen Sie den Empfänger und den Betreff ein. Wenn Sie den Text eingegeben haben, klicken Sie auf **Senden**. Alternativ schicken Sie die E-Mail mit der Tastenkombination Strg + ↵ ab.

Schritt 3

Falls im Betreff und Text noch Fehler enthalten sind, startet die Rechtschreibprüfung, wie im Abschnitt »Text eingeben« ab Seite 44 beschrieben.

Schritt 4

Zur Kontrolle der E-Mail im Postausgang wählen Sie **Datei ▸ Optionen ▸ Erweitert**. Scrollen Sie bis zum Abschnitt **Senden und Empfangen**. Stellen Sie sicher, dass **Bei bestehender Verbindung sofort senden** ❷ nicht aktiv ist. Schließen Sie das Fenster mit einem Klick auf **OK**.

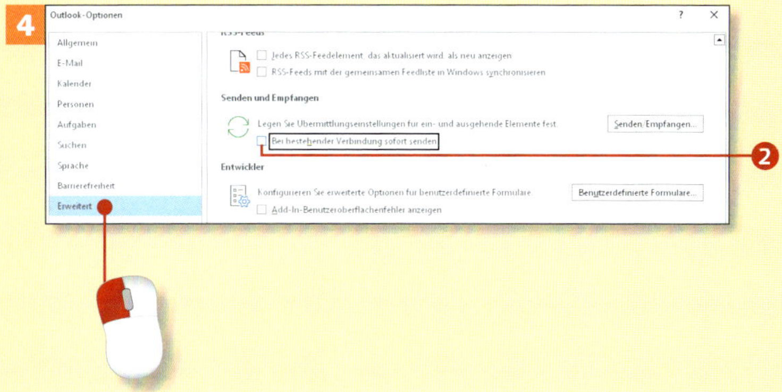

Schritt 5

Mit dieser Einstellung befindet sich die E-Mail zum Versenden im Postausgang. Sie erkennen dies an der Ziffer zwischen den Klammern ❸. Klicken Sie auf **Postausgang**.

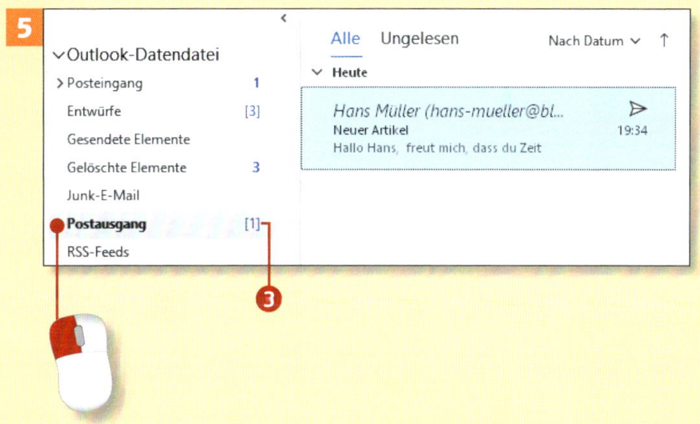

Schritt 6

Möchten Sie die E-Mail versenden, klicken Sie auf der Registerkarte **Senden/Empfangen** in der Gruppe **Senden und Empfangen** auf **Alle senden** – alternativ können Sie auch die Funktionstaste F9 verwenden.

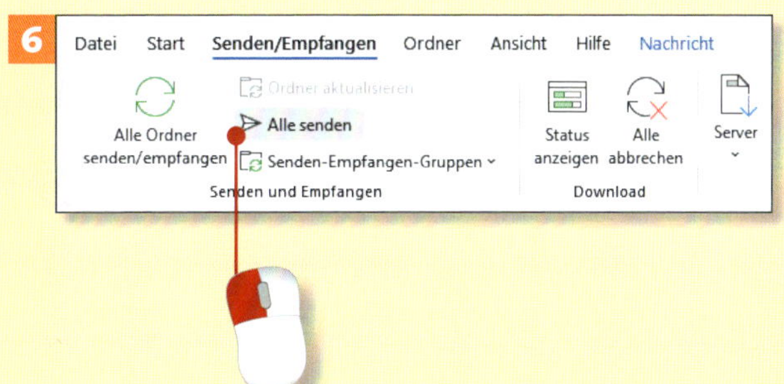

E-Mails sofort versenden

Bei mir hat es sich bewährt, die E-Mails ohne Zwischenaufenthalt sofort zu senden. Deshalb ist **Bei bestehender Verbindung sofort senden** in Schritt 4 ein Häkchen gesetzt. Als Sicherheit habe ich – wie in Schritt 1 beschrieben – die Rechtschreibprüfung aktiviert.

Weitere Sendeoptionen festlegen

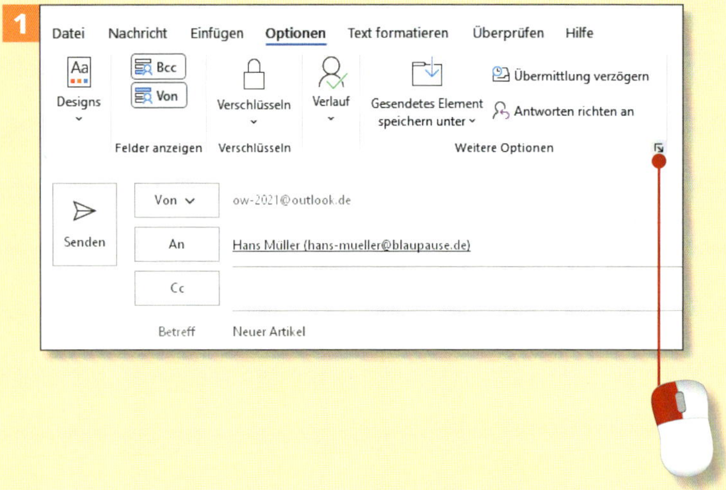

Vielleicht wollen Sie die E-Mail zeitversetzt senden oder die Antwort soll an einen zusätzlichen oder anderen Empfänger gehen.

Schritt 1

Wechseln Sie im Nachrichtenformular auf die Registerkarte **Optionen**. In der Gruppe **Weitere Optionen** sehen Sie drei Befehle, die mit dem E-Mail-Versand zu tun haben. Klicken Sie auf den Dialogfeldstarter.

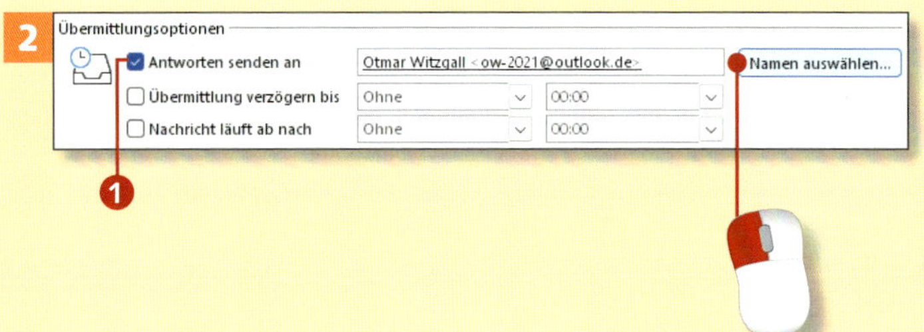

Schritt 2

Setzen Sie im Abschnitt **Übermittlungsoptionen** ein Häkchen bei **Antworten senden an** 1. Ihre Absenderadresse wird eingetragen. Wollen Sie einen zusätzlichen Empfänger für die Antwort angeben, klicken Sie auf **Namen auswählen**.

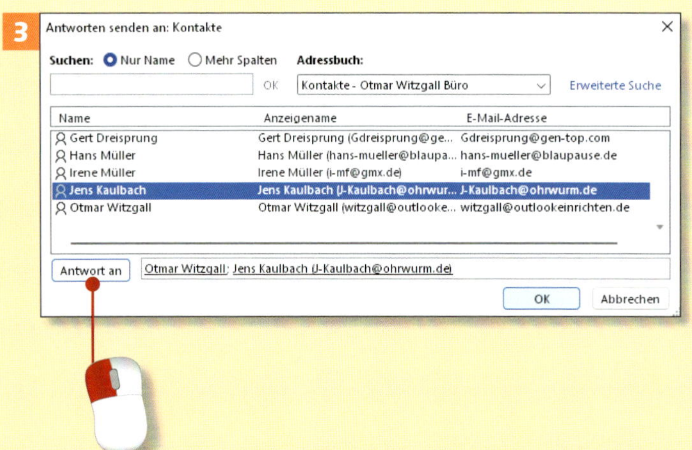

Schritt 3

Wählen Sie einen oder mehrere Kontakte aus, klicken Sie auf **Antwort an**, und schließen Sie mit **OK**.

Automatische Adressübernahme

Klickt der Empfänger in der empfangenen E-Mail auf **Antworten**, dann werden die in Schritt 2 und 3 eingetragenen Adressen automatisch in sein **An**-Feld übernommen.

Schritt 4

Eine weitere Option besteht darin, das Versenden zu verzögern. Setzen Sie dazu ein Häkchen bei **Übermittlung verzögern bis**. Wählen Sie einen Termin und eine Uhrzeit aus.

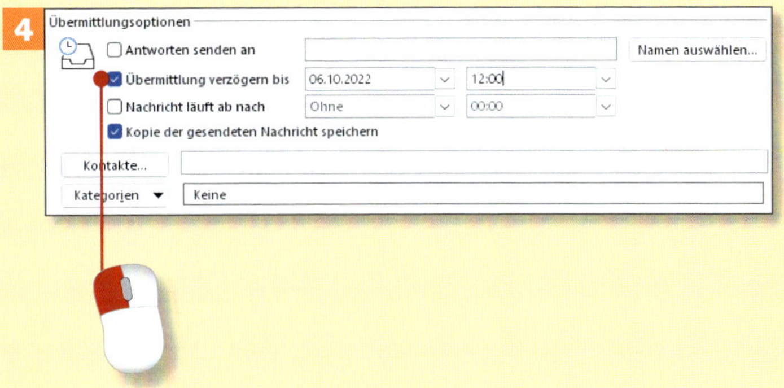

Schritt 5

Sie versenden eine Einladung zu einer Sitzung. Setzen Sie deshalb bei **Nachricht läuft ab nach** ein Häkchen. Wählen Sie dazu den Termin und die Uhrzeit. Nach Ablauf des Termins ist die E-Mail-Adresse im Ordner **Gesendete Elemente** durchgestrichen. Schließen Sie die Eingabemaske **Eigenschaften**.

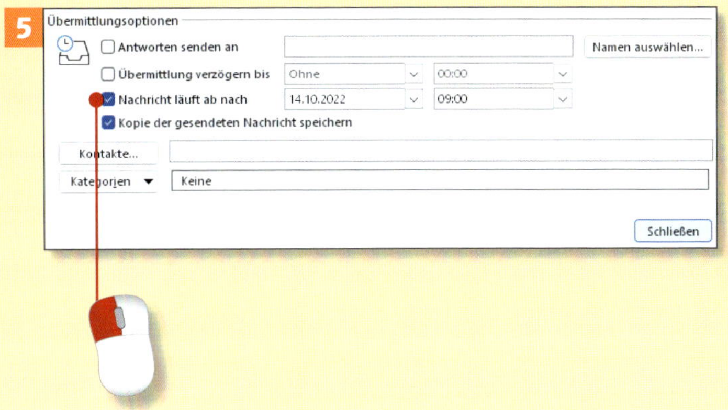

Schritt 6

Jetzt sehen Sie die beiden Befehle **Übermittlung verzögern** und **Antworten richten an** farblich hinterlegt ❷. Dies ist ein Zeichen dafür, dass Optionen eingetragen sind. Klicken Sie auf **Gesendetes Element speichern unter**. Wählen Sie hier **Standardordner verwenden**.

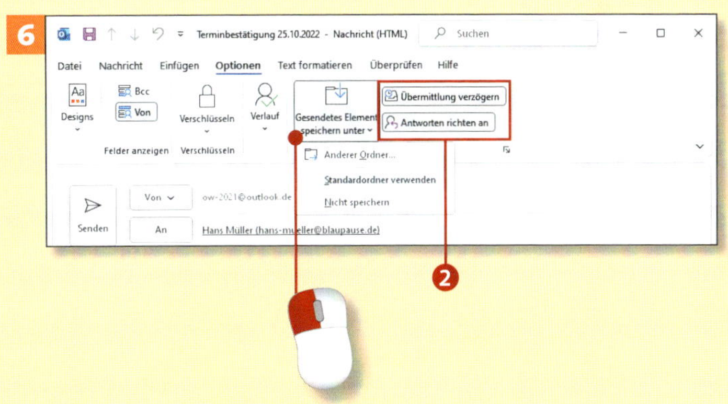

> **»Übermittlung verzögern«**
> Damit Ihre E-Mail zur eingestellten Zeit in Schritt 4 bei **Übermittlung verzögern** versendet werden kann, muss Outlook auf Ihrem Rechner gestartet und online sein.

Den Versand überprüfen

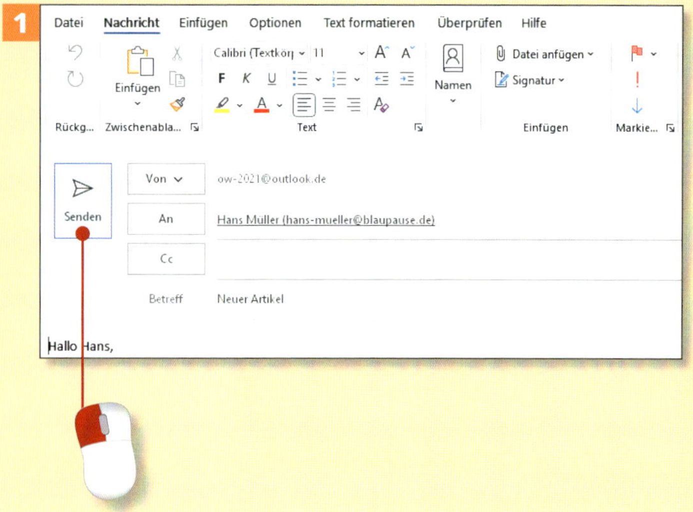

Versendete Nachrichten landen standardmäßig im Ordner »Gesendete Elemente«. Falls die Nachricht den Empfänger nicht erreicht hat, erhalten Sie im Posteingang eine Fehlermeldung.

Schritt 1

Öffnen Sie ein neues E-Mail-Formular mit Strg + ⇧ + M, und tragen Sie den Empfänger und den Betreff ein. Im Nachrichtenfeld schreiben Sie einen Text. Klicken Sie dann auf **Senden**.

Schritt 2

Hat alles funktioniert, erscheint die verschickte E-Mail im Ordner **Gesendete Elemente** ❶.

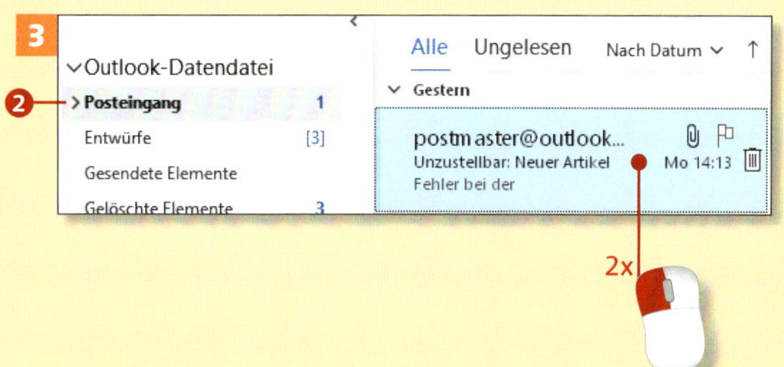

Schritt 3

Sicherheitshalber schauen Sie noch einmal im **Posteingang** ❷ nach, ob dort eine Fehlermeldung eingetroffen ist. Wenn Sie im Posteingang eine Fehlermeldung mit den Sendedaten der versendeten E-Mail vorfinden, ist etwas schiefgelaufen. Öffnen Sie die Nachricht per Doppelklick.

Schritt 4

Der Absender ist das E-Mail-Auslieferungssystem des Providers des Empfängers Ihrer E-Mail. Der Betreff lautet: **Unzustellbar: <<Betreff>>** ❸.

Schritt 5

Im unteren Teil sehen Sie eine Textdatei mit Details. Diese Datei beantwortet die Frage, warum die E-Mail zurückgesendet wurde. Klicken Sie auf den Anhang *details.txt* und danach auf **Dateivorschau**.

Schritt 6

Es folgt ein Text auf Englisch mit vielen technischen Details. Die Frage nach dem Grund der Rücksendung wird im letzten Absatz beantwortet. Unter dem *Diagnostic-Code* steht verkürzt ❹: »User unkown«, also »Benutzer unbekannt«.

4

5
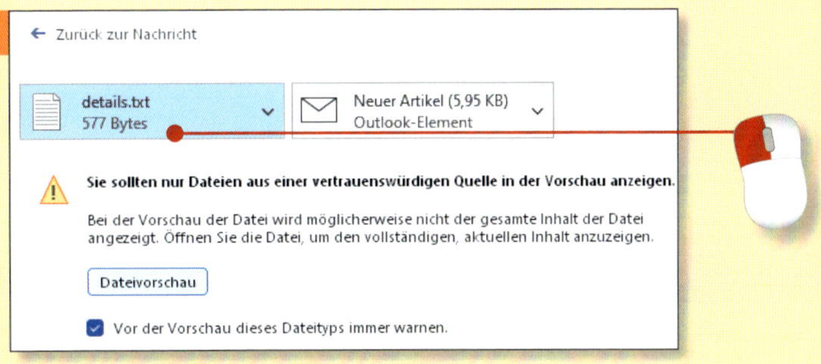

6
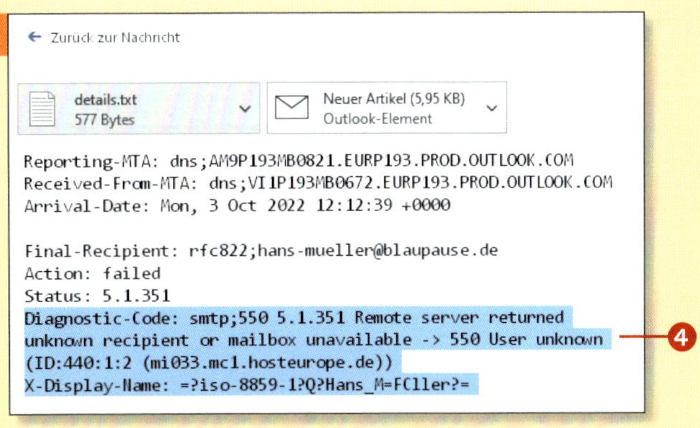

Datei als Anhang öffnen

Wenn Sie in Schritt 5 doppelt auf den Dateianhang klicken, öffnet sich die Datei außerhalb des Nachrichtenteils. Diese Funktion erkläre ich Ihnen im Abschnitt »Einen Anhang öffnen und speichern« ab Seite 78.

Dateien und Fotos anhängen

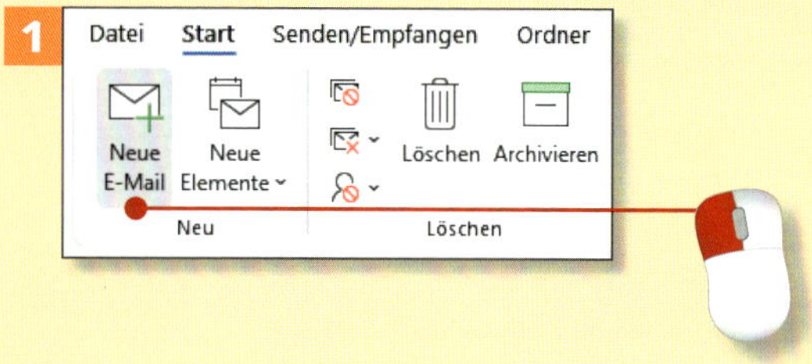

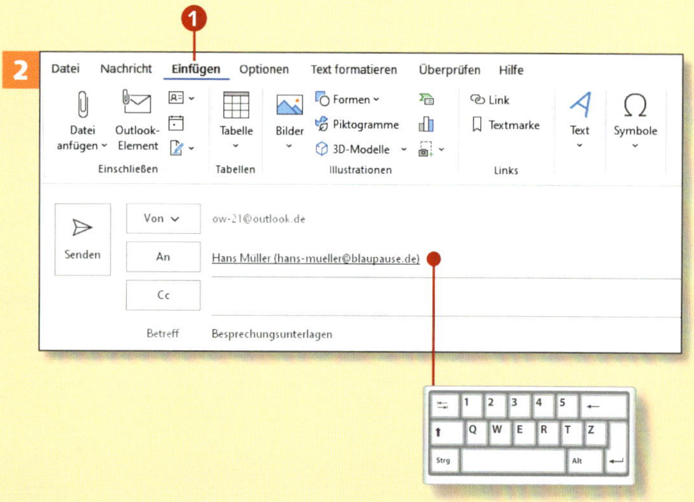

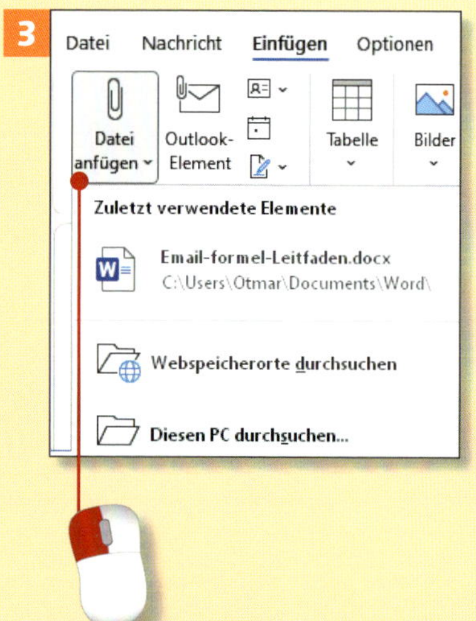

Zusätzlich zu Ihrer geschriebenen E-Mail können Sie auch Dateien, die Sie in anderen Programmen erstellt haben, im Anhang versenden.

Schritt 1

Sie befinden sich im Bereich **E-Mail**. Öffnen Sie ein neues E-Mail-Formular mit **Start ▸ Neu ▸ Neue E-Mail**.

Schritt 2

Tragen Sie den Empfänger und den Betreff ein. Dann tippen Sie den Nachrichtentext. Wechseln Sie auf die Registerkarte **Einfügen** ❶.

Schritt 3

Um eine Datei anzuhängen, klicken Sie in der Gruppe **Einschließen** auf **Datei anfügen**. Klicken Sie hier auf **Diesen PC durchsuchen...**.

Dokumentendatei als Anhang

Grundsätzlich ist es in Outlook möglich, alle Dateien anzuhängen. Dateien, die beim Klicken starten – wie eine EXE-Datei –, werden aus Sicherheitsgründen beim Empfänger nicht angezeigt; Dokumente, die Sie erstellen, wie DOC-, XLS- und JPEG-Dateien, hingegen schon.

Schritt 4

Es öffnet sich das Fenster **Datei einfügen**. Navigieren Sie zum Ordner mit dem Dokument. Markieren Sie die Datei ❷, und klicken Sie auf **Einfügen**.

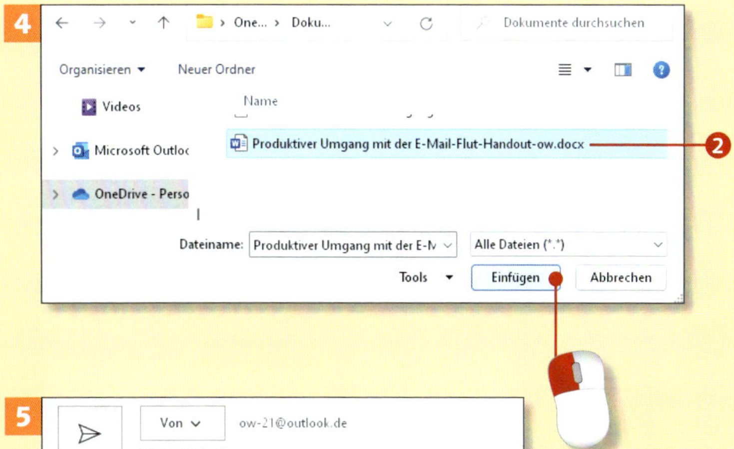

Schritt 5

Unter dem Betreff wird daraufhin der Anhang ❸ mit der Word-Datei (in unserem Beispiel) eingeblendet. Im Text soll nun auch noch an einer bestimmten Stelle ein Foto eingefügt werden.

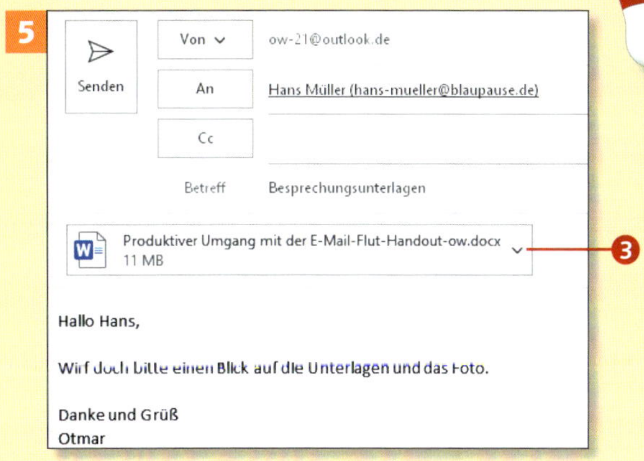

Schritt 6

Auf der Registerkarte **Einfügen** klicken Sie in der Gruppe **Illustrationen** auf **Bilder**. Wählen Sie bei **Bild einfügen aus** eine Option aus, hier **Archivbilder**.

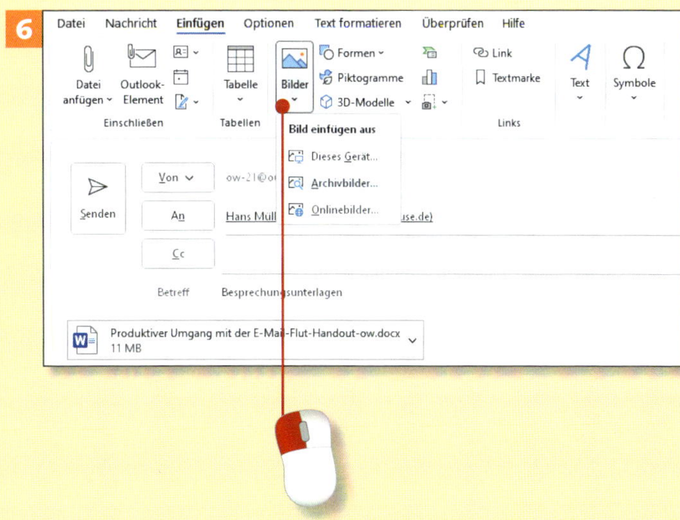

Dateien einfügen und anhängen

Fotos und Dokumente können Sie mit dem Befehl **Datei anfügen** als Anhang versenden. Dokumente fügen Sie beim Bestätigen mit **Einfügen** durch die Auswahl **Als Text einfügen** ein; Fotos fügen Sie direkt in die E-Mail ein, wie in Schritt 6 beschrieben.

Dateien und Fotos anhängen (Forts.)

7

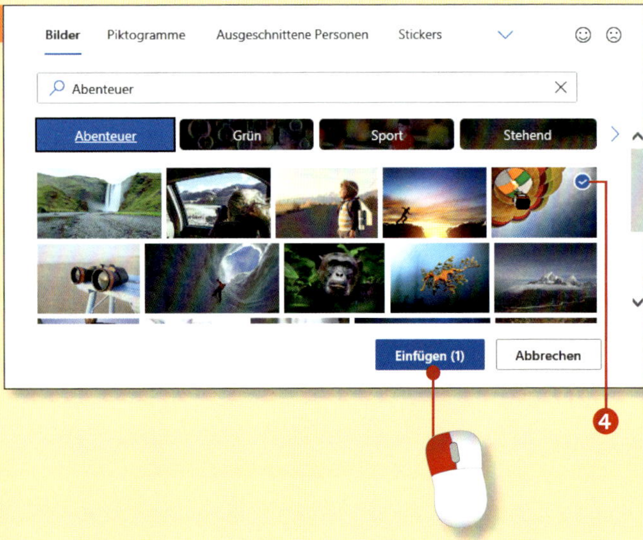

Schritt 7

Suchen Sie sich ein geeignetes Bild aus, markieren Sie es ❹, und klicken Sie auf **Einfügen**. Alternativ fügen Sie das Bild mit Doppelklick direkt ein.

8

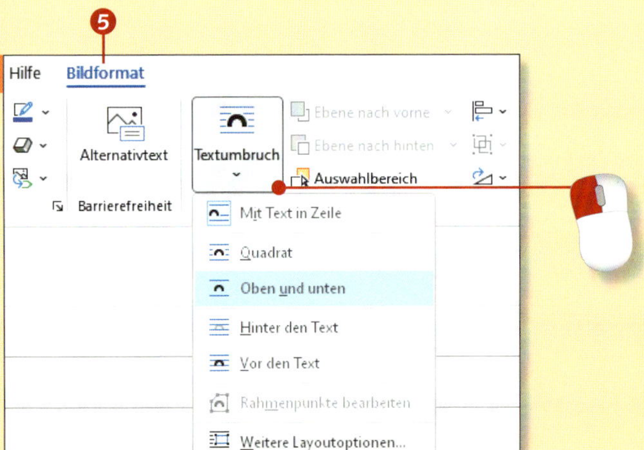

Schritt 8

Das Foto wird an der gekennzeichneten Stelle eingefügt. Durch das markierte Bild wird die Registerkarte **Bildformat** ❺ eingeblendet. Klicken Sie in der Gruppe **Anordnen** auf **Textumbruch**, und bestimmen Sie z. B. mit einem Klick auf **Oben und unten**, dass der Text oberhalb und unterhalb des Fotos verläuft.

9

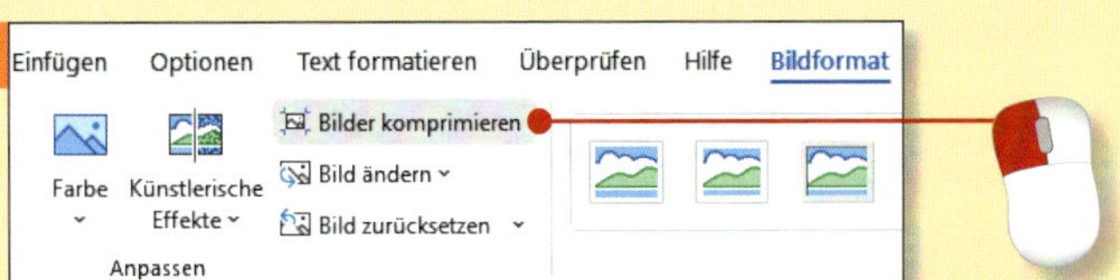

Schritt 9

Wenn die Auflösung Ihres Fotos zu groß ist, verkleinern Sie es. Klicken Sie in der Gruppe **Anpassen** auf **Bilder komprimieren**.

Bildbearbeitung

In der Gruppe **Anpassen** steckt sozusagen ein kleines Bildbearbeitungsprogramm. Sie können **Korrekturen** vornehmen, die **Farbe** anpassen oder **Künstlerische Effekte** verwenden.

Schritt 10

Es öffnet sich das Fenster **Bilder komprimieren**. Wählen Sie im Abschnitt **Auflösung** die Option **E-Mail (96 ppi): Minimieren der Dokumentgröße für die Freigabe**. Schließen Sie das Fenster mit **OK**.

10

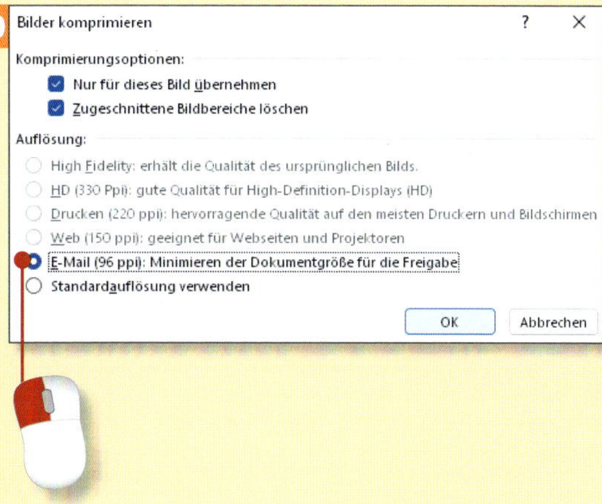

Schritt 11

Verpassen Sie dem Bild noch einen Rahmen. Klicken Sie in der Gruppe **Bildformatvorlagen** auf **Schnellformatvorlagen**, und wählen Sie beispielsweise den ovalen Rahmen (**Oval mit weichen Kanten**).

11

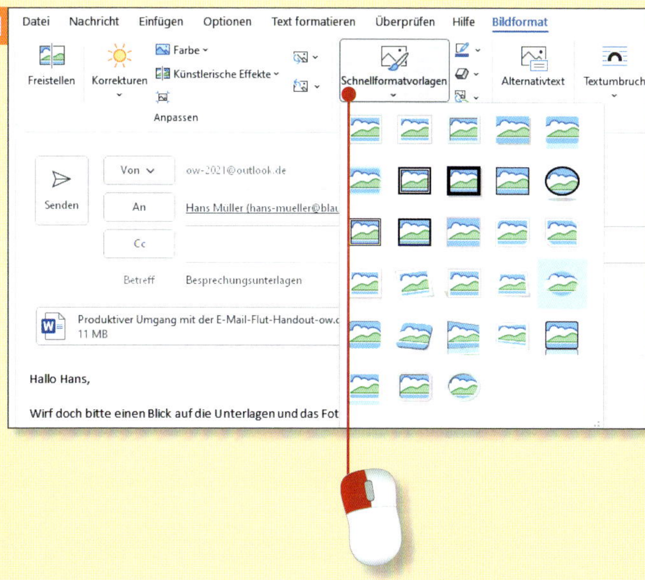

Schritt 12

Wenn Sie mit dem Foto zufrieden sind, klicken Sie auf **Senden**.

12

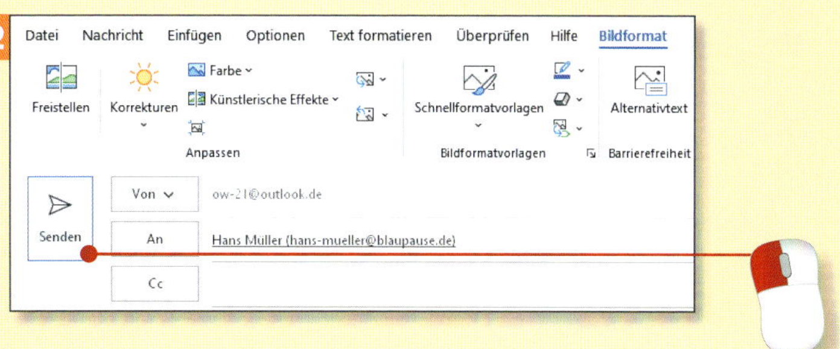

Bildauflösung und Größe

Je größer die Punktdichte eines Bildes, desto größer wird die E-Mail. Dies können auch schon mal mehrere Megabytes sein. Manche E-Mail-Provider haben eine Begrenzung bei der E-Mail-Größe. E-Mails, deren Größe darüber liegt, werden dann nicht versendet. Deshalb komprimiert man die Bilder in der E-Mail am besten auf 96 ppi (Abkürzung für *pixels per inch*, englisch für Pixel pro Zoll).

Text gestalten

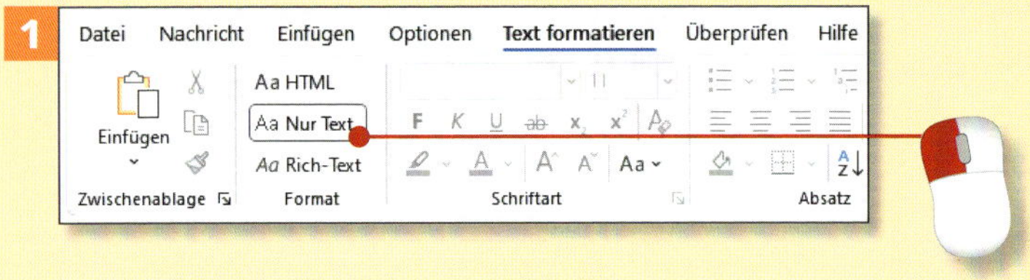

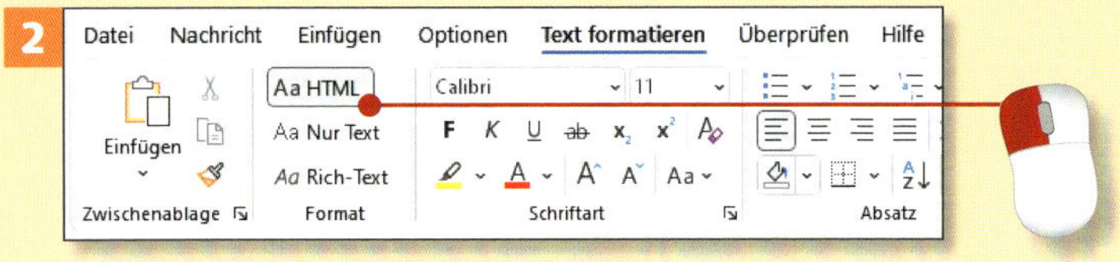

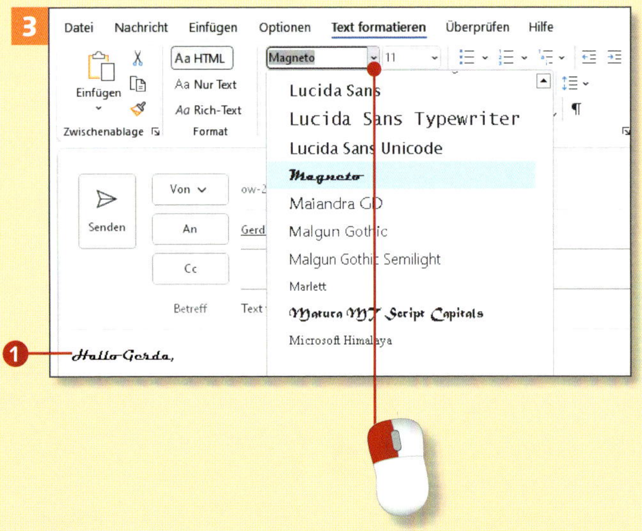

Mit einfachen Mitteln peppen Sie Ihren Nachrichtentext auf: Schrift, Größe, Farbe etc. Wer kann Ihrem Text da noch widerstehen?

Schritt 1

Öffnen Sie eine neue E-Mail mit der Tastenkombination Strg + ⇧ + M, und wechseln Sie auf die Registerkarte **Text formatieren** in die Gruppe **Format**. Klicken Sie auf **Nur Text**. Alle Befehle sind ausgegraut. In diesem Format können Sie keinen Text gestalten.

Schritt 2

Klicken Sie in der Gruppe **Format** auf **HTML**. Sie benötigen dieses Format, um Texte zu gestalten.

Schritt 3

Markieren Sie die Anrede »Hallo Gerda« ❶. In der Gruppe **Schriftart** klicken Sie bei der **Schriftart** auf die Pfeilspitze. Klicken Sie auf die gewünschte Schriftart, in diesem Beispiel **Magneto**.

Formate

Das HTML-Format übernimmt alle Elemente der Textgestaltung. Im Nur-Text-Format sehen Sie nur den geschriebenen Text. Das Rich-Text-Format (RTF) übernimmt den gestalteten Text. Dieses Format kann nur von Empfängern gelesen werden, die ebenfalls Outlook einsetzen.

Schritt 4

Wenn Sie die Schrift etwas vergrößern möchten, klicken Sie in der Gruppe **Schriftart** auf die Pfeilspitze beim **Schriftgrad**. Wählen Sie die Schriftgröße **14**.

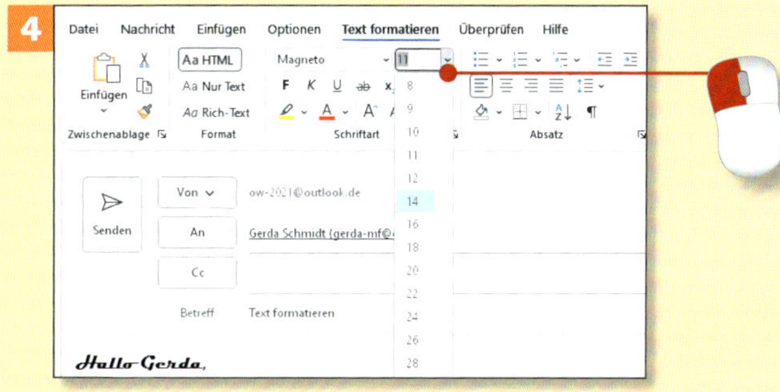

Schritt 5

Heben Sie das Wort »Outlook« im Text hervor. Markieren Sie es, und klicken Sie in der Gruppe **Schriftart** auf die Symbole **F** und **K** ❷. Dadurch wird das markierte Wort **fett** und *kursiv* dargestellt.

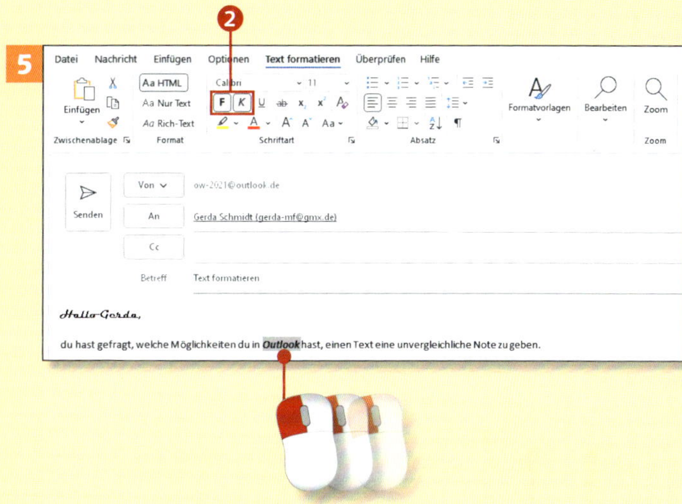

Schritt 6

Sie entscheiden sich, zusätzlich die Farbe der Anrede zu ändern. Markieren Sie die Anrede, und klicken Sie in der Gruppe **Schriftart** auf die Pfeilspitze bei **Schriftfarbe**. Wählen Sie per Klick aus dem reichhaltigen Angebot z. B. die Designfarbe **Grün, Akzent 6, dunkler 25%** ❸ aus.

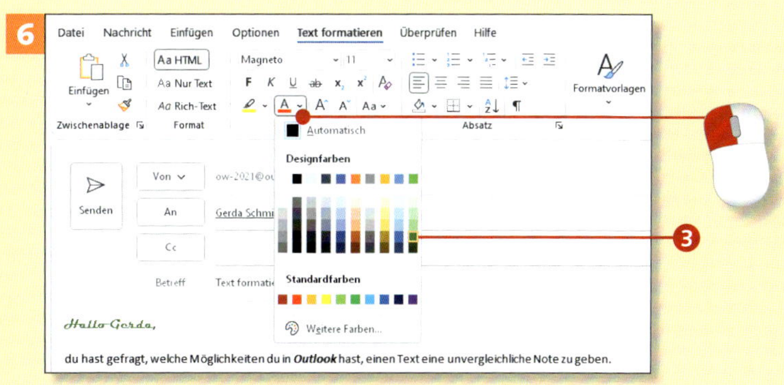

!

Was wird jeweils formatiert?

Achten Sie bitte darauf: Es werden nur markierte Objekte formatiert. Deshalb markieren Sie ein Zeichen, ein Wort, einen Absatz oder eine Grafik, wenn diese formatiert werden sollen.

Text gestalten (Forts.)

7

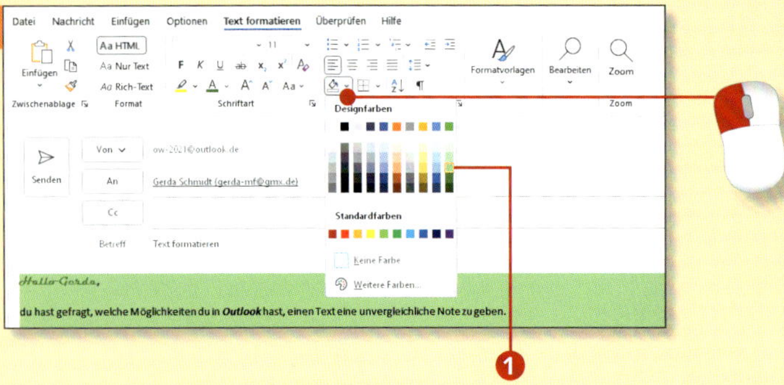

Schritt 7

Fein abgestimmt, wäre noch ein dezenter farblicher Hintergrund ganz nett. Markieren Sie den kompletten Text mit den Tasten Strg + A. Klicken Sie in der Gruppe **Absatz** auf die Pfeilspitze neben der Schaltfläche **Schattierung**. Wählen Sie z. B. die Designfarbe **Grün, Akzent 6, heller 60%** ❶ aus.

8

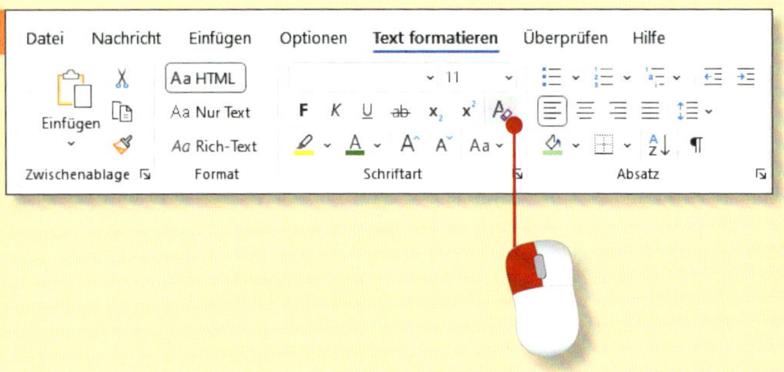

Schritt 8

Möchten Sie den Text doch lieber unformatiert versenden, markieren Sie Ihren Text, und klicken Sie in der Gruppe **Schriftart** auf **Alle Formatierungen löschen**.

9

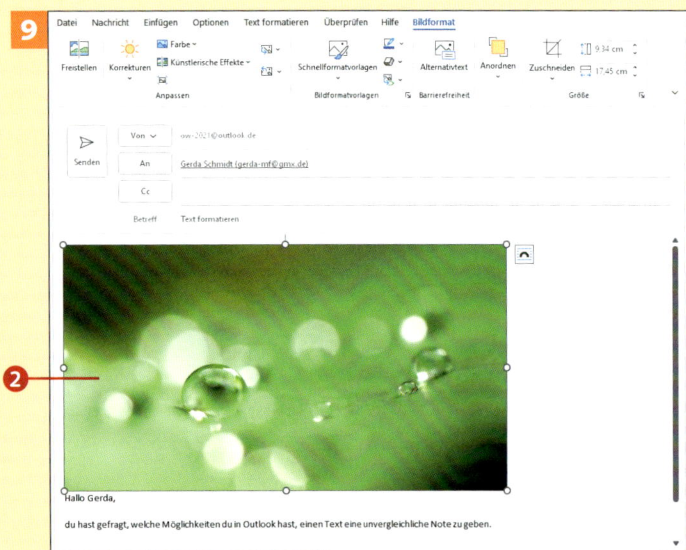

Schritt 9

Dem Text können Sie mit einem Bild einen Hintergrund verpassen. Fügen Sie ein Bild ein ❷, wie es im Abschnitt »Dateien und Fotos anhängen« ab Schritt 6 auf Seite 57 beschrieben wird.

Dezent versus GRELL!

Die Möglichkeiten, einen Text zu formatieren, sind umfangreich. Doch im Business-Bereich ist das eher ungeeignet – seien Sie in der Auswahl der Mittel zurückhaltend, und formatieren Sie lieber dezent.

Schritt 10

Damit Sie den Text lesen können, gehört das Bild hinter den Text. Stellen Sie sicher, dass das Bild markiert und die Registerkarte **Bildformat** ❸ aktiviert ist. Klicken Sie in der Gruppe **Anordnen** auf die Schaltfläche **Textumbruch**, und wählen Sie die Option **Hinter den Text** aus.

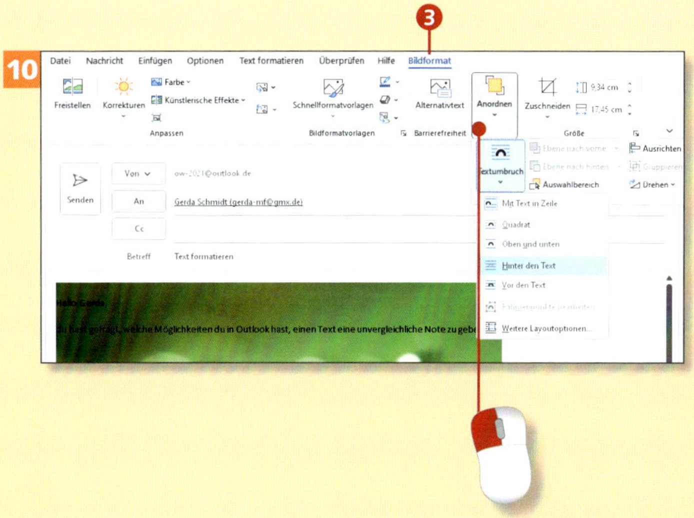

Schritt 11

So ist der Text aber schlecht zu lesen. Passen Sie jetzt Farbe und Helligkeit des Bildes an. Klicken Sie in der Gruppe **Anpassen** auf **Farbe** und im Abschnitt **Neu einfärben** auf **Ausgeblichen** ❹. Jetzt ist der Text gut lesbar.

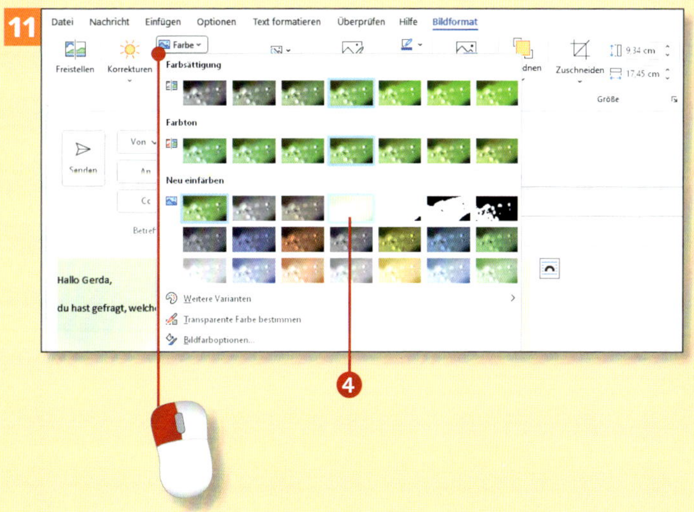

Schritt 12

Gefällt Ihnen das bearbeitete Bild nicht mehr, machen Sie die Veränderungen rückgängig. Klicken Sie auf der Registerkarte **Bildformat** in der Gruppe **Anpassen** auf **Bild zurücksetzen**. Nehmen Sie einen zweiten Anlauf.

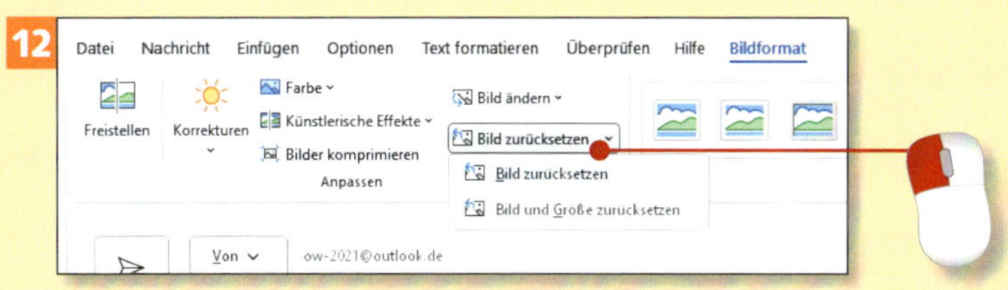

Mit Formatvorlagen und Designs arbeiten

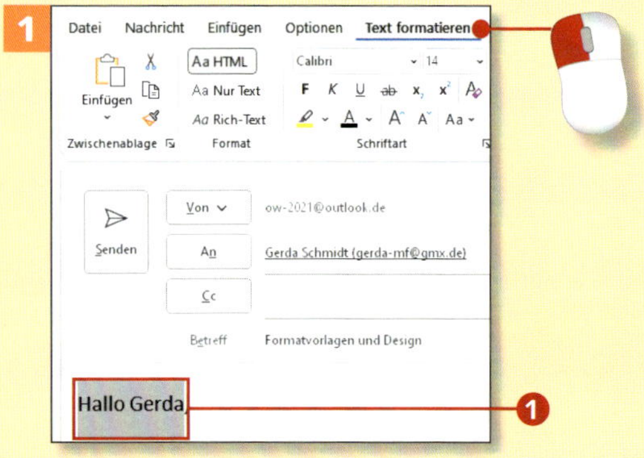

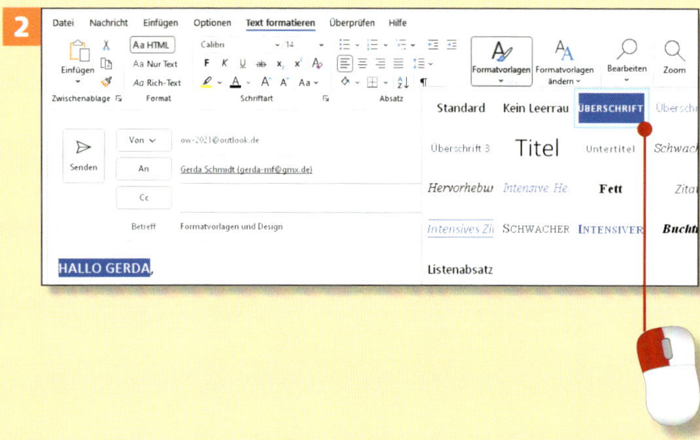

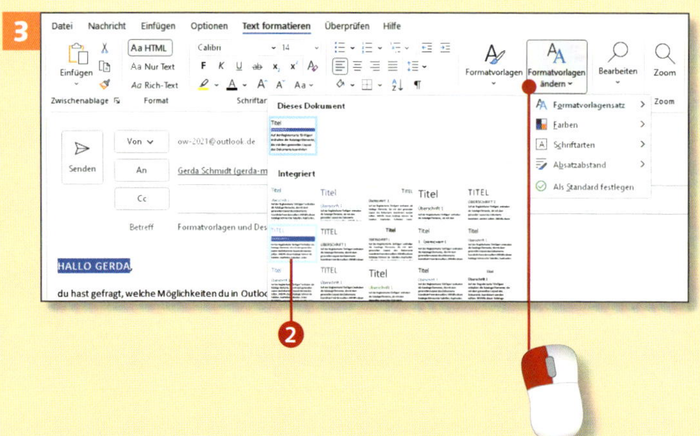

Warum nicht die Kreativität von Profis nutzen? Gestalten Sie Ihre Texte mit perfekt aufeinander abgestimmten Formatvorlagen und Designs.

Schritt 1

Starten Sie eine neue E-Mail mit der Tastenkombination Strg + ⇧ + M. Schreiben Sie einen Text, und markieren Sie die Anrede **1**. Wechseln Sie auf die Registerkarte **Text formatieren**.

Schritt 2

Fahren Sie in der Gruppe **Formatvorlagen** mit der Maus über die verschiedenen Vorlagen, und sehen Sie in der Livevorschau, wie sich Ihr Text verändert. Aktivieren Sie die Formatvorlage **Überschrift 1**.

Schritt 3

Klicken Sie in der Gruppe **Formatvorlagen** auf die Schaltfläche **Formatvorlagen ändern** und danach auf **Formatvorlagensatz**. Es öffnet sich ein Ausklappmenü mit einer Ansicht verschiedener Vorlagensätze. Klicken Sie z. B. auf den Formatvorlagensatz **Schattiert** **2**.

Schritt 4

Klicken Sie auf den Dialogfeldstarter in der Gruppe **Formatvorlagen**.

Schritt 5

Es öffnet sich das Fenster **Formatvorlagen** ❸. Es wird beim Schreiben das jeweilige Textformat angezeigt. Wollen Sie das aktuelle Format ändern, klicken Sie zunächst auf die Pfeilspitze und danach im Menü auf **Ändern**.

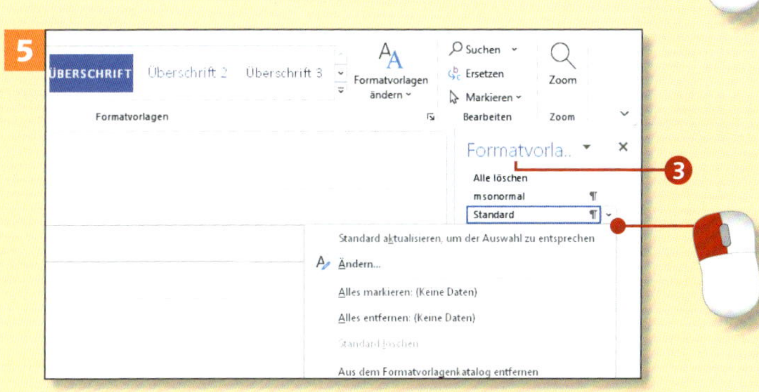

Schritt 6

Im Fenster **Formatvorlage ändern** können Sie verschiedene Vorgaben verändern. Klicken Sie auf die Pfeilspitze bei der **Schriftgröße**, und wählen Sie **14** aus. Alternativ schreiben Sie die Zahl »14« in das Eingabefeld.

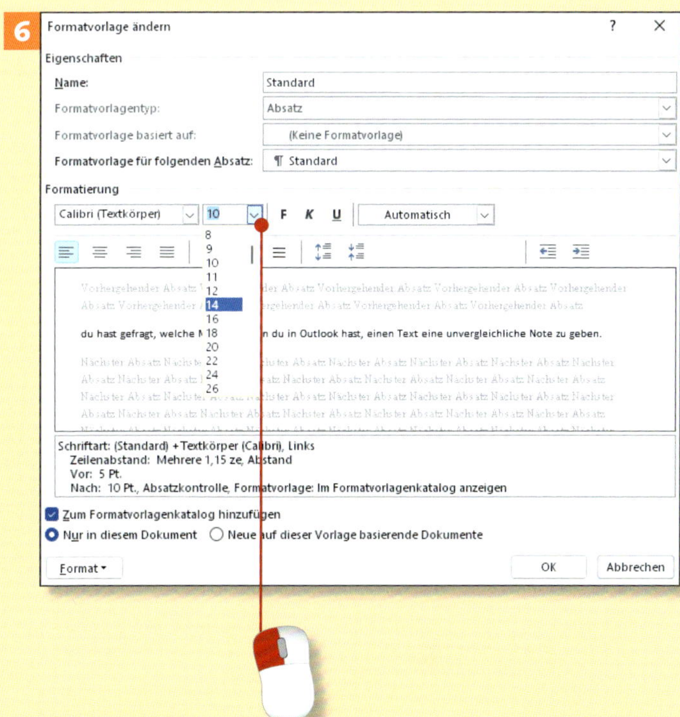

Klappt nur bei HTML-Format

Dieser Abschnitt ist nur relevant, wenn Sie Ihre E-Mails im HTML-Format versenden (**Text formatieren ▸ Format ▸ HTML**). Bei Nachrichten im Format **Nur Text** funktionieren die Formatvorlagen nicht. Mehr Details dazu lesen Sie im Abschnitt »Text gestalten« ab Seite 60.

Mit Formatvorlagen und Designs arbeiten (Forts.)

7

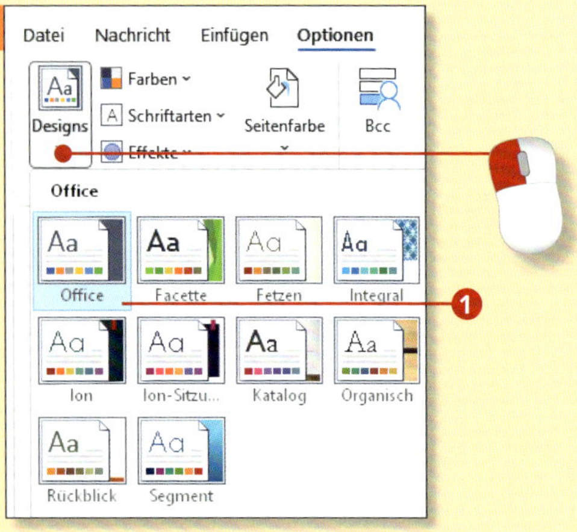

Schritt 7

Neben den Formatvorlagen gibt es Designs, die verschiedene aufeinander abgestimmte Farbkombinationen beinhalten. Klicken Sie auf der Registerkarte **Optionen** in der Gruppe **Designs** auf die gleichnamige Schaltfläche. Im Menü sehen Sie die verschiedenen Farbkombinationen. Das Standarddesign ist **Office** ❶.

8

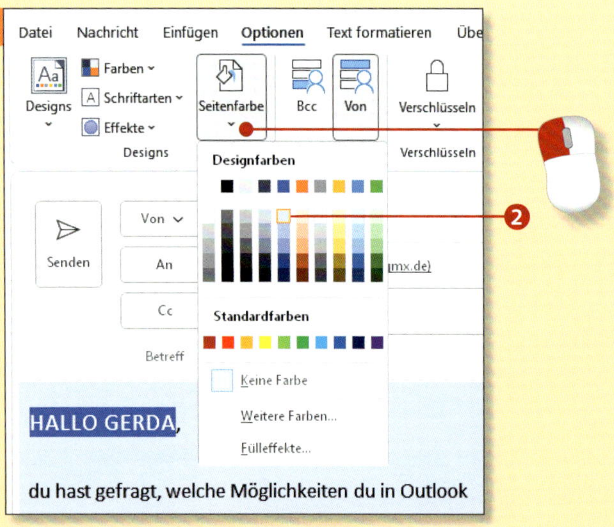

Schritt 8

Vielleicht wollen Sie den Hintergrund der Nachricht einfärben. Klicken Sie dafür in der Gruppe **Designs** auf **Seitenfarbe**, und wandern Sie mit der Maus über die Designfarben. Sie sehen sofort in der Livevorschau die Auswirkungen. Wählen Sie die Designfarbe, z. B. **Blau, Akzent 1, Heller 80%** ❷.

9

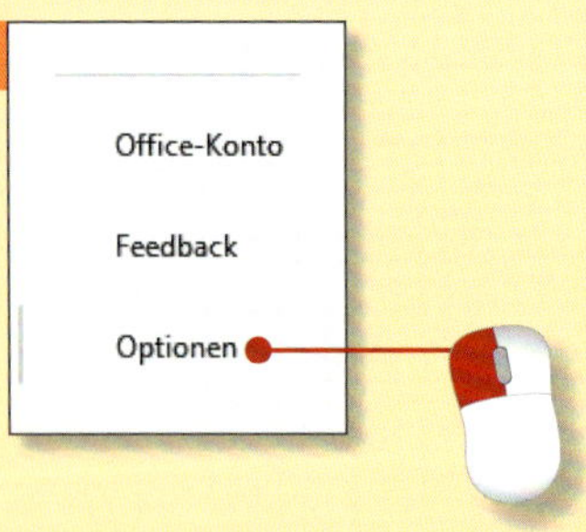

Schritt 9

Sie haben eine weitere Möglichkeit, Ihre E-Mail-Nachricht an Ihr persönliches *Corporate Design* anzupassen. Wechseln Sie über die Registerkarte **Datei** in die Backstage-Ansicht, und klicken Sie dort auf **Optionen**.

Schritt 10

Unter der Option **E-Mail** ❸ finden Sie den Abschnitt, in dem Sie Briefpapier, Standardschriften, Formatvorlagen, Farben und Hintergründe einstellen können. Klicken Sie auf **Briefpapier und Schriftarten**.

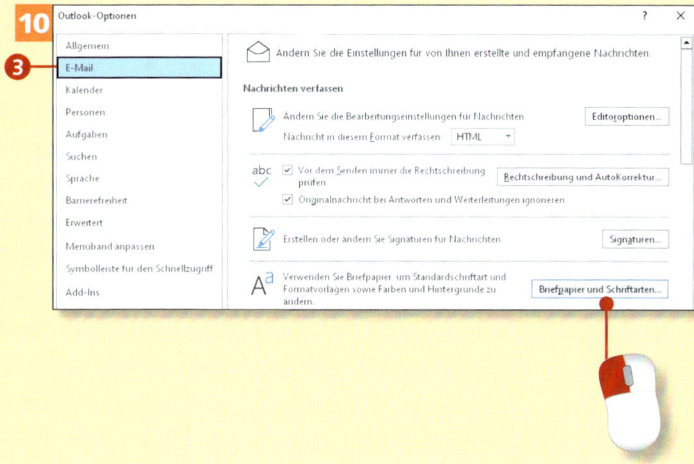

Schritt 11

Im Fenster **Signaturen und Briefpapier** ist die Registerkarte **Persönliches Briefpapier** angewählt. Hier können Sie verschiedene Designs und Schriftarten ändern. Klicken Sie auf die Schaltfläche **Schriftart**.

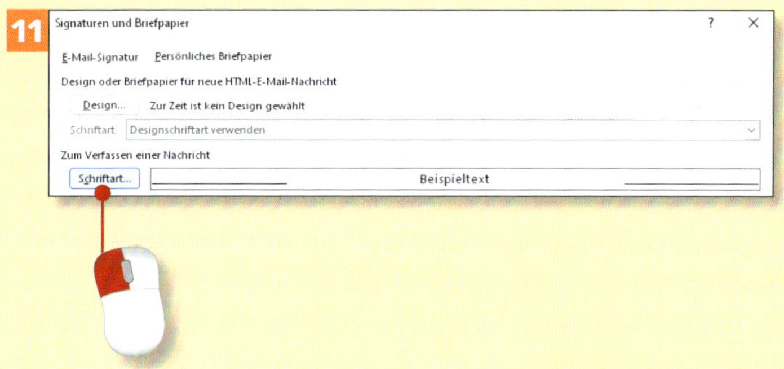

Schritt 12

Wählen Sie unter **Schriftart** z. B. **Century Gothic**, im **Schriftschnitt** entscheiden Sie sich für **Standard** und bei **Größe** für **11**. Bestätigen Sie die Auswahl mit **OK**. Passen Sie weitere Einstellungen an. Die Änderungen gelten für alle weiteren Nachrichten.

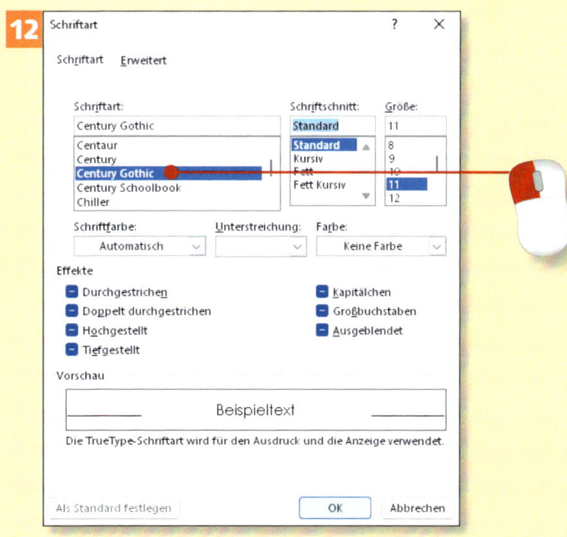

!

Briefpapier und Design

Alles, was Sie über **Briefpapier und Schriftarten** ab Schritt 9 einstellen, wird grundsätzlich auf alle E-Mails angewendet. Alle anderen Einstellungen, wie etwa die **Designs** in Schritt 8, beziehen sich immer nur auf die aktuelle E-Mail.

Eine Signatur anfügen

In der geschäftlichen Kommunikation mit Kunden ist die Signatur (also eine Art Impressum) in der E-Mail gesetzlich vorgeschrieben.

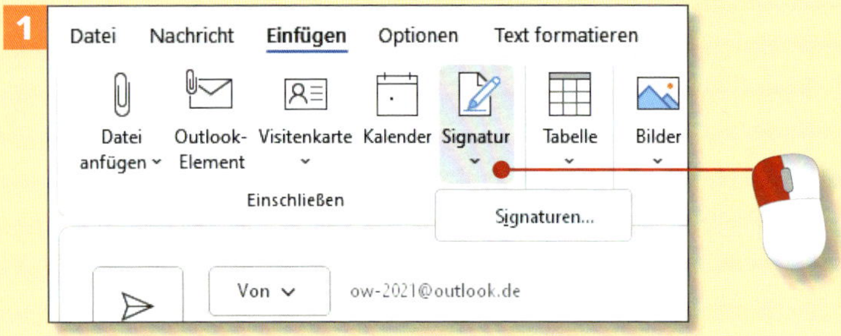

Schritt 1

Legen Sie eine Signatur an. Klicken Sie im ausgefüllten E-Mail-Formular auf die Registerkarte **Einfügen**. In der Gruppe **Einschließen** klicken Sie auf **Signatur** und wählen **Signaturen**.

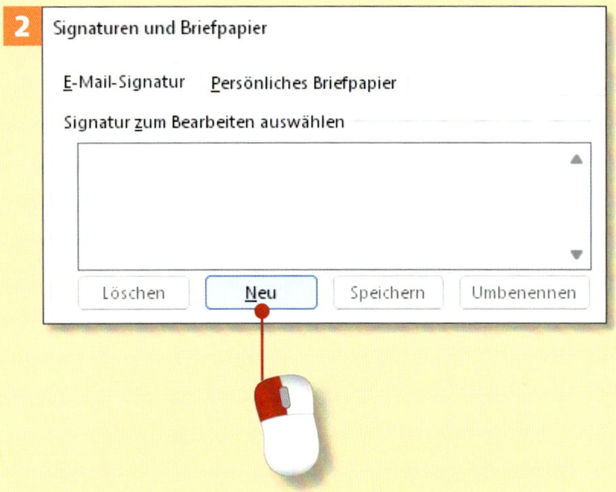

Schritt 2

Es öffnet sich das Fenster **Signaturen und Briefpapier**. Auf der Registerkarte **E-Mail-Signatur** klicken Sie auf **Neu**.

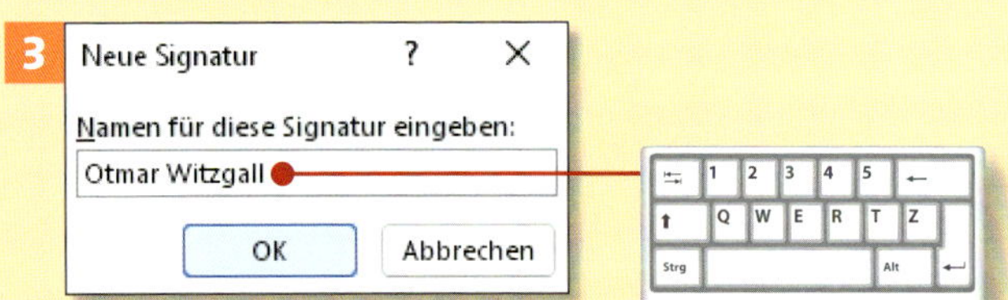

Schritt 3

Tragen Sie in das Eingabefeld einen eindeutigen Namen für die Signatur ein, und schließen Sie mit einem Klick auf **OK**.

Signatur und Impressum

In der Kommunikation unter Freunden können Sie als Signatur einfach die Kontaktdaten eintragen. Schreiben Sie geschäftliche E-Mails, ist das Impressum Pflicht.

Schritt 4

In das Feld unter **Signatur bearbeiten** ❶ tragen Sie den Inhalt der Signatur ein. Wenn Sie möchten, gestalten Sie den Text individuell. Oben rechts wählen Sie bei **Standardsignatur auswählen** ❷ ein **E-Mail-Konto** aus. Ordnen Sie eine Signatur für **Neue Nachrichten** zu und eventuell noch bei **Antworten/Weiterleitungen**. Speichern Sie die Signatur, und schließen Sie mit **OK**.

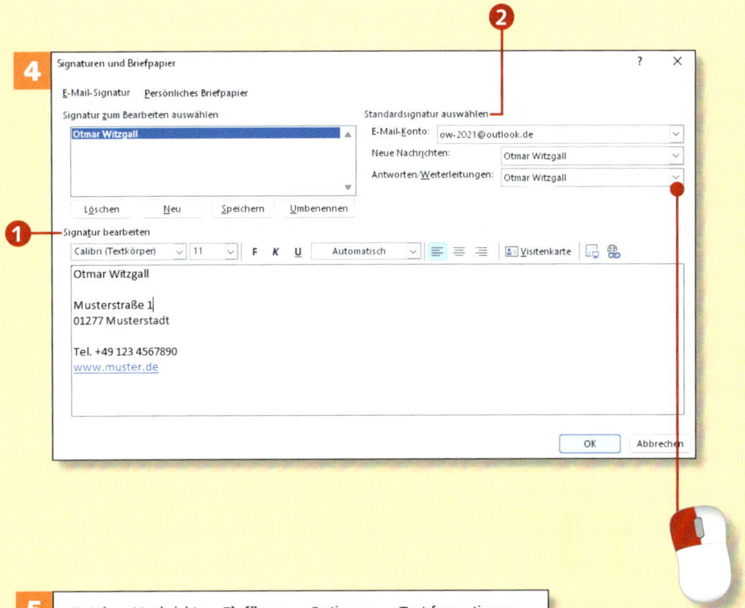

Schritt 5

Setzen Sie in Ihrer E-Mail den Cursor an die Stelle, an der Sie die Signatur einfügen möchten. Klicken Sie jetzt auf **Einfügen ▸ Einschließen ▸ Signatur**. Wählen Sie die Signatur aus, die eingefügt werden soll.

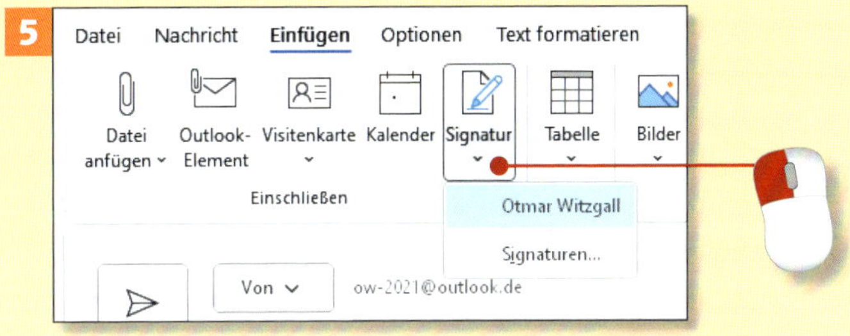

Schritt 6

Öffnen Sie mit der Tastenkombination Strg + ⇧ + M eine neue E-Mail. Automatisch wird nun – wie in Schritt 4 eingerichtet – für das entsprechende E-Mail-Konto (im Beispiel *ow-2021@outlook.de* die zugeordnete Signatur in das Textfeld eingefügt.

Kapitel 3
Den Posteingang verwalten

Sie möchten in Outlook mit Ihren Geschäftspartnern oder Freunden kommunizieren und mit ihnen Fotos und Dokumente austauschen? Dazu benötigen Sie eine optimale Einstellung und die richtigen Ansichten. Lernen Sie hier, wie Sie aus dem Lesebereich heraus sofort deren E-Mails beantworten.

Schaffen Sie sich Ihren optimalen Lesebereich

Wollen Sie schnell und übersichtlich Ihre Nachrichten lesen? Dazu finden Sie voreingestellte (veränderbare) Ansichten mit dem Ziel, auf einen Blick das Wesentliche zu erfassen. Aktivieren Sie beim Lesen einfach das Leselayout ❶.

Beantworten Sie Ihre E-Mails sofort aus dem Lesebereich heraus

Haben Sie den Lesebereich aktiviert, sehen Sie ganz oben die Befehle für **Antworten**, **Allen antworten** und **Weiterleiten** ❷. Sie müssen die E-Mail nicht öffnen, sondern legen sofort los.

Betrachten Sie Ihre Anlagen in der Dateivorschau

Sie haben Urlaubsfotos erhalten und möchten sie anschauen? Kein Problem! Mithilfe der *Dateivorschau* sehen Sie die Dokumente mit einem Klick im Lesebereich. Gefällt Ihnen der Inhalt und möchten Sie ihn auf Ihrer Festplatte sichern, klicken Sie auf der Registerkarte **Anlagen** auf **Speichern unter** ❸.

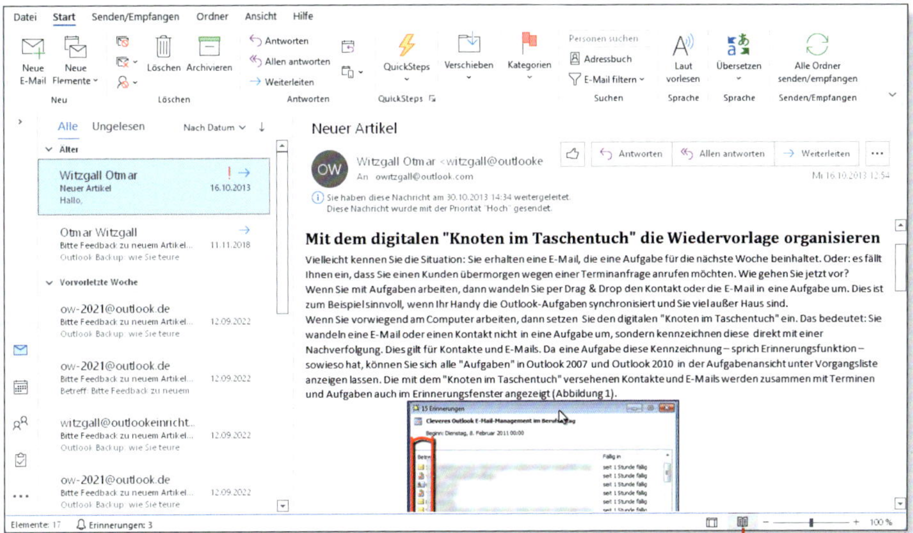

1 Mit einem Klick auf das **Leseansicht**-Symbol wird der Ordnerbereich links minimiert und die Aufgabenleiste ausgeblendet.

Im Lesebereich sehen Sie die Befehle **Antworten**, **Allen antworten** und **Weiterleiten**. **2**

In der Dateivorschau sehen Sie sofort den Inhalt der Anlage. Mit einem Klick auf **Speichern unter** landet das Dokument auf der Festplatte. **3**

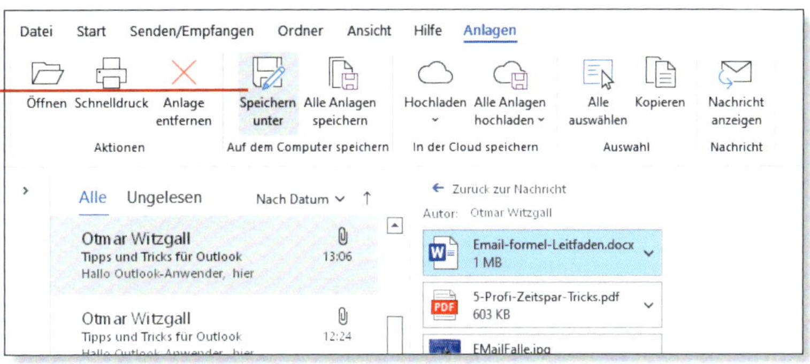

E-Mails empfangen und lesen

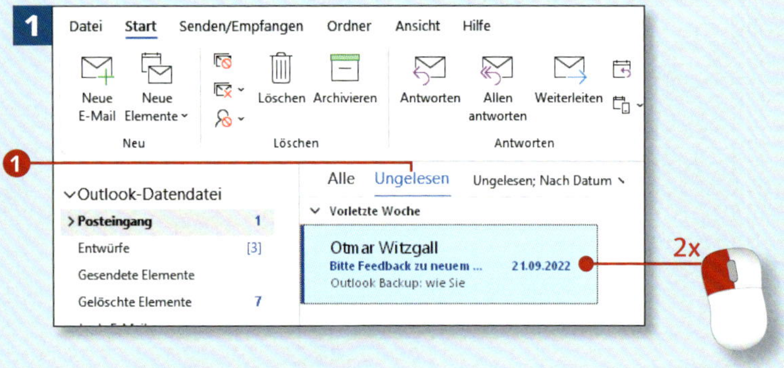

Wie erfahren Sie, dass Sie E-Mails bekommen haben? Ich zeige Ihnen die Standardeinstellungen. Diese passen Sie nach Ihren Wünschen an.

Schritt 1

Nach dem Start von Outlook öffnet sich der Bereich **E-Mail**, und es wird der **Posteingang** angezeigt. Klicken Sie auf **Ungelesen** ❶, ist direkt die neueste ungelesene E-Mail markiert und hat einen blauen Streifen am linken Rand. Öffnen Sie die E-Mail mit einem Doppelklick.

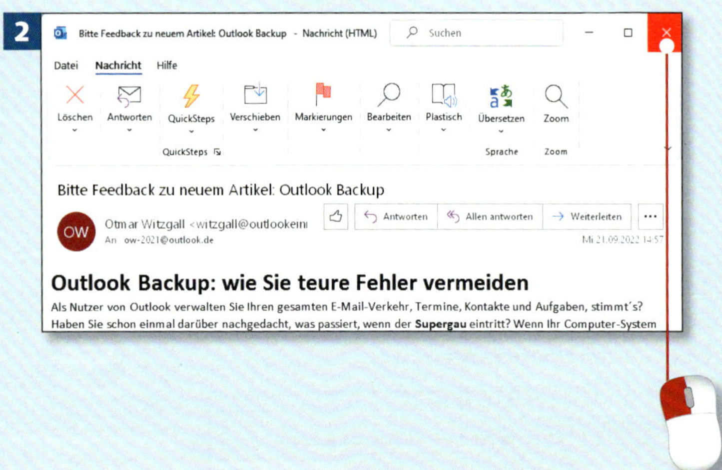

Schritt 2

Die Nachricht öffnet sich in einem neuen Fenster. Sie sehen hier den Kopf und den Inhalt der E-Mail. Schließen Sie die E-Mail mit einem Klick auf das Schließkreuz.

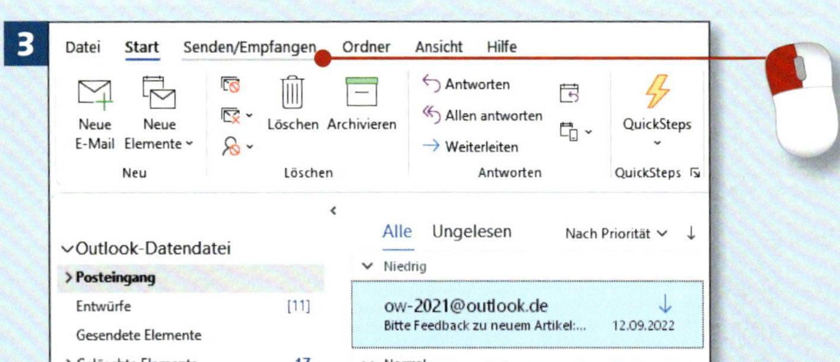

Schritt 3

Klicken Sie zum Einstellen der Empfangsoptionen auf die Registerkarte **Senden/Empfangen**.

E-Mails lesen

Weitere Möglichkeiten zum Lesen einer E-Mail finden Sie im Abschnitt »Lesebereich und Ansichten einstellen« ab Seite 84.

Schritt 4

Klicken Sie in der Gruppe **Senden und Empfangen** auf **Senden-Empfangen-Gruppen** und im Menü auf den Befehl **Senden-Empfangen-Gruppen definieren**.

4

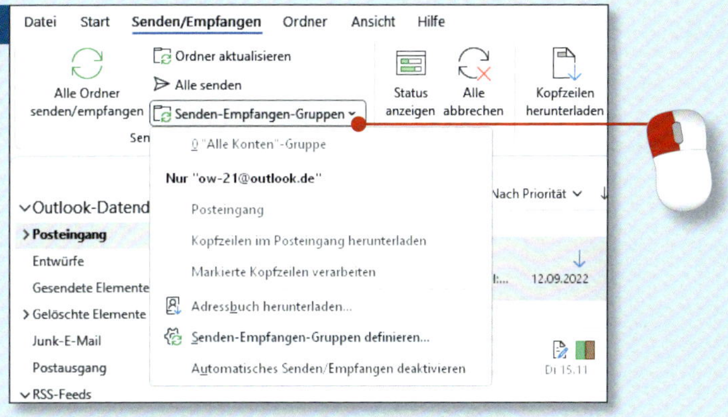

Schritt 5

Im Fenster **Senden-Empfangen-Gruppen** sind im Bereich **Einstellungen für Gruppe "Alle Konten"** 30 Minuten eingestellt ❷, nach denen Outlook automatisch die E-Mails übermittelt. Wenn Sie keine Änderungen vornehmen möchten, bestätigen Sie die Einstellungen mit **Schließen**.

5

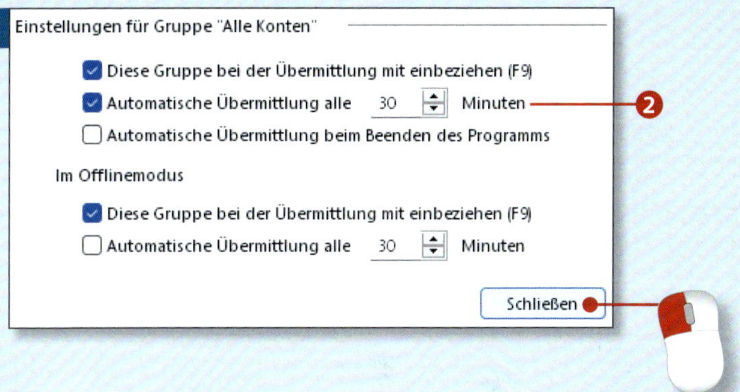

Schritt 6

Schauen Sie zur Sicherheit noch in den Ordner **Junk-E-Mail**, ob eventuell fälschlicherweise Nachrichten dort gelandet sind. In unserem Fall befinden sich keine E-Mails dort.

6

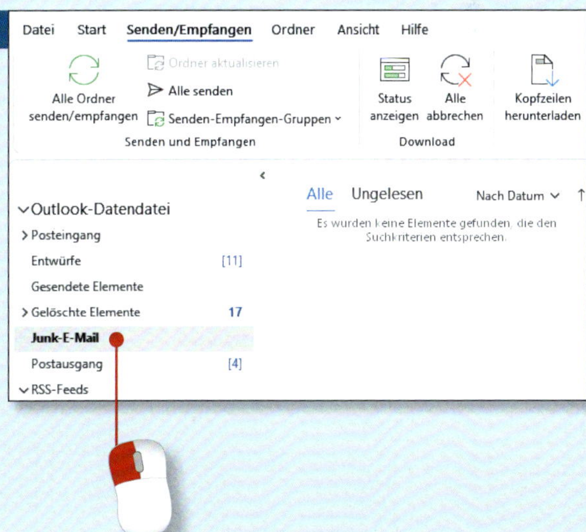

Automatische Übermittlung

Ich empfehle Ihnen, bei der automatischen Übermittlung (❷ in Schritt 5) das Häkchen herauszunehmen. Damit werden Sie nicht bei der Arbeit von ankommenden E-Mails abgelenkt. Rufen Sie die Nachrichten mit der Funktionstaste F9 ab – wann immer *Sie* möchten.

E-Mails beantworten oder weiterleiten

In Outlook 2021 können Sie Ihre E-Mails direkt im Lesebereich beantworten oder weiterleiten.

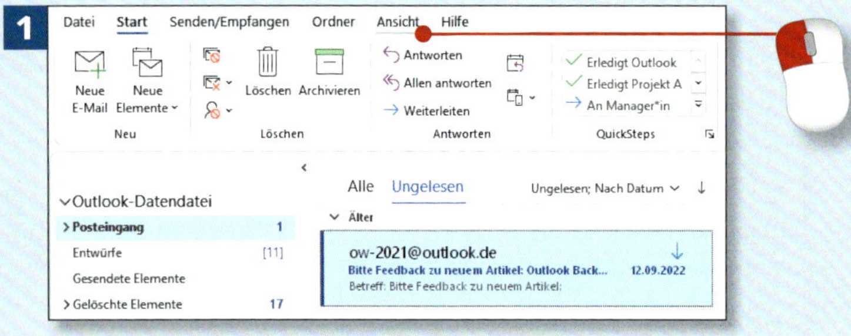

Schritt 1

Starten Sie Outlook im Bereich **E-Mail**. Sie möchten eine erhaltene Nachricht beantworten. Um die optimale Bearbeitungsoberfläche zu bekommen, klicken Sie auf die Registerkarte **Ansicht**.

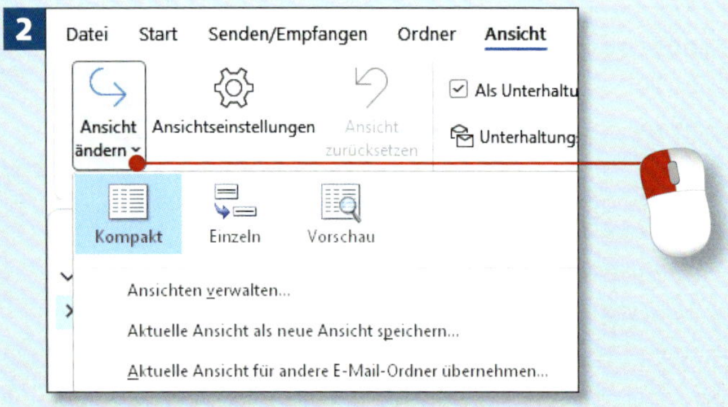

Schritt 2

Klicken Sie in der Gruppe **Aktuelle Ansicht** auf die Schaltfläche **Ansicht ändern** und im Menü auf **Kompakt**. Bei dieser Ansicht ist der Lesebereich aktiviert, und Sie können dort die E-Mail sofort bearbeiten.

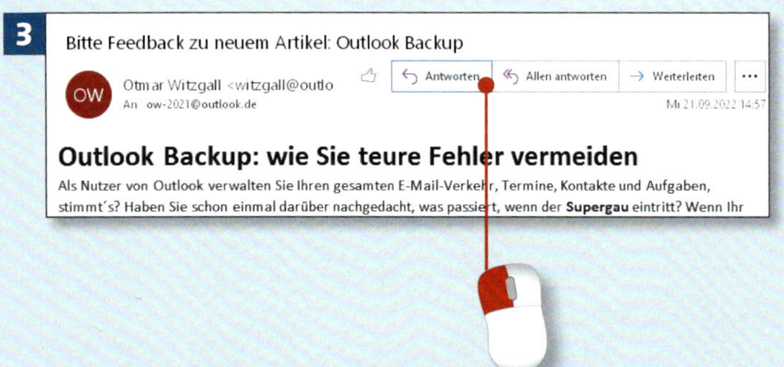

Schritt 3

Im Lesebereich sehen Sie nun drei Befehle, mit denen Sie die E-Mail sofort bearbeiten können: **Antworten**, **Allen antworten** und **Weiterleiten**. Klicken Sie auf **Antworten**.

Mit Ansichten arbeiten

Eine ausführlichere Anleitung, wie Sie mit Ansichten arbeiten, erhalten Sie im Abschnitt »Lesebereich und Ansichten einstellen« ab Seite 84.

Schritt 4

Im neuen Fenster fallen sofort drei Dinge auf. Es öffnet sich die neue Registerkarte **Nachricht** ❶, und die E-Mail erhält den farbigen Zusatz **[Entwurf]** ❷. Im Lesebereich wird automatisch die Empfängeradresse eingefügt, und im Betreff steht **AW:** ❸ für Antwort. Schreiben Sie Ihre Antwort, und klicken Sie auf **Senden**.

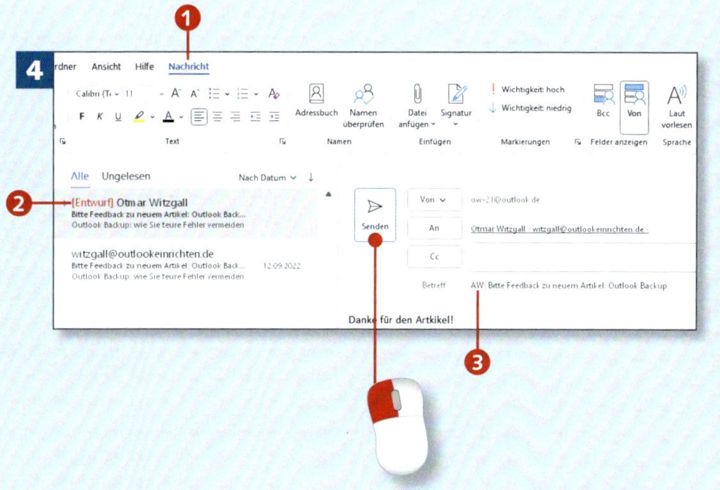

Schritt 5

Entscheiden Sie sich beim Schreiben, die E-Mail nicht zu senden, klicken Sie auf **Verwerfen**. Der komplette Bearbeitungsvorgang wird zurückgesetzt.

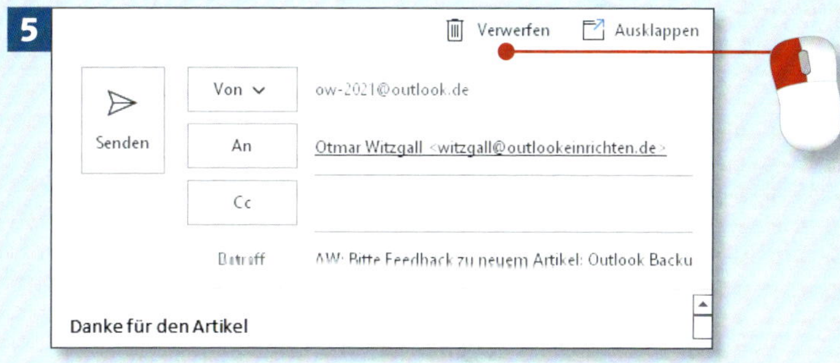

Schritt 6

Benötigen Sie mehr Überblick bei der Bearbeitung Ihrer Nachricht, klicken Sie auf **Ausklappen**, um das E-Mail-Formular aus dem Lesebereich zu lösen.

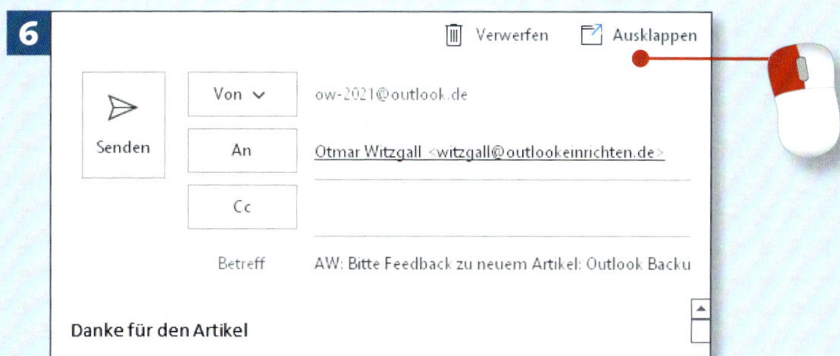

Mit Entwürfen arbeiten

Weitere Informationen zum Thema Entwürfe finden Sie im Abschnitt »Die E-Mail als Entwurf speichern« ab Seite 48.

E-Mails beantworten oder weiterleiten (Forts.)

7

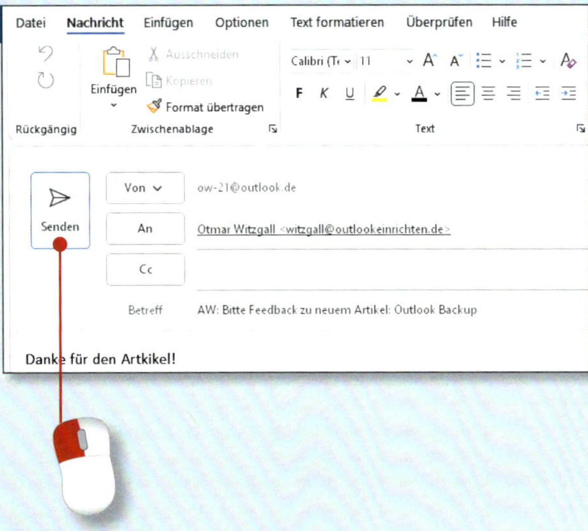

8

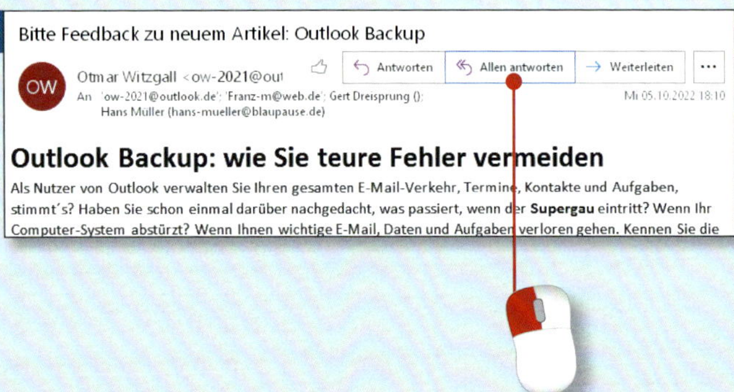

9

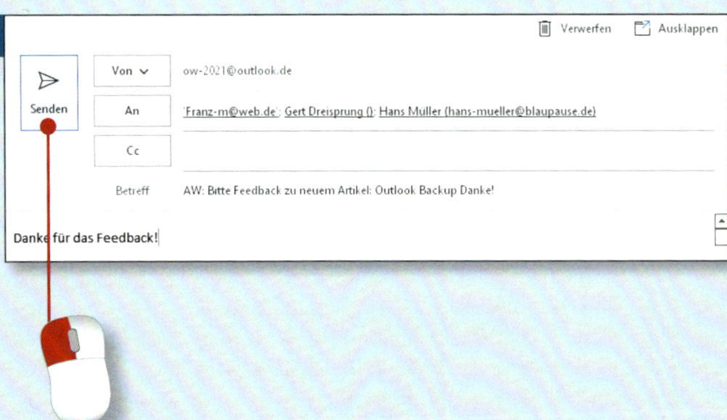

Schritt 7

Es öffnet sich ein neues Fenster mit dem aktuellen Bearbeitungsstand der Nachricht. Klicken Sie auf **Senden**, sobald Sie die E-Mail vervollständigt haben.

Schritt 8

Sie wollen *allen* Mit-Empfängern und dem Absender der ursprünglichen E-Mail antworten. Klicken Sie dazu auf **Allen antworten**.

Schritt 9

Es öffnet sich wieder die Ansicht wie in Schritt 4 – mit der Ausnahme, dass jetzt im Feld **An** bereits alle Empfänger der E-Mail aufgeführt sind. Vervollständigen Sie die Antwort, und klicken Sie dann auf **Senden**.

!

Formatänderung nur nach Ausklappen möglich

Wenn Sie auf eine E-Mail im Nur-Text-Format im HTML-Format antworten möchten, müssen Sie auf **Ausklappen** (siehe Schritt 6) klicken, um an die Formatierungsmöglichkeit zu gelangen.

Schritt 10

Sie möchten eine interessante Nachricht weitergeben. Ausgehend von Schritt 3 klicken Sie jetzt auf **Weiterleiten**.

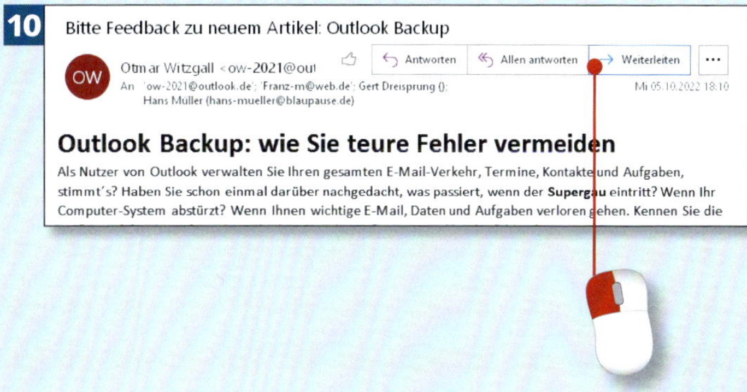

Schritt 11

Wieder sehen Sie die Ansicht wie in Schritt 4. Diesmal leiten Sie die E-Mail weiter und tragen in das Feld **An** den neuen Empfänger ein **1**, wie im Abschnitt »Empfänger, Betreff und Co. eingeben« ab Seite 38 beschrieben. Schreiben Sie die Antwort, und klicken Sie auf **Senden**.

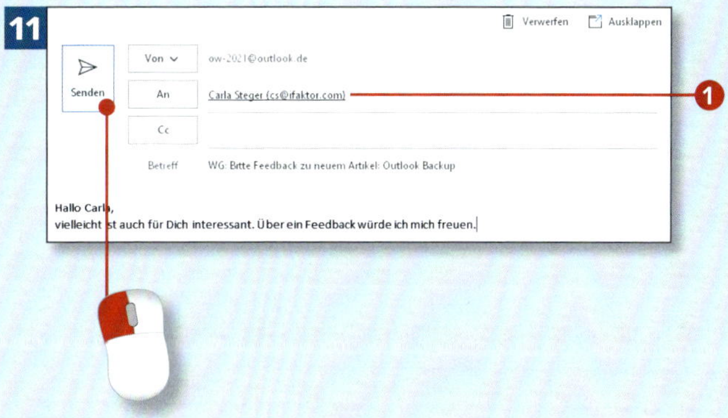

Schritt 12

Alternativ klicken Sie doppelt auf eine E-Mail im Posteingang. Es öffnet sich ein neues Fenster mit der Nachricht. Wenn Sie auf die E-Mail antworten möchten, klicken Sie auf der Registerkarte **Nachricht** in der Gruppe **Antworten** auf **Antworten**.

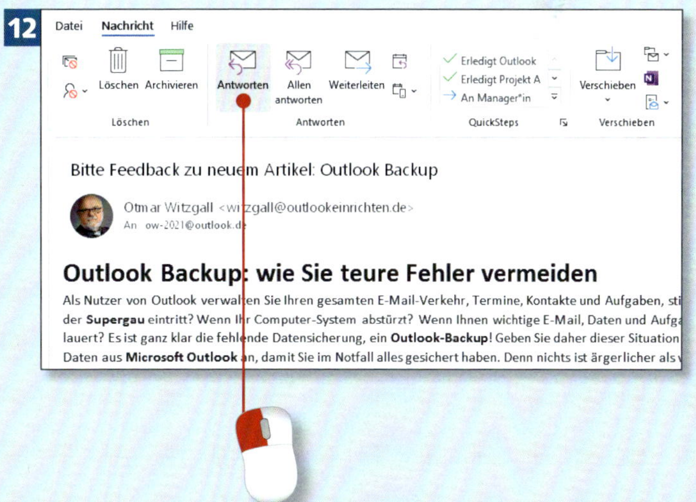

Wie versenden Sie eine E-Mail?
Weitere Details zum Versenden einer Nachricht finden Sie im Abschnitt »Die E-Mail versenden« ab Seite 50.

Einen Anhang öffnen und speichern

Sie bekommen Nachrichten mit Dokumenten und Bildern im Anhang. Ich zeige Ihnen, wie Sie diese lesen und auf Ihrer Festplatte abspeichern.

1

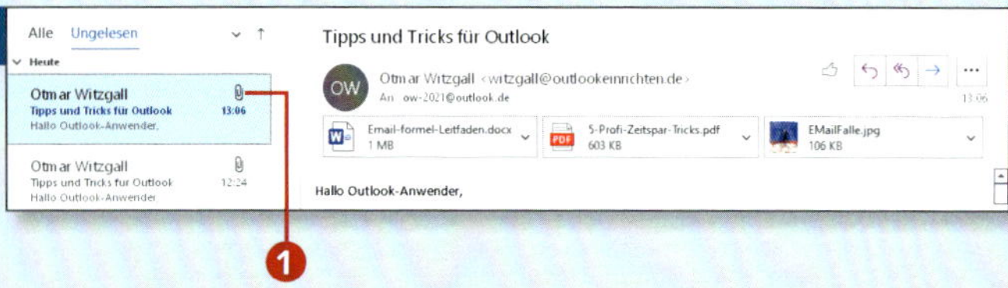

2

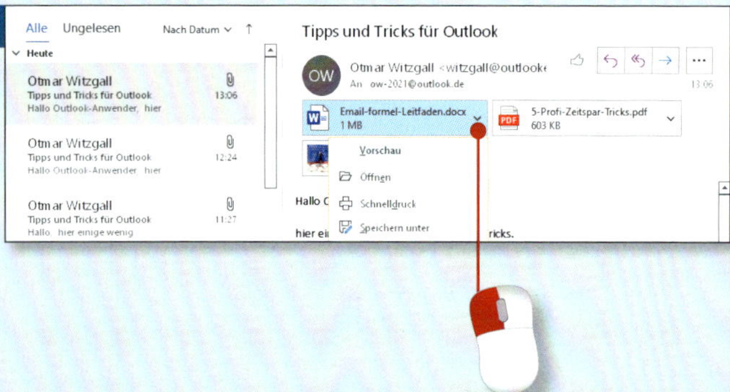

3

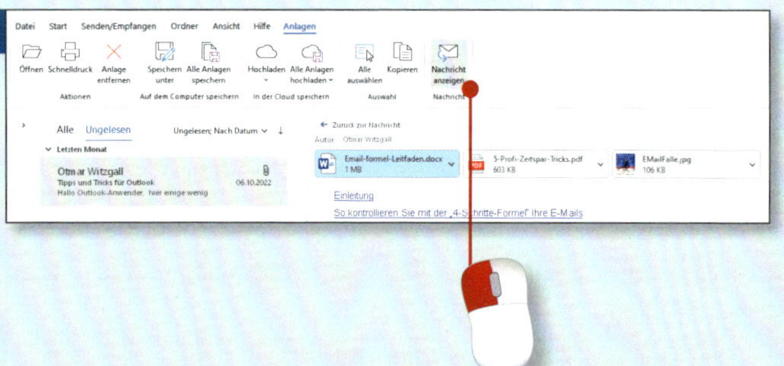

Schritt 1

Hat Ihre Nachricht eine Anlage, wird das in der Nachrichtenliste mit einer Büroklammer angezeigt 1. Im Lesebereich sehen Sie den Dateityp der Anlage und den Namen der Datei: im Beispiel eine Word-Datei, eine PDF-Datei und eine Bilddatei.

Schritt 2

Um die Word-Datei in der Dateivorschau anzuzeigen, klicken Sie darauf oder wählen über den Dropdown-Pfeil im Menü den Befehl **Vorschau**.

Schritt 3

Die Datei öffnet sich im Lesebereich. Gleichzeitig wird die Registerkarte **Anlagen** eingeblendet. Klicken Sie auf **Nachricht anzeigen**, um zum Inhalt der E-Mail zurückzukehren.

Anlagen mit Doppelklick öffnen

Auf einen Doppelklick hin öffnet sich die Anlage im entsprechenden Programm – ein Word-Dokument z. B. wird in Microsoft Word angezeigt –, und Sie drucken, speichern oder bearbeiten die Datei nach Belieben.

Schritt 4

Klicken Sie auf die Bilddatei. In der Dateivorschau ist jetzt das Bild zu sehen.

Schritt 5

Outlook ist sehr vorsichtig beim Öffnen von Anlagen: Klicken Sie auf die PDF-Datei ❷. Sie erhalten die Warnung, dass Sie nur Dateien aus vertrauenswürdigen Quellen anzeigen lassen sollten ❸. Klicken Sie auf **Dateivorschau**, um die Datei dennoch zu öffnen.

Schritt 6

Die Datei wird nun in der Dateivorschau geöffnet. Navigieren Sie über den Scrollbalken oder, bei mehrseitigen Dokumenten, über die Pfeile ❹ oberhalb der Dateivorschau.

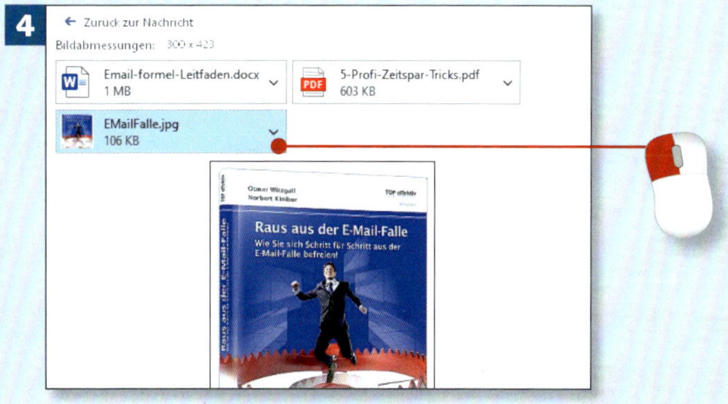

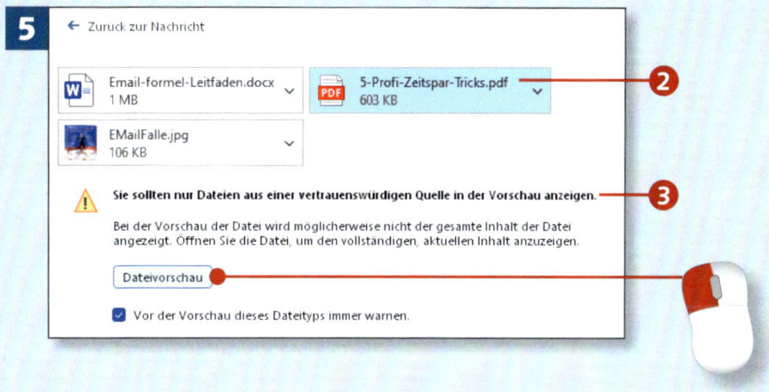

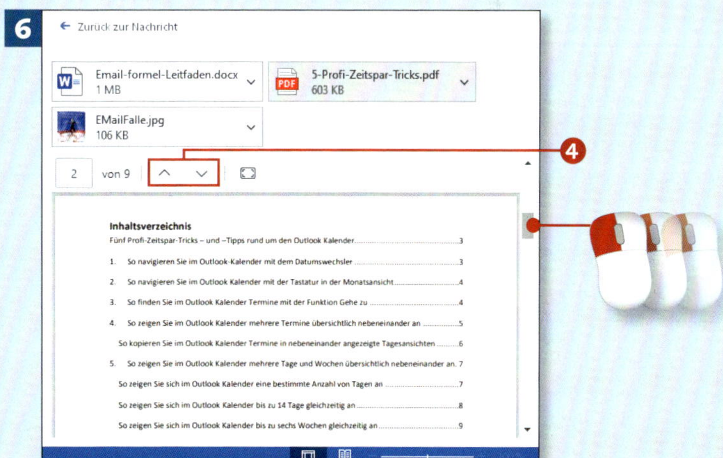

Gefährliche Anlagendateien

Der Grund für Outlooks Vorsicht liegt darin, dass Dateien, die Befehle ausführen und als Dateiendung *.bat*, *.exe*, *.vbs* und *.js* haben, Viren enthalten können.

Einen Anhang öffnen und speichern (Forts.)

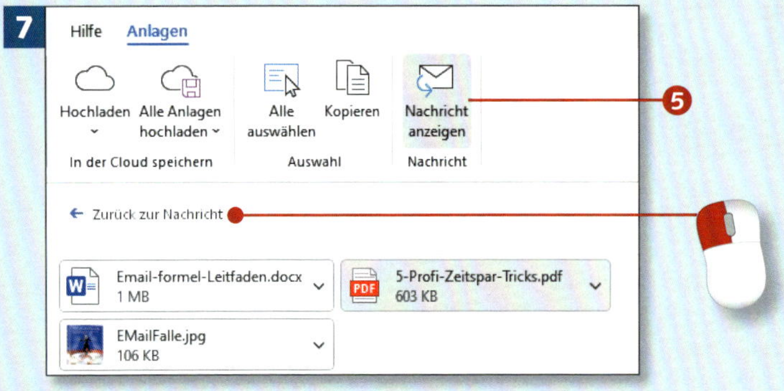

Schritt 7

Klicken Sie im Lesebereich auf **Zurück zur Nachricht**, wird die Anlage geschlossen. Alternativ klicken Sie auf der Registerkarte **Anlagen** auf **Nachricht anzeigen** ❺.

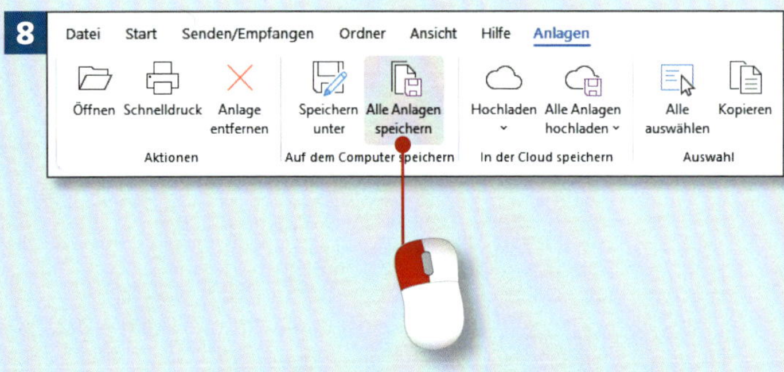

Schritt 8

Auf der Registerkarte **Anlagen** sehen Sie in der Gruppe **Auf dem Computer speichern** alle Optionen zum Umgang mit Anlagen. Alternativ dazu öffnen Sie das Dropdown-Menü neben der Anlage, wie in Schritt 2 zu sehen ist. Um alle Anlagen zu speichern, klicken Sie auf den entsprechenden Befehl.

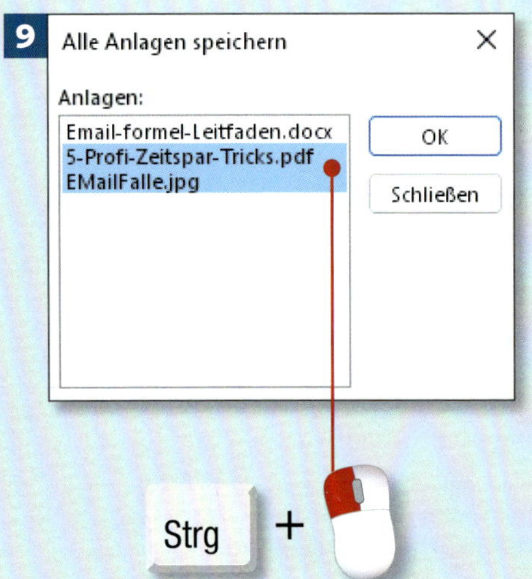

Schritt 9

Es öffnet sich das Fenster **Alle Anlagen speichern**, und unter **Anlagen** sind alle Anhänge aufgeführt. Markieren Sie mit gedrückter [Strg]-Taste die gewünschten Dateien, und klicken Sie auf **OK**.

Schritt 10

Im Fenster **Alle Anlagen speichern** navigieren Sie nun in den Ordner, in dem die Dateien gespeichert werden sollen, und bestätigen Sie mit **OK**. Wenn Sie noch nicht alle Dateien markiert haben, öffnet sich wieder das Fenster von Schritt 9. Wiederholen Sie die Schritte 9 und 10, bis Sie alle Dateien gespeichert haben.

10

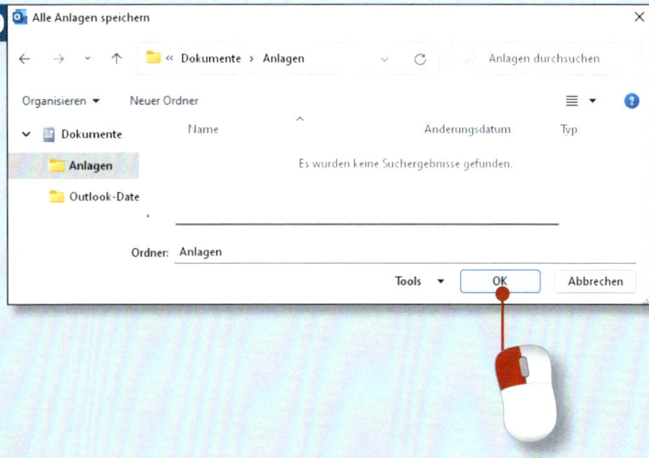

Schritt 11

Wollen Sie einzelne Anhänge auf der Festplatte speichern, markieren Sie den gewünschten Anhang ❻. Klicken Sie in der Gruppe **Auf dem Computer speichern** auf **Speichern unter**.

11

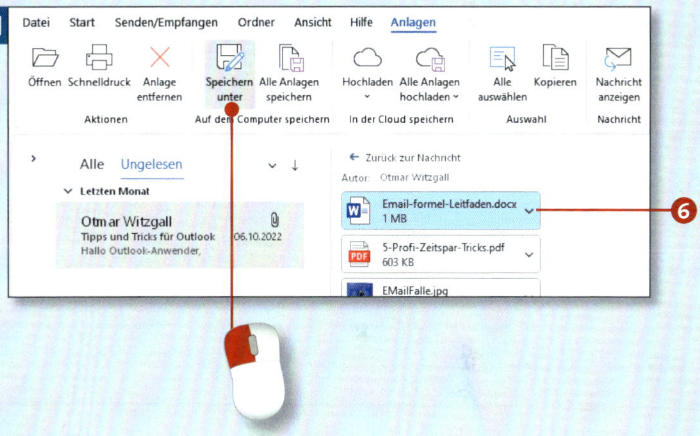

Schritt 12

Navigieren Sie im Fenster **Anlage speichern** zum gewünschten Ordner, und schließen Sie den Vorgang mit einem Klick auf **Speichern** ab.

12

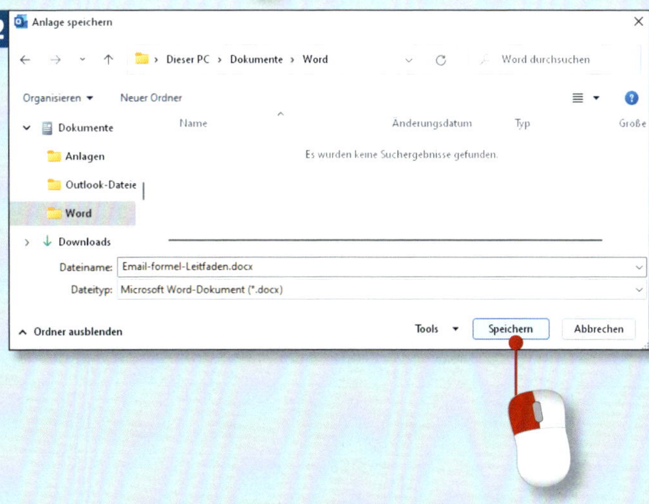

!

Keine Dateien im Ordner?
Wie Sie in Schritt 10 sehen, werden in dem Ordner, in dem die Anlagen gespeichert werden sollen, keine Dateien angezeigt. Das ist oft irritierend! Der Grund: Der Ordner, in dem Sie die Anlagen ablegen, wird als Suche geöffnet. Sie erhalten die Info »Es wurden keine Suchergebnisse gefunden«.

Lese- und Übermittlungsbestätigung verwenden

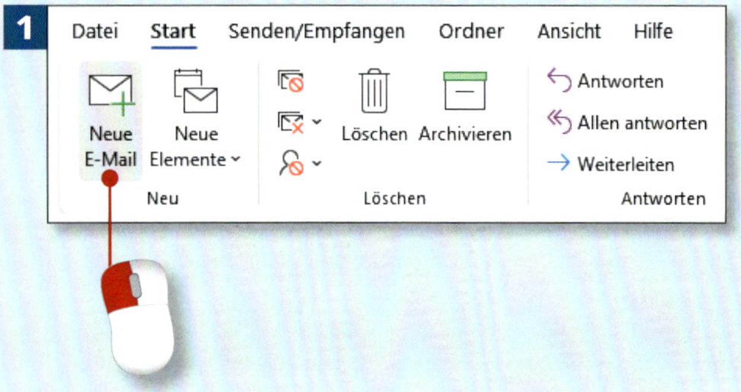

Manchmal ist es sinnvoll, zu wissen, ob eine Nachricht angekommen und gelesen wurde. Wie Sie sich dies bestätigen lassen, erfahren Sie hier.

Schritt 1

Öffnen Sie ein neues Nachrichtenformular mit einem Klick auf **Neue E-Mail** auf der Registerkarte **Start**. Alternativ betätigen Sie die Tastenkombination Strg + ⇧ + M.

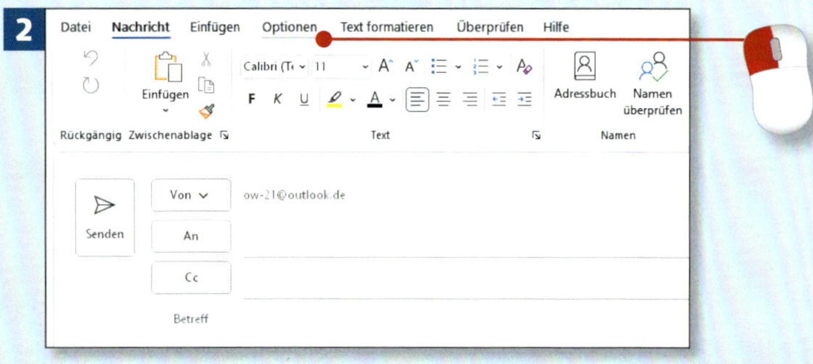

Schritt 2

Es öffnet sich ein neues Nachrichtenformular. Klicken Sie auf die Registerkarte **Optionen**, um zur Lesebestätigung zu kommen.

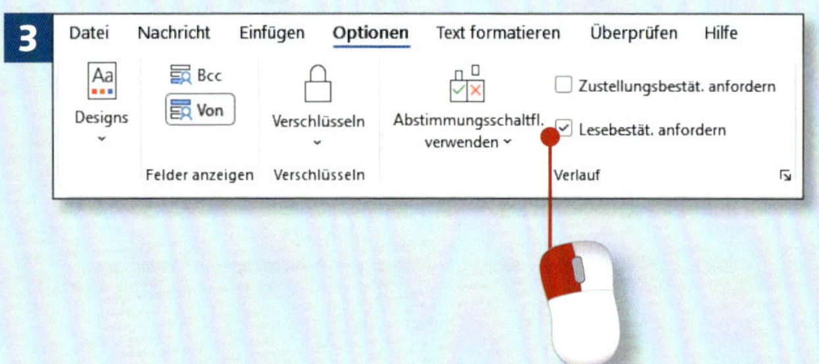

Schritt 3

Setzen Sie in der Gruppe **Verlauf** ein Häkchen bei **Lesebestät. anfordern**. So fordern Sie die Empfängerin oder den Empfänger Ihrer Nachricht auf, eine Lesebestätigung zu senden.

Auf die Dauer lästig!
Gehen Sie sorgfältig mit den Bestätigungen um. Sie könnten Ihr Gegenüber verärgern, wenn es ständig angeforderte Bestätigungen beantworten muss. In manchen Firmen ist das Anfordern von Bestätigungen sogar unerwünscht.

Schritt 4

Aktivieren Sie mit einem Häkchen **Zustellungsbestät. anfordern**. Damit bitten Sie den Empfänger um die Bestätigung, dass er oder sie die Nachricht erhalten hat.

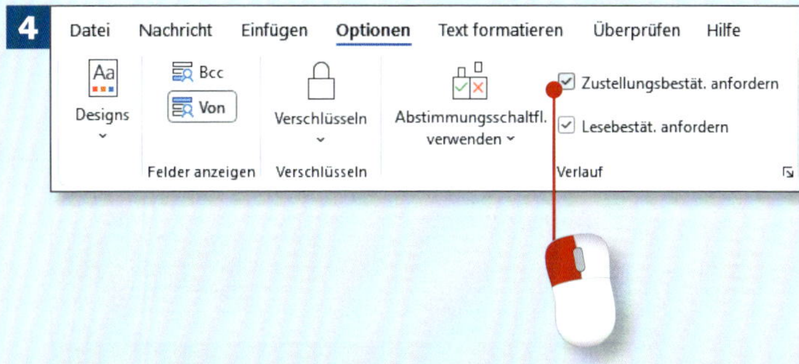

Schritt 5

Öffnen Sie mit einem Klick auf den Dialogfeldstarter in der Gruppe **Verlauf** den Zugang zu weiteren Einstellungen zum Versenden der E-Mail.

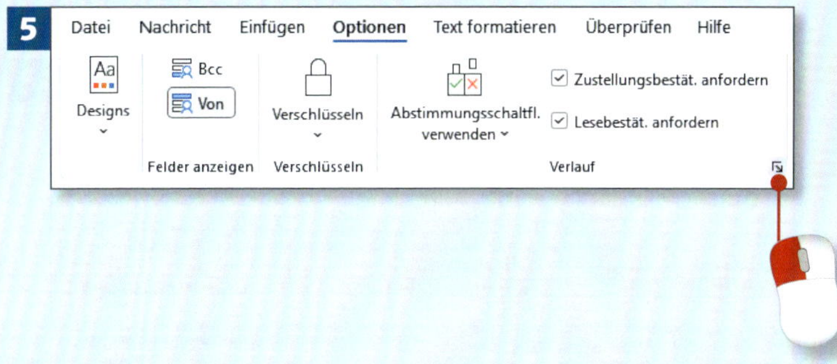

Schritt 6

Es öffnet sich das Fenster **Eigenschaften**. Im Abschnitt **Abstimmungs- und Verlaufoptionen** sehen Sie die aktivierten Optionen **Die Zustellung dieser Nachricht bestätigen** ❶ und **Das Lesen dieser Nachricht bestätigen** ❷. Weitere Einstellungen sind im Abschnitt »Weitere Sendeoptionen festlegen« ab Seite 52 beschrieben. Bestätigen Sie die Einstellungen mit **Schließen**.

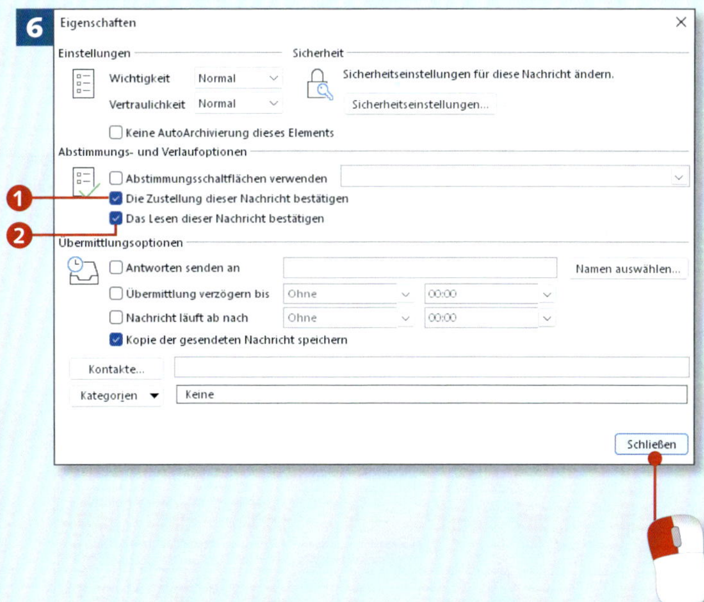

Lesebestätigung abschalten

Rechtlich haben die Empfangs- und Lesebestätigungen keine Relevanz. Davon abgesehen können Sie über **Datei ▸ Optionen ▸ E-Mail** im Abschnitt **Verlauf** die Option **Nie eine Lesebestätigung senden** aktivieren.

Lesebereich und Ansichten einstellen

Zum besseren Lesen und zur Übersicht stellen Sie die für Sie optimale Ansicht und den Lesebereich ein.

1

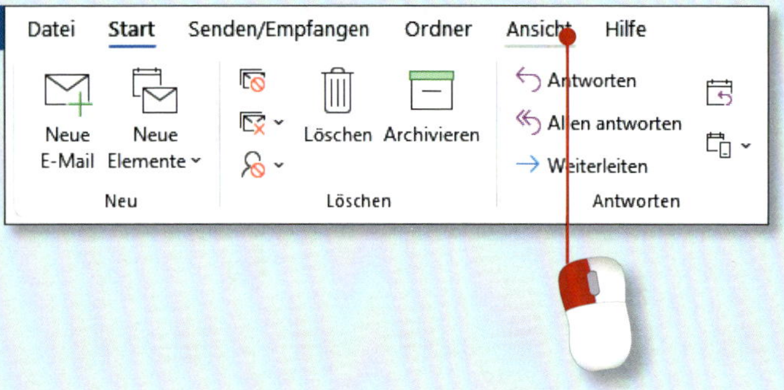

Schritt 1

Sie befinden sich im **Posteingang** und klicken auf die Registerkarte **Ansicht**.

2

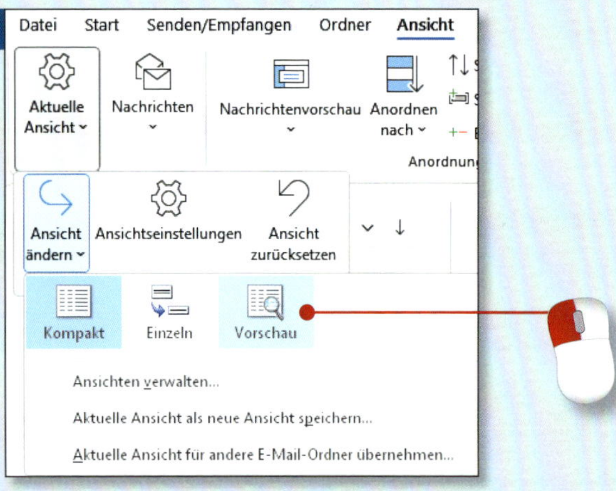

Schritt 2

Klicken Sie in der Gruppe **Aktuelle Ansicht** auf **Ansicht ändern**, und wählen Sie im Menü den Befehl **Vorschau**.

3

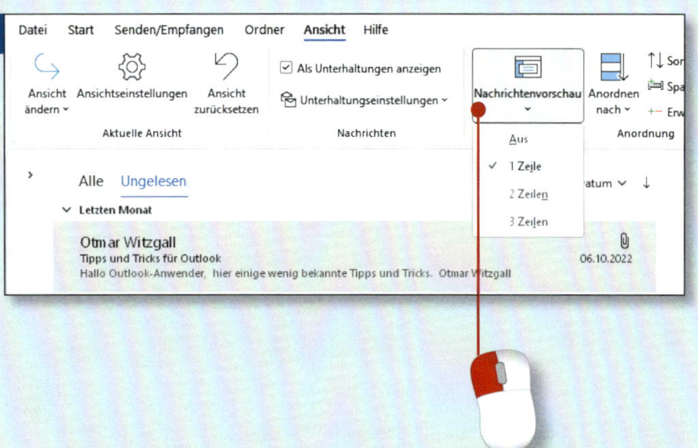

Schritt 3

Sie sehen jetzt die einzelnen E-Mails mit dem Absender und der Betreffzeile sowie den Nachrichtentext. In der Gruppe **Anordnung** klicken Sie auf **Nachrichtenvorschau**. Hier wählen Sie die Anzahl der Zeilen aus, die Sie in der Vorschau der E-Mail lesen möchten, z. B. **1 Zeile**. Wenn Sie außer Absender und Betreff nichts lesen möchten, wählen Sie die Option **Aus**.

Schritt 4

Outlook ist sehr flexibel. Mit drei Optionen richten Sie die Ansichten in der Gruppe **Aktuelle Ansicht** über den Befehl **Ansicht ändern** nach Ihren Bedürfnissen ein: Sie verwalten bestehende Ansichten und passen sie nach Ihren Wünschen an ❶. Sie speichern die aktuelle Ansicht als eine neue, zusätzliche Ansicht ❷. Sie übernehmen die aktuelle, veränderte Ansicht für andere E-Mail-Ordner ❸.

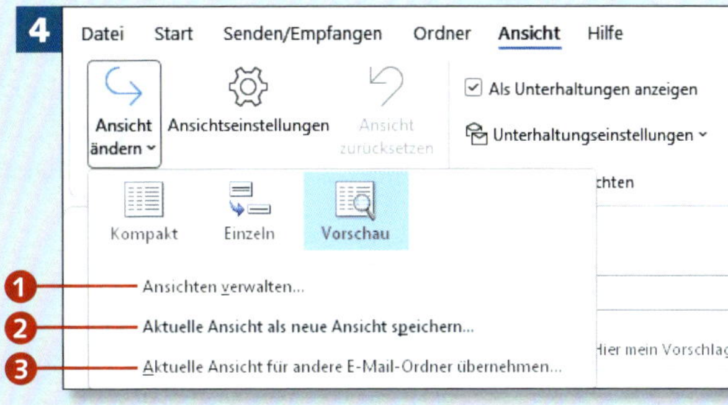

Schritt 5

Schauen wir uns nun an, welche Möglichkeiten Sie haben, um eine Ansicht zu verwalten. Klicken Sie daher auf **Ansichten verwalten**.

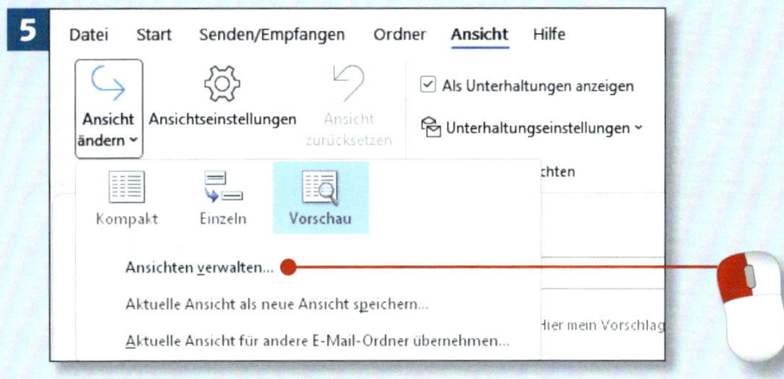

Schritt 6

Es öffnet sich das Fenster **Alle Ansichten verwalten**. Mit **Neu** ❹ definieren Sie eine Ansicht von Grund auf neu. Mit **Kopieren** ❺ nehmen Sie die markierte Ansicht als Ausgangspunkt für eine neue Ansicht. Mit **Ändern** ❻ nehmen Sie an der markierten Ansicht Änderungen vor.

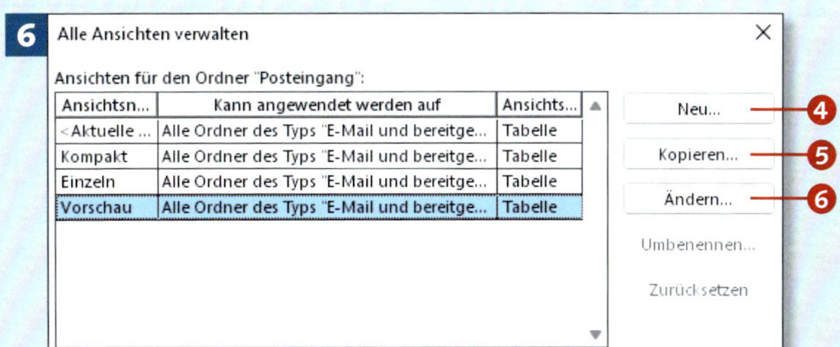

Lesebereich und Ansichten einstellen (Forts.)

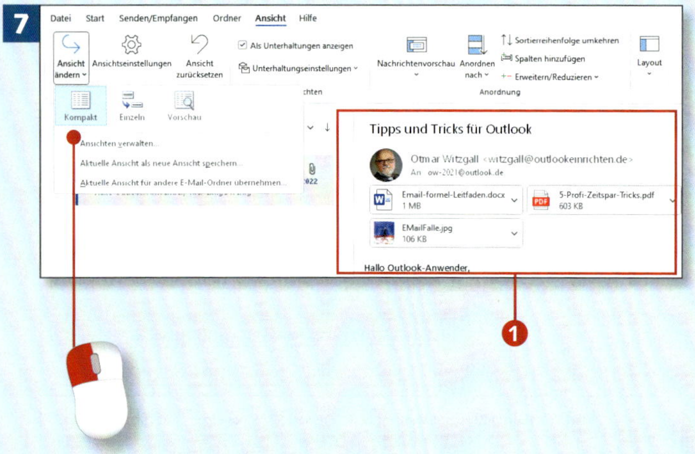

Schritt 7

Jetzt konfigurieren Sie den Lesebereich. Sie befinden sich auf der Registerkarte **Ansicht** in der Gruppe **Aktuelle Ansicht**. Klicken Sie auf **Ansicht ändern** und dann auf die Ansicht **Kompakt**. Im rechten Teil sehen Sie den aktivierten Lesebereich **1**.

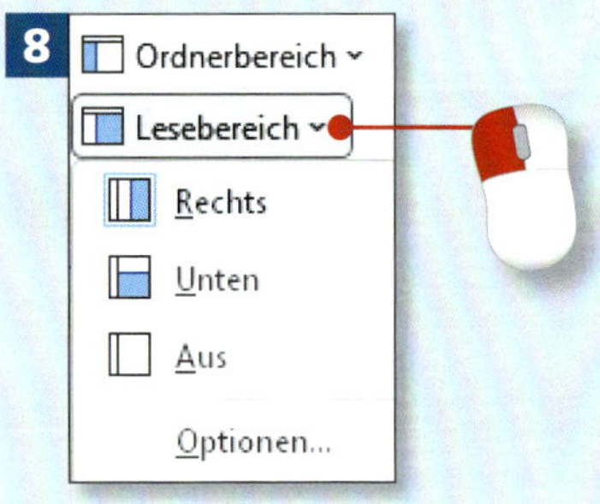

Schritt 8

Über die Befehlsgruppe **Layout** konfigurieren Sie den **Lesebereich**. Sie können sich Ihre E-Mails rechts von der Nachrichtenliste anzeigen lassen oder unterhalb davon. Alternativ können Sie den Lesebereich auch ausblenden. Klicken Sie auf **Rechts**, weil Sie mit dieser Einstellung Ihre E-Mails besser lesen können.

Schritt 9

Das Lesen ist in Outlook besonders gut gelöst: Nutzen Sie das »Turbo-Lesen« oder das sogenannte Einzeltastenlesen mit der Leertaste. Klicken Sie in der Gruppe **Layout** auf **Lesebereich** und dort auf **Optionen**.

Lesebereich »Aus«?

Entscheiden Sie sich in Schritt 8 für die Option **Aus**, müssen Sie auf E-Mails doppelklicken, um sie lesen zu können.

Schritt 10

Es öffnet sich das Fenster **Lesebereich**. Hier setzen Sie in der Zeile **Einzeltastenlesen mit Leertaste** ein Häkchen und schließen mit **OK**. Jetzt sind die Vorbereitungen für das »Turbo-Lesen« abgeschlossen.

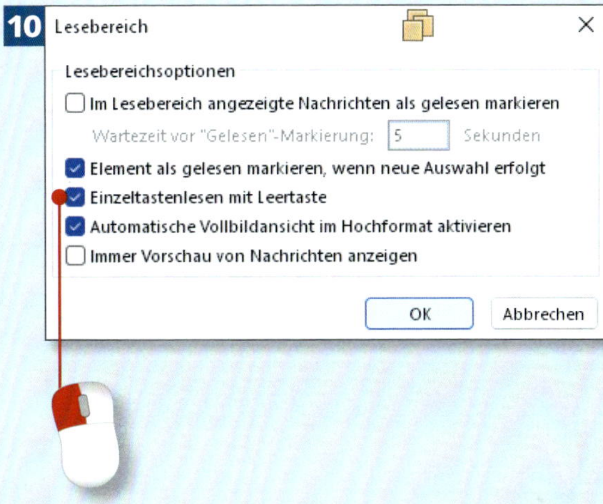

Schritt 11

Sie markieren die erste E-Mail und drücken im Folgenden immer wieder die Leertaste. Der Inhalt der E-Mail im Lesebereich springt eine Bildhöhe nach unten – bis zum Ende der E-Mail. Am Ende angekommen, springt die Markierung links auf die nächste E-Mail. So lesen Sie ab jetzt Ihre E-Mails.

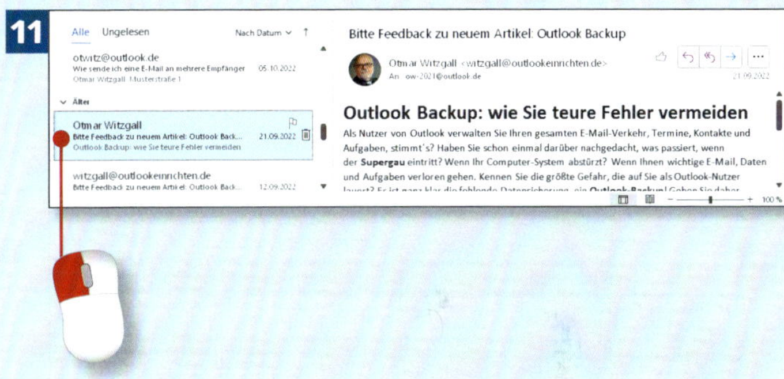

Schritt 12

Für den optimalen Überblick beim Lesen schalten Sie in der Statusleiste die sogenannte **Leseansicht** ein. Mit diesem Leselayout minimieren Sie gleichzeitig den **Ordnerbereich** und schalten die **Aufgabenleiste** aus.

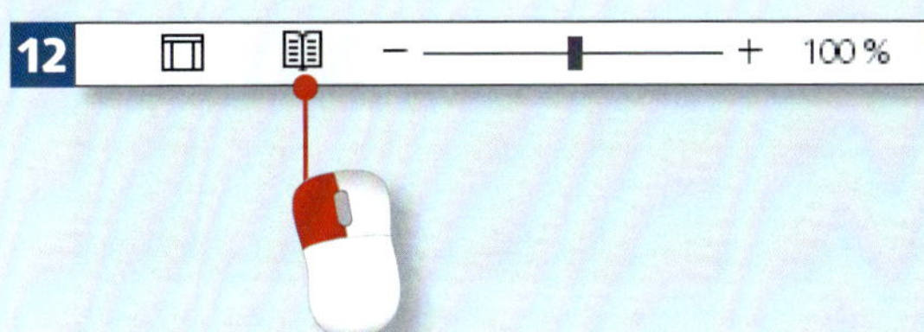

Tastenkürzel als Alternative

Mit [Strg] + [F1] blenden Sie die **Multifunktionsleiste** aus und wieder ein und mit [Alt] + [F1] den **Ordnerbereich**.

Eine E-Mail drucken

Natürlich bietet Ihnen Outlook auch an, Ihre Nachrichten zu drucken. Dafür gibt es eine Reihe hilfreicher Funktionen.

1

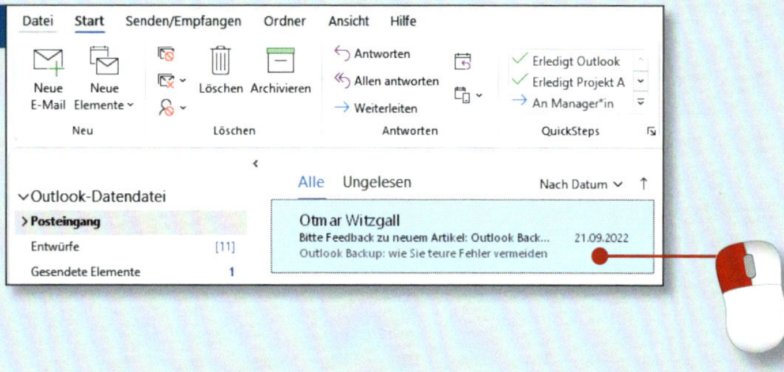

Schritt 1

Markieren Sie die zu druckende E-Mail, und klicken Sie auf die Registerkarte **Datei**. Alternativ drücken Sie gleich den Tastaturbefehl [Strg] + [P]. So sparen Sie sich Schritt 2.

2

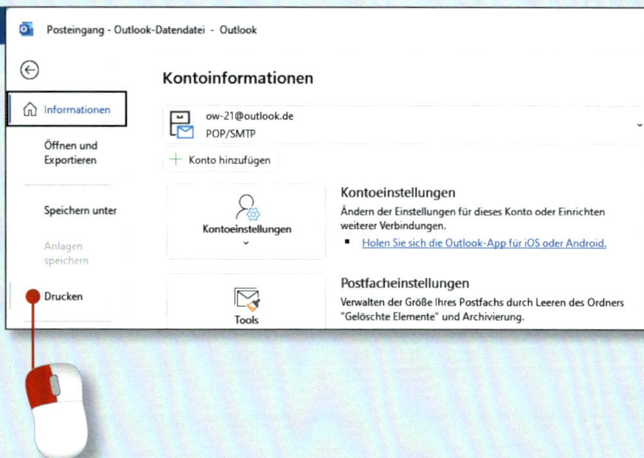

Schritt 2

Wenn Sie über die Registerkarte **Datei** einsteigen, klicken Sie auf **Drucken**.

3

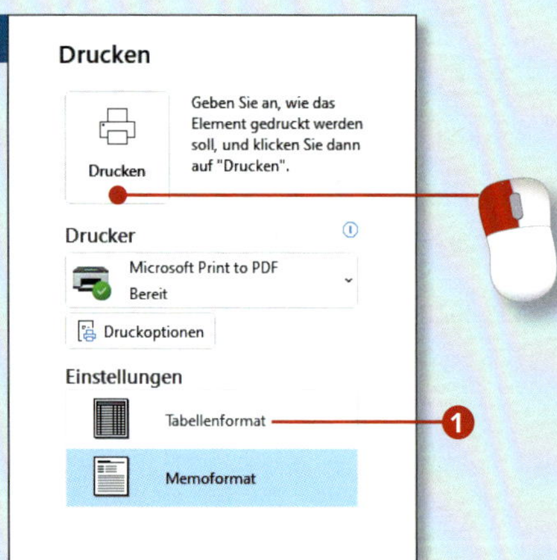

Schritt 3

Im Fenster **Drucken** ist Ihr Standarddrucker und im Bereich **Einstellungen** ist **Memoformat** ausgewählt. Hierbei wird die markierte E-Mail einzeln ausgedruckt. Bei der Auswahl **Tabellenformat** 1 wird eine Liste aller E-Mails ausgedruckt. Klicken Sie nun auf **Drucken**.

Schritt 4

Wollen Sie vor dem Drucken noch weitere Einstellungen vornehmen, klicken Sie auf **Druckoptionen**.

Schritt 5

Im Fenster **Drucken** wählen Sie unter **Seitenbereich** die Option **Alle** ❷, oder Sie tragen einzelne Seiten ❸ in das Eingabefeld ein. Wollen Sie die Anlagen mit ausdrucken, setzen Sie bei **Druckoptionen** das Häkchen bei **Anlagen drucken** ❹. Klicken Sie weiter auf **Seitenansicht**, und überprüfen Sie die Einstellungen.

Schritt 6

Es öffnet sich das Fenster **Drucken**. Sie befinden sich hier im rechten Teil des Fensters. Unten rechts sehen Sie drei Symbole ❺: im Bild die Detailansicht, das mittlere zeigt die Gesamtsicht der Seite, die links im Kästchen eingetragen ist ❻. Klicken Sie auf das **Mehrseiten**-Symbol, und Sie sehen alle Seiten in der Übersicht.

4

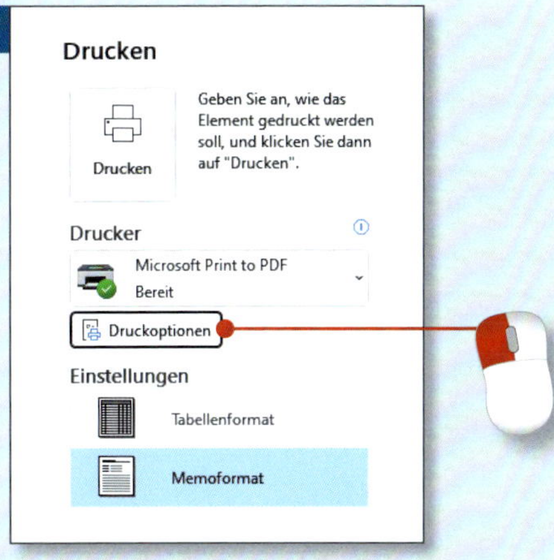

5

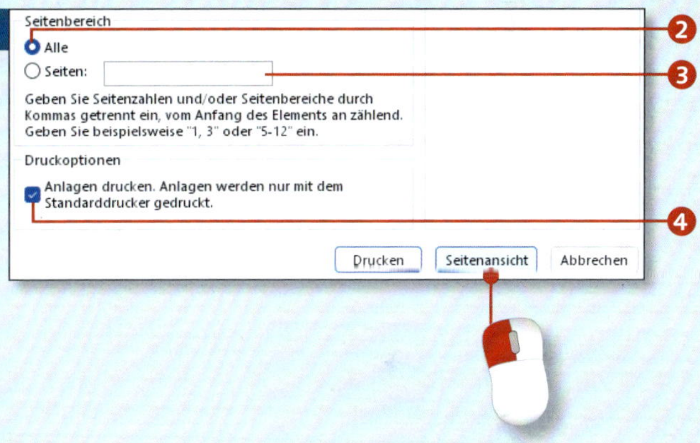

6

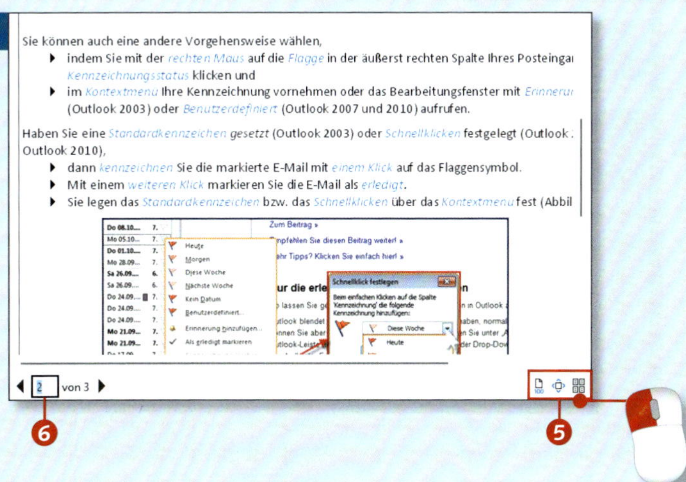

Ausdruck im Tabellenformat

Es wird eine Tabelle mit Spalten ausgedruckt, und zwar so, wie die E-Mails in der jeweiligen Ansicht – etwa wie hier im Posteingang – zu sehen sind.

Kapitel 4
Nachrichten effizient organisieren

Im Laufe der Zeit häufen sich die Nachrichten im Posteingang – er wird unübersichtlich. Mein Tipp: Halten Sie es wie mit Ihrem Briefkasten: einmal täglich leeren. Dazu lernen Sie in diesem Kapitel, wie Sie E-Mails ordnen, verschieben und löschen. Manche E-Mails werden mit Regeln automatisch in Extraordner verschoben. Das lange Suchen hat ein Ende! Dazu zeige ich Ihnen effiziente Suchfunktionen.

Leeren Sie Ihren Posteingang mit der Funktion »Verschieben«

Mit einigen zusätzlich eingerichteten Ordnern schaffen Sie mehr Übersicht. Der Weg ist frei für die Verteilung der Nachrichten im Posteingang. Verschieben Sie nur E-Mails, die Sie wirklich zum Dokumentieren oder Weiterarbeiten benötigen. Wie Sie E-Mails schnell und effektiv über das Kontextmenü verschieben ❶, zeige ich Ihnen in diesem Kapitel.

Verteilen Sie E-Mails automatisiert mithilfe von Regeln

Jeden Tag überfluten E-Mails Ihren Posteingang. Verteilen Sie E-Mails anhand von bestimmten Wörtern auf vorher festgelegte Ordner. Alle E-Mails, die das gewählte Wort enthalten, werden per Regel ❷ in einen extra dafür erstellten Ordner verschoben und landen nicht im Posteingang.

Suchen Sie noch, oder finden Sie schon?

Es hat einmal jemand gesagt: »Der Mensch verbringt die meiste Zeit seines Lebens mit Warten.« Das kann ich nur bedingt bestätigen, was aber sicher zutrifft, ist: Wir verschwenden viel zu viel Zeit mit Suchen. Damit Ihnen dies nicht passiert, erfahren Sie hier, wie Sie in Outlook mit Suchwerkzeugen ❸ blitzschnell das Gesuchte finden.

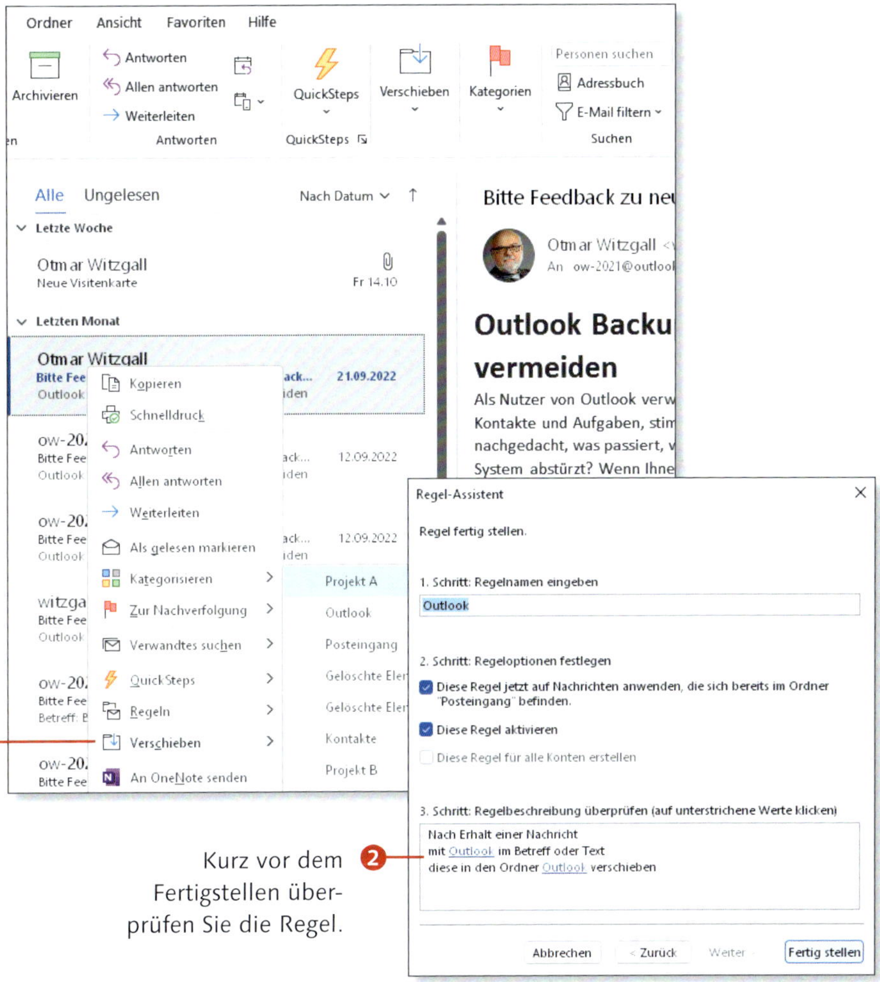

1 Mit dem Kontextmenü verschieben Sie E-Mails schnell in den gewünschten Ordner.

2 Kurz vor dem Fertigstellen überprüfen Sie die Regel.

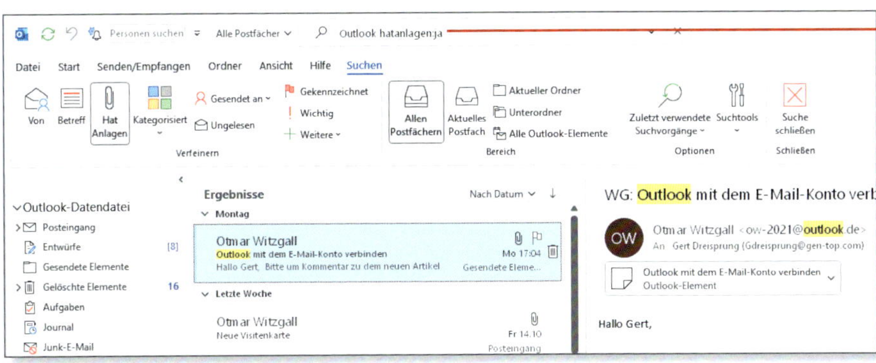

3 Mit zusätzlichen Suchkriterien grenzen Sie das Gesuchte ein.

E-Mails ordnen, verschieben und löschen

Was tun mit den Nachrichten im Posteingang? Zur besseren Übersicht ordnen Sie Ihre E-Mails. Was tun mit den Gelesenen? Nun, verschieben oder löschen. Wie Ihnen das gelingt, zeige ich Ihnen in diesem Abschnitt.

1

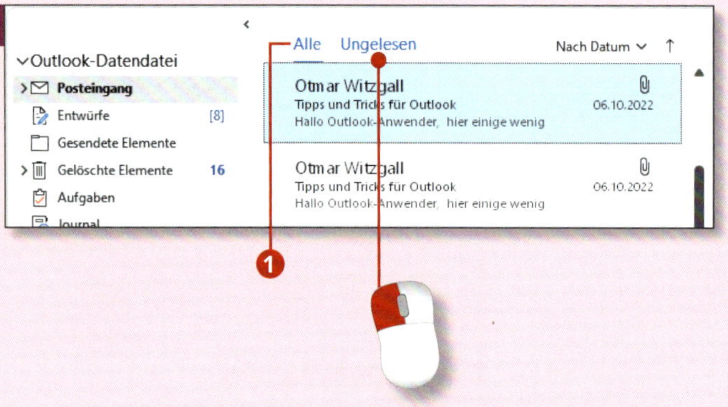

Schritt 1

Ordnen Sie Ihre E-Mails nach gelesenen und ungelesenen Nachrichten. Standardmäßig ist **Alle** ❶ aktiviert. Sie sehen jetzt gelesene und ungelesene in der Reihenfolge des Eingangs. Möchten Sie nur die noch nicht gelesenen Nachrichten anzeigen, klicken Sie auf **Ungelesen**.

2

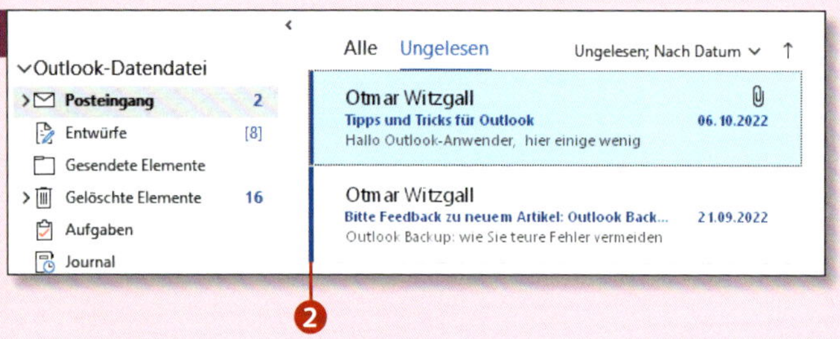

Schritt 2

Alle gelesenen E-Mails werden ausgefiltert, und Sie sehen nur die ungelesenen Nachrichten. Diese erkennen Sie an dem dunkelblauen Balken am linken Rand ❷.

3

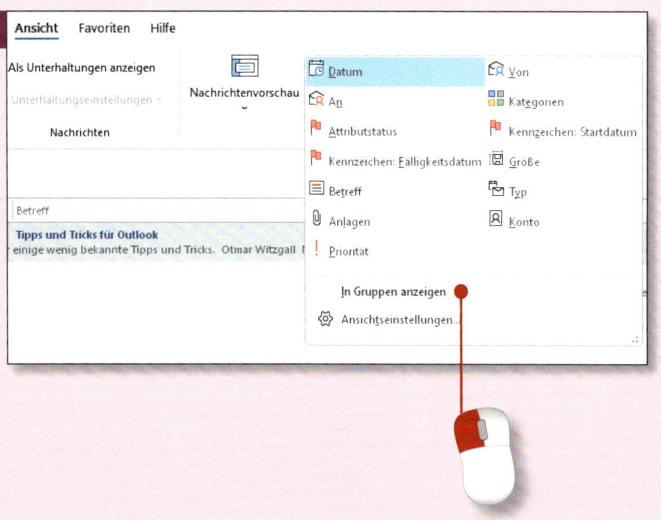

Schritt 3

Suchen Sie eine E-Mail von letzter Woche, ist es sinnvoll, die Nachrichten nach Eingangsdatum zu ordnen. Klicken Sie dazu auf der Registerkarte **Ansicht** in der Gruppe **Anordnung** auf die Pfeilspitze. Wählen Sie im aufgeklappten Menü **In Gruppen anzeigen**.

Schritt 4

Die E-Mails sind in folgende Gruppen aufgeteilt: **Heute**, **Gestern**, **Letzte Woche**, **Vorletzte Woche**, **Letzten Monat** bis zu **Ältere**.

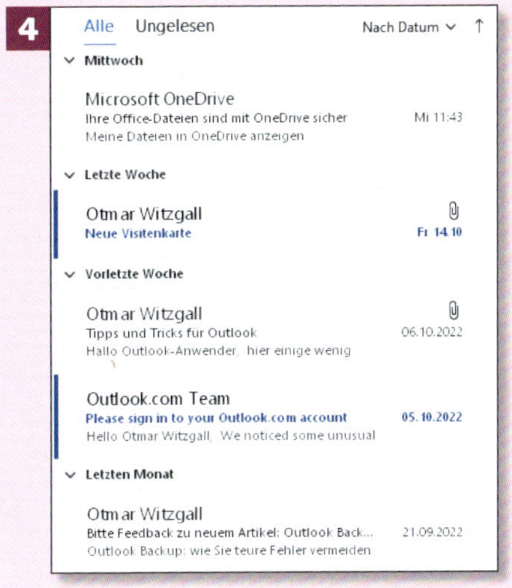

Schritt 5

Möchten Sie eine markierte E-Mail löschen, bewegen Sie die Maus an den rechten Rand. Das Löschsymbol wird eingeblendet und färbt sich rot. Löschen Sie die E-Mail mit einem Klick auf das rote Papierkorbsymbol. Alternativ betätigen Sie nach dem Markieren der E-Mail die [Entf]-Taste.

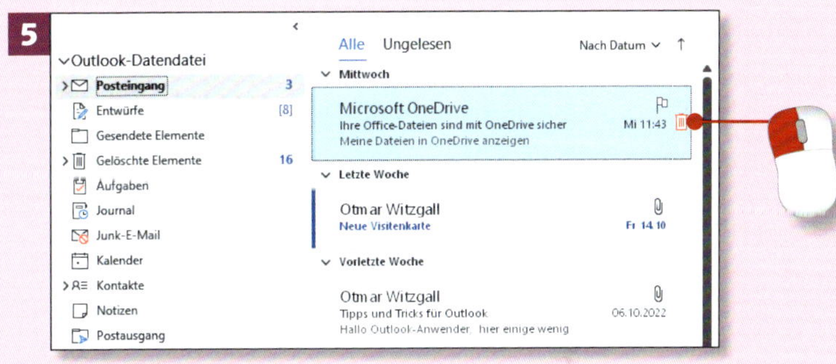

Schritt 6

Die gelöschte Nachricht wird nicht direkt entfernt, sondern zunächst in den Ordner **Gelöschte Elemente** verschoben. Erst wenn Sie die E-Mail aus diesem Ordner löschen, ist sie endgültig aus Ihrem Postfach entfernt (siehe dazu den Abschnitt »Nachrichten endgültig löschen« ab Seite 120).

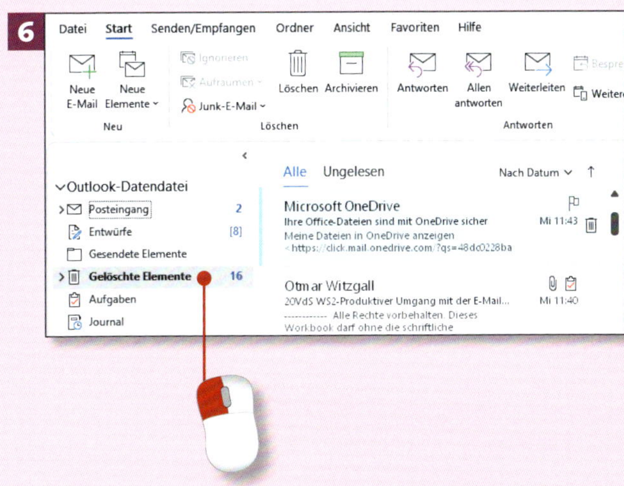

E-Mails ordnen, verschieben und löschen (Forts.)

7

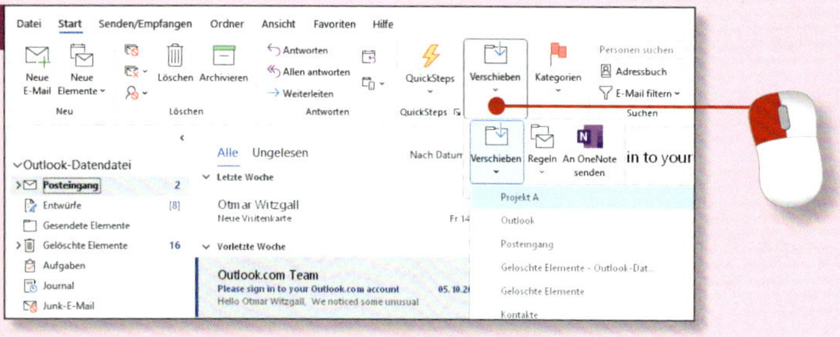

8

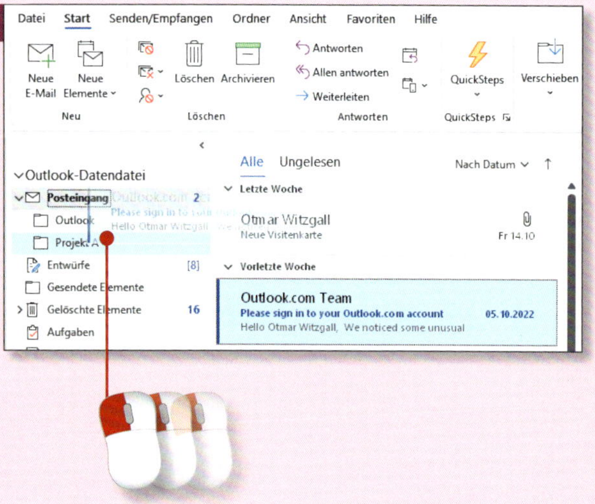

9

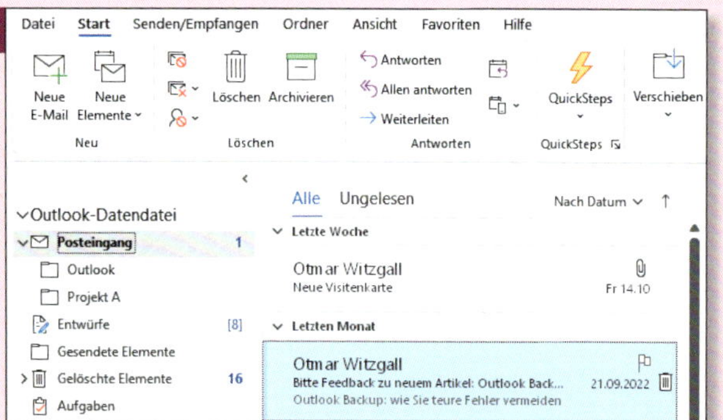

Schritt 7

Haben Sie eine E-Mail gelesen und wollen diese woanders aufbewahren, verschieben Sie die Nachricht. Klicken Sie auf der Registerkarte **Start** in der Gruppe **Verschieben** auf den gleichnamigen Befehl und dann auf den gewünschten Ordner, hier **Projekt A**.

Schritt 8

Eleganter verschieben Sie per *Drag & Drop*, also Ziehen und Fallenlassen. Klicken Sie mit gedrückter linker Maustaste in die markierte E-Mail, und ziehen Sie diese auf den Ordner **Projekt A**. Beim Ziehen zeigt sich der Umriss der E-Mail. Auf dem Ordner angekommen, lassen Sie die Maustaste los.

Schritt 9

Alternativ verschieben Sie so: Markieren Sie die E-Mail, und betätigen Sie den Tastaturbefehl Strg + ⇧ + V.

Verschiebemethoden

Für Drag & Drop braucht es etwas Fingerspitzengefühl. Arbeiten Sie mit vielen verschachtelten Ordnern, dann steuern Sie diese mit den Tastaturbefehlen sicherer an.

Schritt 10

Es öffnet sich der Assistent **Elemente verschieben**. Navigieren Sie mit der Maus oder mit dem Cursor auf den Ordner **Projekt A**. Beenden Sie den Verschiebevorgang mit einem Klick auf **OK**.

10

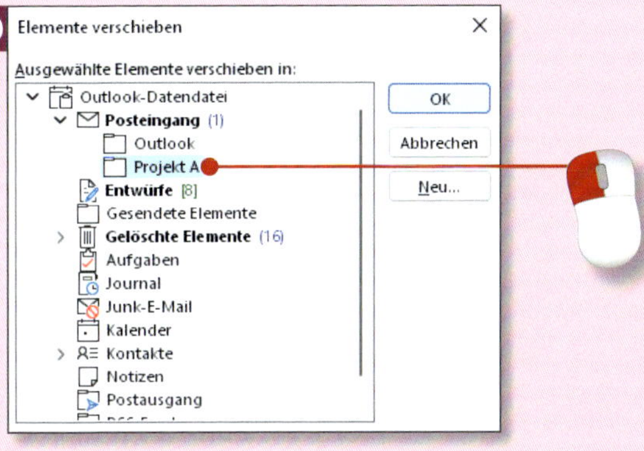

Schritt 11

Alternativ rufen Sie an einem beliebigen Punkt in der E-Mail mit der rechten Maustaste das Kontextmenü auf, klicken Sie auf **Verschieben** ❶ und dann auf **Projekt A**. Die E-Mail landet im gewählten Ordner.

11

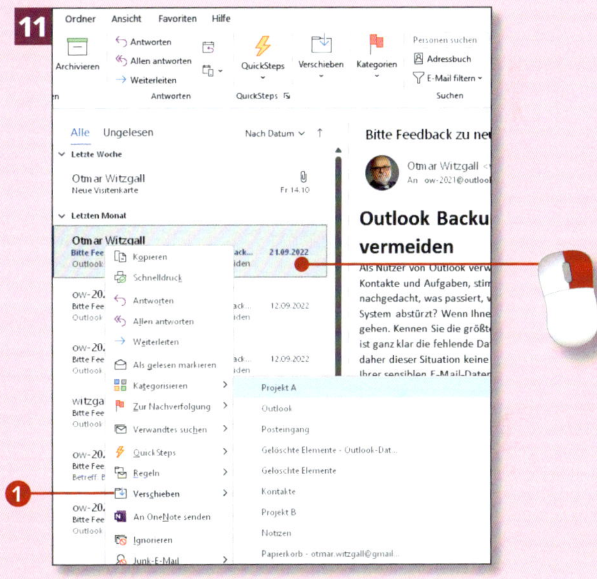

Schritt 12

Wiederholen Sie den Vorgang von Schritt 8, jetzt aber mit der rechten Maustaste. Wenn Sie den Ordner **Projekt A** erreicht haben und die Maustaste loslassen, blendet Outlook ein Auswahlmenü ein ❷ und bietet Ihnen an: **Verschieben**, **Kopieren** oder **Abbrechen**. Klicken Sie nun mit links auf **Verschieben**.

12

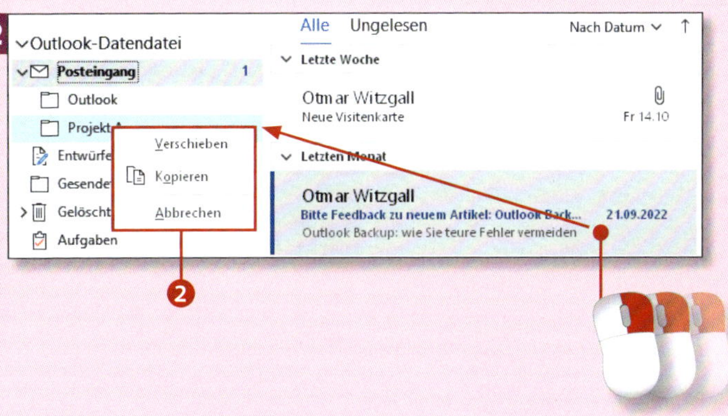

Drag & Drop

Grundsätzlich zeigt Ihnen Outlook bei der Funktion Drag & Drop mit der rechten Maustaste ein Kontextmenü mit möglichen Alternativen. Drag & Drop mit links führt, ohne Nachfrage, immer die Standardoption aus.

Unterhaltungen aufräumen

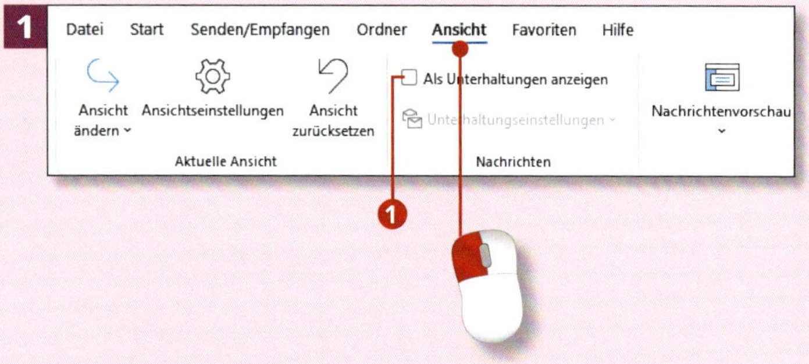

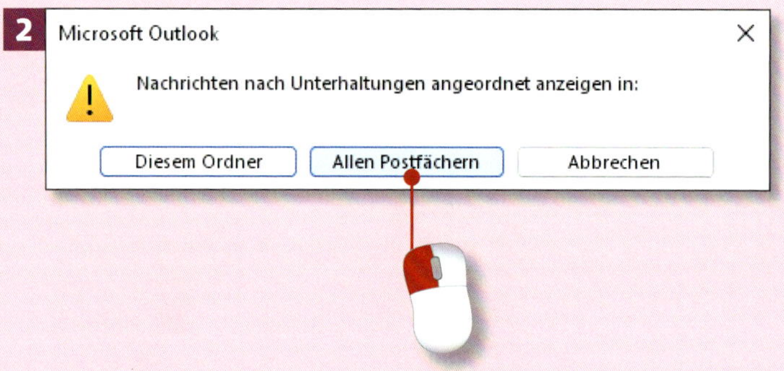

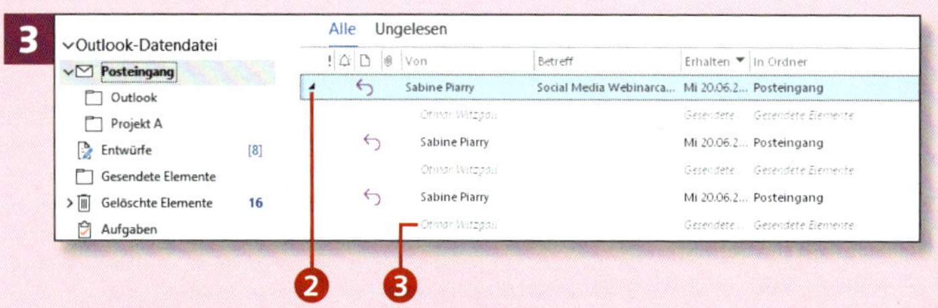

Outlook zeigt Ihnen E-Mails mit gleichem Betreff als Unterhaltung an. Die Nachrichten können Sie von allem überflüssigen Text befreien.

Schritt 1

Um Ihre Nachrichten als Unterhaltungen anzuzeigen, klicken Sie auf die Registerkarte **Ansicht**. Setzen Sie in der Gruppe **Nachrichten** ein Häkchen bei **Als Unterhaltungen anzeigen** ❶.

Schritt 2

Es öffnet sich ein Abfragefenster: **Nachrichten nach Unterhaltungen angeordnet anzeigen in:** Wählen Sie mit Klick eine Option aus.

Schritt 3

Klicken Sie auf die Pfeilspitze neben der markierten E-Mail ❷. Die zur Unterhaltung gehörenden Nachrichten klappen auf. Zum Aufräumen der Unterhaltung klicken Sie auf die Registerkarte **Ordner**.

Unterhaltung

Zu einer Unterhaltung gehörende E-Mails werden durch die Einstellung in Schritt 2 selbst dann angezeigt, wenn sie sich in einem anderen ❸ als dem gerade ausgewählten Ordner befinden.

Schritt 4

In der Gruppe **Aufräumen** wählen Sie den Befehl **Ordner aufräumen** und dann **Ordner und Unterordner aufräumen**.

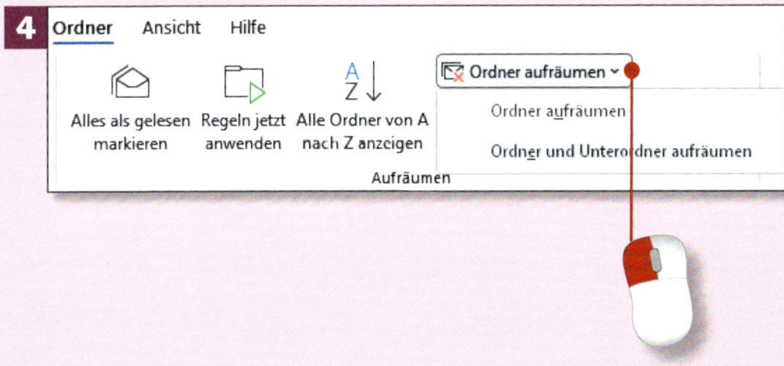

Schritt 5

Es öffnet sich das Fenster **Ordner aufräumen**. Sie werden informiert, dass überflüssige Nachrichten in den Ordner **Gelöschte Elemente** verschoben werden. Zum Aufräumen klicken Sie auf **Ordner aufräumen**.

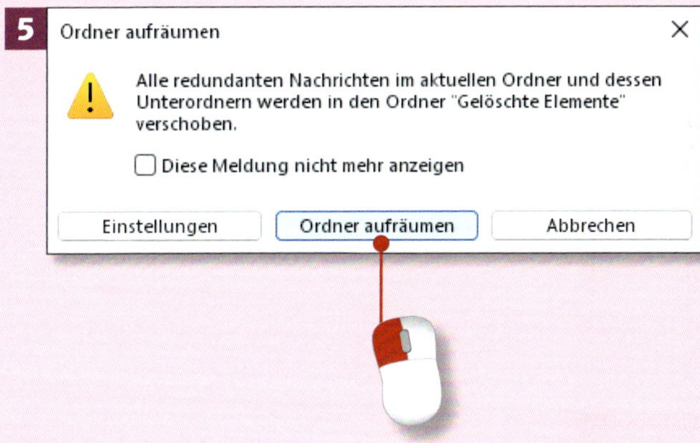

Schritt 6

Die Unterhaltung wurde aufgeräumt. Wenn eine E-Mail gelöscht wurde, befindet sie sich jetzt im Ordner **Gelöschte Elemente** ❹. Wenn Outlook nichts zum Aufräumen findet, bekommen Sie in einem Fenster die Meldung, dass keine Nachricht aufgeräumt wurde.

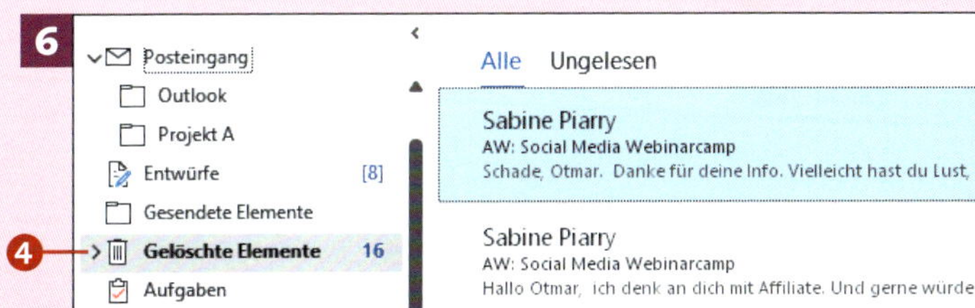

Ballast loswerden

Bei jeder E-Mail, die Sie hin- und hersenden, wird der ursprüngliche Text in die E-Mail kopiert, sozusagen als »Dokumentation« der Unterhaltung. Ihre Nachrichten füllen sich nach und nach mit einer Fülle sich wiederholender Texte. Outlook räumt für Sie auf und löscht diese überflüssigen Texte.

E-Mails automatisch verschieben

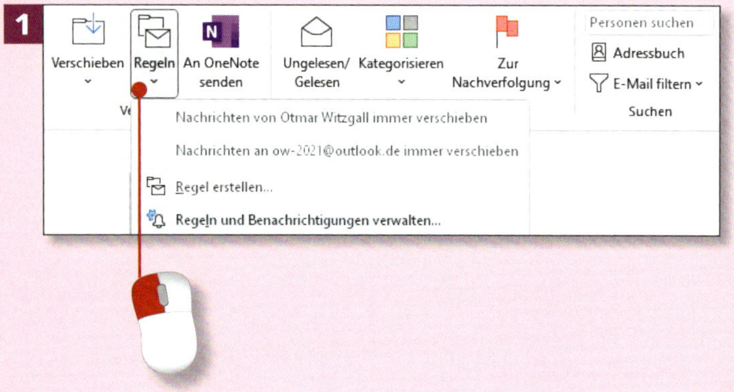

Vielleicht möchten Sie bestimmte E-Mails gar nicht im Posteingang bearbeiten, sondern gleich in einem separaten Ordner sammeln. Outlook kann das für Sie automatisch erledigen. Dafür erstellen Sie Regeln.

Schritt 1

Um Regeln einzurichten, klicken Sie auf der Registerkarte **Start** in der Gruppe **Verschieben** auf **Regeln** und im Menü auf **Regeln und Benachrichtigungen verwalten**.

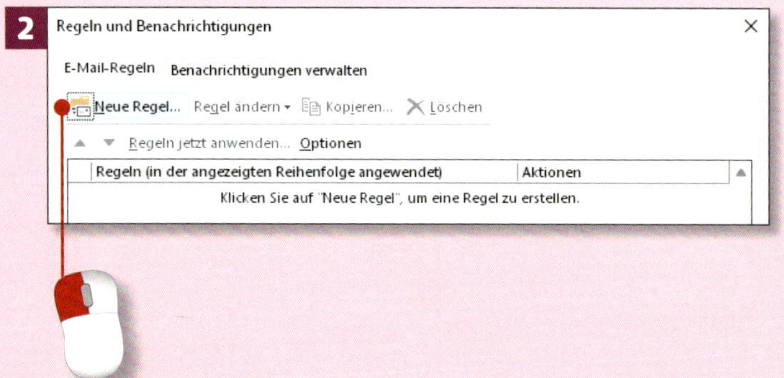

Schritt 2

Klicken Sie im Fenster **Regeln und Benachrichtigungen** auf **Neue Regel**.

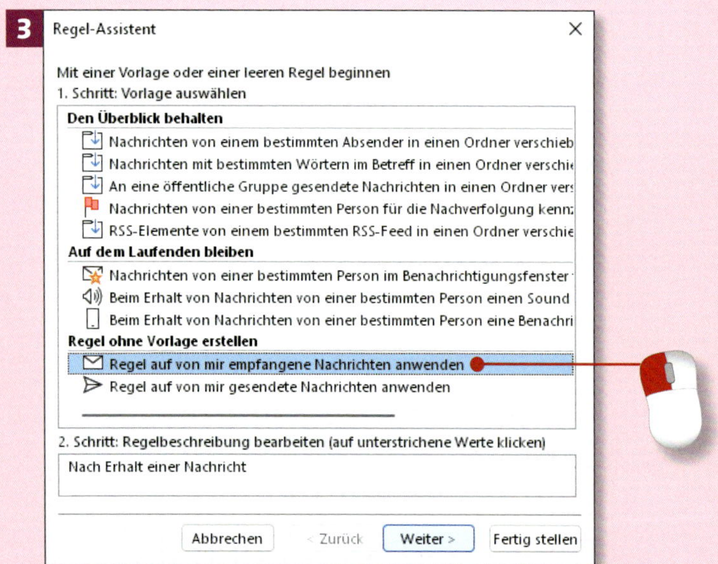

Schritt 3

Im Fenster **Regel-Assistent** klicken Sie im Bereich **Regel ohne Vorlage erstellen** auf **Regel auf von mir empfangene Nachrichten anwenden**. Klicken Sie dann auf **Weiter**.

Regeln ohne Vorlage erstellen

Die Option **Regel ohne Vorlage erstellen** lässt Ihnen alle Einstellungen offen. In dieser Anleitung filtere ich bestimmte Wörter im Betreff *und* Text der E-Mails.

Schritt 4

Wenn Sie die gesamte Nachricht nach bestimmten Wörtern durchsuchen möchten, setzen Sie ein Häkchen bei der Bedingung **mit bestimmten Wörtern im Betreff oder Text** 1. Sie sehen im unteren Abschnitt, dass ein Teil der Wörter unterstrichen ist. Klicken Sie auf diesen unterstrichenen Teil (**bestimmten Wörtern**).

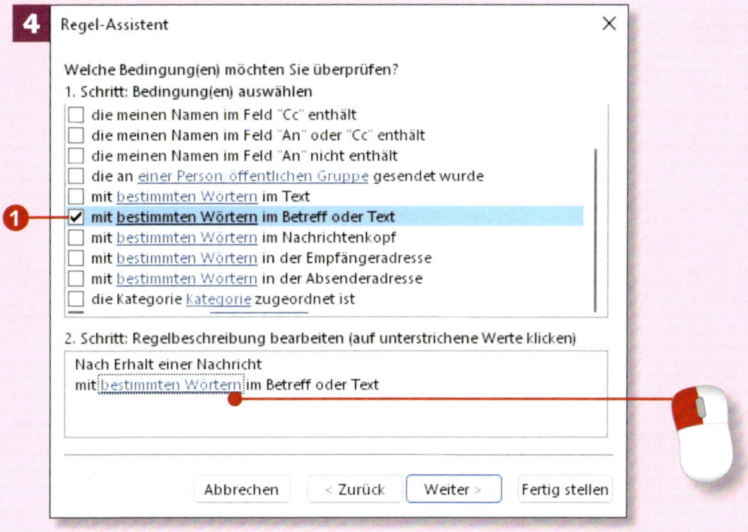

Schritt 5

Schreiben Sie im Fenster **Text suchen** in das obere Eingabefeld Ihr Suchwort »Outlook«, und klicken Sie dann auf **Hinzufügen**. Sie suchen so alle E-Mails, in denen im Betreff oder im Text das Wort »Outlook« enthalten ist. Wenn Sie nach weiteren Wörtern suchen wollen, wiederholen Sie diesen Schritt.

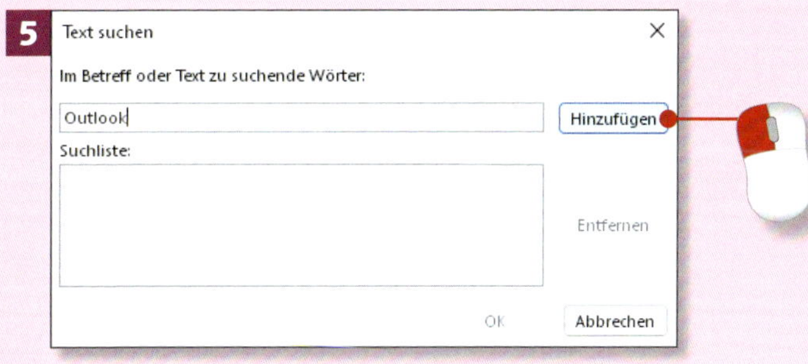

Schritt 6

Nun befindet sich Ihr Suchwort in der **Suchliste**. Schließen Sie das Fenster mit einem Klick auf **OK**.

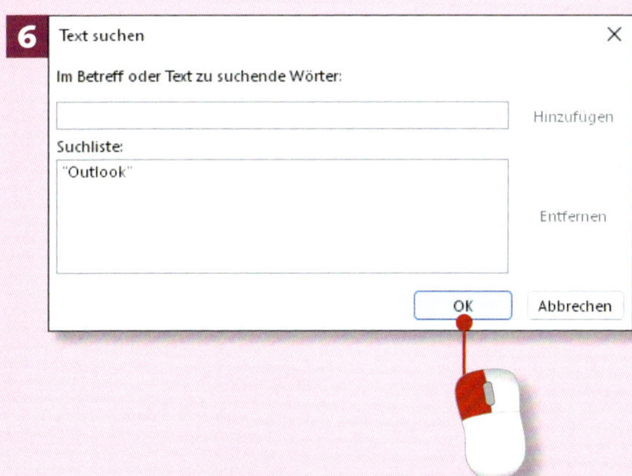

Verknüpfung mit »oder«

Haben Sie mehrere Wörter eingetragen, z. B. »Outlook« und »Kalender«, finden Sie als Ergebnisse alle E-Mails, die das Wort Outlook *oder* Kalender enthalten.

E-Mails automatisch verschieben (Forts.)

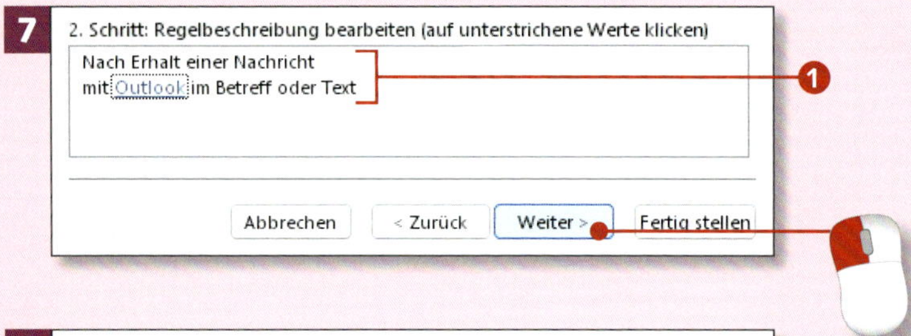

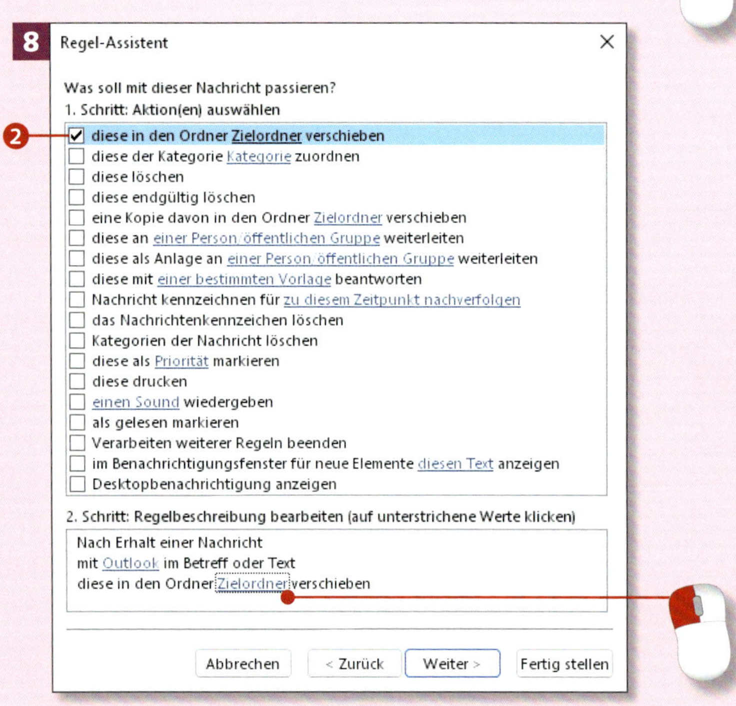

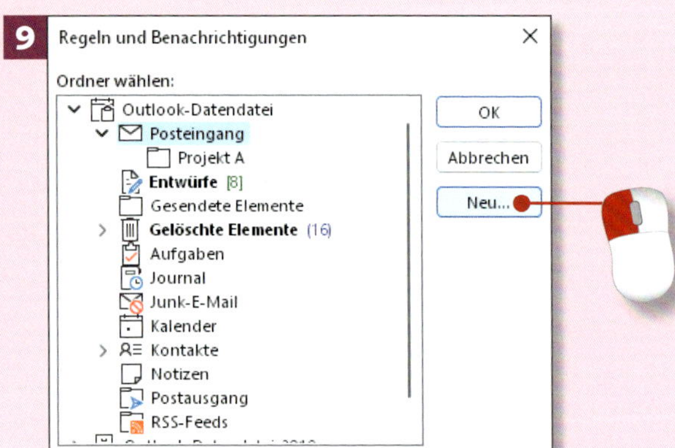

Schritt 7

Sie sind zum **Regel-Assistenten** zurückgekehrt. Im unteren Abschnitt **2. Schritt: Regelbeschreibung bearbeiten** sehen Sie die festgelegten Bedingungen zusammengefasst ❶. Klicken Sie nun auf **Weiter**.

Schritt 8

In diesem Fenster beantworten Sie die Frage: **Was soll mit dieser Nachricht passieren?** Da Sie die Nachricht verschieben möchten, setzen Sie in **1. Schritt: Aktion(en) auswählen** ein Häkchen bei **diese in den Ordner Zielordner verschieben** ❷. Klicken Sie im Abschnitt **2. Schritt** auf **Zielordner**.

Schritt 9

Es öffnet sich das Fenster **Regeln und Benachrichtigungen**. Wählen Sie einen Ordner. Der **Posteingang** ist markiert. Sie wollen aber einen neuen Ordner mit der Bezeichnung Ihres Suchwortes anlegen. Klicken Sie deshalb auf **Neu**.

Mehr Informationen ...

... wie Sie einen neuen Ordner erstellen, erhalten Sie im Abschnitt »Mit Ordnern arbeiten« ab Seite 30.

Schritt 10

Daraufhin wird das Dialogfenster **Neuen Ordner erstellen** geöffnet. Tippen Sie bei **Name** »Outlook« in das Eingabefeld. Alle anderen Einstellungen übernehmen Sie mit einem Klick auf **OK**.

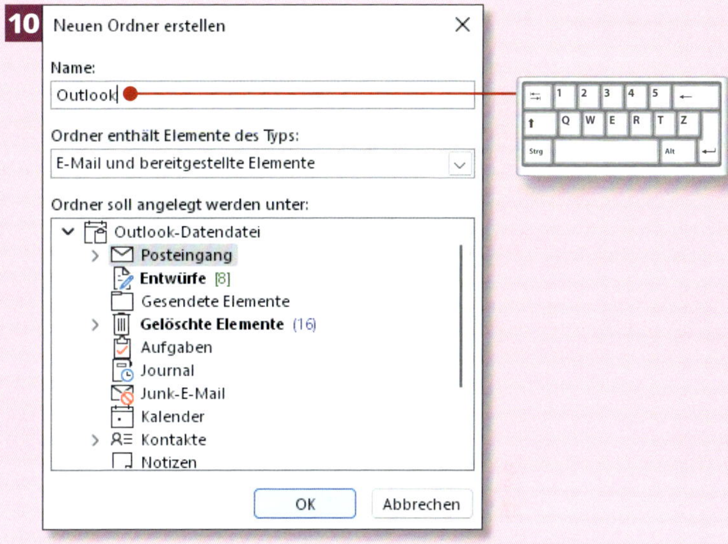

Schritt 11

Der Ordner **Outlook** ❸ ist jetzt als Unterordner vom **Posteingang** angelegt. Klicken Sie auf **OK**, um das Fenster **Regeln und Benachrichtigungen** zu schließen. Der Zielordner ist vorbereitet. Gibt es den Zielordner bereits, wählen Sie ihn in Schritt 9 direkt aus.

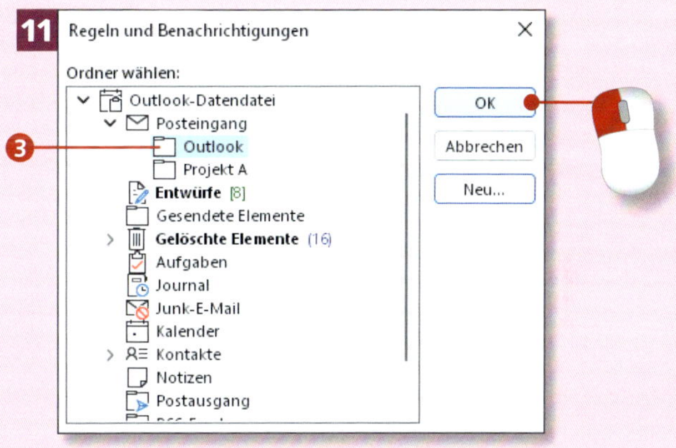

Schritt 12

Sie werden zum **Regel-Assistenten** zurückgeführt. Im unteren Abschnitt **2. Schritt: Regelbeschreibung bearbeiten** sehen Sie den aktuellen Stand der Bedingungen ❹: Das Wort »Outlook« muss im Betreff oder Text vorkommen, und eine E-Mail mit den entsprechenden Kriterien wird in den Zielordner **Outlook** verschoben. Wenn Sie keine weiteren Aktionen auswählen möchten, klicken Sie auf **Weiter**.

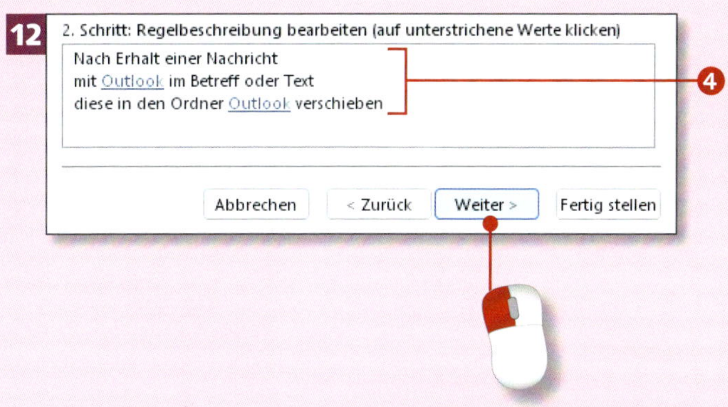

E-Mails automatisch verschieben (Forts.)

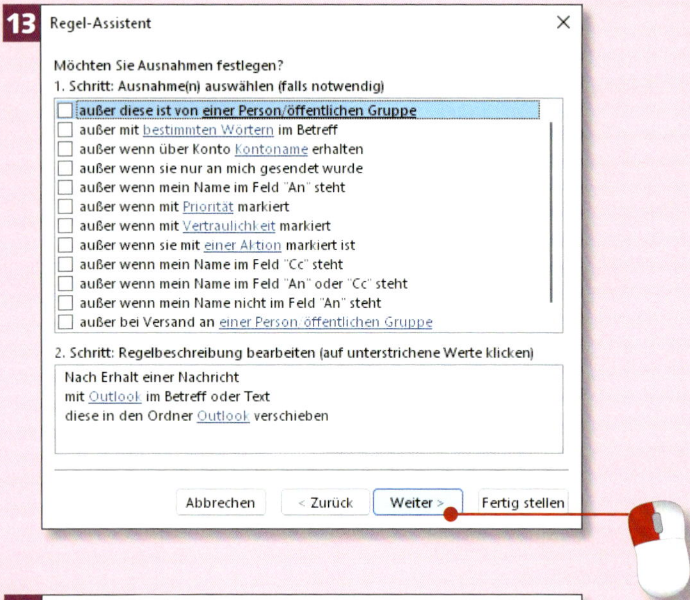

Schritt 13

Im nächsten Fenster werden Sie gefragt, ob Sie Ausnahmen festlegen möchten. Wenn Sie z. B. einen Absender kennen, der das Wort »Outlook« verwendet, Sie seine E-Mail aber im Posteingang und nicht in einem speziellen Ordner sehen möchten, setzen Sie bei der markierten Option ein Häkchen und fügen im unteren Abschnitt dann die E-Mail-Adresse des Adressaten ein. Wenn Sie keine Ausnahmen festlegen möchten, klicken Sie einfach auf **Weiter**.

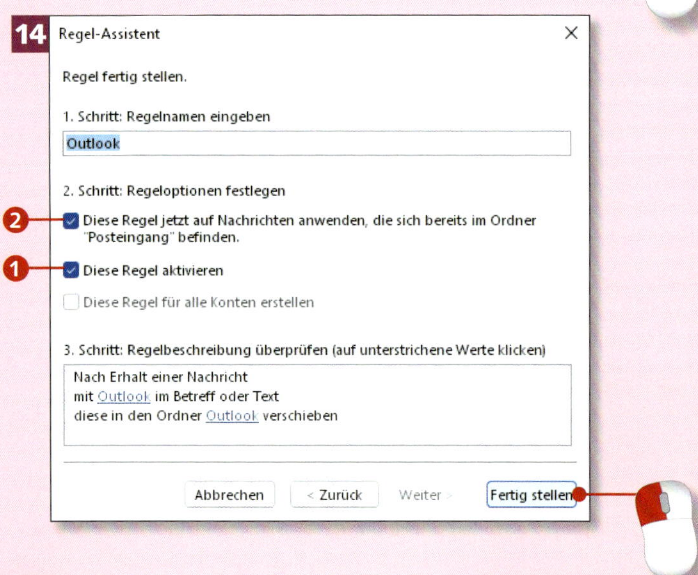

Schritt 14

Sie sehen nun alle Einstellungen im Überblick. Zur Aktivierung der Regel ist bereits ein Häkchen gesetzt ❶. Setzen Sie sinnvollerweise ein Häkchen auch bei **Diese Regel jetzt auf Nachrichten anwenden, die sich bereits im Ordner »Posteingang« befinden** ❷. Bestätigen Sie mit einem Klick auf **Fertig stellen**.

Schritt 15

Wenn Sie das Fenster **Microsoft Outlook** und fliegende E-Mails von einem Ordner zum anderen sehen, befinden sich Nachrichten mit dem Wort »Outlook« im Posteingang.

Schritt 16

Die Regel ist eingetragen und aktiviert ❸. Wollen Sie nichts weiter ändern, schließen Sie den Vorgang mit einem Klick auf **OK** ab.

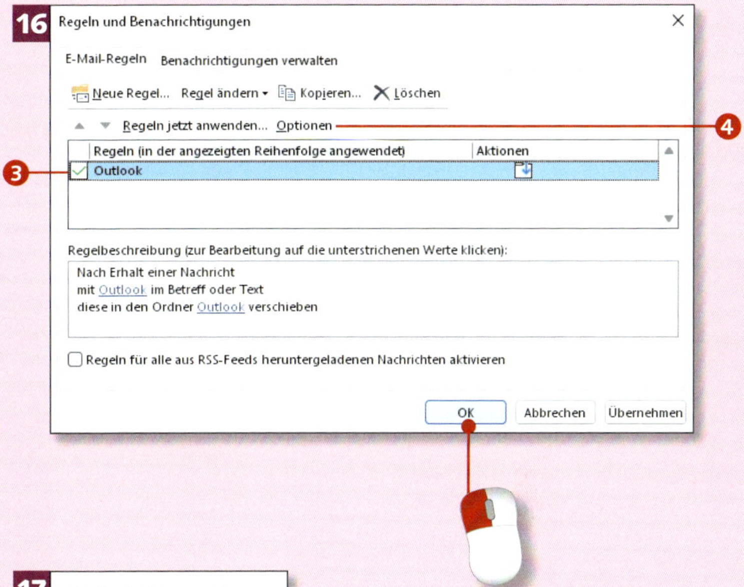

Schritt 17

Sie befinden sich im **Posteingang**. Um zu überprüfen, ob Nachrichten mit dem Suchwort »Outlook« gefunden wurden, wechseln Sie zum Ordner **Outlook**.

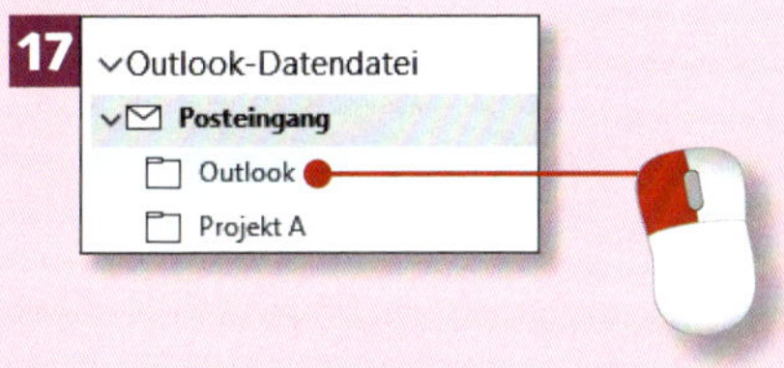

Schritt 18

Im Ordner **Outlook** wurde eine ganze Reihe von E-Mails mit dem Inhalt »Outlook« im Posteingang gefunden und hierhin verschoben. Ab jetzt landen keine Nachrichten mit dem Wort »Outlook« mehr im Posteingang.

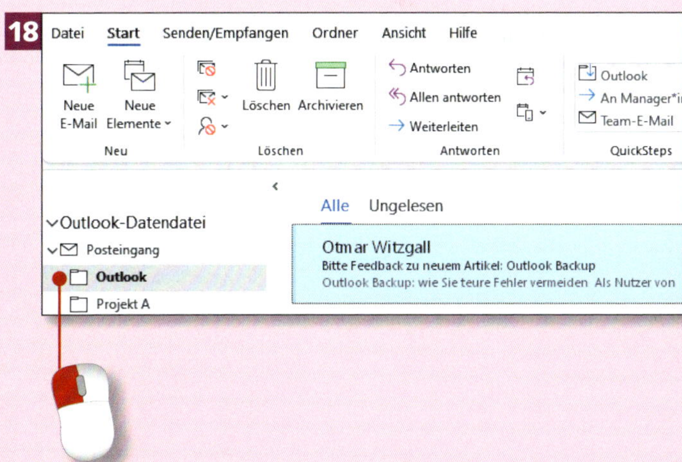

Regeln ex- und importieren

Sie haben viel Zeit auf das Erstellen mehr oder weniger komplizierter Regeln verwendet? Sie wollen Outlook auf einem neuen Computer installieren? Dann nehmen Sie Ihre Regeln einfach mit: Klicken Sie in Schritt 16 auf **Optionen** ❹. Dort können Sie Ihre Regeln dann exportieren und importieren.

E-Mails suchen

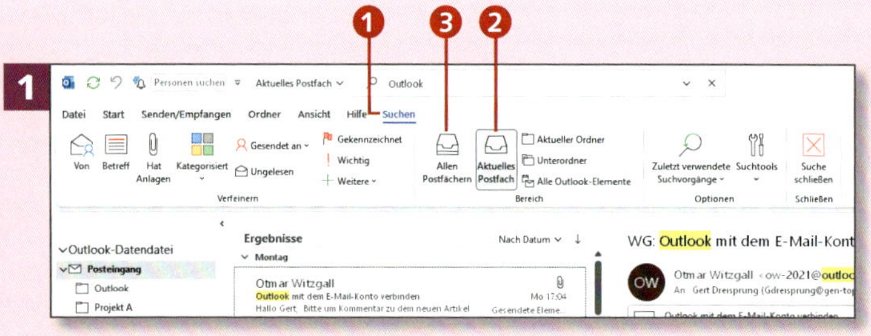

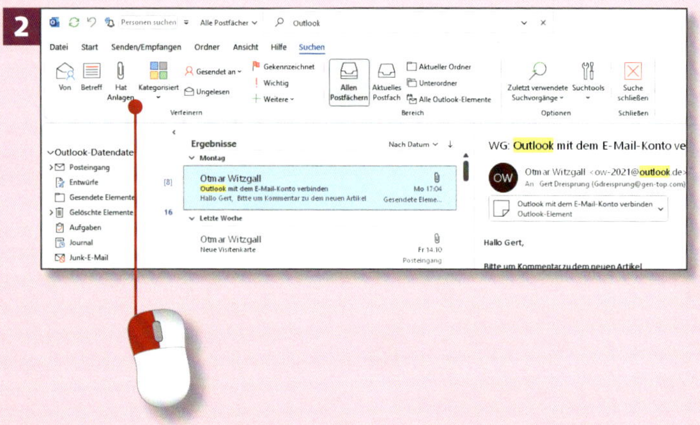

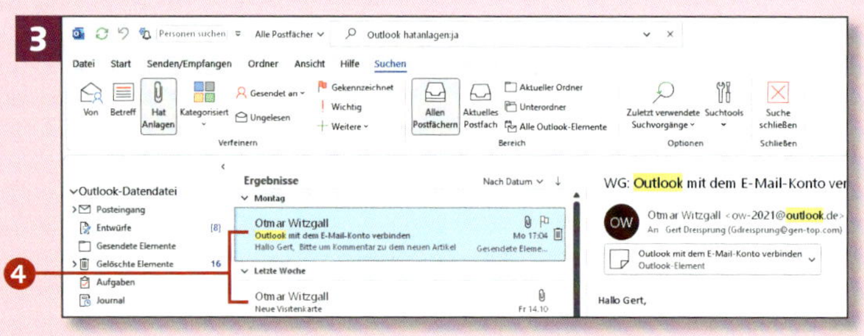

Je mehr Nachrichten sich in diversen Ordnern befinden, desto interessanter sind für Sie die umfangreichen Suchmöglichkeiten in Outlook.

Schritt 1

Setzen Sie den Cursor in das Feld **Suchen**. Tippen Sie Ihr Suchwort ein. Gleichzeitig erweitert sich darunter die Liste der gefundenen Nachrichten. In der Menüleiste taucht die Registerkarte **Suchen** ❶ auf. Als Suchbereich ist **Aktuelles Postfach** ❷ voreingestellt. Klicken Sie in der Gruppe **Bereich** auf die Option **Allen Postfächern** ❸.

Schritt 2

Die Liste füllt sich mit Suchergebnissen aus allen E-Mail-Ordnern. Suchen Sie ausschließlich Nachrichten mit dem Wort Outlook und Anlagen, klicken Sie in der Gruppe **Verfeinern** auf **Hat Anlagen**.

Schritt 3

In der Ergebnisliste sehen Sie jetzt Nachrichten aus allen E-Mail-Ordnern, die das Wort »Outlook« enthalten und über Anlagen verfügen ❹.

Schritt 4

Eine weitere Möglichkeit der erweiterten Suche: Klicken Sie im Suchfeld rechts auf den Pfeil nach unten. Es öffnet sich eine Maske mit erweiterten Standard-Suchkriterien. Der Begriff *Outlook* und *Aktuelles Postfach* sind schon gesetzt. Klicken Sie auf **Mehr Optionen hinzufügen**.

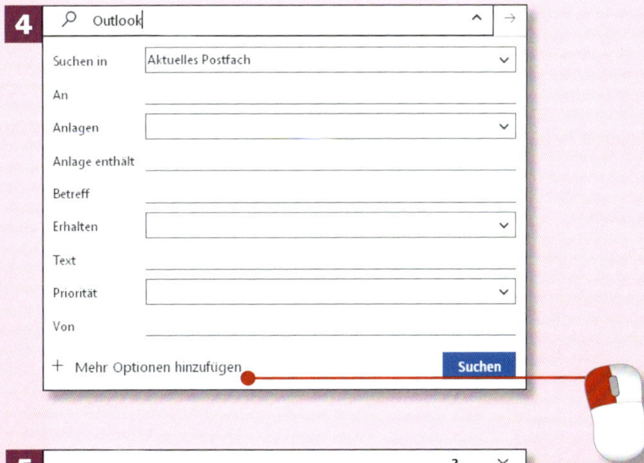

Schritt 5

Scrollen Sie bis zum Kriterium **Priorität** ❺, und setzen Sie einen Haken. Klicken Sie auf **Übernehmen**.

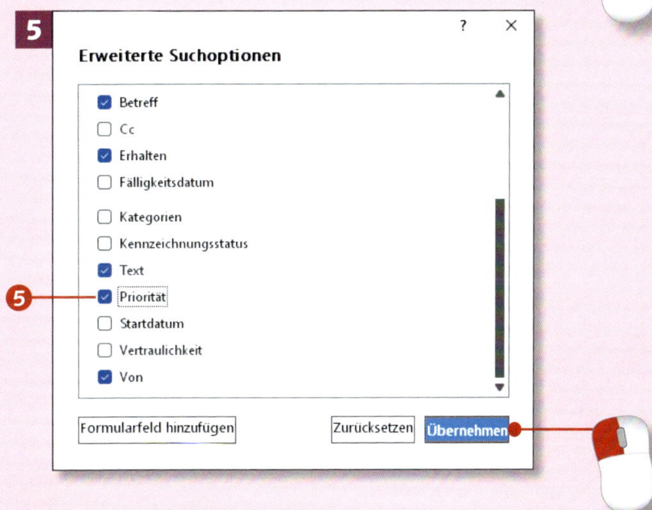

Schritt 6

In der Suchmaske wählen Sie in der Zeile **Priorität Hoch**. Mit Klick auf **Suchen** werden alle E-Mails im aktuellen Postfach mit dem Begriff **Outlook** und der **Priorität Hoch** gesucht.

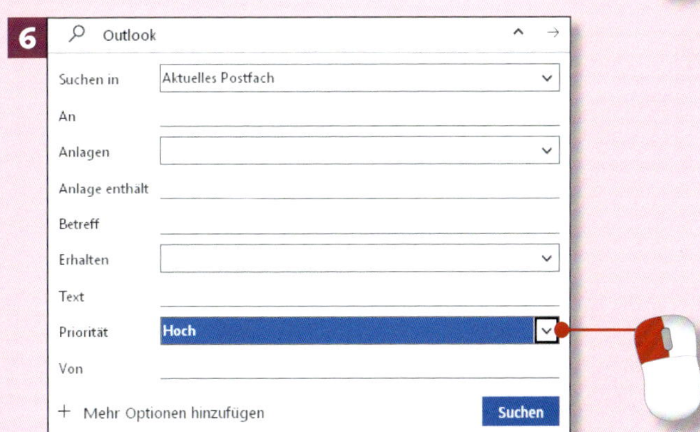

Outlook- und Windows-Suche

Über **Datei ▸ Optionen ▸ Suchen ▸ Quellen ▸ Indizierungsoptionen ▸ Ändern** können Sie Orte, also z. B. Outlook, für die Windows-Suche aktivieren oder deaktivieren.

E-Mails suchen (Forts.)

7

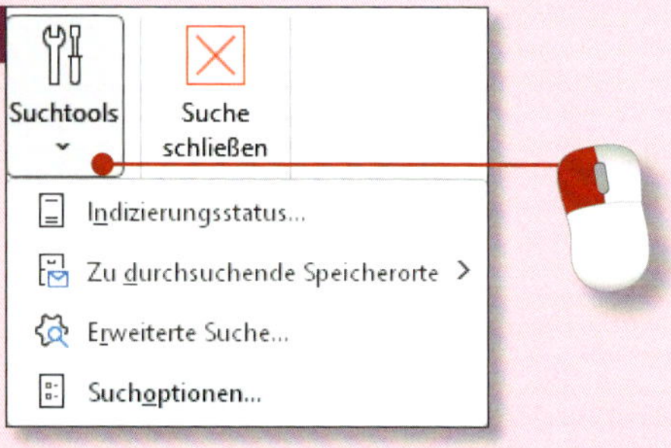

8

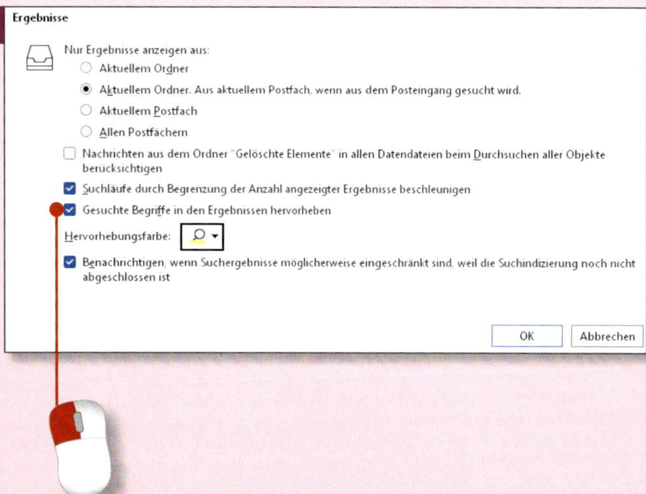

9

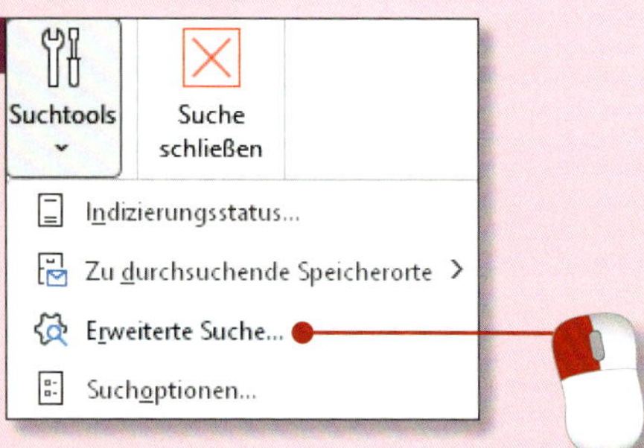

Schritt 7

Weitere Einstellungen für die Suche finden Sie auf der Registerkarte **Suchen** in der Gruppe **Optionen**. Klicken Sie auf **Suchtools** und im Menü auf **Suchoptionen**.

Schritt 8

Es öffnen sich die **Outlook-Optionen**. Sie finden in der Kategorie **Suchen** unter **Ergebnisse** die aktuellen Einstellungen. Stellen Sie sicher, dass bei **Gesuchte Begriffe in den Ergebnissen hervorheben** ein Häkchen gesetzt ist. Bestätigen Sie gegebenenfalls die Änderung mit einem Klick auf **OK**.

Schritt 9

Zudem haben Sie die Möglichkeit, nach erweiterten Kriterien zu suchen. Klicken Sie in der Gruppe **Optionen** auf **Suchtools** und dann auf **Erweiterte Suche**. Alternativ öffnen Sie diese mit Strg + Alt + Y.

Start mit »E-Mail filtern«

Klicken Sie im Bereich **E-Mail** auf **Start ▸ Suchen ▸ E-Mail filtern**, und wählen Sie im Menü einen Filter aus. Wenn Sie sich für **Weitere Filter** entscheiden, öffnet sich die Registerkarte **Suchen** aus Schritt 1.

Schritt 10

Mit der **Erweiterten Suche** finden Sie in Outlook alles. Fügen Sie in das Eingabefeld **Suchen nach** ❶ den Suchbegriff »Artikel« ein. In der obersten Zeile ist bereits **Suchen nach: Nachrichten** und **In: Posteingang** übernommen. Sie möchten nach allen E-Mails suchen. Klicken Sie deshalb auf **Durchsuchen**.

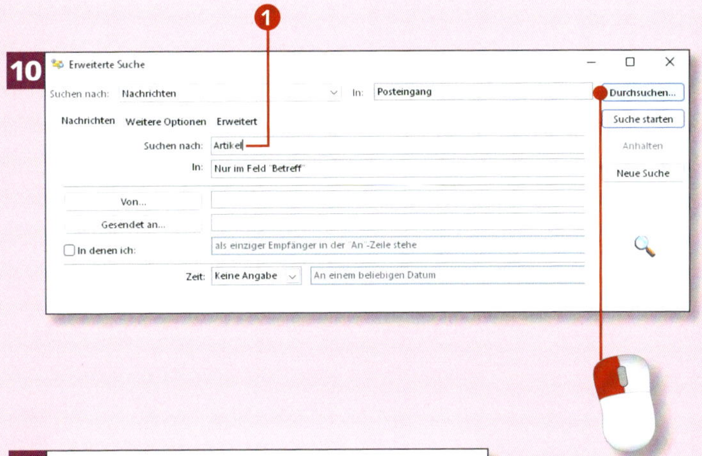

Schritt 11

Es öffnet sich das Fenster **Ordner auswählen**. Wichtig ist, dass alle E-Mail-Ordner durchsucht werden. Dazu setzen Sie bei **Outlook-Datendatei** ❷ und unten bei **Unterordner durchsuchen** ❸ jeweils ein Häkchen. Klicken Sie auf **OK**.

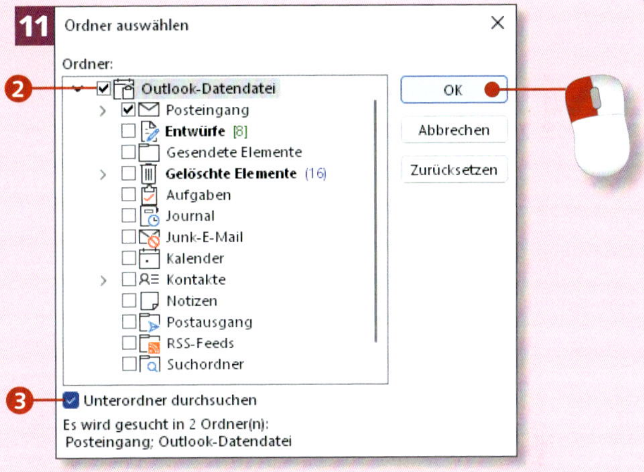

Schritt 12

Nun ist alles vorbereitet. Klicken Sie auf **Suche starten**. Im unteren Bereich werden die Ergebnisse angezeigt. Sie sehen die E-Mails in verschiedenen Ordnern.

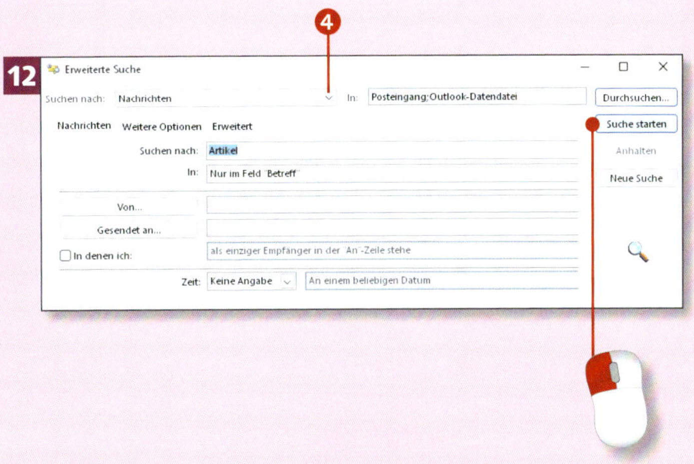

Erweiterte Suche

Mit dieser Suche haben Sie die Möglichkeit in Outlook quer durch alle Elemente zu suchen. Wählen Sie bei **Suchen nach** ❹ die Option **Beliebigen Outlook-Elementen**.

Suchordner verwenden

Outlook hat standardmäßig einen Suchordner integriert, den Sie mit vorprogrammierten selbst kreierten Suchfiltern bestücken können.

1

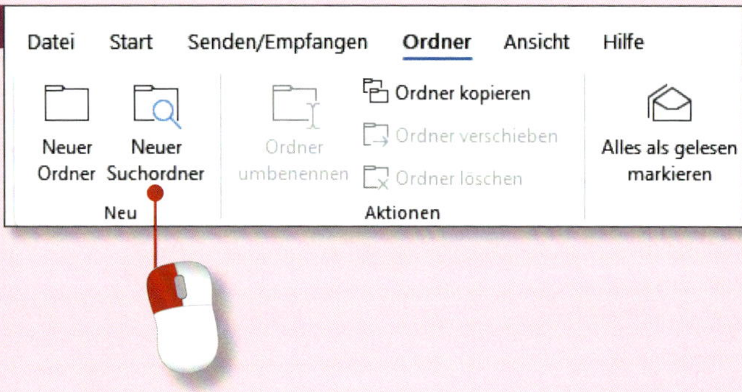

2

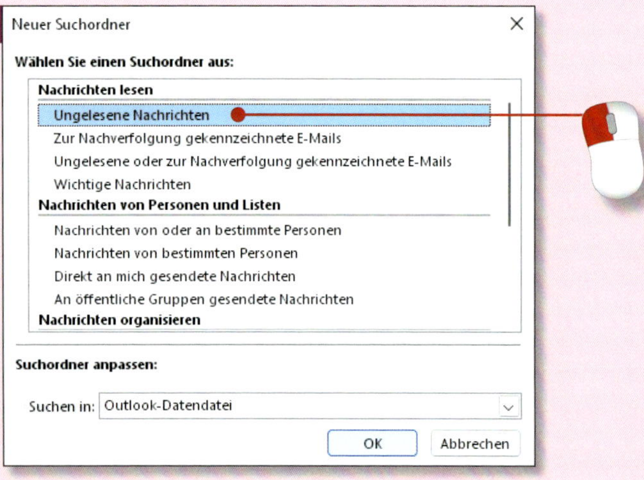

3

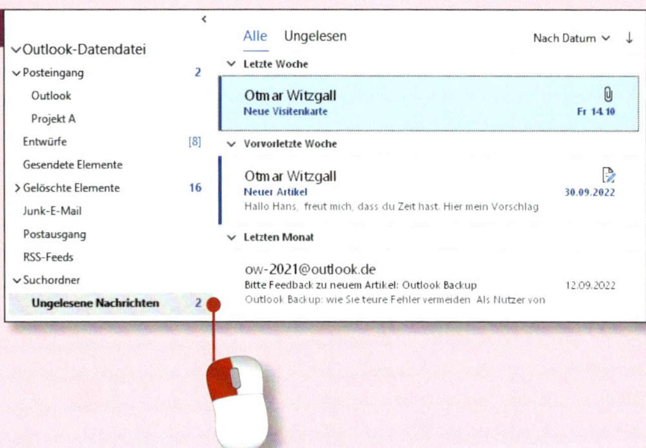

Schritt 1

Starten Sie den Assistenten **Neuer Suchordner** über **Ordner ▸ Neu ▸ Neuer Suchordner**. Am schnellsten geht es mit dem Tastaturbefehl [Strg] + [⇧] + [P].

Schritt 2

Wenn Sie ungelesene Nachrichten in allen E-Mail-Ordnern finden wollen, klicken Sie im Bereich **Nachrichten lesen** auf **Ungelesene Nachrichten** und bestätigen dann mit **OK**.

Schritt 3

Im Ordnerbereich sehen Sie den angelegten Suchordner **Ungelesene Nachrichten**. Die blaue Zahl zeigt Ihnen an, wie viele E-Mails gefunden wurden, und zwar aus allen E-Mail-Ordnern.

Suchordner löschen oder anpassen

Klicken Sie mit der rechten Maustaste auf den Suchordner, und wählen Sie im Kontextmenü **Ordner löschen** oder **Diesen Suchordner anpassen** aus.

Schritt 4

Für einen zweiten Suchordner öffnen Sie das Startfenster mit Strg + ⇧ + P. Im Bereich **Nachrichten organisieren** klicken Sie auf **Große Nachrichten**. Möchten Sie die Größe anpassen, klicken Sie auf **Auswählen**. Andernfalls bestätigen Sie mit **OK**.

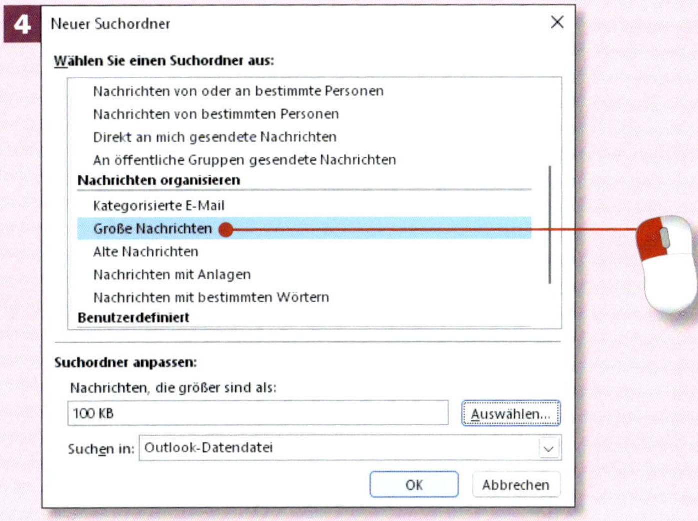

Schritt 5

Markieren Sie den Suchordner **Größer als 100 KB**. Sie sehen die Ergebnisliste nach Größen gegliedert 1.

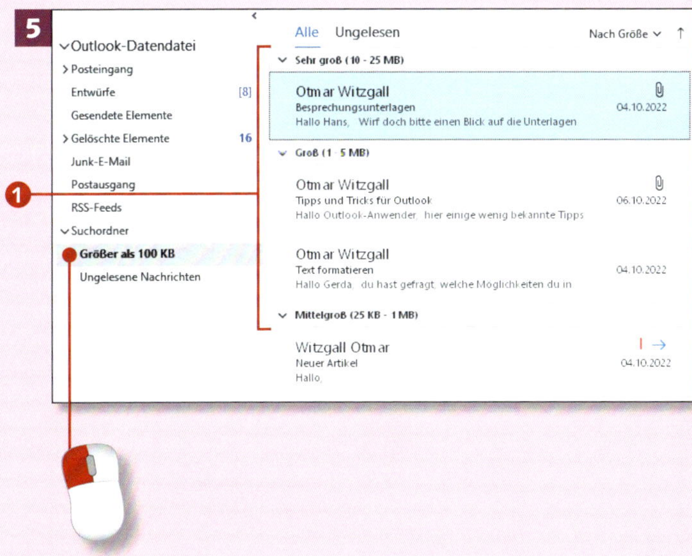

Schritt 6

Wollen Sie einen Suchordner löschen, markieren Sie ihn und klicken auf der Registerkarte **Ordner** in der Gruppe **Aktionen** auf **Ordner löschen**. Es öffnet sich ein Abfragefenster mit dem wichtigen Hinweis: **Die im Ordner angezeigten Elemente werden nicht gelöscht**. Bestätigen Sie mit einem Klick auf **Ja**.

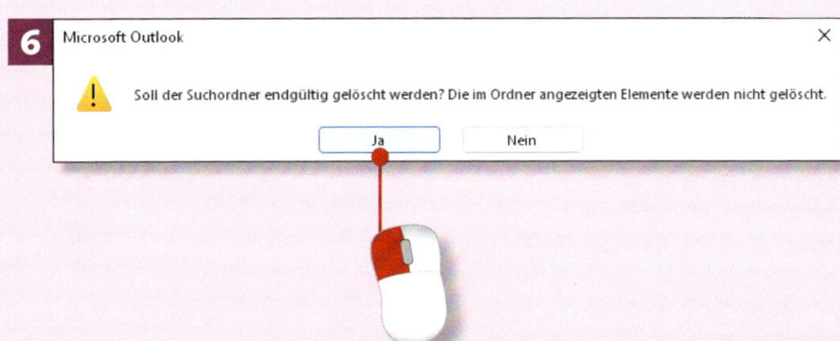

!

Entfernen einer Nachricht

Wenn Sie eine E-Mail aus dem Suchordner entfernen, ist diese Nachricht gelöscht und landet im Ordner **Gelöschte Elemente**.

E-Mails kategorisieren

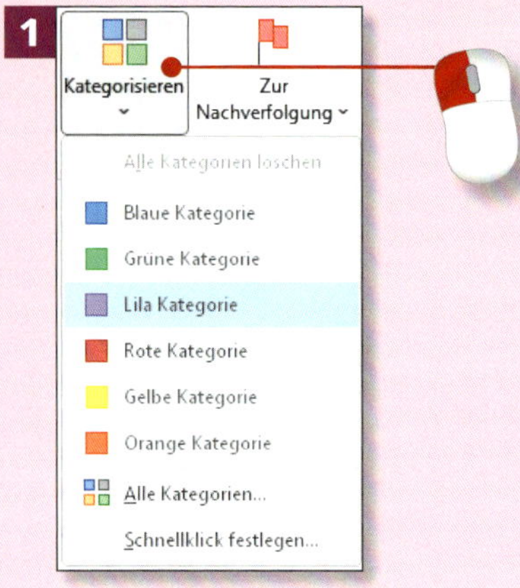

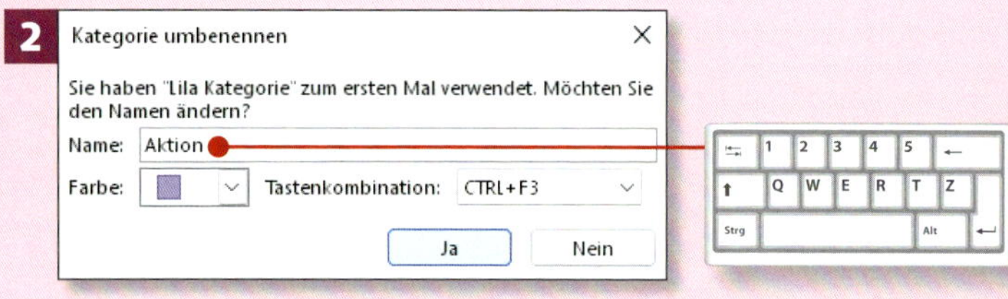

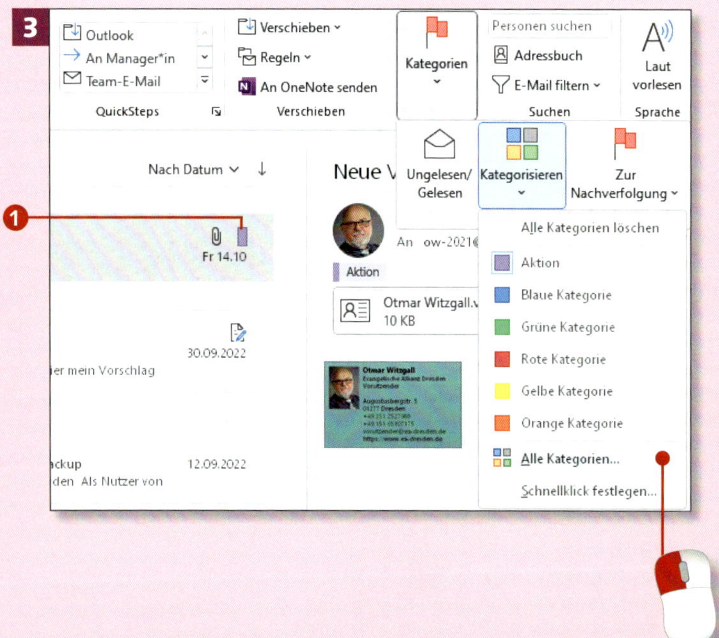

Kategorien ermöglichen es Ihnen, E-Mails mit einer zusätzlichen Kennzeichnung zu gliedern, zu filtern und zu suchen.

Schritt 1

Markieren Sie eine Nachricht. Wählen Sie auf der Registerkarte **Start** in der Gruppe **Kategorien** den Befehl **Kategorisieren**. Klicken Sie zur Kennzeichnung der E-Mail auf **Lila Kategorie**.

Schritt 2

Wenn Sie die Kategorie zum ersten Mal aufrufen, öffnet sich das Fenster **Kategorie umbenennen**. Tippen Sie in das Eingabefeld **Name** »Aktion« ein. Wählen Sie als Schnellkennzeichnung bei **Tastenkombination** z. B. **CTRL+F3**. Bestätigen Sie mit **Ja**.

Schritt 3

Sie sehen in der E-Mail-Liste die mit der lila Farbe **Aktion** kategorisierte Nachricht **1**. Im Lesebereich sehen Sie einen lila Balken mit der Bezeichnung **Aktion**. Klicken Sie auf **Kategorisieren ▸ Alle Kategorien**.

Schritt 4

Im Fenster **Farbkategorien** kategorisieren Sie E-Mails mit einem oder mehreren Häkchen. Sie erstellen neue Kategorien oder benennen bestehende um. Außerdem vergeben Sie eine Farbe und optional eine Tastenkombination. Die Änderungen bestätigen Sie mit einem Klick auf **OK**.

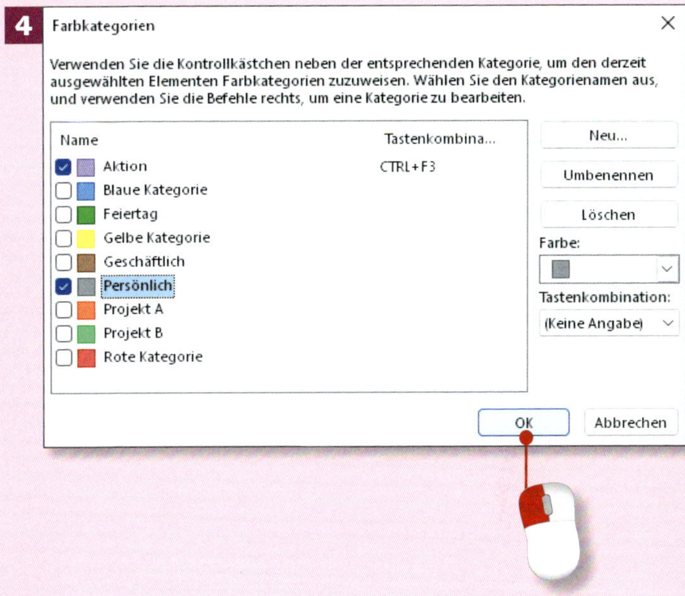

Schritt 5

Sie sehen im **Posteingang** die mit Kategorien versehenen E-Mails, und im Lesebereich der markierten E-Mail sehen Sie die mit den Kategoriebezeichnungen versehenen farbigen Balken ❷.

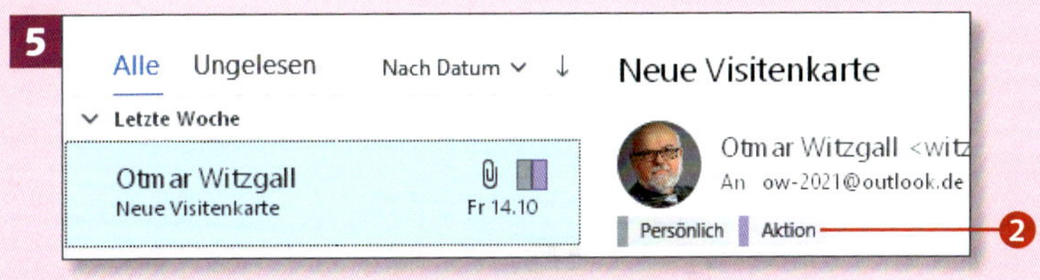

Schritt 6

Wechseln Sie zur Auflistung aller kategorisierten E-Mails in den Suchordner **Kategorisierte E-Mail**, den Sie, wie im Abschnitt »Suchordner verwenden« ab Seite 108 beschrieben, angelegt haben. Die Ergebnisse sind nach Kategorien gruppiert ❸. Eine Nachricht, die mehrere Kategorien besitzt, kommt bei jeder Kategorie vor.

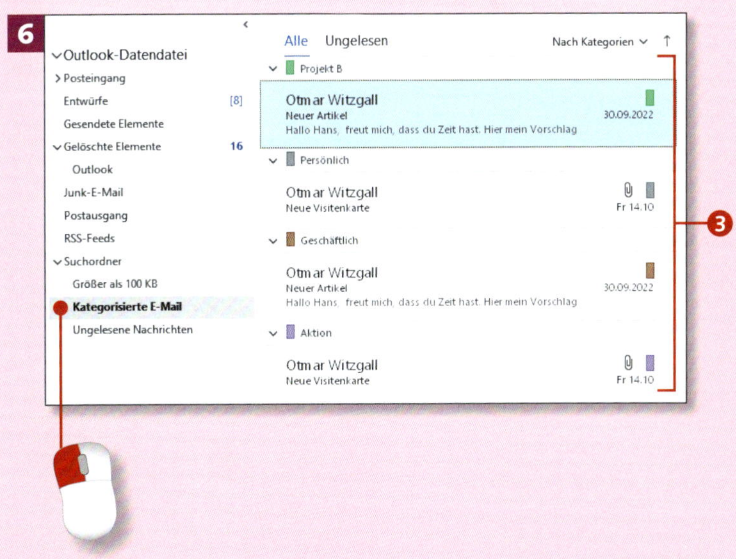

Nachrichten zur Nachverfolgung kennzeichnen

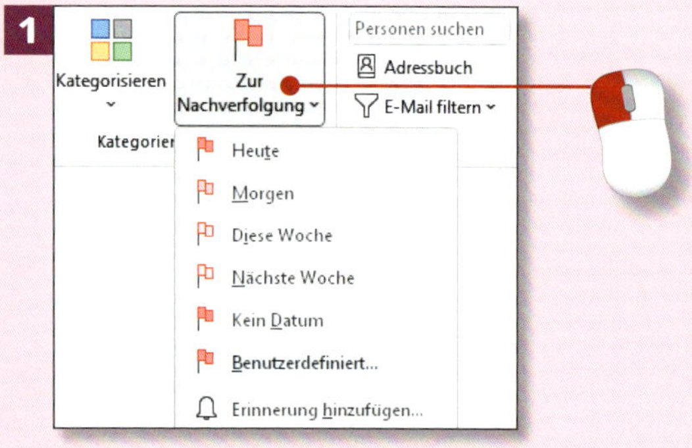

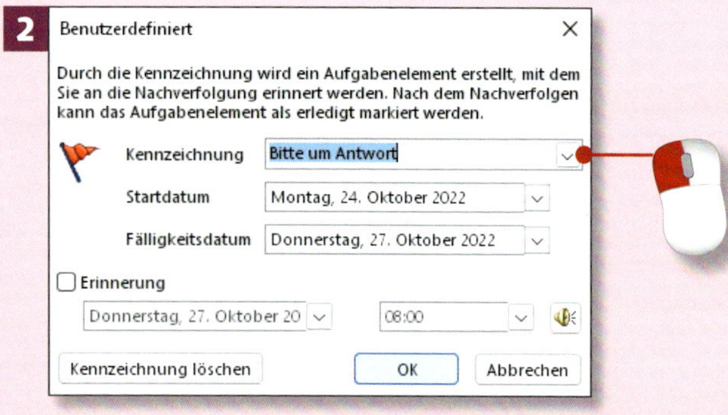

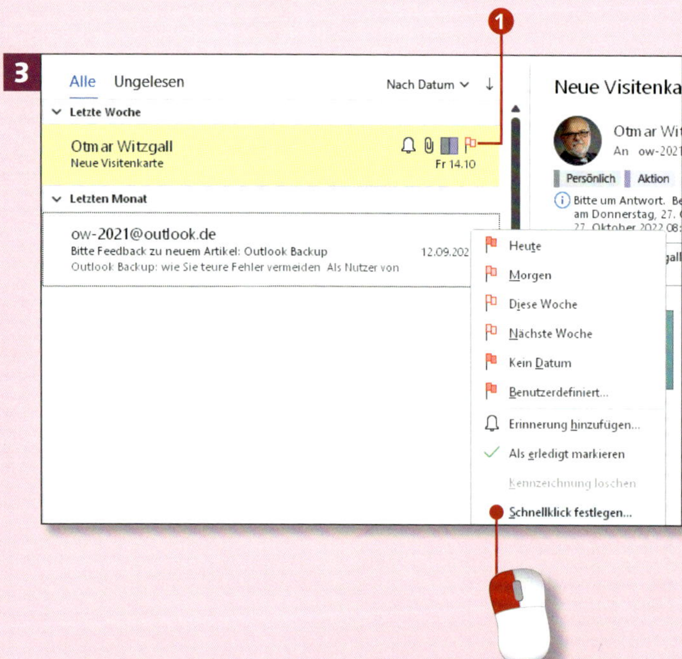

Sie kennen den »Knoten im Taschentuch« als Erinnerung, etwas Bestimmtes zu tun. In diesem Abschnitt geht es um den digitalen Knoten im Taschentuch.

Schritt 1

Sie befinden sich im **Posteingang**. Klicken Sie auf der Registerkarte **Start** in der Gruppe **Kategorien** auf **Zur Nachverfolgung** – auch *Wiedervorlage* genannt. Im Menü klicken Sie auf **Benutzerdefiniert**. Alternativ verwenden Sie die Tastenkombination [Strg] + [⇧] + [G].

Schritt 2

Wählen Sie eine **Kennzeichnung** aus, oder tippen Sie Ihren Text über die Markierung. Weiter wählen Sie **Startdatum** und **Fälligkeitsdatum** aus oder tragen von Hand ein Datum ein. Klicken Sie auf **OK**.

Schritt 3

Die Fähnchen an der E-Mail erhalten eine rote Farbe ❶. Sie können sie direkt bearbeiten. Klicken Sie z. B. auf ein rotes Fähnchen, verwandelt es sich in ein grünes Häkchen für *erledigt*. Klicken Sie mit rechts auf das Fähnchen, und öffnen Sie im Kontextmenü **Schnellklick festlegen**.

Schritt 4

Sie erhalten im Dialogfenster **Schnellklick festlegen** den Vorschlag **Diese Woche**. Übernehmen Sie diesen mit einem Klick auf **OK**, oder wählen Sie eine andere Option. Klicken Sie später mit der gewählten Einstellung auf das Fähnchen in einer E-Mail, erhält sie die Wiedervorlagenkennung **Diese Woche**.

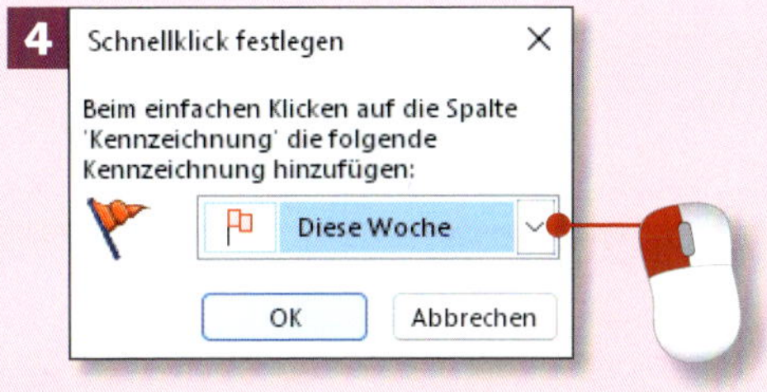

Schritt 5

Rufen Sie alle gekennzeichneten E-Mails mit dem Suchordner **Ungelesen oder zur Nachverfolgung** auf. Sie erstellen ihn, wie im Abschnitt »Suchordner verwenden« ab Seite 108 beschrieben. Im Nachrichtentext sehen Sie ein Informationssymbol mit einer Beschreibung der Einstellungen der Nachverfolgung ❷.

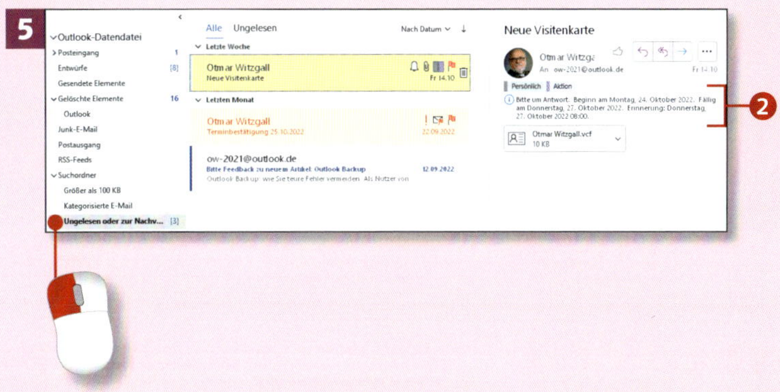

Schritt 6

Eine Auflistung aller Vorgänge mit Nachverfolgung sehen Sie in der **Aufgabenliste**. Hier finden Sie neben **Nachrichten** auch gekennzeichnete **Kontakte** und **Aufgaben** ❸. Sie rufen die Liste mit einem Klick auf den Outlook-Bereich **Aufgaben** oder über Strg + 4 auf.

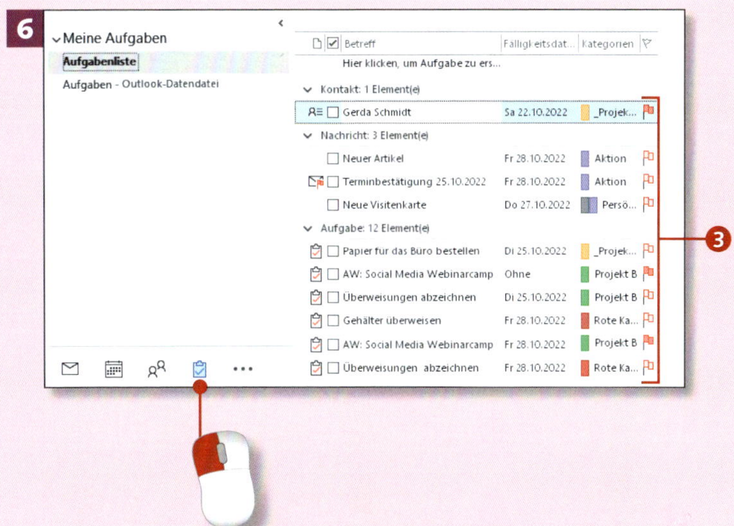

Ordner aufräumen

Im Laufe der Zeit füllen sich die Ordner mit Nachrichten: mit großen E-Mails, solchen mit riesigen Anhängen und älteren E-Mails. Hier finden Sie einige Werkzeuge zum Aufräumen.

1
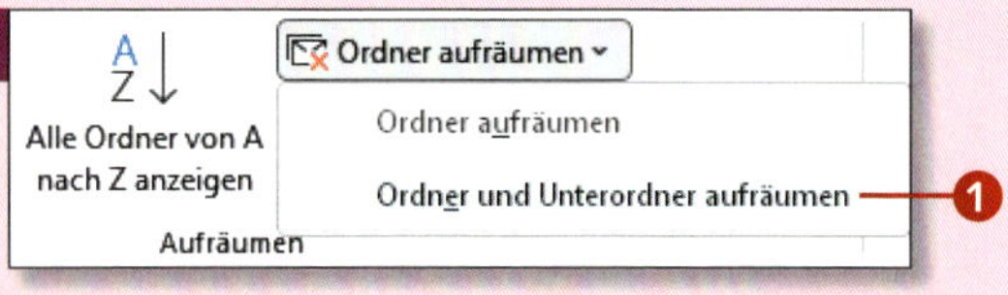

2
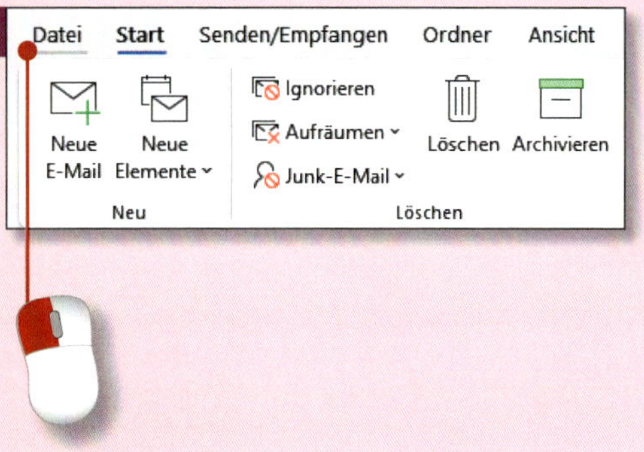

3
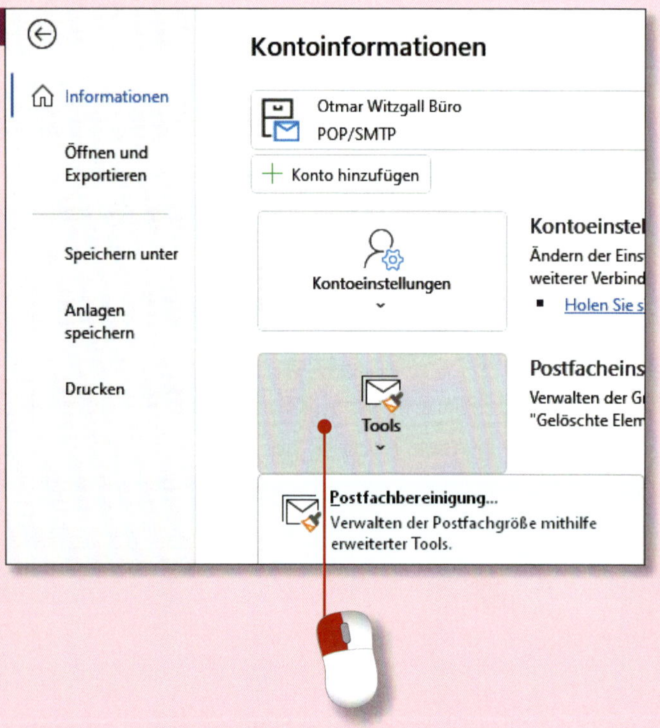

Schritt 1

Das Werkzeug **Ordner und Unterordner aufräumen** 1 auf der Registerkarte **Ordner** in der Gruppe **Aufräumen** haben Sie bereits früher kennengelernt. Es entfernt überflüssige Nachrichten einer Unterhaltung. Dieses Werkzeug erkläre ich Ihnen detailliert im Abschnitt »Unterhaltungen aufräumen« ab Seite 96.

Schritt 2

Um zu den Aufräumwerkzeugen zu gelangen, wechseln Sie auf die Registerkarte **Datei**. Sie gelangen daraufhin in die Backstage-Ansicht.

Schritt 3

Die Kategorie **Informationen** ist bereits aktiv. Hier klicken Sie auf **Tools** und wählen dann **Postfachbereinigung**.

Schritt 4

Im Fenster **Postfach aufräumen** interessiert Sie zunächst der Umfang des Postfachs. Deshalb klicken Sie auf **Postfachgröße anzeigen**.

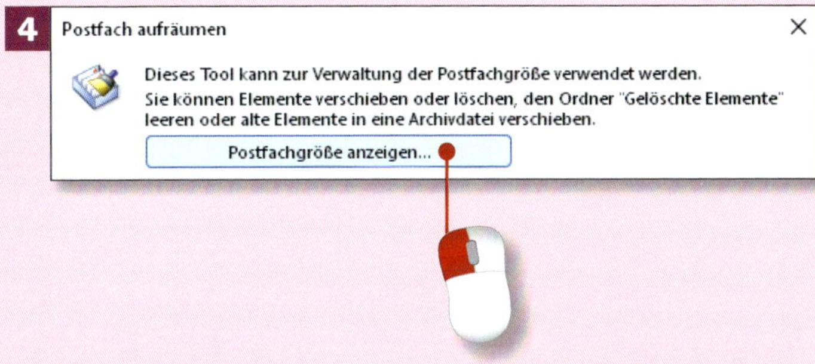

Schritt 5

Im Fenster **Ordnergröße** sehen Sie nun alle Ordner des Postfachs, also auch **Kalender**, **Kontakte** und **Notizen**, mit der jeweiligen Größe in Kilobyte (KB). Mit diesen Informationen räumen Sie gezielt einzelne Ordner oder alle Elemente eines Typs wie Nachrichten auf. Klicken Sie dann auf **Schließen**.

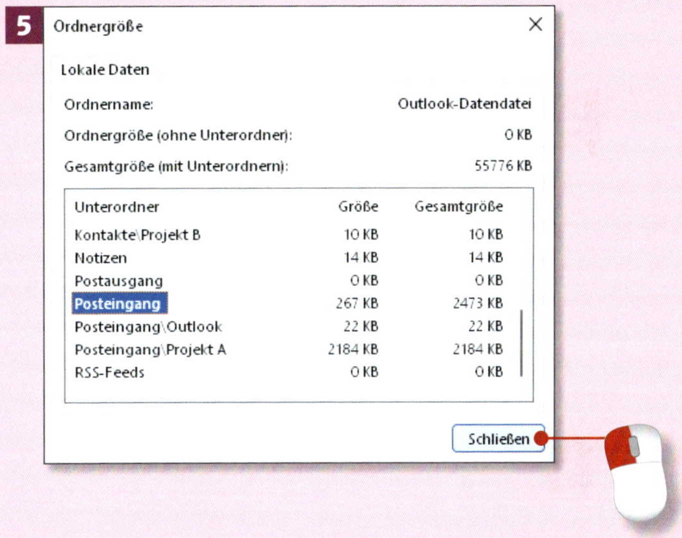

Schritt 6

Wiederholen Sie die Schritte 2 und 3. Übernehmen Sie **Elemente suchen, die größer sind als 250 Kilobytes** ❷, und starten Sie die Abfrage mit einem Klick auf **Suchen**.

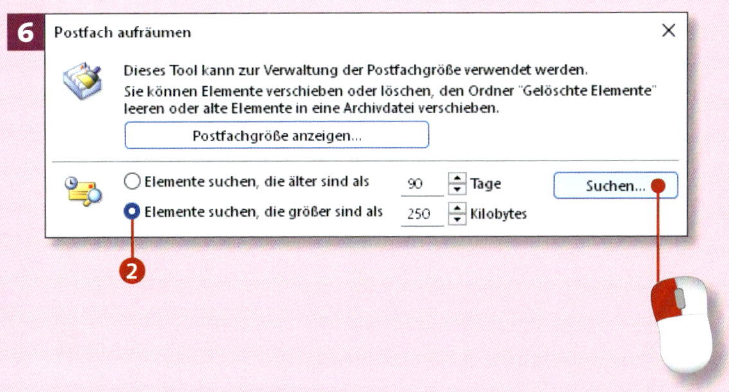

Tools zum Aufräumen

Das Werkzeug **Ordner »Gelöschte Elemente« leeren** zeige ich Ihnen im Abschnitt »Nachrichten endgültig löschen« ab Seite 120. Das Tool **Alte Elemente bereinigen** erkläre ich Ihnen im Abschnitt »Alte Daten archivieren« ab Seite 270.

Ordner aufräumen (Forts.)

7

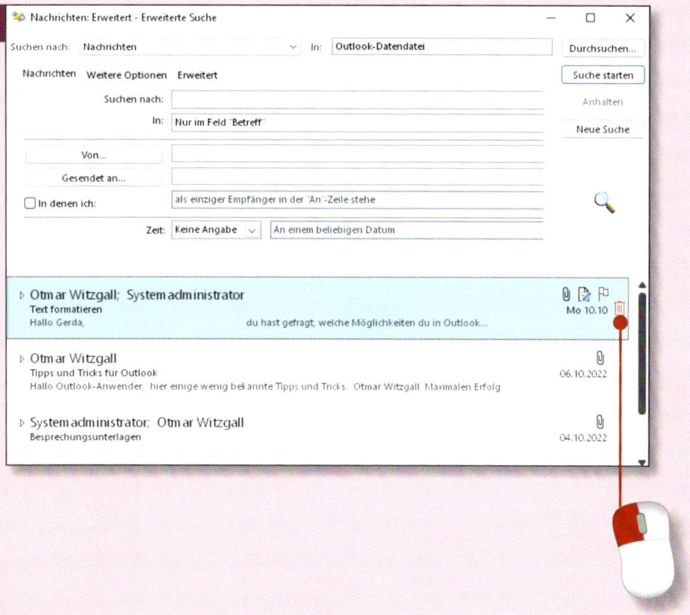

8

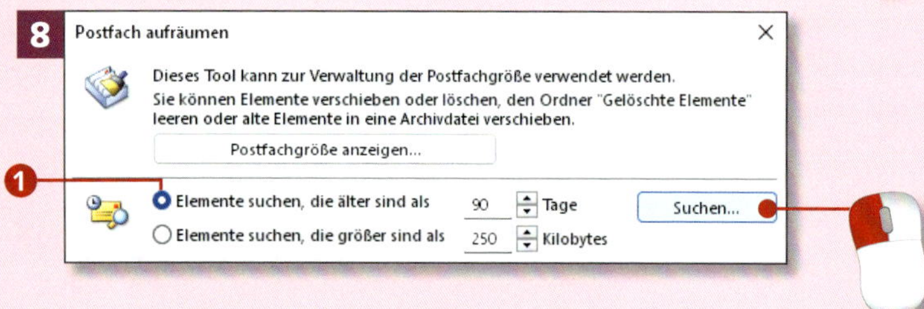

9

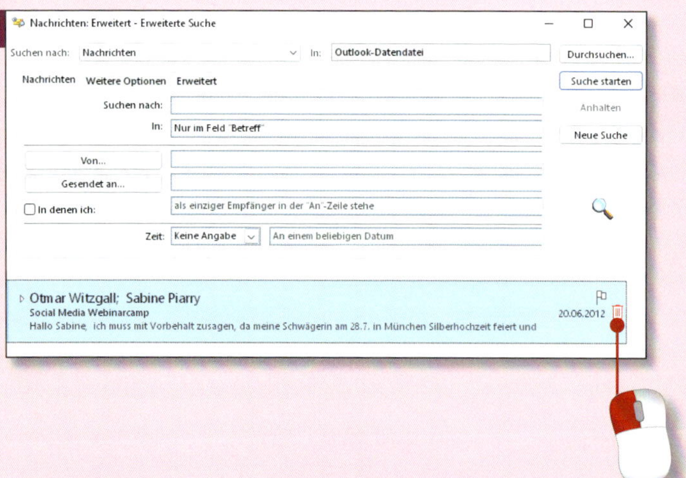

Schritt 7

Das Fenster **Erweiterte Suche** kennen Sie bereits aus dem Abschnitt »E-Mails suchen« ab Seite 104. Unten werden die Suchergebnisse aufgelistet, also E-Mails, die größer sind als 250 KB. Wenn Sie sich entscheiden, eine E-Mail zu löschen, klicken Sie mit der linken Maustaste auf das rote Papierkorbsymbol.

Schritt 8

Sie können mithilfe des Dialogs **Postfach aufräumen** Ihr Postfach auch von altem Ballast befreien. Wiederholen Sie die Schritte 2 und 3. Übernehmen Sie die Eingabe **Elemente suchen, die älter sind als 90 Tage** ❶, und klicken Sie auf **Suchen**.

Schritt 9

In der Anzeige der Suchergebnisse erscheinen die ältesten Nachrichten oben. Entfernen Sie die nicht mehr benötigten Nachrichten mit einem Klick auf das rote Papierkorbsymbol. Alle gelöschten Nachrichten landen im Ordner **Gelöschte Elemente**, können aber wiederhergestellt werden.

Schritt 10

Ein weiteres Werkzeug ist der **Suchordner**. Im Abschnitt »Suchordner verwenden« ab Seite 108 zeige ich Ihnen, wie Suchordner erstellt werden. Klicken Sie auf den Suchordner **Größer als 100 KB**. Daraufhin werden alle E-Mails Ihres Postfachs mit einer Mindestgröße von 100 KB von groß nach klein in Gruppen angezeigt. Entfernen Sie E-Mails gegebenenfalls mit einem Klick auf das rote Papierkorbsymbol.

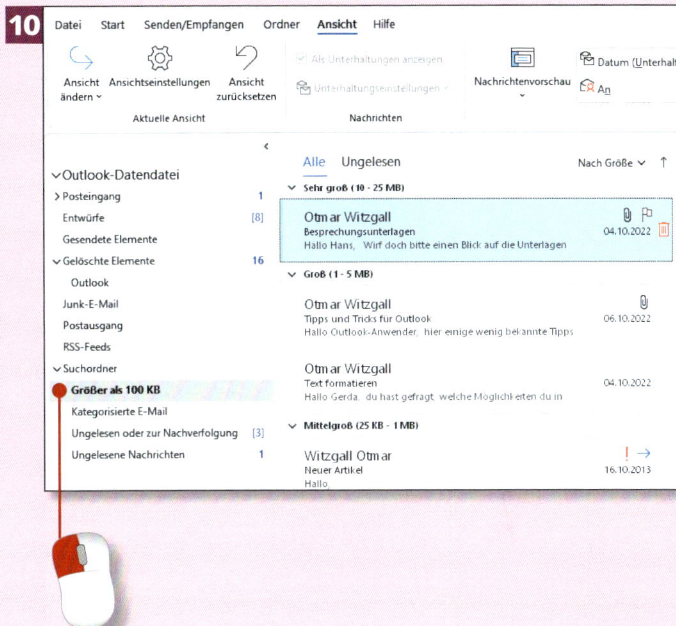

Schritt 11

Besonders schnell geht es, wenn Sie Ihre Nachrichten direkt im **Posteingang** entsprechend anordnen. Klicken Sie auf der Registerkarte **Ansicht** in der Gruppe **Anordnung** auf **Anordnen nach** und dann auf **Datum**. Die Anzeige listet die neueste Nachricht oben an erster Stelle. Deshalb klicken Sie zur Umkehr der Reihenfolge auf den Richtungspfeil **2**.

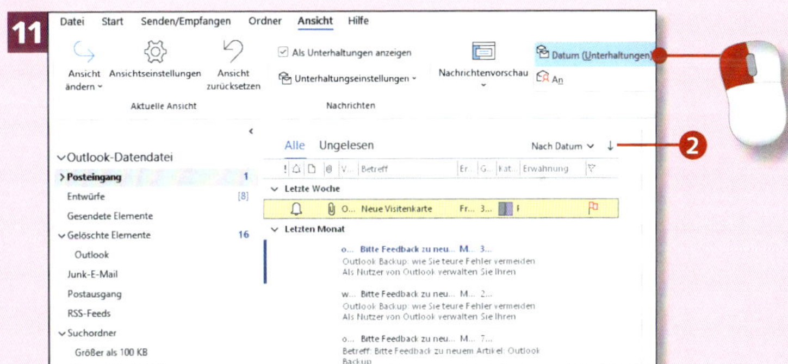

Schritt 12

Jetzt befindet sich das älteste Element oben. Klicken Sie zum Entfernen einer E-Mail auf das Papierkorbsymbol, oder drücken Sie nach dem Markieren der betreffenden Nachricht die Entf-Taste.

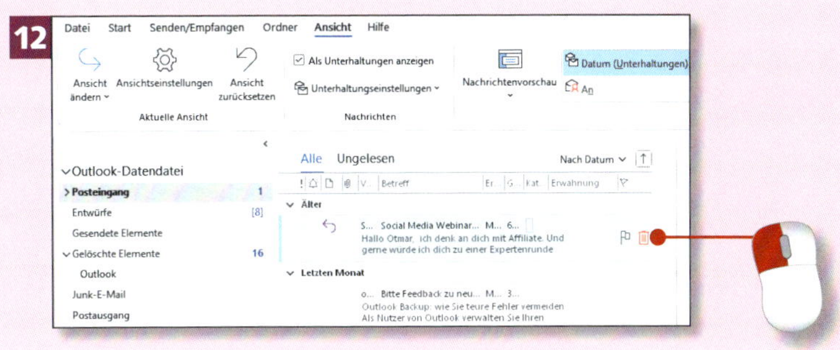

Ordner aufräumen (Forts.)

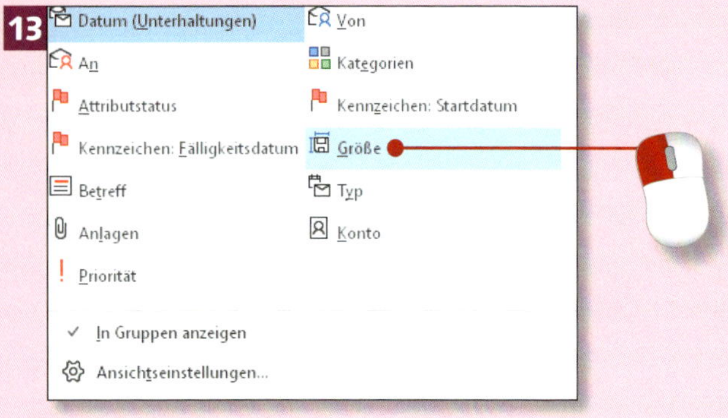

Schritt 13

Denselben Vorgang wiederholen Sie mit der Nachrichtengröße. Klicken Sie in der Gruppe **Anordnung** auf die Pfeilspitze und dann auf **Größe**.

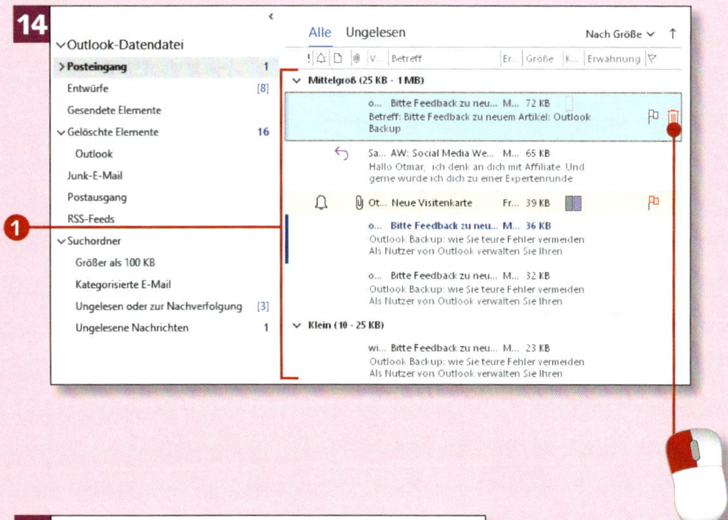

Schritt 14

In diesem Fall wird die größte E-Mail oben gelistet – die Nachrichten werden in Größengruppen angezeigt ❶. Jetzt können Sie sofort mit dem Löschen beginnen. Klicken Sie auf das rote Papierkorbsymbol.

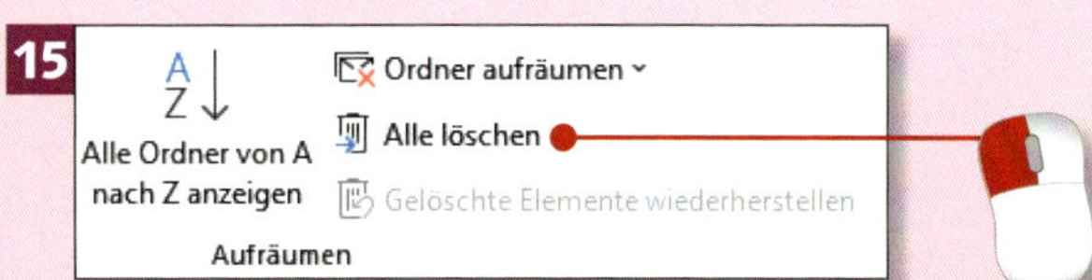

Schritt 15

Ein schnelles Werkzeug, um überflüssige E-Mails loszuwerden, finden Sie auf der Registerkarte **Ordner** in der Gruppe **Aufräumen**. Klicken Sie auf **Alle löschen**, und der gesamte Inhalt des markierten Ordners wird entfernt.

Löschen

Wenn in diesem Abschnitt von »Löschen« die Rede ist, dann landen alle gelöschten Elemente im Ordner **Gelöschte Elemente**. Möchten Sie Nachrichten und andere Elemente endgültig löschen, lesen Sie den Abschnitt »Nachrichten endgültig löschen« ab Seite 120.

Schritt 16

Benötigen Sie den gesamten Ordner – mit oder ohne Inhalt – nicht mehr, entfernen Sie ihn einfach. Klicken Sie auf der Registerkarte **Ordner** in der Gruppe **Aktionen** auf **Ordner löschen**. Der Ordner landet im Ordner **Gelöschte Elemente**.

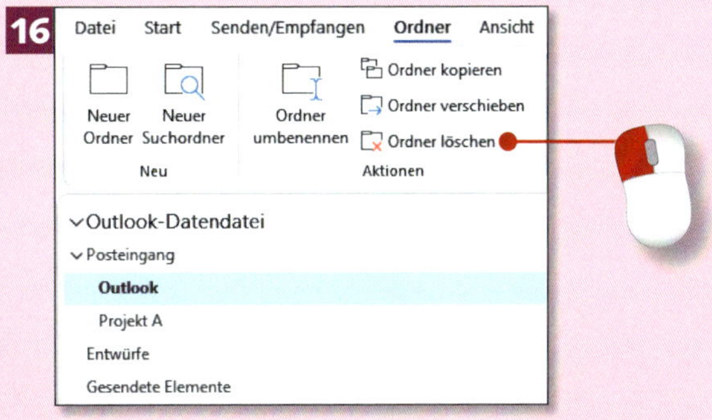

Schritt 17

Benötigen Sie zurzeit häufig den Ordner **Outlook**, holen Sie ihn zu den **Favoriten**. Klicken Sie auf der Registerkarte **Ordner** in der Gruppe **Favoriten** auf **Zu Favoriten hinzufügen**. Wenn Sie Drag & Drop bevorzugen, schieben Sie den Ordner in den Favoritenbereich ❷.

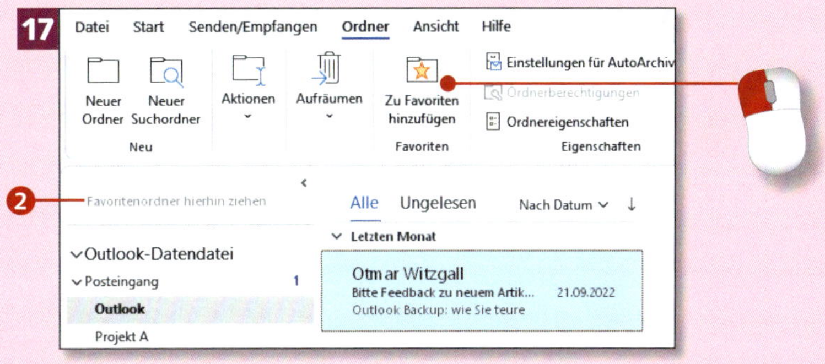

Schritt 18

Benötigen Sie den Ordner **Outlook** nicht mehr innerhalb der **Favoriten**, klicken Sie mit der rechten Maustaste auf den Ordner ❸, und wählen Sie im Kontextmenü **Aus Favoriten entfernen**.

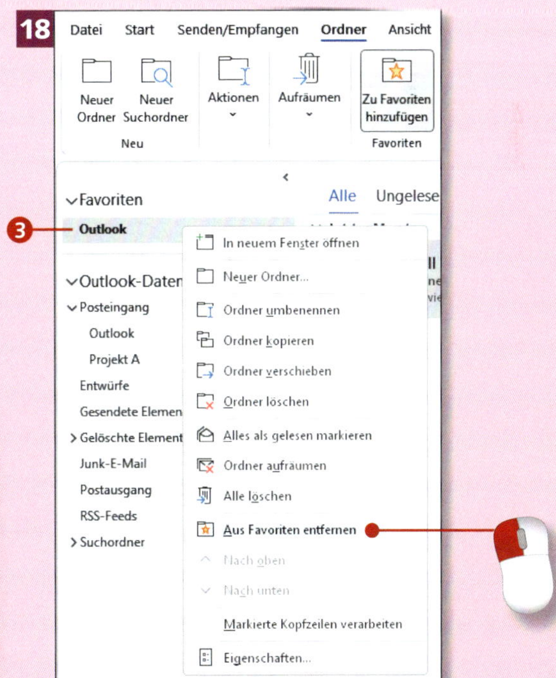

Favoriten im Ordnerbereich aktivieren und deaktivieren

Im Bereich **E-Mail** aktivieren Sie den Favoritenordner mit **Ansicht ▸ Layout ▸ Ordnerbereich ▸ Favoriten**.

Nachrichten endgültig löschen

1

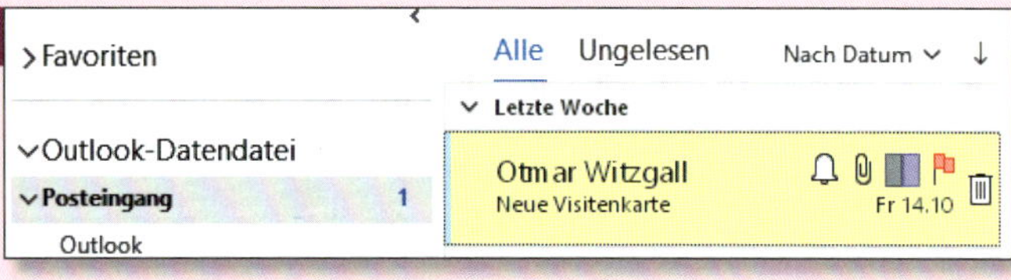

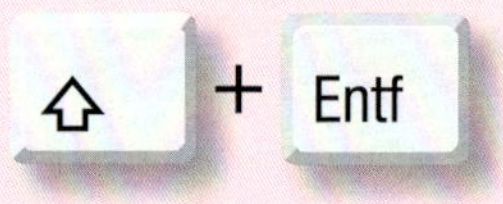

2

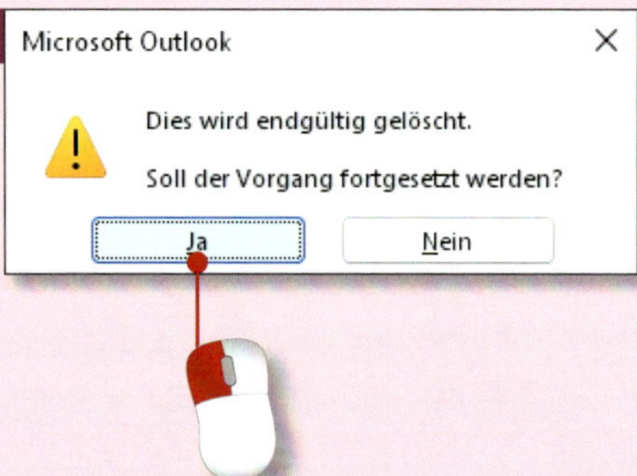

3

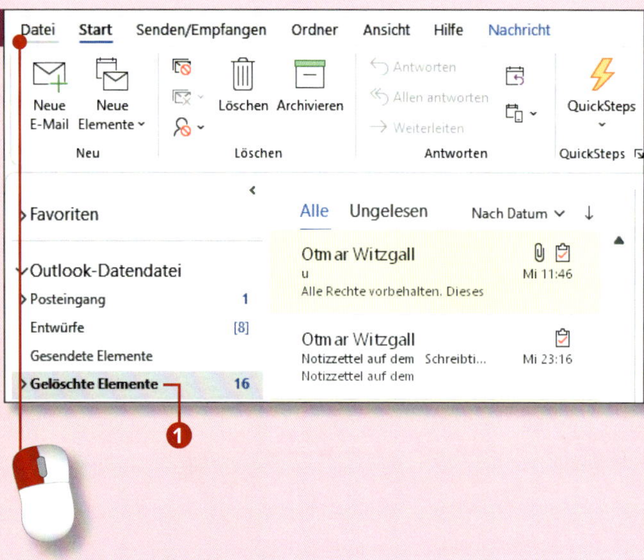

Fast alle gelöschten Objekte in Outlook landen im Ordner »Gelöschte Elemente«, der als Papierkorb dient. Ich zeige Ihnen hier, wie Sie Elemente endgültig löschen.

Schritt 1

Die erste Möglichkeit ist einfach – wenn man das Risiko eingehen mag. Löschen Sie eine Nachricht oder ein beliebiges anderes Outlook-Element mit dem Tastenbefehl ⇧ + Entf.

Schritt 2

Sie bekommen die Warnmeldung, dass das Element endgültig gelöscht wird. Bestätigen Sie mit **Ja**, wenn Sie den Vorgang fortsetzen wollen, ansonsten klicken Sie auf **Nein**.

Schritt 3

Die zweite Möglichkeit, Nachrichten endgültig zu löschen, bietet der Ordner **Gelöschte Elemente** ❶. Klicken Sie auf die Registerkarte **Datei**.

Nachrichten »normal« löschen

Wie Ihre gelöschten Nachrichten im Ordner **Gelöschte Elemente** landen, zeige ich Ihnen im Abschnitt »E-Mails ordnen, verschieben und löschen« ab Seite 92.

Schritt 4

Variante 1: In der Kategorie **Informationen** der Backstage-Ansicht klicken Sie auf **Tools** und dann auf **Ordner "Gelöschte Elemente" leeren**.

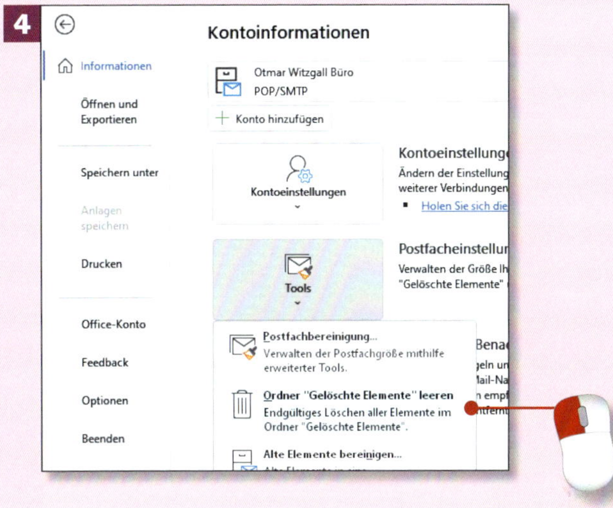

Schritt 5

Variante 2: Sie leeren den Ordner **Gelöschte Elemente** auf der Registerkarte **Ordner** in der Gruppe **Aufräumen**. Klicken Sie hier auf **Ordner leeren**.

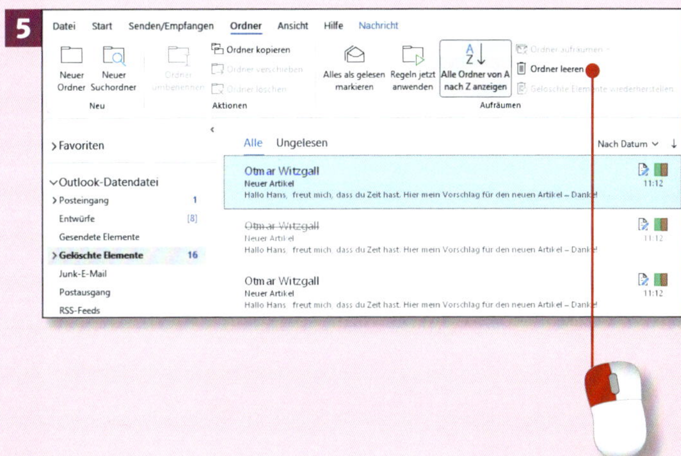

Schritt 6

Variante 3 ist die schnellste: Klicken Sie mit rechts im Ordnerbereich auf den Ordner **Gelöschte Elemente**, und wählen Sie anschließend **Ordner leeren** ❷.

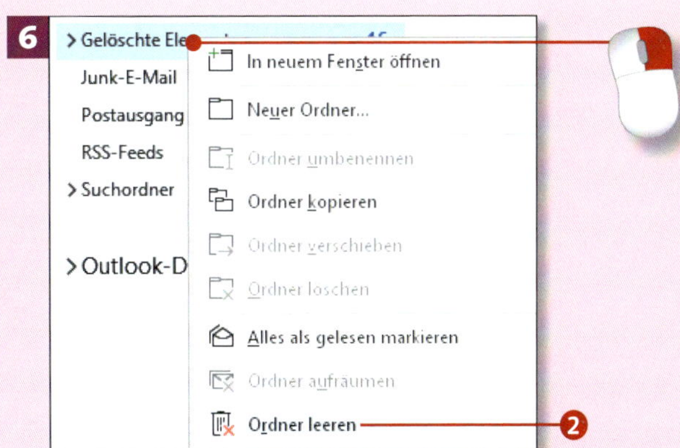

Warnmeldung ausschalten

Bei allen gezeigten Möglichkeiten bekommen Sie die Warnmeldung wie in Schritt 2. Mit der Zeit kann das lästig werden. Deaktivieren Sie alle Meldungen auf einmal. Über **Datei ▸ Informationen ▸ Optionen ▸ Erweitert** kommen Sie zum Abschnitt **Sonstige**. Nehmen Sie bei **Zur Bestätigung auffordern, bevor Elemente endgültig gelöscht werden** das Häkchen heraus.

Kapitel 5
Viren und unerwünschte Werbung abwehren

Firewall und Antivirenprogramm sind Pflicht für jeden Computerbesitzer. Wissen Sie, ob Sie wirklich geschützt sind? Ich zeige Ihnen, wo Sie das erfahren und was Sie einstellen müssen, damit Sie immer optimal geschützt sind.

Aktivieren Sie Ihre Sicherheits- und Schutzsoftware

Es nutzt wenig, wenn Sie Firewall, Viren- und Spamschutzsoftware auf Ihrem Computer haben, diese aber nicht aktuell oder, noch schlimmer, nicht aktiviert sind. Das Tool **Windows-Sicherheit** ❶, das Sie in den *Windows-Einstellungen* aufrufen, gibt Ihnen Auskunft, wie es um den Schutz Ihres Rechners bestellt ist.

Wählen Sie die richtigen Sicherheitseinstellungen

Auch in Outlook selbst nehmen Sie für Ihre Sicherheit Einstellungen vor: von E-Mail-Schutz über Anlagenbehandlung bis hin zu den Datenschutzrichtlinien. Wenn andere Programme auf Outlook zugreifen, sollten Sie wissen, wo diese eingreifen ❷.

Blockieren Sie unerwünschte Werbung

Immer häufiger kommt es vor, dass Sie von unerwünschter Werbung zugemüllt werden. Dagegen können Sie sich wehren. Setzen Sie dem Spuk ein Ende, und schieben Sie den Absenderadressen einen Riegel vor ❸.

1 Im Fenster **Sicherheit auf einen Blick** sehen Sie, ob die wichtigsten Sicherheitseinstellungen eingeschaltet sind.

Programme von außerhalb greifen auf Ihr Adressbuch zu oder versenden in Ihrem Auftrag E-Mails. **2**

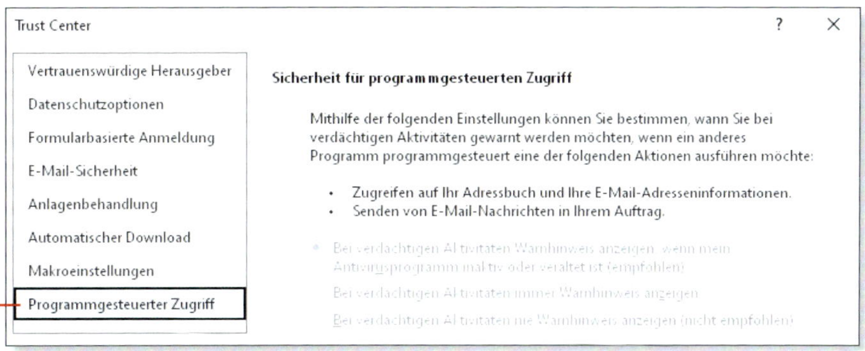

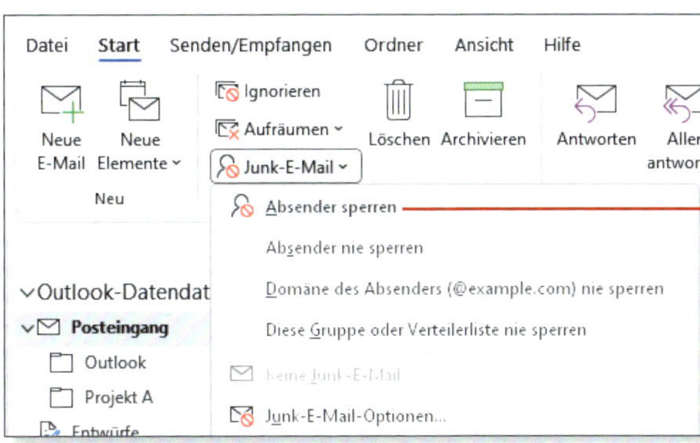

3 Blockieren Sie unerwünschte Absender mit dem Befehl **Junk-E-Mail ▸ Absender sperren**.

Einen Virenscan durchführen

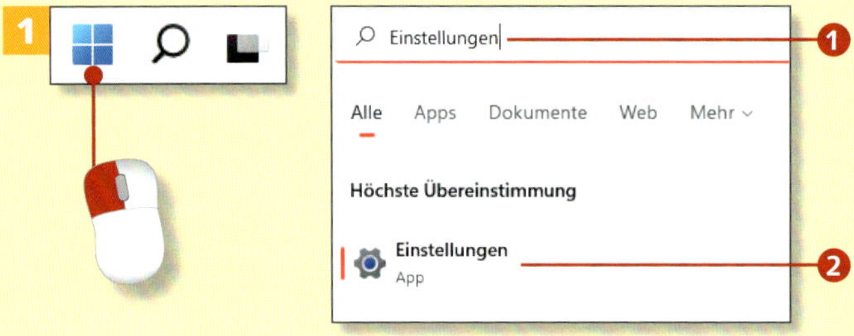

Solange es die Gefahr vor Viren für Ihren Computer gibt, müssen auch Sie Ihre Nachrichten sorgsam überwachen lassen. Ohne aktuelle Virendefinitionen und aktivierte Software geht gar nichts.

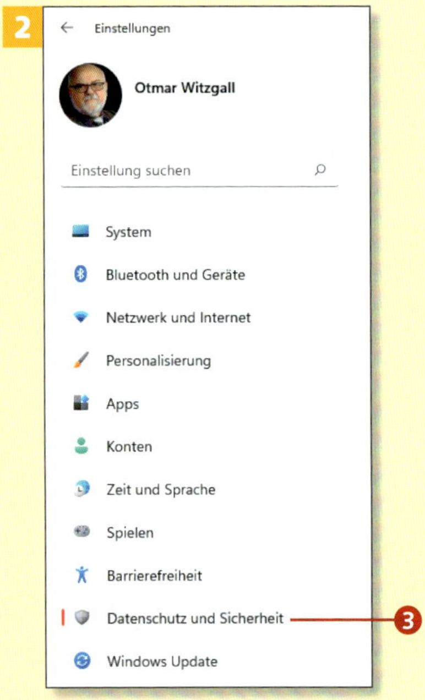

Schritt 1

Das Tool **Windows-Sicherheit** ist für Sicherheit und Schutz Ihres Computers zuständig. Sie finden es in den *Windows-Einstellungen.* Klicken Sie dazu auf die Windows-Startschaltfläche. Tippen Sie das Wort »Einstellungen« in die Suchzeile ❶. Klicken Sie auf das Suchergebnis **Einstellungen App** ❷.

Schritt 2

Es erscheint die Startseite der *Windows-Einstellungen.* Klicken Sie hier auf die Kategorie **Datenschutz und Sicherheit** ❸.

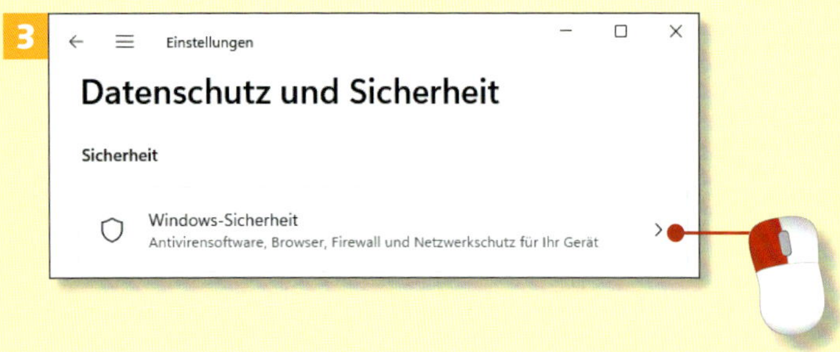

Schritt 3

Klicken Sie im geöffneten Dialogfenster auf **Windows-Sicherheit**.

Schritt 4

Klicken Sie im Fenster **Windows-Sicherheit** auf die Schaltfläche **Windows-Sicherheit öffnen**.

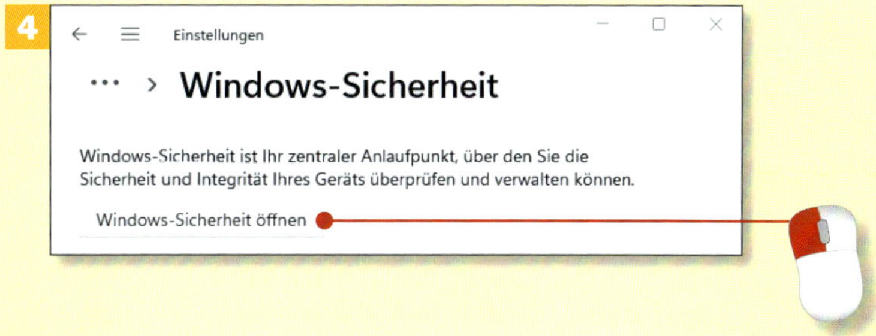

Schritt 5

Sie sehen wichtige Sicherheitstools auf einen Blick. Sie alle haben hier einen grünen Haken mit der Statusmeldung *Keine Aktion erforderlich.* Zuerst klicken Sie auf **Firewall- & Netzwerkschutz**. Die Firewall schützt Sie vor Bedrohungen von außen durch das Internet.

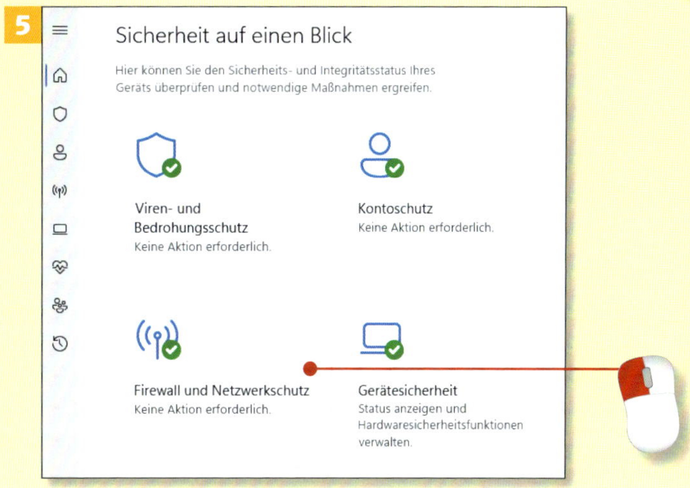

Schritt 6

Die Firewall schützt drei unterschiedliche Netzwerktypen. Die Statusmeldung *Firewall ist aktiviert* 4 besagt, dass alle drei Netzwerke aktuell geschützt sind. Mit einem Klick auf das Schildsymbol links wechseln Sie zum **Viren- & Bedrohungsschutz**.

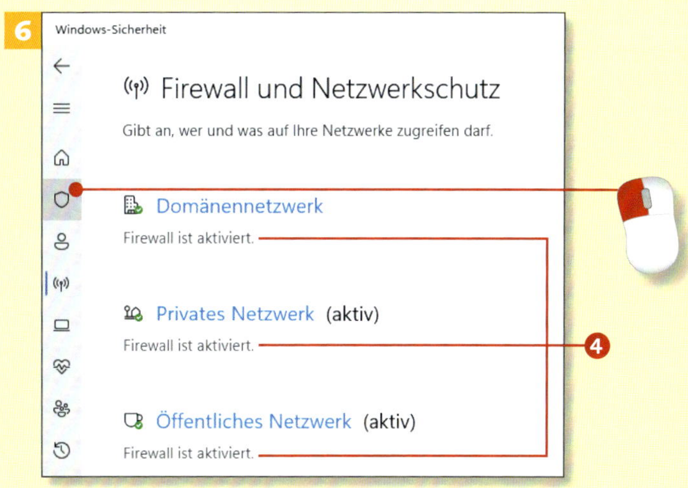

Einen Virenscan durchführen (Forts.)

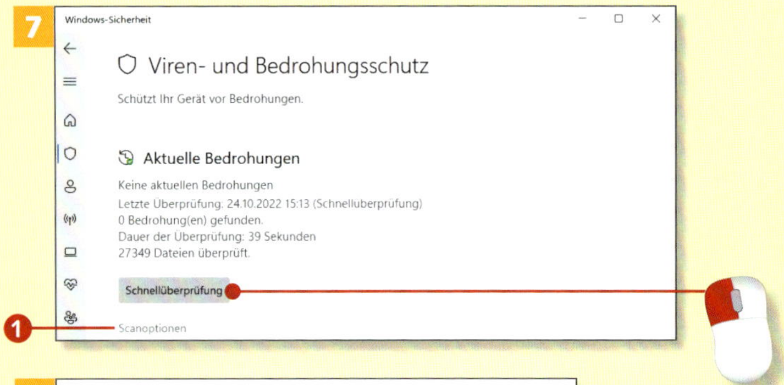

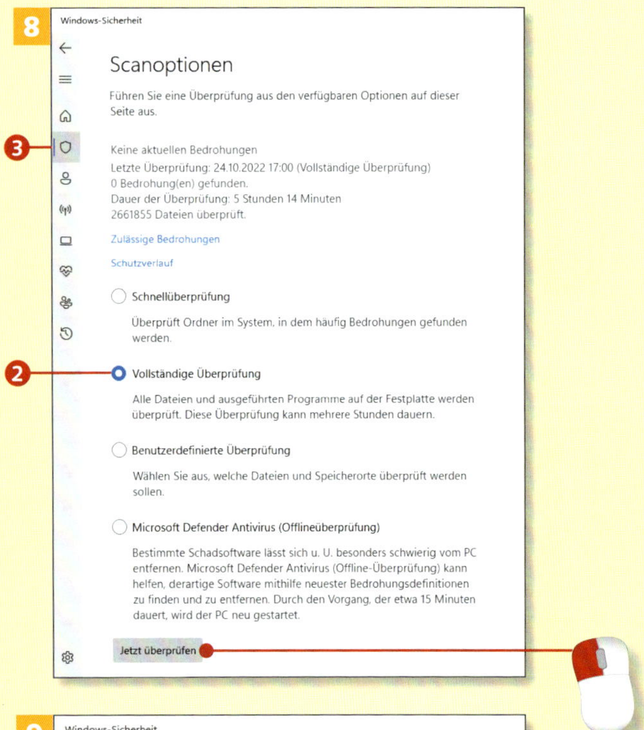

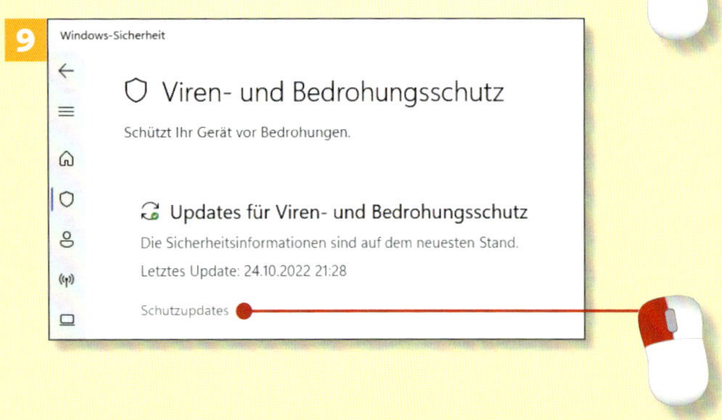

Schritt 7

Hier sehen Sie das Ergebnis der letzten Schnellüberprüfung. Wenn Sie die Prüfung wiederholen möchten, klicken Sie auf **Schnellüberprüfung** oder gleich auf **Scanoptionen** ❶.

Schritt 8

Wählen Sie aus, welche Art der erweiterten Überprüfung Sie vornehmen wollen: eine **Schnellüberprüfung**, eine **Vollständige**, eine **Benutzerdefinierte Überprüfung** oder eine durch **Microsoft Defender Antivirus**. Ab und an ist eine **Vollständige Überprüfung** empfehlenswert. Aktivieren Sie diese ❷, und klicken Sie auf **Jetzt überprüfen**. Alternativ klicken Sie auf das Schildsymbol ❸.

Schritt 9

Klicken Sie bei **Updates für Viren- und Bedrohungsschutz** zur Aktualisierung auf **Schutzupdates**.

Sicherheitseinstellungen von Microsoft

Wenn Sie die beschriebenen Sicherheitseinstellungen nutzen, sollte Ihr Computer ausreichend geschützt sein. Achten Sie darauf, dass die Firewall und der Virenschutz aktiviert und immer aktuell sind.

Schritt 10

Im Fenster **Schutzupdates** sehen Sie die aktuellen Sicherheitsinformationen ❹. Wenn die Informationen auf dem neuesten Stand sind, wird ein grüner Haken im Kreis angezeigt. Wenn nicht, klicken Sie auf **Nach Updates suchen**. Klicken Sie wieder auf das Schildsymbol ❺.

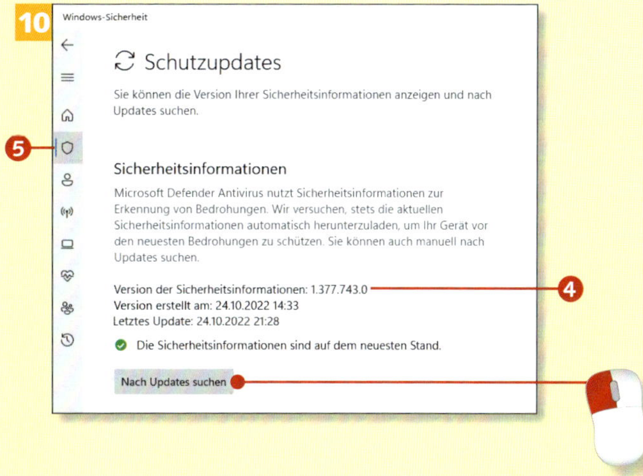

Schritt 11

Ransomware ist eine Art bösartige Software (Malware), die den Zugriff auf Ihre Dateien blockiert, bis Sie Geld bezahlen. Hier erfahren Sie, dass für Ihren **Ransomware-Schutz** keine Aktion erforderlich ist ❻. Klicken Sie auf **Ransomware-Schutz verwalten**.

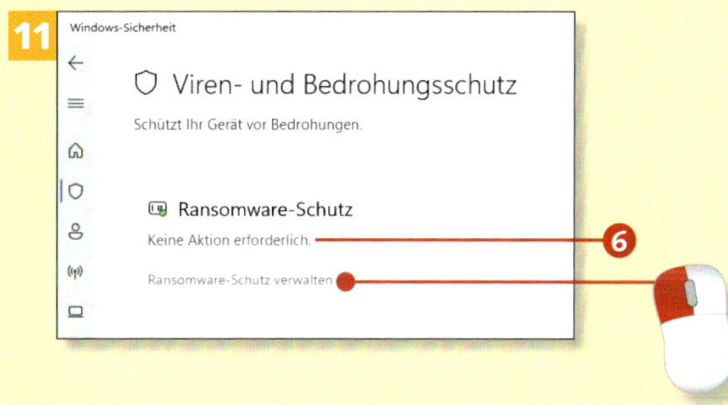

Schritt 12

Wenn Sie manuell den Ordnerzugriff von Schadsoftware überwachen möchten, dann aktivieren Sie diese Funktion mit Klick auf die Schaltfläche neben **Aus** ❼. Kehren Sie über das Haussymbol zurück zur Startseite mit der Übersicht **Sicherheit auf einen Blick** (siehe Schritt 5).

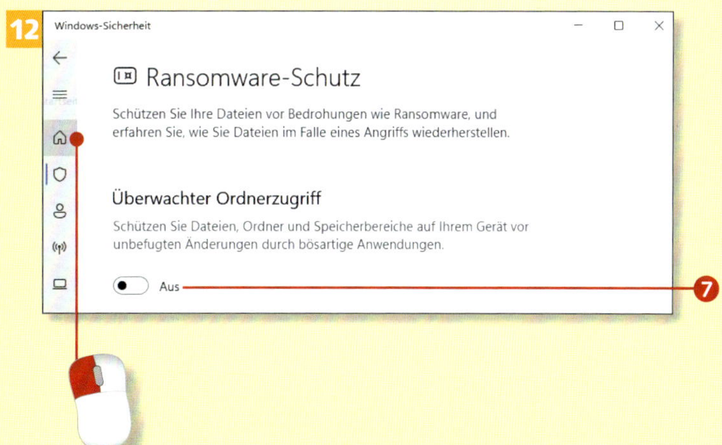

Spam blockieren

1

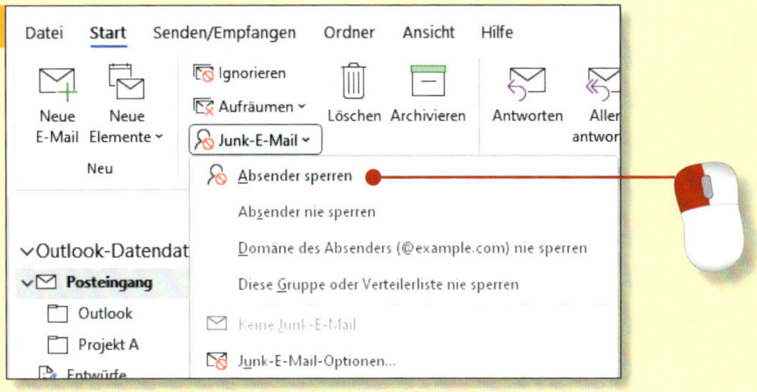

2

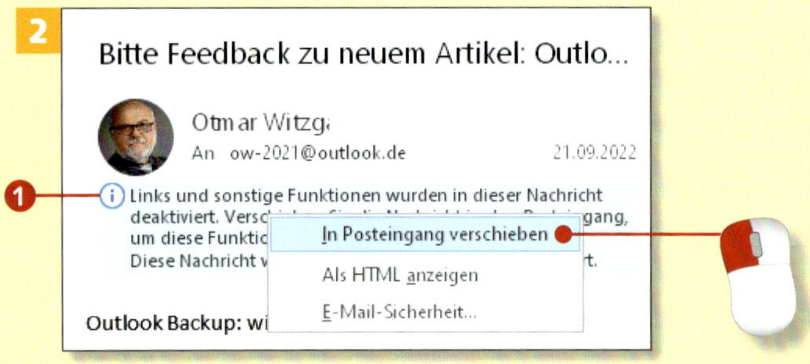

3

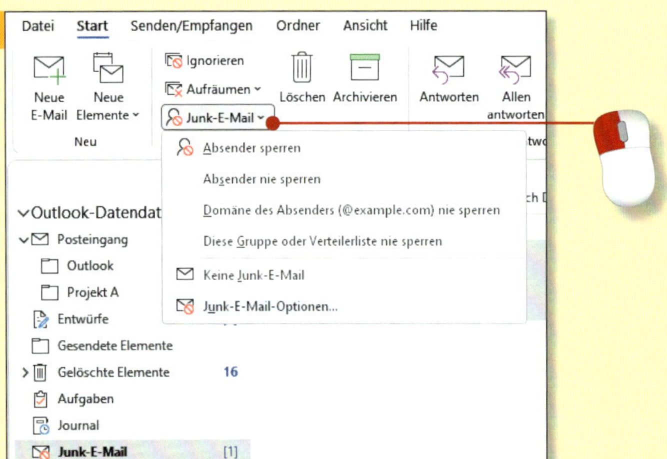

Der Junk-E-Mail-Filter sorgt dafür, dass Sie keine unerwünschten Nachrichten, sogenannten Spam, erhalten.

Schritt 1

Landet im **Posteingang** eine unerwünschte Nachricht, klicken Sie auf der Registerkarte **Start** in der Gruppe **Löschen** auf **Junk-E-Mail ▸ Absender sperren**. Die E-Mail verschwindet aus dem Posteingang und landet im Ordner **Junk-E-Mail**.

Schritt 2

Im Ordner **Junk-E-Mail** werden Sie im Lesebereich der Nachricht darüber informiert, dass Links und sonstige Funktionen deaktiviert wurden ❶. Wenn Sie sich vertan haben sollten, können Sie die Nachricht wieder in den Posteingang verschieben. Klicken Sie dazu mit der linken Maustaste auf die Information, und wählen Sie **In Posteingang verschieben**.

Schritt 3

Wenn Sie wissen möchten, was sich in den Junk-E-Mail-Einstellungen durch die Aktion in Schritt 1 verändert hat, klicken Sie auf **Junk-E-Mail** und anschließend auf **Junk-E-Mail-Optionen**.

Schritt 4

Im Fenster **Junk-E-Mail-Optionen** übernehmen Sie die vorgegebenen Einstellungen. Besonders wichtig sind die Häkchen bei den beiden Empfehlungen ❷ unten, die dafür sorgen, dass die Links in verdächtigen Nachrichten deaktiviert werden und bei verdächtigen Domänennamen in E-Mail-Adressen gewarnt wird. Klicken Sie auf die Registerkarte **Blockierte Absender**.

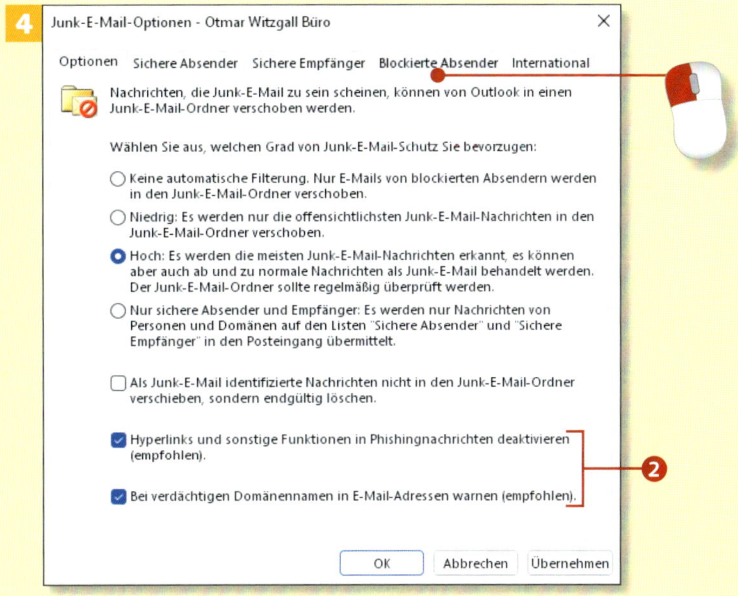

Schritt 5

Die E-Mail-Adresse der Nachricht im Junk-E-Mail-Ordner erscheint unter **Blockierte Absender**. Sie können manuell weitere Adressen hinzufügen. Sollten Sie sich entscheiden, blockierte E-Mail-Adressen doch wieder zuzulassen, markieren Sie diese und klicken auf **Entfernen**.

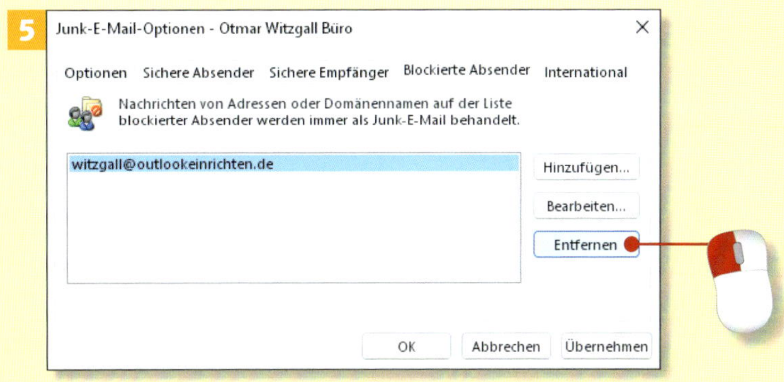

Schritt 6

Die Veränderung bestätigen Sie mit **Übernehmen** und danach mit **OK**.

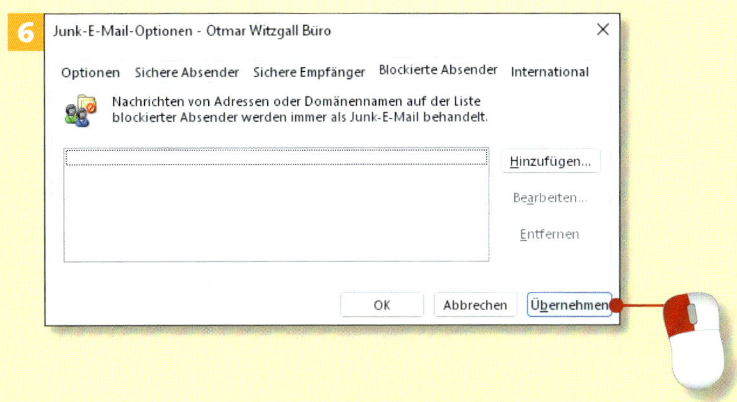

Junk-E-Mail-Ordner prüfen

Machen Sie es sich zur Routine, auch im Junk-E-Mail-Ordner nach Nachrichten zu schauen, vor allem, wenn Sie erwartete E-Mails nicht im Posteingang finden.

Versehentlich blockierte Mails zurückholen

1

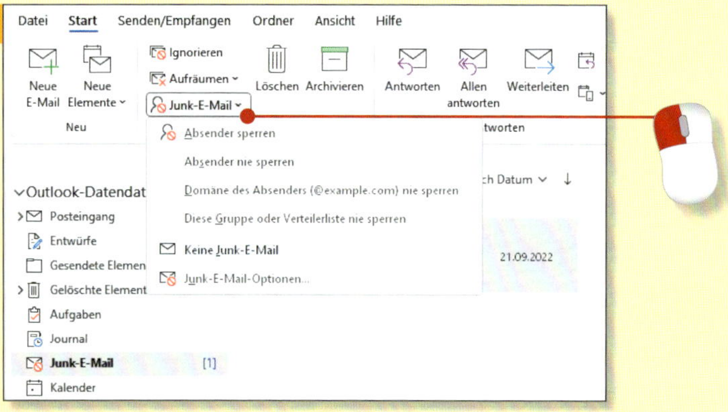

2

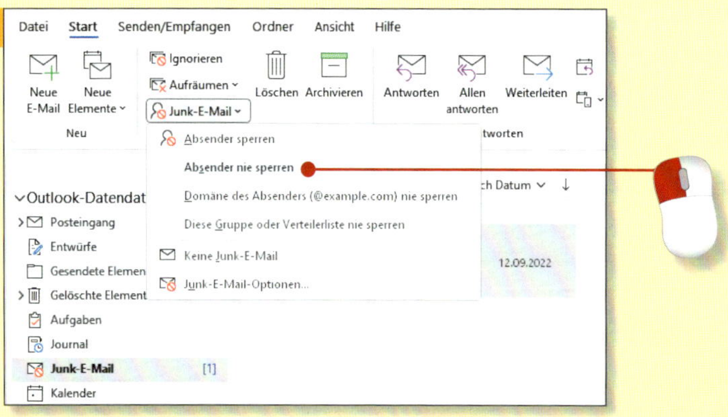

3

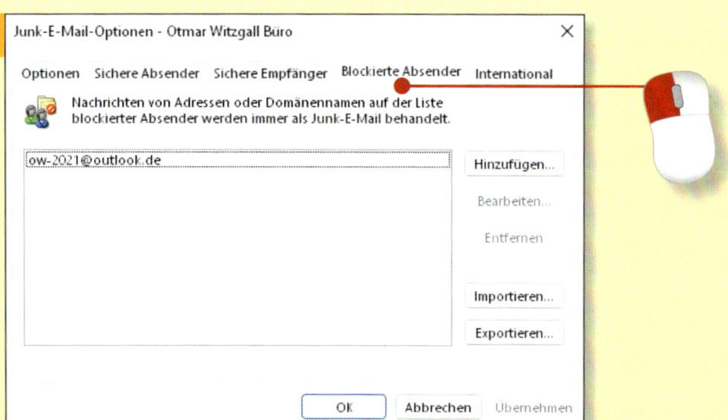

Bei aller Sorgfalt und Aktualität der Programme und Definitionen landen Nachrichten manchmal aus Versehen im Junk-E-Mail-Ordner. In diesem Abschnitt lesen Sie, was Sie in so einem Fall tun.

Schritt 1

Markieren Sie die versehentlich im Ordner **Junk-E-Mail** gelandete E-Mail, und klicken Sie auf **Junk-E-Mail**. Wählen Sie im Menü **Keine Junk-E-Mail**. Damit wird die E-Mail wieder in den Posteingang verschoben. Links und andere Funktionen sind wieder aktiviert.

Schritt 2

Um zu vermeiden, dass E-Mails dieses Absenders versehentlich blockiert werden, geben Sie Outlook über **Junk-E-Mail ▸ Absender nie sperren** Bescheid.

Schritt 3

Öffnen Sie das Fenster **Junk-E-Mail-Optionen**, wie im Abschnitt »Spam blockieren« ab Seite 128 beschrieben. Wechseln Sie auf die Registerkarte **Blockierte Absender**.

Schritt 4

Markieren Sie die versehentlich eingetragene E-Mail-Adresse, und klicken Sie auf **Entfernen**. Bestätigen Sie die Veränderungen mit **Übernehmen** ❶.

Schritt 5

Wollen Sie per Hand E-Mail-Adressen in die Liste sicherer Absender eintragen, klicken Sie auf auf der Registerkarte **Sichere Absender** auf **Hinzufügen**.

Schritt 6

Es öffnet sich das Fenster **Adresse oder Domäne hinzufügen**. Im unteren Bereich sehen Sie Formulierungsvorschläge, die in das Eingabefeld eingetragen werden können. Tippen Sie hier eine Domain-Adresse ein, und schließen Sie mit **OK**.

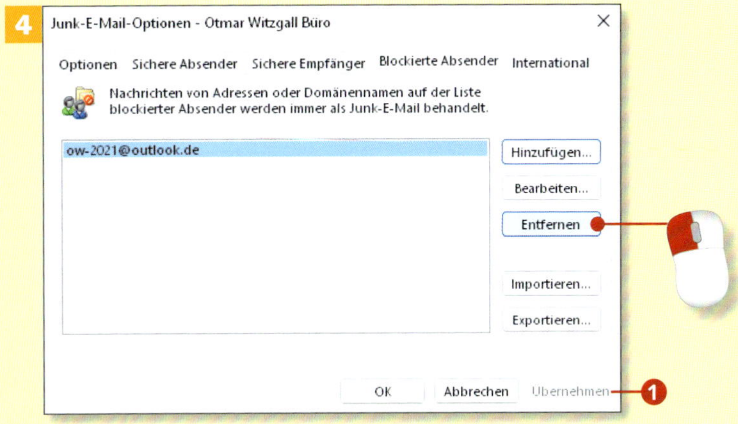

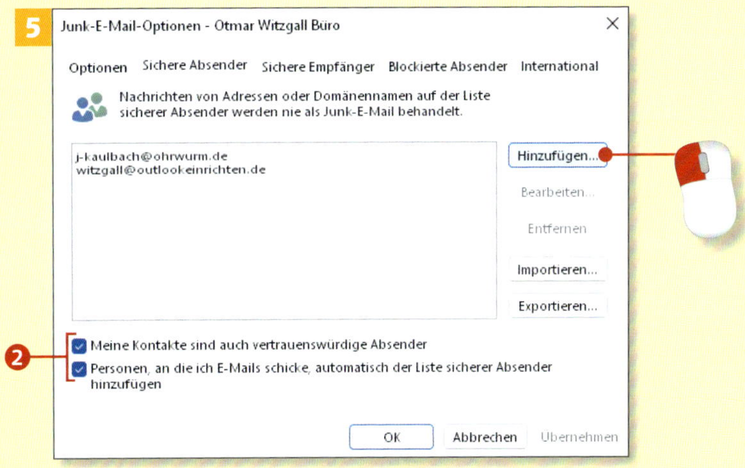

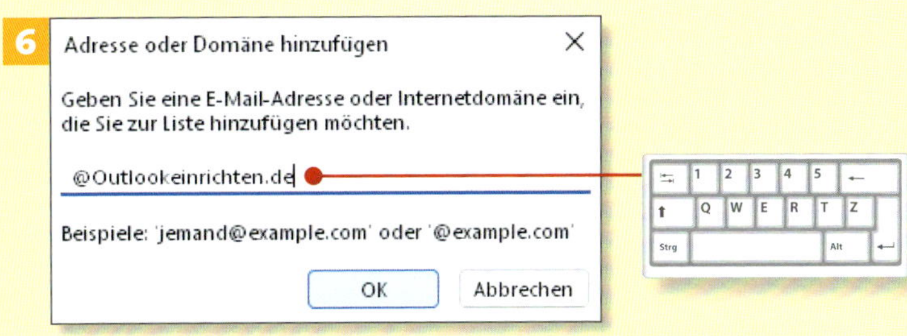

Eigene E-Mail-Adressen

Wenn Sie sichergehen wollen, dass alle E-Mail-Adressen, die Sie selbst als Empfänger verwenden – ob aus dem Adressbuch oder manuell eingetragen –, als sichere Adressen erkannt werden, aktivieren Sie die beiden Optionen jeweils mit einem Häkchen (❷ in Schritt 5).

Sicherheitsmaßnahmen festlegen

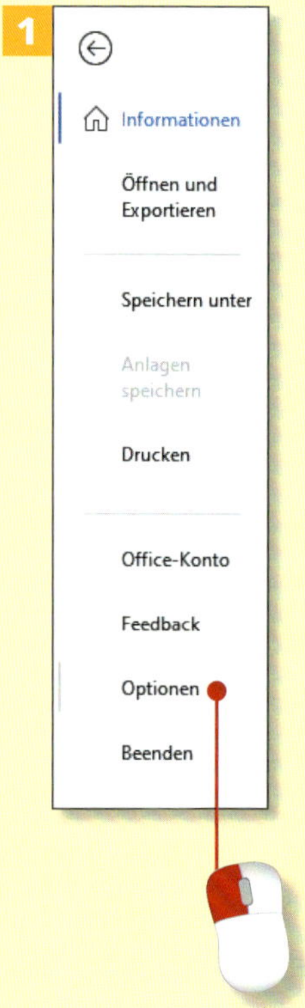

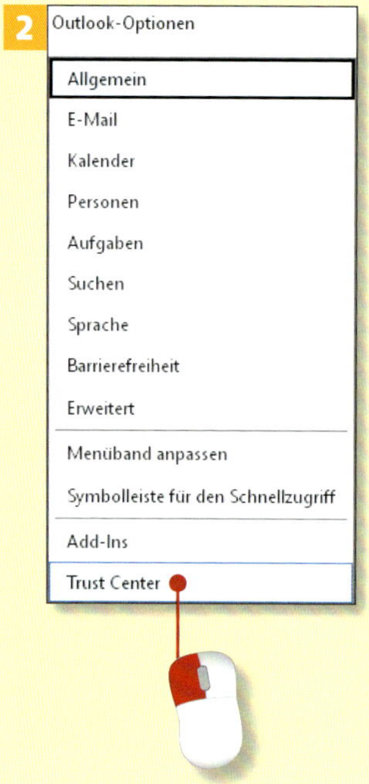

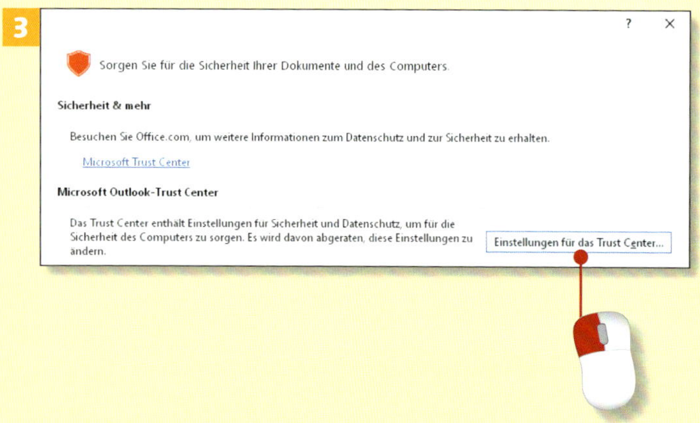

Zusätzlich zu den Sicherheitseinstellungen, die Sie über die Kategorie »Windows-Sicherheit« durchführen, können Sie direkt in Outlook Sicherheitseinstellungen vornehmen.

Schritt 1

Um zu den Sicherheitseinstellungen zu gelangen, klicken Sie auf die Registerkarte **Datei** und in der Backstage-Ansicht auf die Kategorie **Optionen**.

Schritt 2

Im Fenster **Outlook-Optionen** klicken Sie in der linken Spalte ganz unten auf **Trust Center**, was dem Sicherheitscenter entspricht.

Schritt 3

Im Trust Center angekommen, klicken Sie auf **Einstellungen für das Trust Center**. Diese Einstellungen dienen der Sicherheit und dem Datenschutz.

Standardsicherheitseinstellungen ändern

Mit den Standardeinstellungen ist ein sicheres Arbeiten bereits gewährleistet. Nehmen Sie hier bitte nur Änderungen vor, wenn Sie die Auswirkungen einschätzen können.

Schritt 4

Im **Trust Center** kommen Sie beim **Automatischen Download** 1 an. Ich empfehle Ihnen, die Einstellungen aus Sicherheitsgründen so zu übernehmen. Es werden nur Bilder in E-Mails heruntergeladen, deren Absender als sicher gelten. Wählen Sie nun **Anlagenbehandlung** aus.

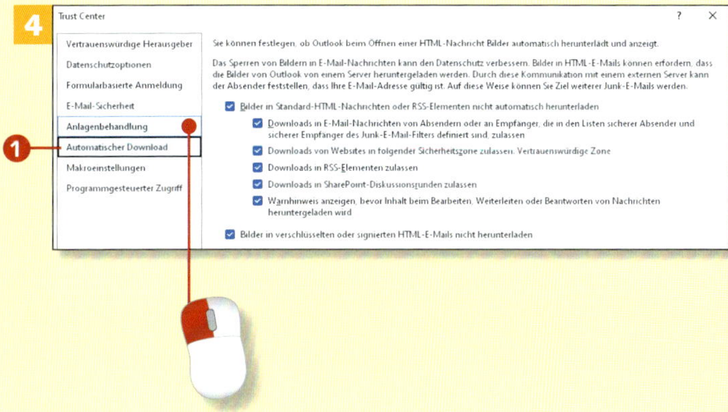

Schritt 5

Übernehmen Sie die Einstellungen unverändert, und klicken Sie auf **Anlagen- und Dokumentvorschau**.

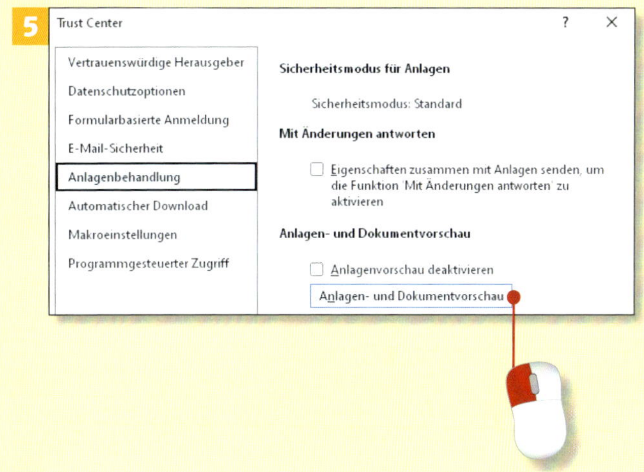

Schritt 6

Im Fenster **Dateivorschauoptionen** sehen Sie die jeweils mit Häkchen versehenen Anwendungen, die zurzeit für die Vorschau von Dateien verwendet werden. Sie können sie an- oder abwählen. Schließen Sie das Fenster mit **OK**.

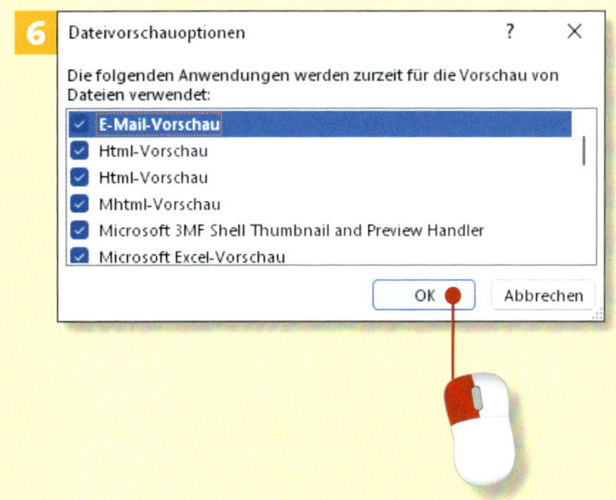

Lassen Sie Vorsicht walten!
Mit der Dateivorschau lassen sich Anlagen direkt im Lesebereich anzeigen, ohne sie vorher zu öffnen – das ist sehr komfortabel. Dateien können jedoch auch Viren und Schädlinge beinhalten, seien Sie daher vorsichtig!

Sicherheitsmaßnahmen festlegen (Forts.)

7

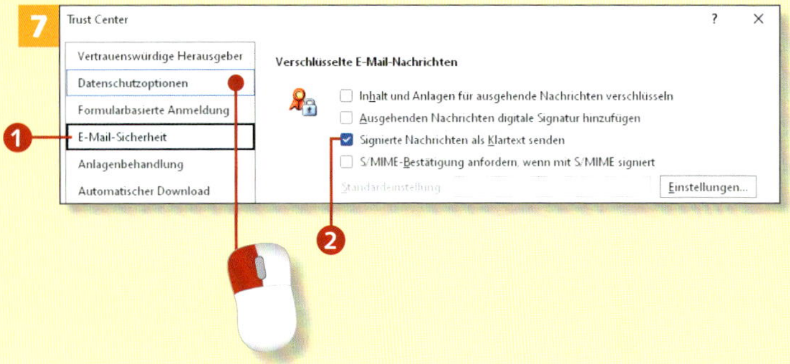

Schritt 7

Klicken Sie in der Seitenleiste auf **E-Mail-Sicherheit** 1. Übernehmen Sie die vorgeschlagenen Einstellungen: Nur die Option **Signierte Nachrichten als Klartext senden** ist aktiviert 2. Wechseln Sie zu der Rubrik **Datenschutzoptionen**.

8

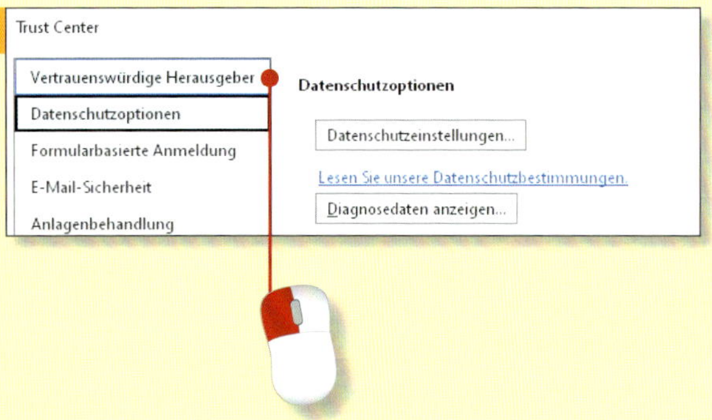

Schritt 8

In der Rubrik **Datenschutzoptionen** werden Sie für eine Reihe von Funktionen um Erlaubnis gebeten, die für Ihre Sicherheit sorgen oder der Verbesserung der Programme dienen. Entscheiden Sie, ob Sie diese Informationen zur Verfügung stellen möchten. Klicken Sie nun auf die Kategorie **Vertrauenswürdige Herausgeber**.

9

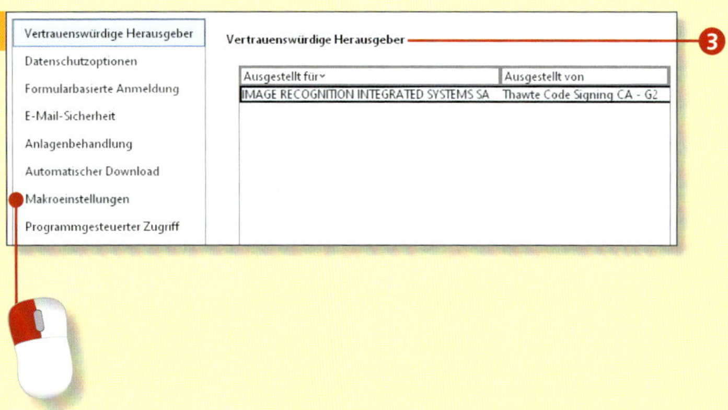

Schritt 9

Hier finden Sie eine Liste der Zertifikate vertrauenswürdiger Herausgeber 3 von Anwendungen, die in Outlook integriert sind. Sind diese veraltet, bekommen Sie eine Meldung. Wechseln Sie als Nächstes in die Rubrik **Makroeinstellungen**.

Schritt 10

Makros sind kleine Anwendungen, die in Outlook Aktionen ausführen und Ihnen dadurch Arbeit abnehmen oder Prozesse beschleunigen – sie können allerdings auch Schaden anrichten. Deshalb werden Sie benachrichtigt, wenn ein Makro mit Zertifikat seine Befehle ausführen will ❹. Sie müssen dann dem Prozess explizit zustimmen. Andere Makros sind deaktiviert. Verlassen Sie das **Trust Center** mit einem Klick auf **OK**.

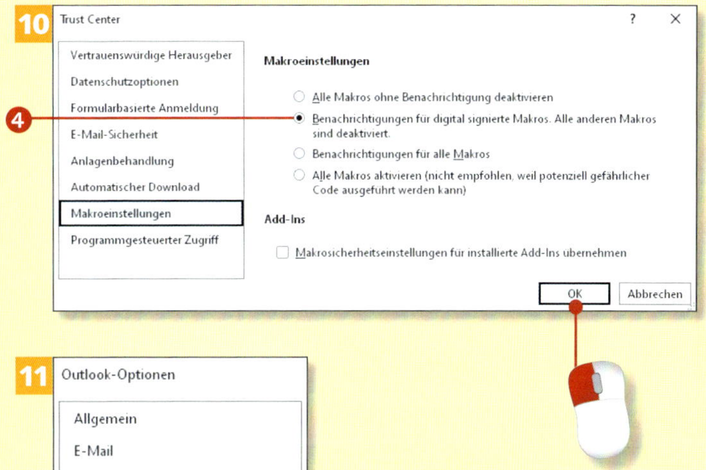

Schritt 11

Sie landen wieder in den **Outlook-Optionen**. Klicken Sie jetzt auf die Rubrik **Add-Ins**. *Add-ins* sind in Outlook integrierte Zusatzprogramme, die die Grundfunktionen von Outlook erweitern oder beschleunigen.

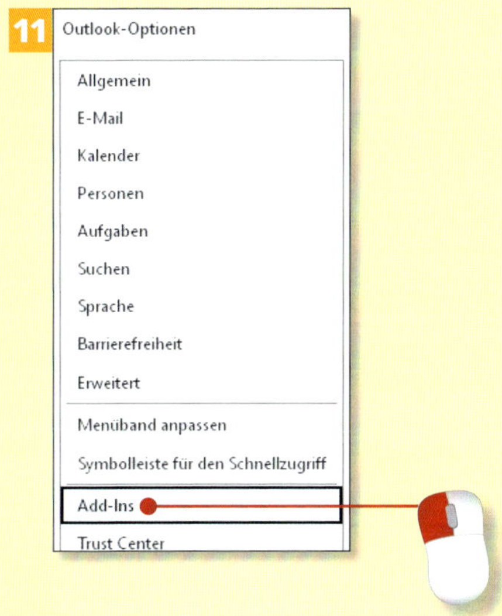

Schritt 12

Im rechten Teil des Fensters sehen Sie alle aktiven Add-ins. Wenn Sie ein Add-in markieren, wird Ihnen unterhalb des Fensters die jeweilige Beschreibung angezeigt, was das Add-in tut ❺. Scrollen Sie weiter nach unten.

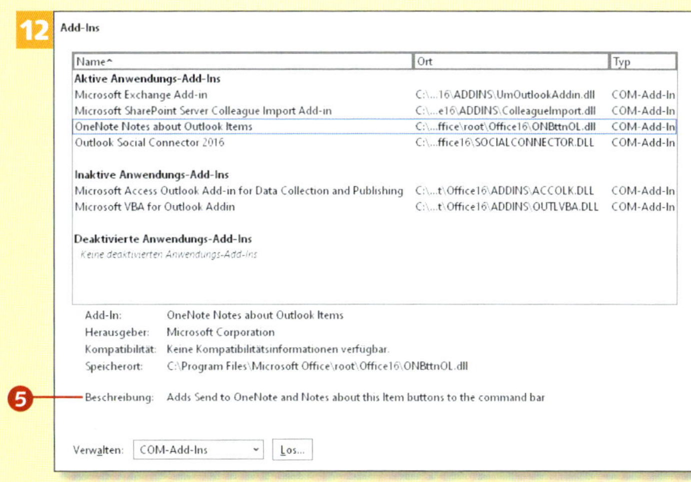

Sicherheitsmaßnahmen festlegen (Forts.)

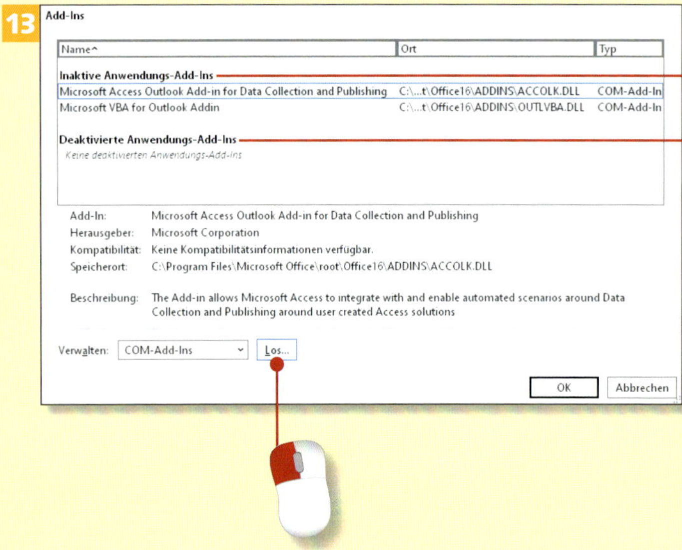

Schritt 13

Sie sehen zwei weitere Gruppen von Add-ins: *Inaktive Anwendungen* ❶ sind installiert, aber nicht aktiv. *Deaktivierte Anwendungen* ❷ sind installiert, aber deaktiviert. Im nächsten Schritt können sie aktiviert werden. Klicken Sie auf **Los**.

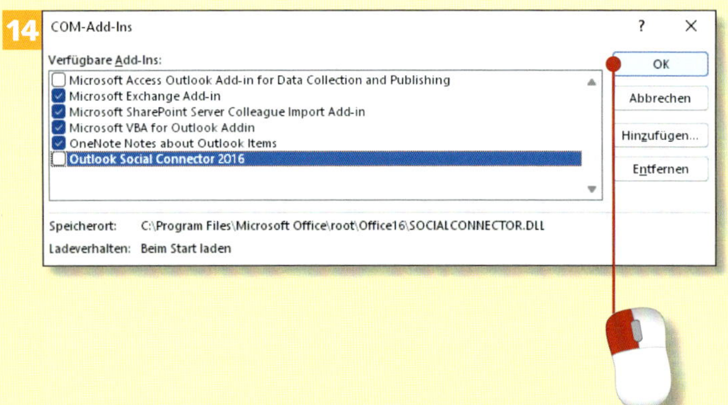

Schritt 14

Es werden die Add-ins angezeigt, die zur Verfügung stehen, aktive und inaktive. Hier können Sie Häkchen setzen oder entfernen. Manchmal blockieren sich Add-ins auch gegenseitig, und man muss dann selbst Hand anlegen. Schließen Sie mit **OK**.

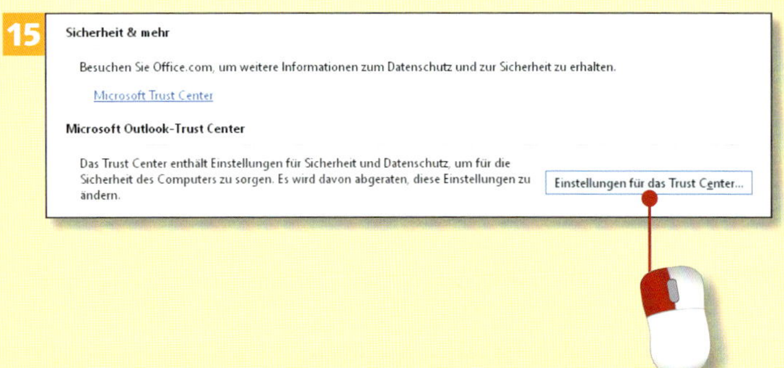

Schritt 15

Wechseln Sie wieder zurück zum **Trust Center** und zu **Einstellungen für das Trust Center**.

Zu viele Add-ins

Es ist immer eine Versuchung, Outlook mit zusätzlichen Anwendungen aufzupeppen. Die Gefahr ist aber, dass Outlook in seiner Leistung nachlässt. Die Verbesserungen der meisten Add-ins können Sie auch mit bereits in Outlook vorhandenen Werkzeugen erreichen.

Schritt 16

Wechseln Sie zur Kategorie **Programmgesteuerter Zugriff**.

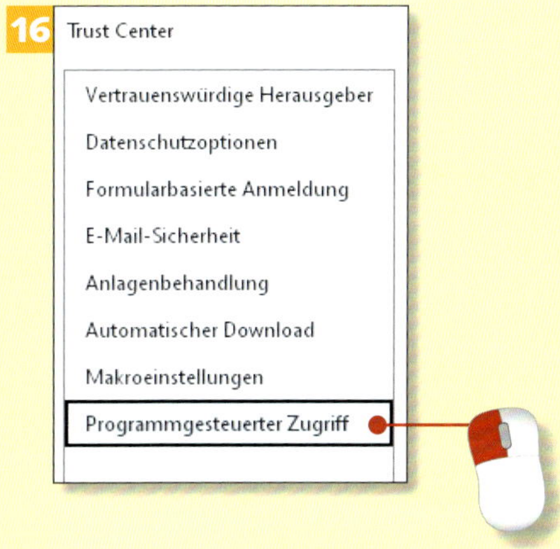

Schritt 17

Programme greifen auf Outlook zu. Sie werden gewarnt, wenn ein Programm auf Ihr Adressbuch zugreifen und wenn eine andere Person in Ihrem Auftrag Nachrichten versenden möchte ❸.

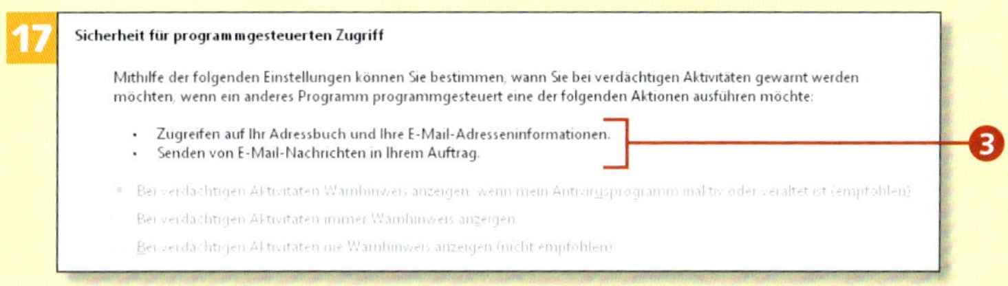

Schritt 18

In unteren Teil des Fensters sehen Sie **Status der Antivirensoftware: Gültig** ❹, was bedeutet, dass Ihr Antiviren- und Spywareprogramm aktiviert und aktuell ist. Verlassen Sie das Trust Center mit einem Klick auf **OK**.

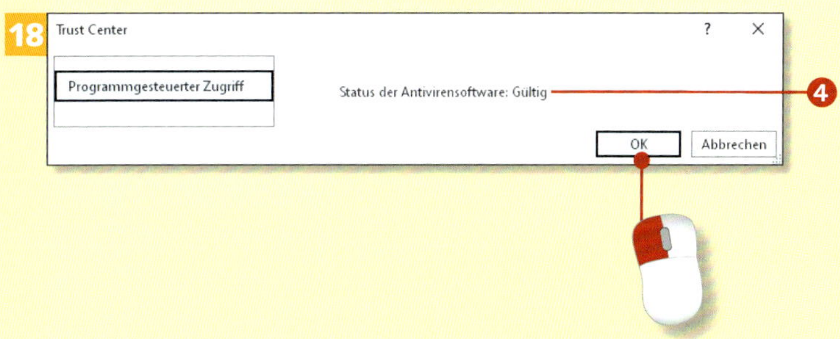

Minimaler Schutz

Die in diesem Kapitel erklärten Funktionen sind das Mindeste, wie Sie Ihren Computer schützen können. Achten Sie deshalb darauf, dass die Funktionen aktiviert und aktuell sind. Informieren Sie sich im Internet mithilfe des Suchbegriffs »Computersicherheit« über aktuelle Sicherheitstrends.

Kapitel 6
Fortgeschrittene E-Mail-Funktionen nutzen

Beschleunigen und vernetzen Sie Outlook. »Zeit ist Geld« heißt ein altes Sprichwort. Nutzen Sie die fortgeschrittenen Techniken, die Ihnen Outlook zur Verfügung stellt: Fassen Sie Abläufe mit QuickSteps zusammen, lesen Sie Ihre Lieblingsnachrichten als RSS-Feed, und texten Sie leichter mit Schnellbausteinen.

Schalten Sie mit QuickSteps den »Turbo« ein

Sie wollen öfter bei der Bearbeitung Ihrer Nachrichten die gleichen Aktionen ausführen: als gelesen markieren, in einen anderen Ordner verschieben, an den Chef weiterleiten etc.? Ab jetzt richten Sie dafür *QuickSteps* ❶ ein, mithilfe derer Sie die Aufgaben mit einem Klick erledigen.

Lesen Sie Ihre Lieblingsnachrichten als RSS-Feed

Sie surfen im Netz auf der Jagd nach den neuesten Nachrichten, weil Sie nichts verpassen möchten? Ich habe eine gute Nachricht für Sie: Nutzen Sie Outlook als Newsreader ❷, und lesen Sie so immer die aktuellen Nachrichten, hier von *Outlook einrichten*.

Texten Sie leichter mit Schnellbausteinen

Das Schreiben von immer wieder gleichen Textpassagen im E-Mail-Verkehr kann schön ermüdend sein. Vielleicht fragen Sie sich öfter einmal, ob das so sein muss und nicht auch anders geht. Es geht – Outlook schafft hier Abhilfe mit den **Schnellbausteinen** ❸. Ist der Text als Baustein angelegt, kann man ihn immer wieder einfügen. Das spart definitiv Zeit!

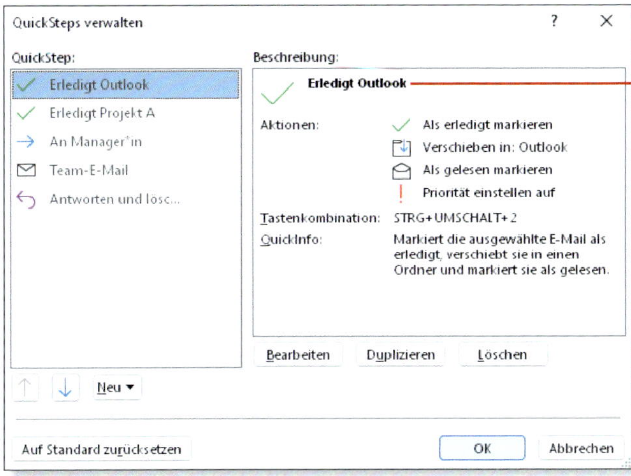

1 Hier sehen Sie den eingerichteten QuickStep **Erledigt Outlook** mit seinen verschiedenen Aktionen.

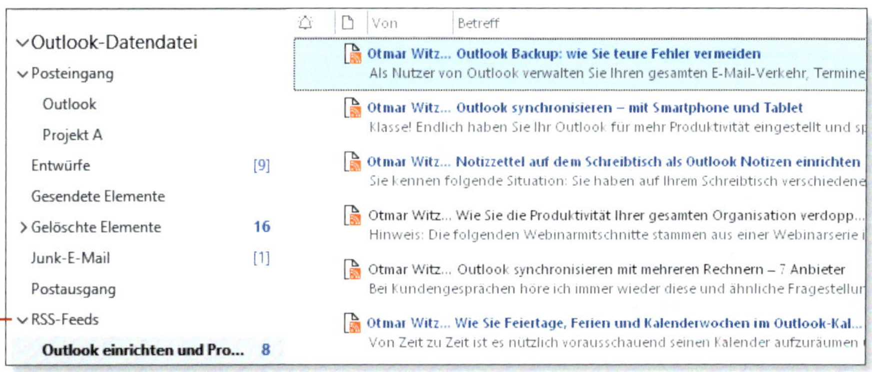

Im Ordner **RSS-Feeds** legen Sie Ihre Nachrichtenkanäle an. **2**

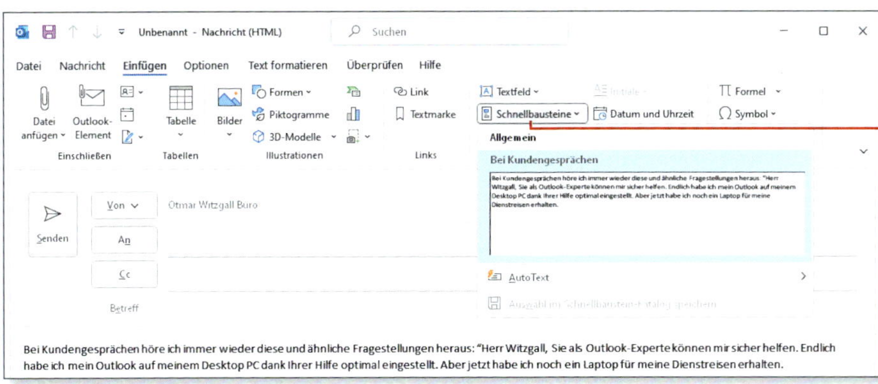

3 Mit **Schnellbausteinen** schreiben sich Texte wie von selbst.

E-Mails filtern und sortieren

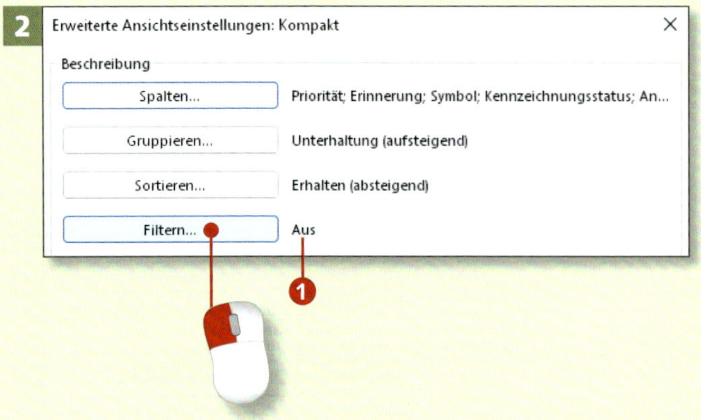

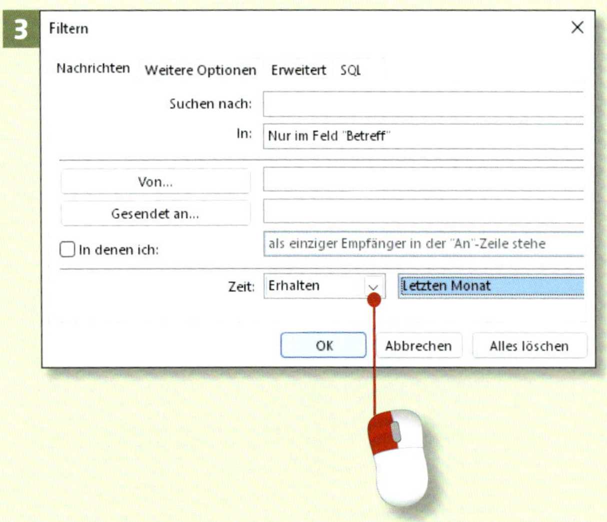

Je mehr Nachrichten Sie bekommen, desto bessere Werkzeuge benötigen Sie, um die Übersicht zu behalten. Dazu gehören die Filter und Sortiermöglichkeiten.

Schritt 1

Um Filter dauerhaft einzurichten, klicken Sie auf der Registerkarte **Ansicht** in der Gruppe **Aktuelle Ansicht** auf die Schaltfläche **Ansichtseinstellungen**.

Schritt 2

Es öffnet sich das Fenster **Erweiterte Ansichtseinstellungen: Kompakt**. **Kompakt** ist die aktuelle Ansicht. Sie sehen, dass noch kein Filter eingerichtet ist ❶. Klicken Sie auf **Filtern**.

Schritt 3

Sie möchten die Nachrichten von diesem Monat ausfiltern lassen. Auf der Registerkarte **Nachrichten** wählen Sie im Auswahlmenü **Zeit** die Option **Erhalten**. Daneben wählen Sie den Zeitraum **Letzten Monat** aus. Schließen Sie das Fenster mit einem Klick auf **OK**.

Schritt 4

Sie sehen jetzt die Beschreibung des Filters **Nachrichten: Erhalten Letzten Monat** ❷. Schließen Sie das Fenster **Erweiterte Ansichtseinstellungen: Kompakt** mit einem Klick auf **OK**.

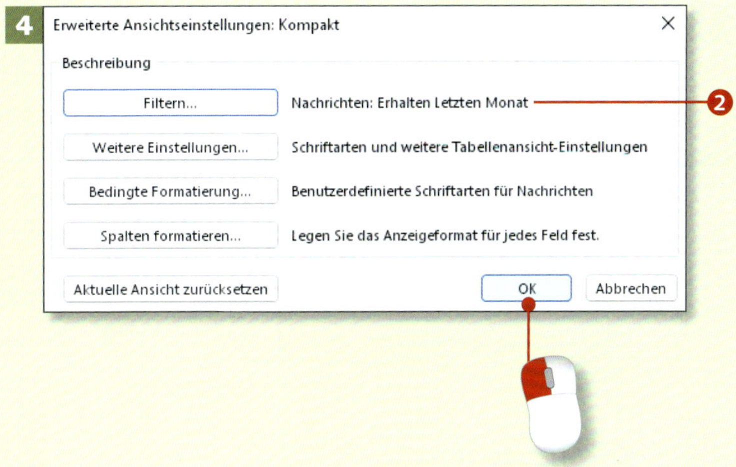

Schritt 5

Im Posteingang wird der Filter angewendet, und die Nachrichten des letzten Monats werden in Gruppen angezeigt ❸.

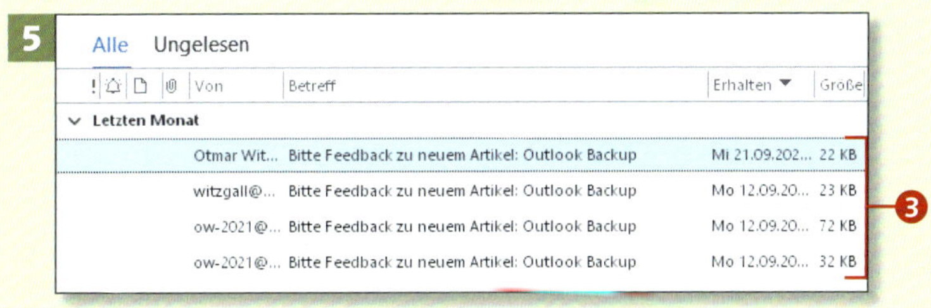

Schritt 6

Wiederholen Sie Schritt 1, landen Sie wieder im Fenster **Erweiterte Ansichtseinstellungen: Kompakt**. Jetzt wollen Sie den Filter wieder löschen. Klicken Sie daher auf **Filtern**.

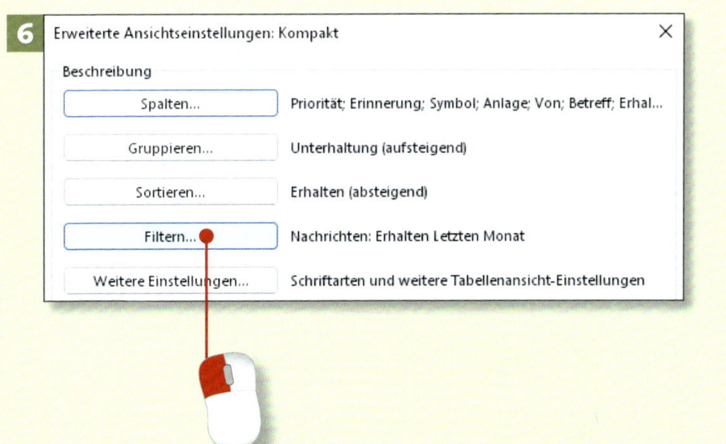

Filtern Sie mit Suchordnern

Das Filtern in **Ansicht** bezieht sich immer auf den jeweiligen Ordner. Wenn Sie alle E-Mail-Ordner miteinbeziehen möchten, sind Suchordner, wie im Abschnitt »Suchordner verwenden« ab Seite 108 beschrieben, die beste Alternative.

E-Mails filtern und sortieren (Forts.)

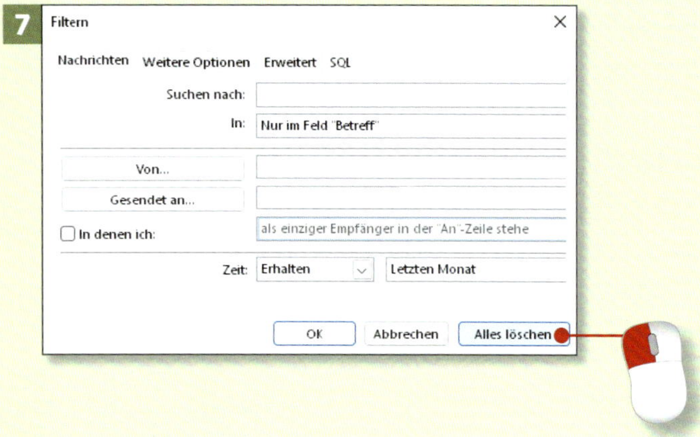

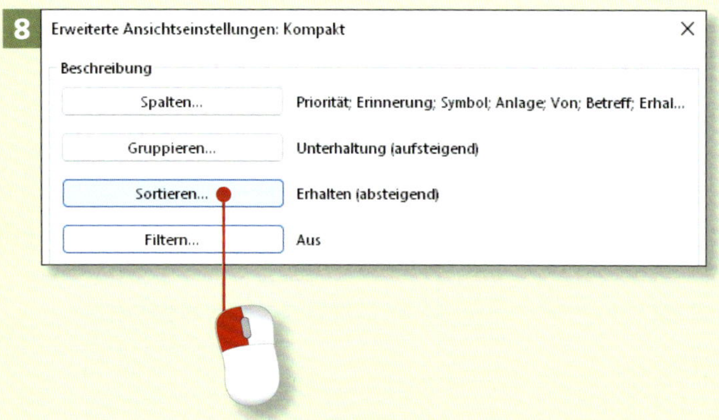

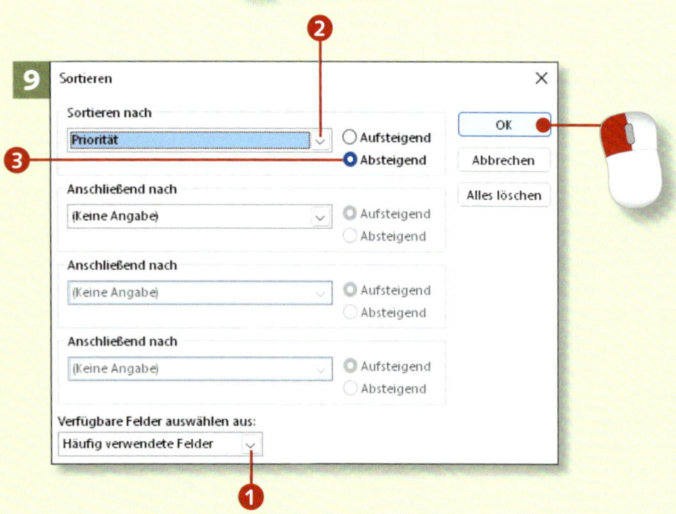

Schritt 7

Um nicht alles per Hand rückgängig machen zu müssen, wählen Sie **Alles löschen**. Jetzt sind alle Filter gelöscht, auch diejenigen, die Sie zuvor eingerichtet hatten.

Schritt 8

Nun konzentrieren Sie sich auf die Sortierfunktion. Mit einem Klick auf **Sortieren** wird ein neues Fenster geöffnet.

Schritt 9

Im Fenster **Sortieren** wählen Sie **Verfügbare Felder auswählen aus: Häufig verwendete Felder** ❶. Wenn Sie dort nicht fündig werden, wählen Sie **Alle E-Mail-Felder** aus. Sie wählen jetzt oben bei **Sortieren nach** den Eintrag **Priorität** ❷ aus. Aktivieren Sie danach **Absteigend** ❸, und schließen Sie die Sortiereinstellungen mit **OK** ab.

Manuell filtern und sortieren

Spontan filtern Sie über die normale Suchfunktion, wie im Abschnitt »E-Mails suchen« ab Seite 104 beschrieben. Manuell sortieren Sie am besten über **Ansicht ▸ Anordnung**, so wie es im Abschnitt »Die Anzeige von Aufgaben ändern« ab Seite 228 erklärt wird.

Schritt 10

Die Beschreibung **Priorität (absteigend)** sehen Sie neben der Schaltfläche **Sortieren**. Sie müssen noch unter **Gruppieren** ❹ die Option **Keine Gruppierung** einstellen. Dann schließen Sie mit **OK**.

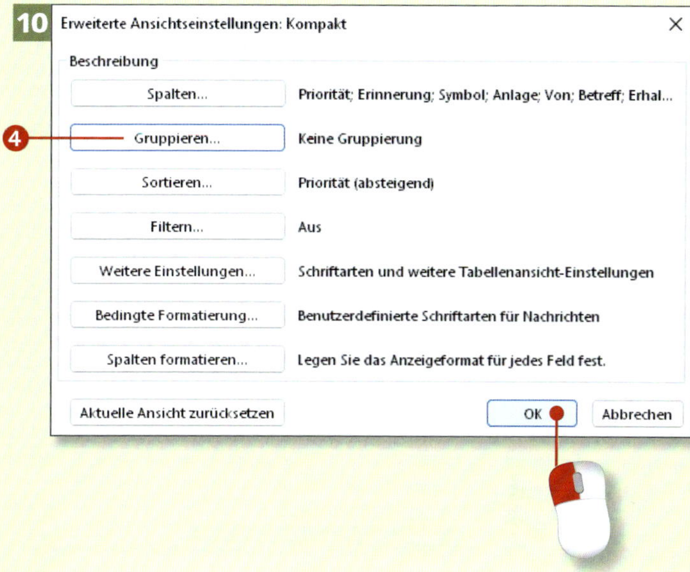

Schritt 11

In der Auflistung sehen Sie die E-Mails sortiert nach Priorität: von hoch über normal bis niedrig ❺.

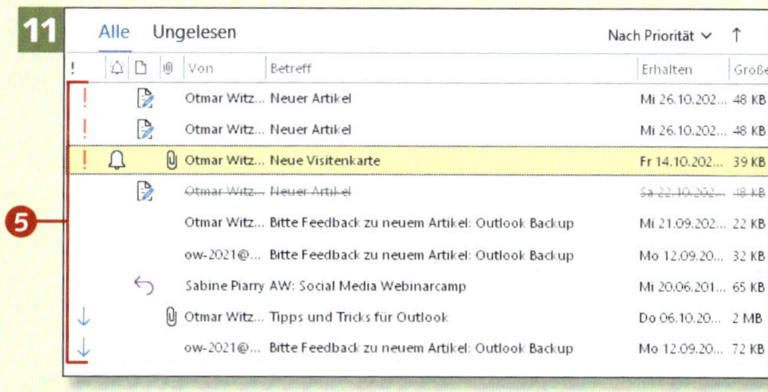

Schritt 12

Wenn Sie die Sortierung umkehren möchten, klicken Sie auf das Symbol **Priorität**. Bei jedem weiteren Klick wird die Reihenfolge erneut umgekehrt. Die manuelle Sortierung können Sie in jeder Spalte mit einem Klick auf die Spaltenüberschrift vornehmen. Jeder Klick dreht die Reihenfolge um.

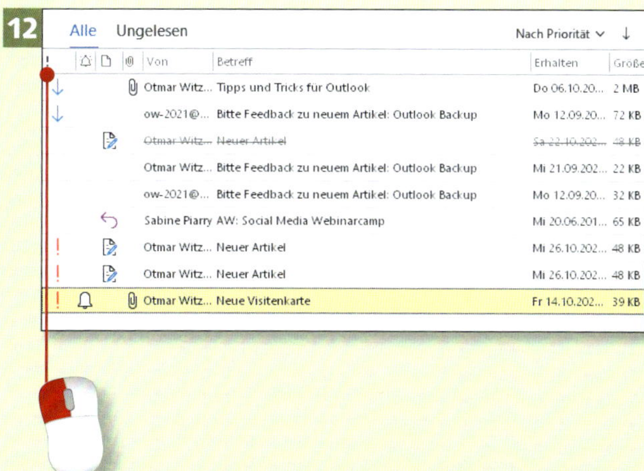

Sortierung in Gruppen anzeigen

Den optischen Überblick verstärken Sie, wenn Sie sich die sortierten E-Mails in Gruppen anzeigen lassen. Klicken Sie dazu unter **Ansicht ▸ Aktuelle Ansicht ▸ Ansichtseinstellungen** auf **Weitere Einstellungen**, und setzen Sie bei **Elemente in Gruppen anzeigen** ein Häkchen.

Abläufe mit QuickSteps vereinfachen

Mit QuickSteps können Sie mehrere Bearbeitungsschritte gleichzeitig mit einem einzigen Befehl ausführen. Wenn Sie mehrmals pro Tag die gleichen Befehle ausführen, richten Sie sich QuickSteps ein – es lohnt sich.

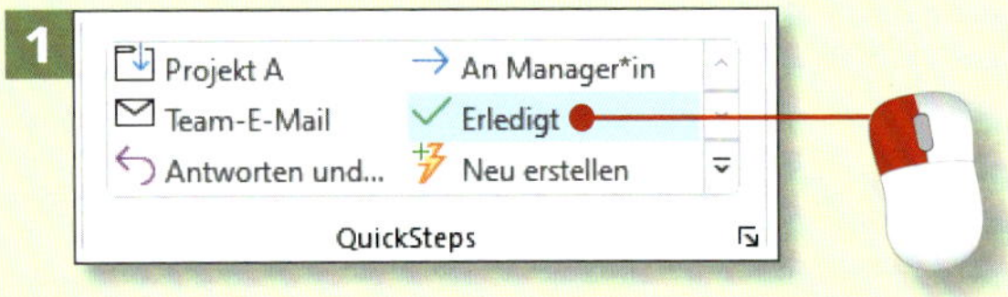

Schritt 1

Auf der Registerkarte **Start** sehen Sie die Gruppe **QuickSteps**. Zum Einrichten des QuickSteps **Erledigt** klicken Sie auf den gleichnamigen Befehl.

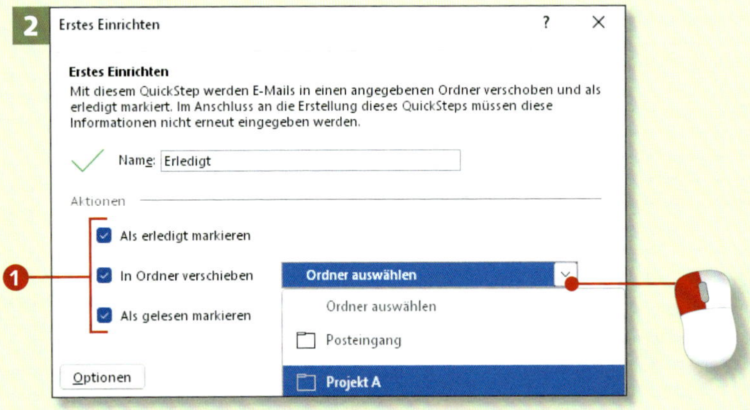

Schritt 2

Es öffnet sich das Fenster **Erstes Einrichten** mit einer ersten Beschreibung oben links. Unter **Aktionen** wird erklärt, welche Schritte nacheinander abgearbeitet werden ❶. Bei **Ordner auswählen** wählen Sie im Menü den gewünschten Ordner, hier **Projekt A**.

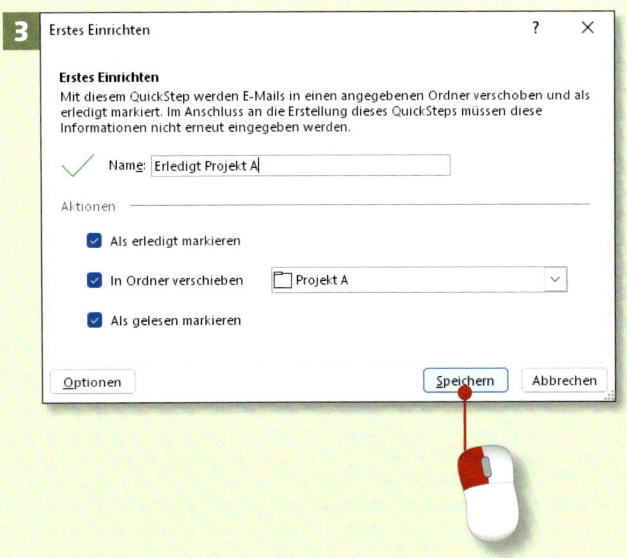

Schritt 3

Tippen Sie den Namen des QuickSteps »Erledigt Projekt A« in das Eingabefeld. Schließen Sie die Einrichtung des QuickSteps mit **Speichern** ab.

Schritt 4

Auf der Registerkarte **Start** in der Gruppe **QuickSteps** sehen Sie daraufhin den neuen QuickStep. Haben Sie eine Nachricht, die Sie mit dem QuickStep bearbeiten möchten, klicken Sie auf **Erledigt Projekt A**, und die markierte E-Mail wird im Hintergrund bearbeitet und landet im Ordner **Projekt A**.

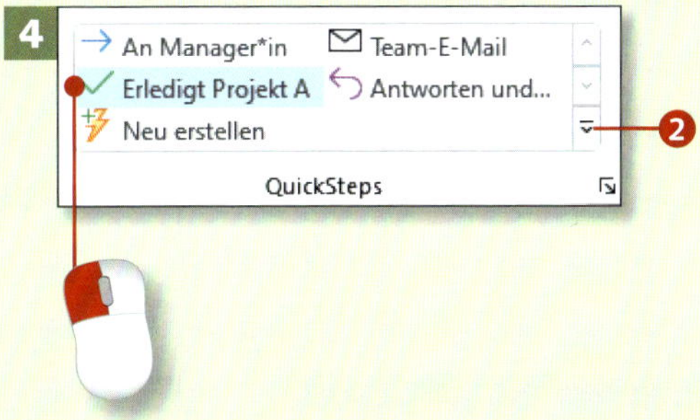

Schritt 5

Klicken Sie nun auf die Pfeilspitze zum Aufklappen des QuickSteps-Menüs (❷ in Schritt 4), und wählen Sie **QuickSteps verwalten** aus.

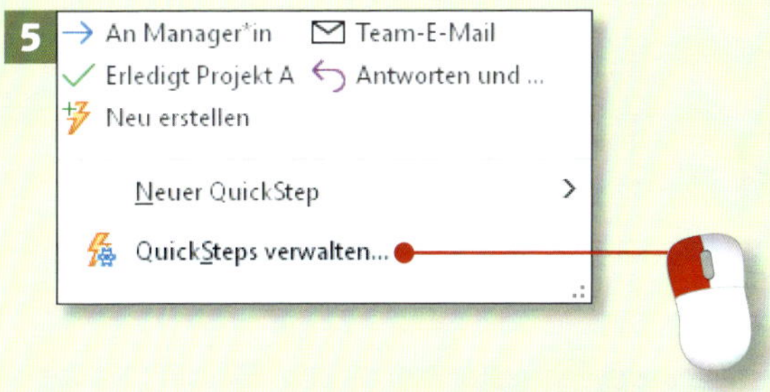

Schritt 6

Wollen Sie den bestehenden QuickStep **Erledigt Projekt A** als Ausgangspunkt für einen ähnlich gelagerten QuickStep nehmen, klicken Sie auf **Duplizieren**.

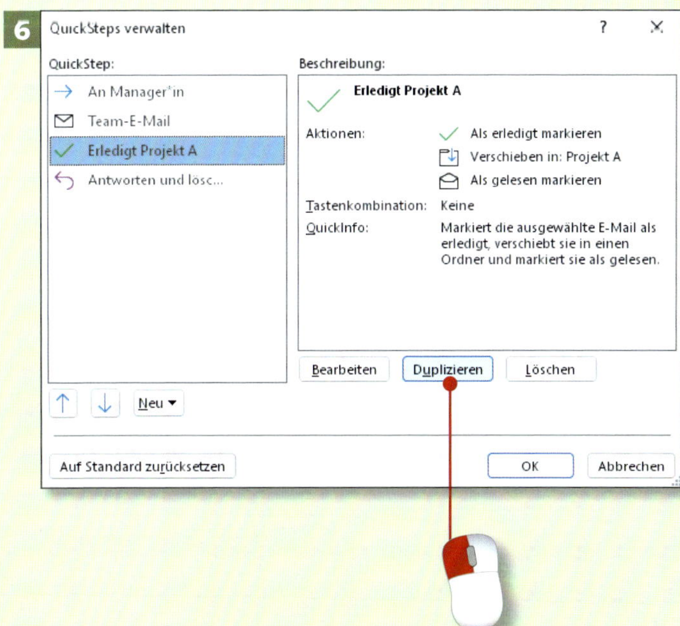

QuickSteps als »Regeln«

Im Abschnitt »E-Mails automatisch verschieben« ab Seite 98 haben Sie *Regeln* eingerichtet, um bestimmte Nachrichten in einen Ordner zu verschieben. Mit *QuickSteps* richten Sie Regeln für einzelne Nachrichten ein.

Abläufe mit QuickSteps vereinfachen (Forts.)

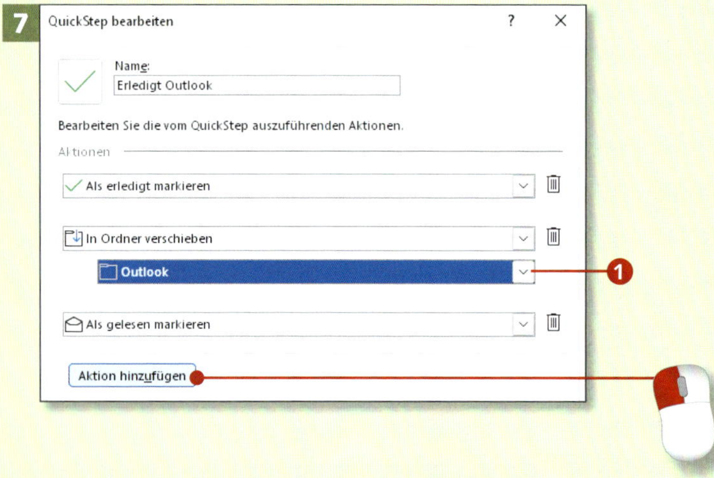

Schritt 7

Im Fenster **QuickStep bearbeiten** schreiben Sie den neuen Namen »Erledigt Outlook« in das Eingabefeld und wählen bei **In Ordner verschieben** den Ordner **Outlook** ❶ aus. Klicken Sie auf die Schaltfläche **Aktion hinzufügen**.

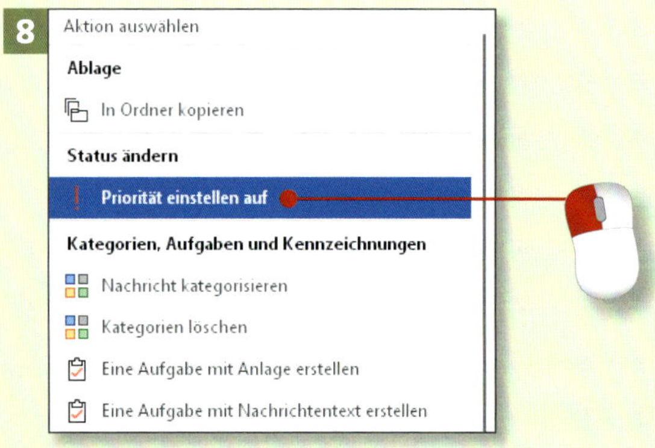

Schritt 8

Bei **Aktion auswählen** klicken Sie im Menü auf **Priorität einstellen auf**.

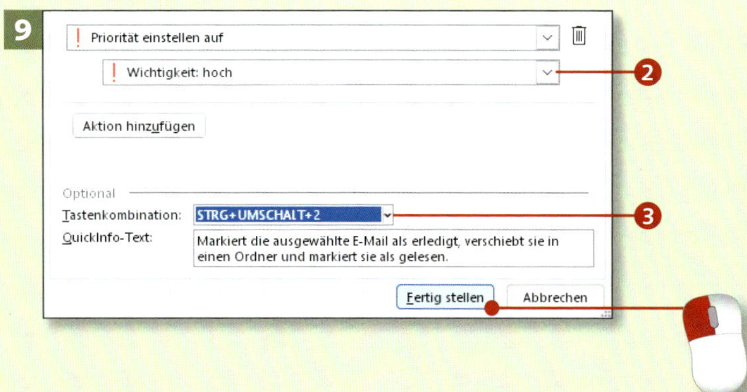

Schritt 9

Unter **Priorität einstellen auf** wählen Sie die Option **Wichtigkeit: hoch** aus ❷. Zum Abschluss wählen Sie bei **Tastenkombination** die Option **Strg+Umschalt+2** aus ❸. Schließen Sie mit **Fertig stellen** ab. Wenn Sie bei einer markierten E-Mail nun [Strg] + [⇧] + [2] betätigen, wird die E-Mail wie eingerichtet bearbeitet.

QuickSteps und Tastenkombinationen

Da das Fenster nur eine begrenzte Anzahl an QuickSteps anzeigt, empfehle ich Ihnen, häufig genutzte QuickSteps mit einer Tastenkombination zu versehen.

Schritt 10

Im linken Teil des Fensters **Quick-Steps verwalten** können Sie noch die Reihenfolge ändern. Klicken Sie auf den Pfeil, der nach oben zeigt, und der markierte QuickStep **Erledigt Outlook** rutscht nach oben.

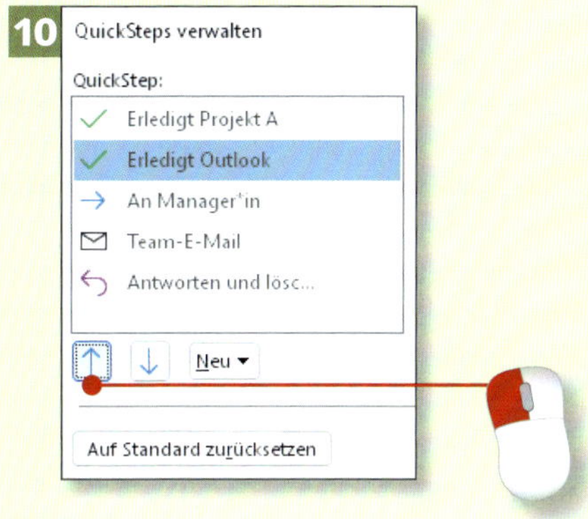

Schritt 11

Im rechten Teil des Fensters sehen Sie in der Beschreibung die Zusammenfassung der eingerichteten Schritte. Schließen Sie **QuickSteps verwalten** mit einem Klick auf **OK**.

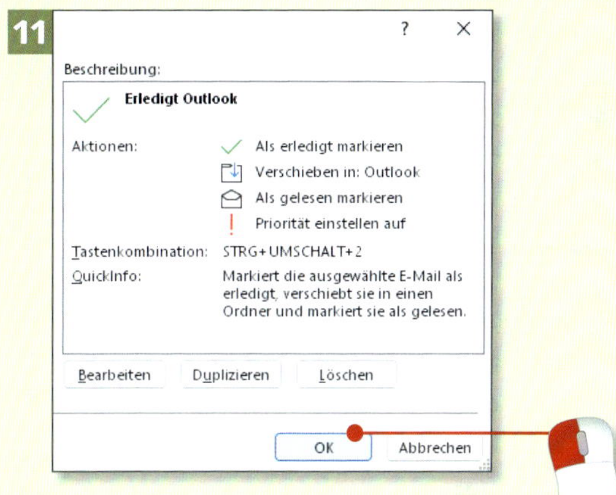

Schritt 12

Hier sehen Sie auch das Ergebnis von Schritt 10: Der QuickStep **Erledigt Outlook** steht nun an erster Stelle ❹. Rufen Sie den QuickStep **Erledigt Outlook** so auf: Klicken Sie mit der rechten Maustaste in eine E-Mail, und wählen Sie **QuickSteps** und dann **Erledigt Outlook**.

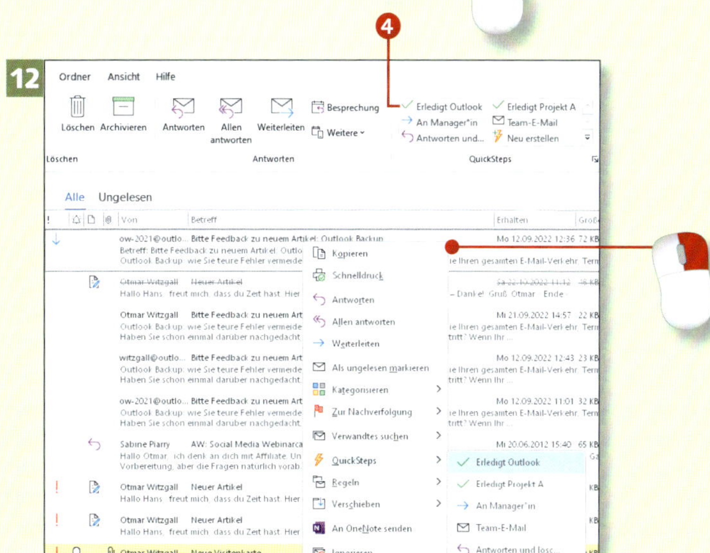

Mehrere E-Mails gleichzeitig

E-Mails im Posteingang, die gleich behandelt werden sollen, markieren Sie mit gedrückter Strg-Taste und klicken dann auf den Quick-Step, mit dem Sie die E-Mails bearbeiten möchten. Das lohnt sich z. B. bei **Verschieben**, **Als gelesen markieren** oder **Kategorisieren**.

Nachrichten per RSS abonnieren

1

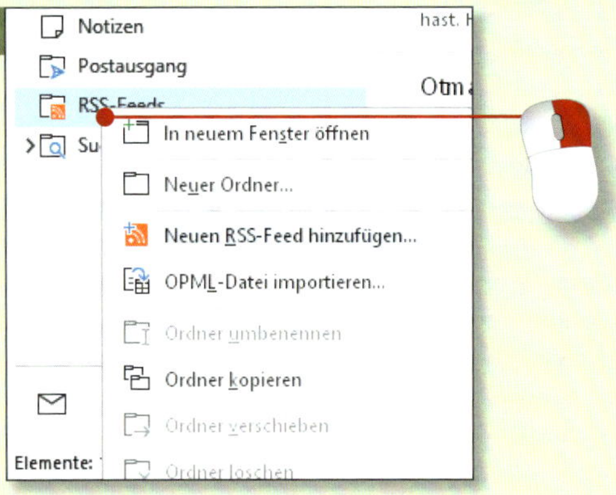

2

3

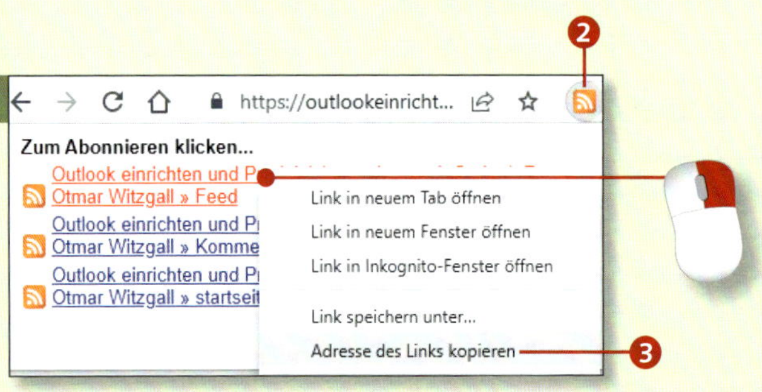

Sie lesen gerne Nachrichten im Internet, um immer auf dem Laufenden zu bleiben? Dann holen Sie Ihre Lieblingsnachrichten doch einfach per RSS-Feed in Outlook 2021.

Schritt 1

Starten Sie mit einem Rechtsklick im Ordnerbereich auf den Ordner **RSS-Feeds**, und wählen Sie im Kontextmenü den Befehl **Neuen RSS-Feed hinzufügen**.

Schritt 2

Es öffnet sich das Fenster **Neuer RSS-Feed** und verlangt nach der Eingabe eines Pfades für einen RSS-Feed ❶. Hier können Sie nun als erste Möglichkeit eine Ihnen bekannte Internetadresse eingeben und »/feed« anhängen.

Schritt 3

Die zweite Möglichkeit: Gehen Sie im Internet z. B. auf die Seite *www.outlookeinrichten.de*. Klicken Sie bei geöffneter Seite auf das orangefarbene RSS-Icon ❷ und dann mit rechts auf den Link neben dem RSS-Feed-Symbol. Wählen Sie im Menü **Adresse des Links kopieren** ❸.

Einstellen von RSS-Feeds

Alternativ zu Schritt 1 finden Sie die Einstellungen über **Datei ▸ Informationen ▸ Kontoeinstellungen ▸ Kontoeinstellungen ▸ RSS-Feeds**.

Schritt 4

Wechseln Sie zurück zu Outlook und dem immer noch geöffneten Fenster von Schritt 2, und fügen Sie mit [Strg] + [V] die kopierte URL ein. Schließen Sie das Fenster mit einem Klick auf **Hinzufügen**.

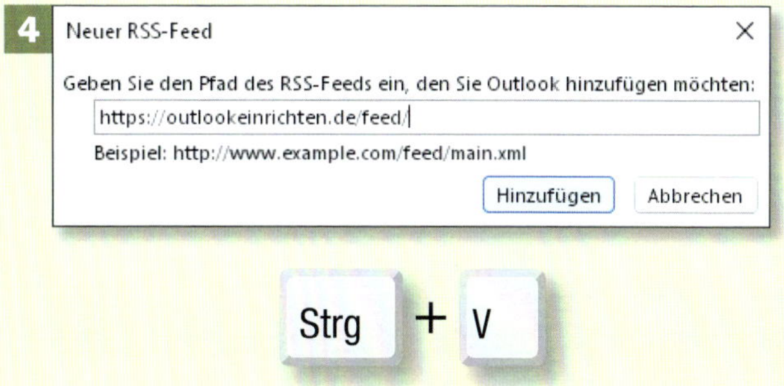

Schritt 5

Sie bekommen die Nachfrage **Soll dieser RSS-Feed Outlook hinzugefügt werden?** mit dem Hinweis, nur vertrauenswürdigen Quellen zu vertrauen. Bestätigen Sie mit einem Klick auf **Ja**.

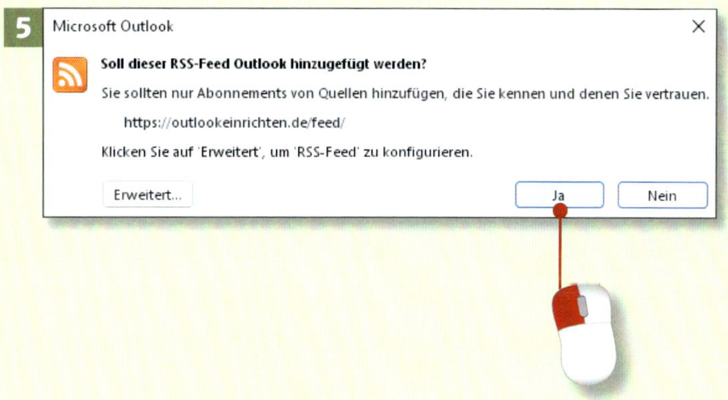

Schritt 6

Nach einer kurzen Zeitspanne fügt Outlook den neuen Ordner **Outlook einrichten** ❹ hinzu. In der Nachrichtenliste erscheinen die letzten zehn Artikel. Jetzt lesen Sie in Outlook die Blogbeiträge wie E-Mails.

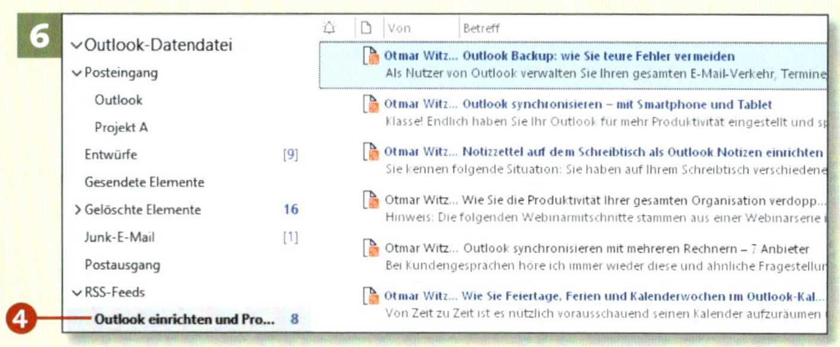

RSS-Icon über Browsererweiterung

Sind Sie an RSS-Feeds in Outlook interessiert, suchen Sie – wie in Schritt 3 gezeigt – im Browser Chrome nach der Erweiterung für RSS-Feeds. So sehen Sie sofort, ob auf einer Seite ein Nachrichtenkanal ist.

Mit Schnellbausteinen Zeit gewinnen

1

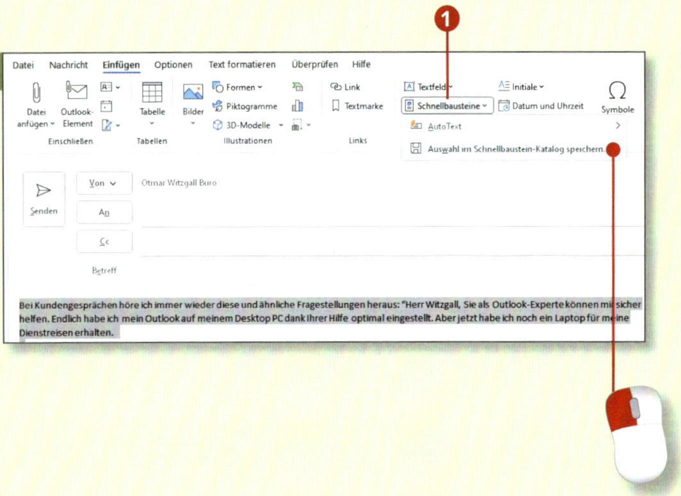

2

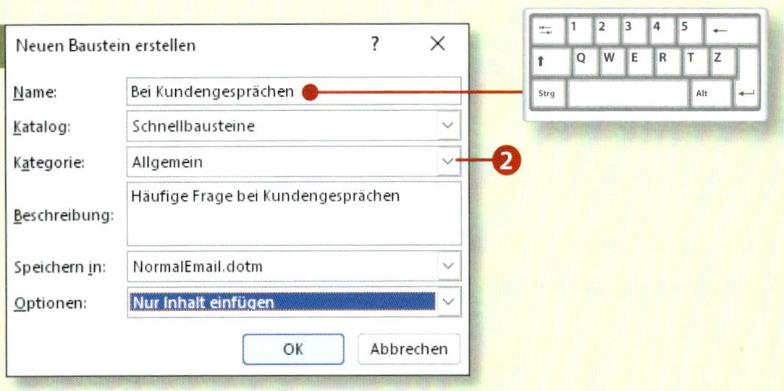

3

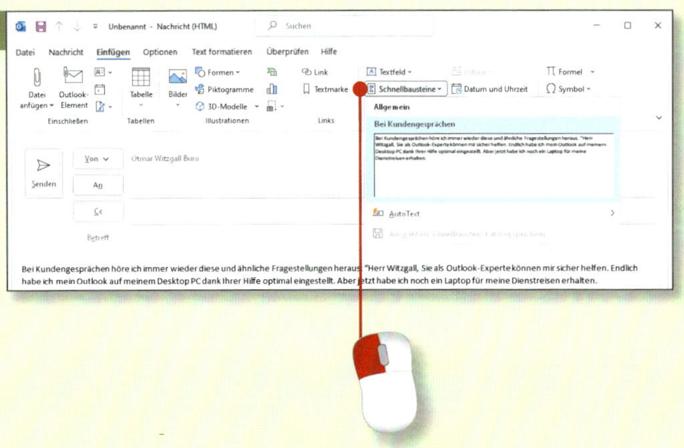

Um beim Texten Zeit zu sparen, gibt es in Outlook die Möglichkeit, häufig genutzte Texte als Bausteine abzuspeichern und schnell in eine E-Mail einzufügen.

Schritt 1

Öffnen Sie mit Strg + ⇧ + M eine neue E-Mail. Schreiben Sie einen häufig genutzten Text ins Nachrichtenfeld, und markieren Sie ihn. Gehen Sie in der Gruppe **Text** der Registerkarte **Einfügen** auf **Schnellbausteine** ❶, und wählen Sie **Auswahl im Schnellbaustein-Katalog speichern**.

Schritt 2

Im Fenster **Neuen Baustein erstellen** vergeben Sie im Feld **Name** einen aussagefähigen kurzen Titel. Im Feld **Katalog** ist bereits **Schnellbausteine** ausgewählt. Wählen Sie eine **Kategorie** ❷, und klicken Sie auf **OK**.

Schritt 3

Um einen Schnellbaustein einzufügen, positionieren Sie den Cursor im Nachrichtenfeld. Öffnen Sie mit einem Klick auf **Schnellbausteine** das Auswahlmenü für Ihre Textbausteine. Klicken Sie zum Einfügen auf das gewünschte Textfeld, und sofort ist der Baustein im Nachrichtenfeld sichtbar.

Schritt 4

Um die Bausteine zu organisieren oder zu löschen, gehen Sie auf **Schnellbausteine** und klicken im Auswahlmenü mit der rechten Maustaste auf einen beliebigen Baustein. Klicken Sie auf **Organisieren und löschen** ❸.

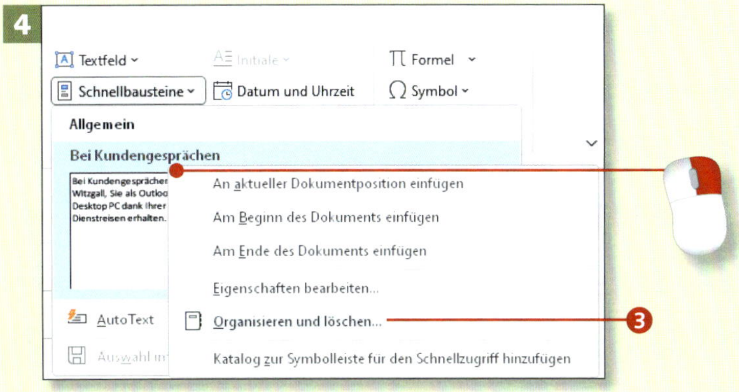

Schritt 5

Es öffnet sich der **Bausteine-Manager**. Die linke Spalte enthält die Bausteine mit allen Detailinformationen. In der rechten Spalte sehen Sie die Vorschau. Jeden Baustein können Sie löschen, in einen Text einfügen oder die **Eigenschaften bearbeiten** ❹. Um den Baustein zu ändern, klicken Sie auf diese Schaltfläche.

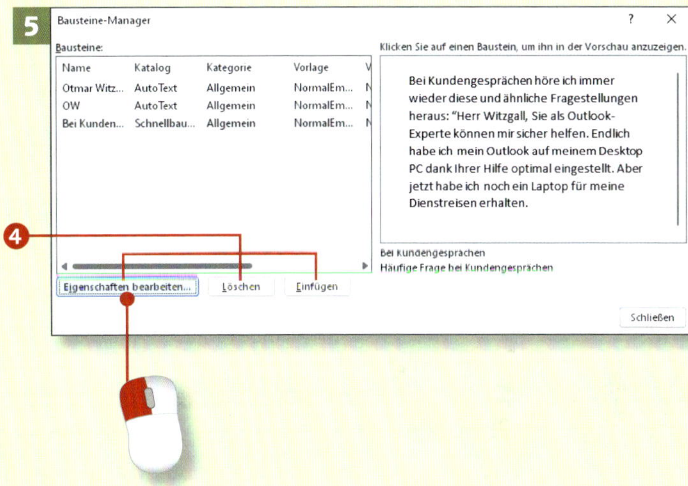

Schritt 6

Es öffnet sich (unter anderem Titel) das Fenster **Baustein ändern**. Hier können Sie die einzelnen Felder neu ausfüllen oder auswählen. Sind Sie fertig, dann schließen Sie mit **OK**.

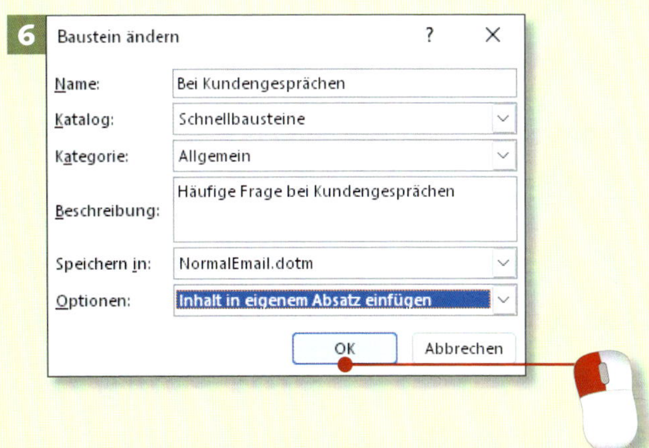

Der »Turbo« für die Schnellbausteine

Sie kennen den Namen des Bausteins? Dann tippen Sie ihn – oder zumindest die ersten Zeichen – ein und drücken F3. Schon ist der gesamte Text eingefügt!

Kapitel 7
Ein Adressbuch anlegen

Kontaktpflege ist beim Netzwerken das A und O. Outlook bietet Ihnen eine Vielfalt an Möglichkeiten, Adressen anzulegen, zu bearbeiten und aus externen Quellen zu importieren.

Wie Sie einen neuen Kontakt als Visitenkarte anlegen
Was empfinden Sie, wenn Sie eine Visitenkarte überreicht bekommen? Sicher, es hängt vom Adressaten ab. Etwas Besonderes spürt man aber immer. Werden Sie kreativ, und geben Sie Ihrer digitalen Visitenkarte ❶ ein persönliches Gesicht.

Haben Sie viele Kontakte, sollten Sie keine Zeit mit Suchen verlieren
Sie sind reich an Beziehungen und haben viele Kontakte? Wie den einen Kontakt finden? Ich zeige Ihnen, wie Sie mit [F11] den »Such-Turbo« einschalten ❷ und im Handumdrehen die gesuchte Person finden.

Wie dumm! Ihre Adressen sind in Excel gesammelt
Vielleicht waren Sie es bis jetzt gewohnt, Ihre Adressen in einer Excel-Tabelle ❸ zu verwalten, oder Sie nutzen eine andere Quelle. Wenn Sie Ihre Kontakte von nun an komplett in Outlook verwalten möchten, zeige ich Ihnen, wie Sie Ihre Adressen von Excel nach Outlook bekommen.

Geben Sie Ihrer Visitenkarte ein persönliches Gesicht. ❶

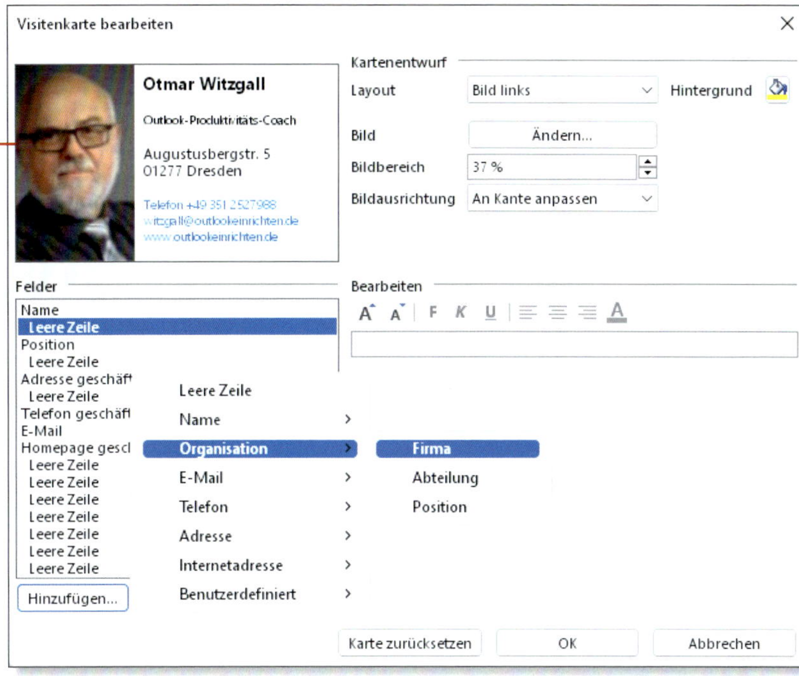

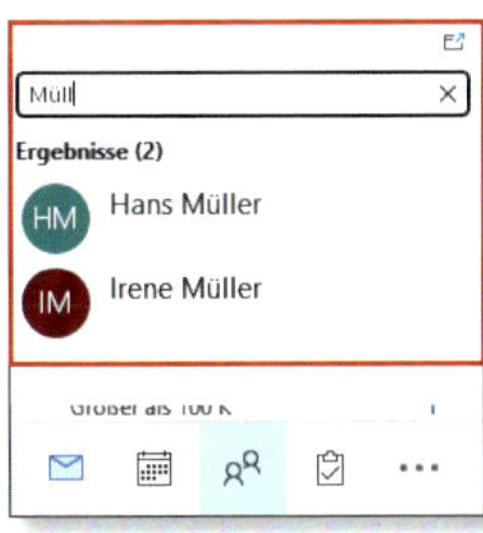

❷ Schalten Sie mit F11 den »Such-Turbo« ein.

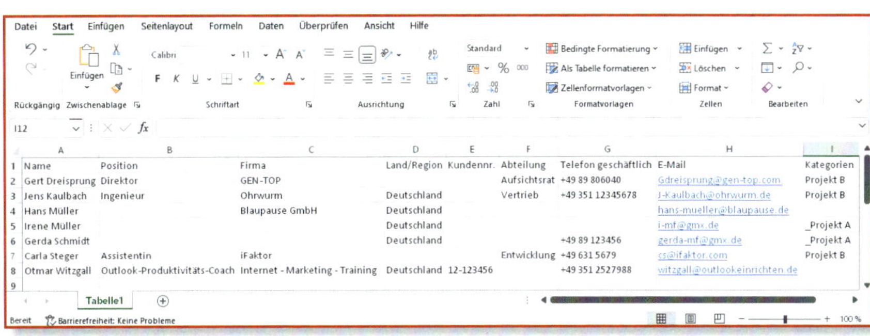

❸ Exportieren Sie Adressen aus Excel nach Outlook.

Einen Kontakt hinzufügen

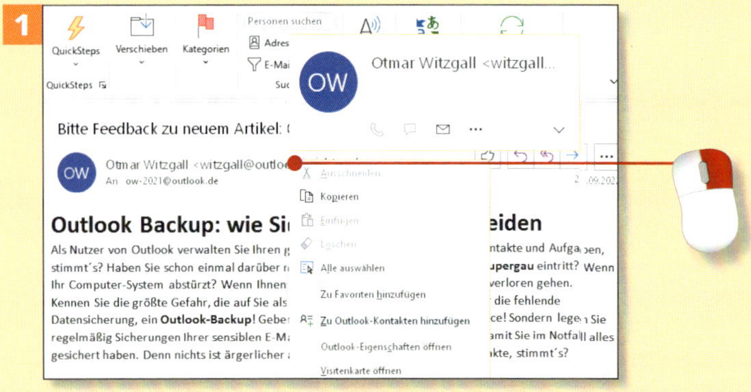

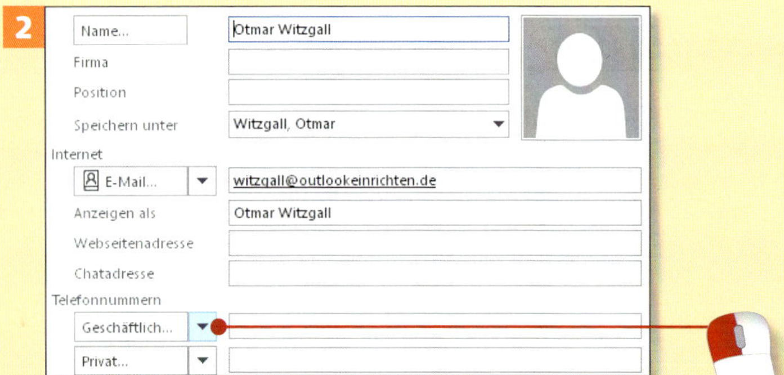

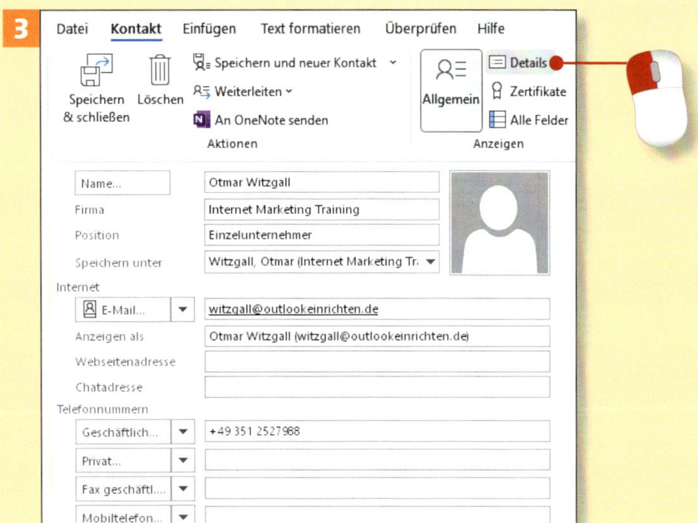

Personen, mit denen Sie häufiger zu tun haben, sollten Sie als Kontakte aufnehmen.

Schritt 1

Sie erhalten eine Nachricht, deren Absender Sie zu Ihrem Adressbuch hinzufügen wollen. Klicken Sie mit der rechten Maustaste auf die Absender-E-Mail-Adresse und dann auf **Zu Outlook-Kontakten hinzufügen**. Sollte sich der Kontakt bereits im Adressbuch befinden, wird im Menü die Option **Kontakt bearbeiten** angezeigt.

Schritt 2

Es öffnet sich ein Fenster, in dem Outlook die bekannten Daten aus der E-Mail übernommen hat. Wesentliche Kontaktdaten fügen Sie – falls bekannt – hinzu. Klicken Sie in das Feld bei **Telefonnummern ▸ Geschäftlich**.

Schritt 3

Tragen Sie die Geschäftsnummer und weitere bekannte Informationen ein. Klicken Sie in der Gruppe **Anzeigen** auf **Details**.

Schritt 4

Wählen Sie bei **Geburtstag** das Geburtsdatum des Kontakts aus ❶. Klicken Sie auf die Schaltfläche **Speichern & schließen**.

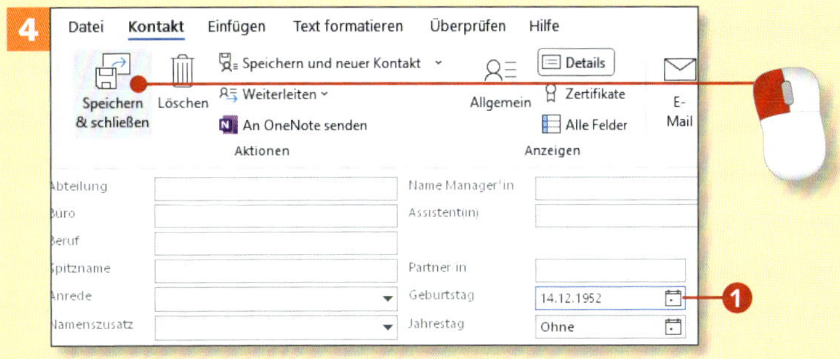

Schritt 5

Der Kontakt ❷ wurde in den Ordner **Kontakte** in die **Personen**-Ansicht übernommen. Um Zugang zu allen Adressdaten zu bekommen, die in dieser Ansicht nicht sichtbar sind, klicken Sie auf das Menü mit den drei Punkten und anschließend auf **Outlook-Kontakt bearbeiten**.

Schritt 6

Im aufgerufenen Kontaktformular geben Sie weitere Daten ein. Alle Kontaktfelder blenden Sie mit einem Klick auf **Alle Felder** ein. Schließen Sie das Fenster mit einem Klick auf **Speichern & schließen** ❸.

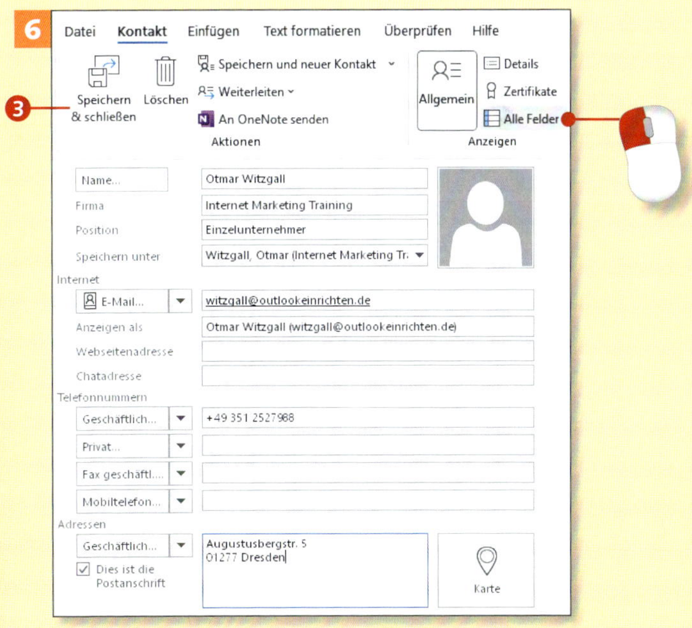

Kontakte ohne Namens-Icon und Foto anzeigen

Wenn Sie die Kontakte in der Personenansicht ohne Namens-Icon anzeigen lassen möchten, löschen Sie das Häkchen vor **Benutzerfotos anzeigen, wenn verfügbar** unter **Datei ▸ Optionen ▸ Personen ▸ Onlinestatus und Fotos**.

Einen Kontakt neu anlegen

Ob Sie im Internet unterwegs sind, eine Visitenkarte erhalten oder eine E-Mail mit Signatur – neue Kontakte sind schnell geknüpft.

1
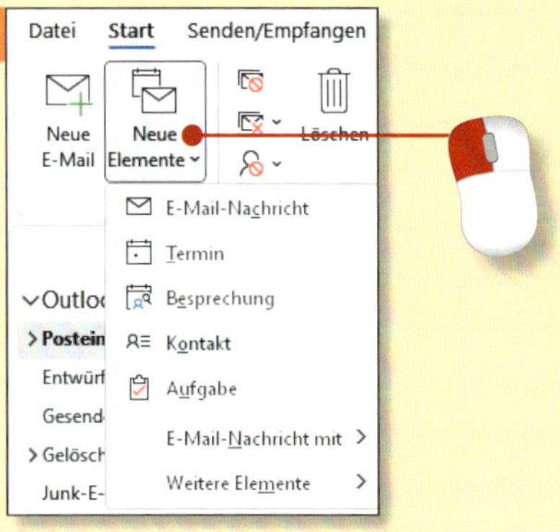

Schritt 1

Klicken Sie im Bereich **E-Mail** auf die Registerkarte **Start**. Wählen Sie **Neue Elemente** und anschließend **Kontakt**. Am schnellsten öffnen Sie ein neues Kontaktformular über [Strg] + [⇧] + [C].

2
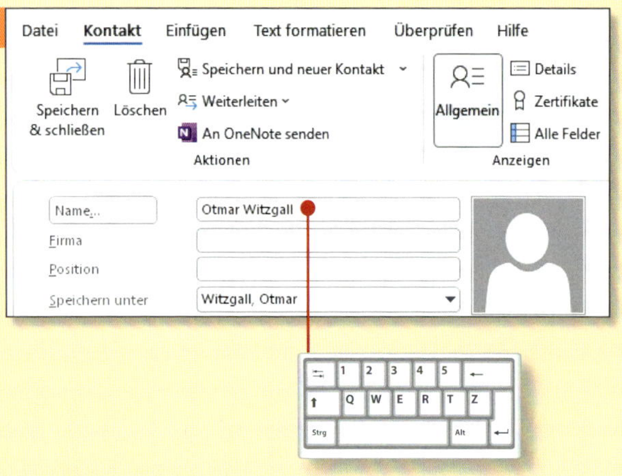

Schritt 2

Im Kontaktformular sehen Sie die Adressfelder, die auf der Registerkarte **Kontakt** unter **Allgemein** angezeigt werden. Tippen Sie Ihren Namen in der Reihenfolge Vorname und Nachname ein. Das Feld **Speichern unter** lassen Sie frei – es wird die Standardvariante eingetragen: Nachname, Vorname.

3
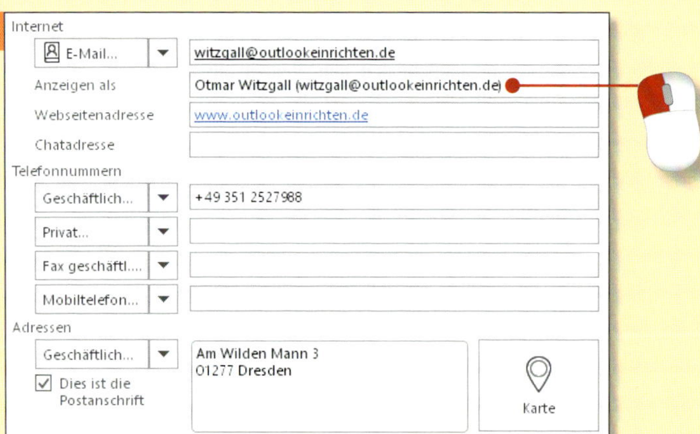

Schritt 3

Geben Sie die E-Mail-Adresse ein, und klicken Sie in das Eingabefeld **Anzeigen als**. Outlook generiert automatisch einen Vorschlag, den Sie per Hand ändern können. Weiter unten tippen Sie hier die Geschäftsadresse ein.

Schritt 4

Klicken Sie im Formular in der Gruppe **Anzeigen** auf **Details**. Tragen Sie weitere bekannte Informationen ein. Wenn Sie noch mehr Daten eingeben möchten, klicken Sie auf **Alle Felder**.

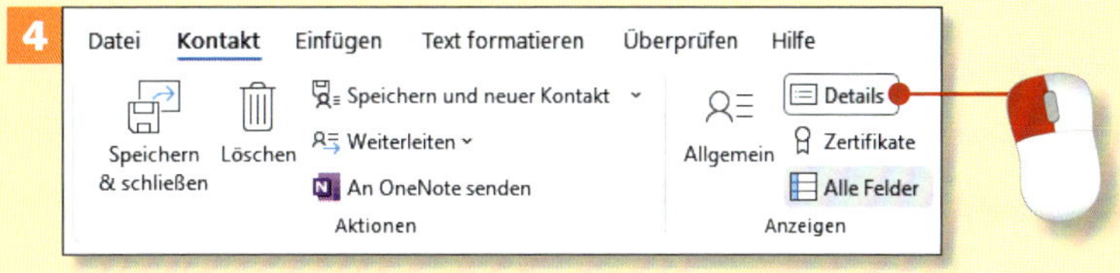

Schritt 5

Wählen Sie im Menü **Auswählen aus** die Option **Alle Kontaktfelder** ❶. Hier scrollen Sie sich durch die Liste und schreiben z. B. bei **Kundennr.** ❷ eine Zahl. Beenden Sie Ihre Eingaben mit **Speichern & schließen**.

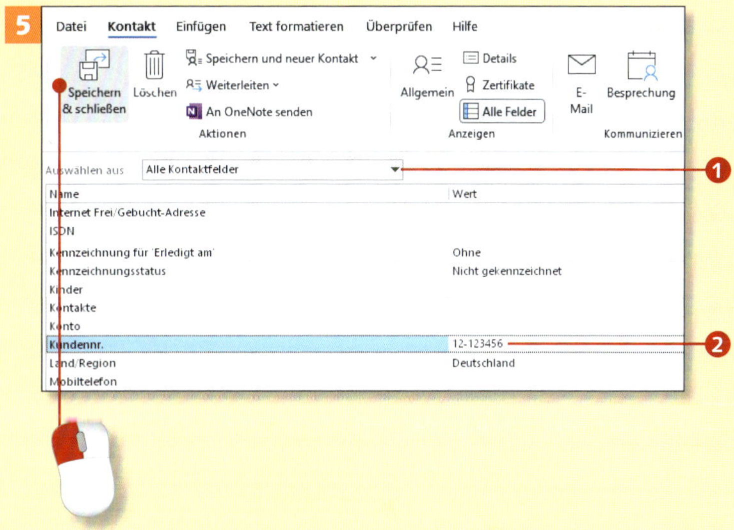

Schritt 6

In der Ansicht **Liste** unter der Gruppe **Aktuelle Ansicht** lassen Sie sich die ausgeblendeten Felder **Kundennr.**, **Assistent(in)** und **Name Manager*in** ❸ anzeigen. Wie Ansichten erstellt werden, haben Sie im Abschnitt »Lesebereich und Ansichten einstellen« ab Seite 84 erfahren.

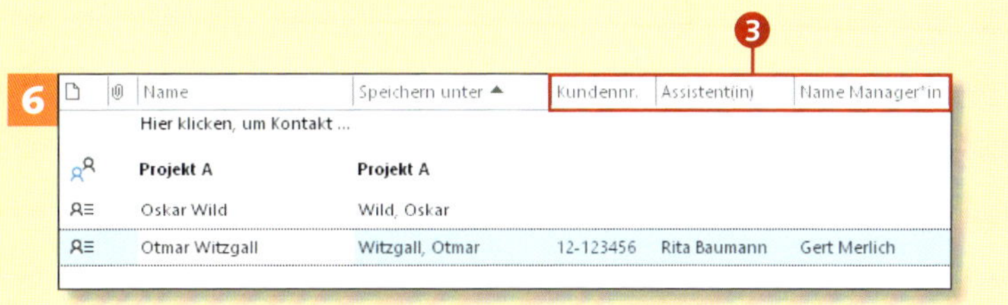

Zwischenablage nutzen

Diese elegante und schnelle Methode wird im nächsten Abschnitt »Kontakte bearbeiten« ab Seite 158 in den Schritten 1 und 2 beschrieben.

Kontakte bearbeiten

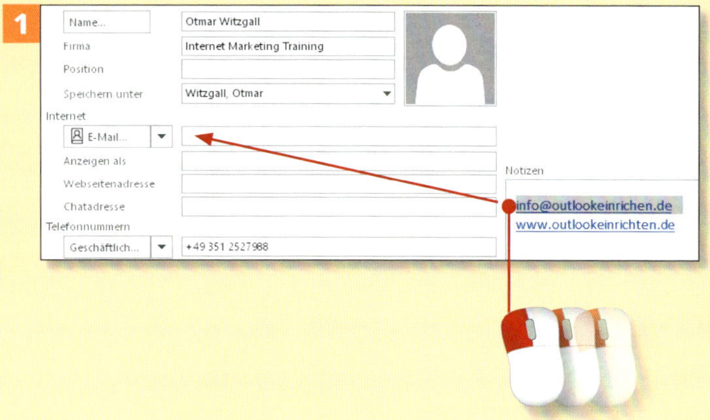

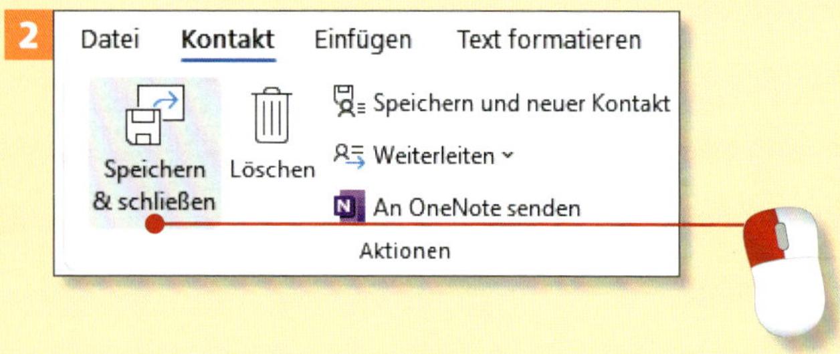

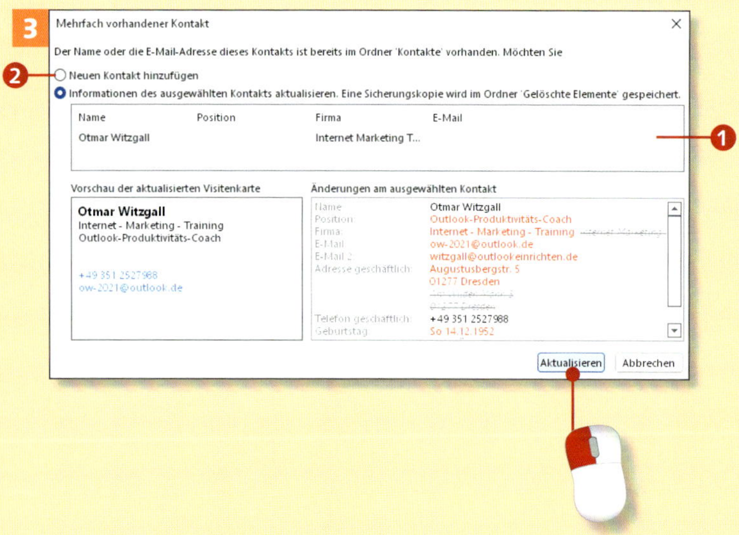

Kontaktdaten ändern sich laufend. Jemand hat eine neue E-Mail-Adresse oder eine neue Telefonnummer. Vielleicht wollen Sie aber auch nur das Design einer Visitenkarte anpassen.

Schritt 1

Sie haben aus einer E-Mail die Signatur mit Strg + C in die Zwischenablage kopiert. Wechseln Sie in den Bereich **Personen**, und drücken Sie Strg + V. Es öffnet sich ein neues Kontaktformular, die Daten werden in **Notizen** eingefügt. Per Drag & Drop ziehen Sie die E-Mail-Adresse in das Eingabefeld **E-Mail**.

Schritt 2

Wenn Sie alle Daten in das jeweilige Feld verschoben haben, klicken Sie auf **Speichern & schließen**.

Schritt 3

Outlook erkennt, dass der Kontakt bereits vorhanden ist. Sie wählen aus, welchen Kontakt ❶ Sie mit welchen Informationen – orangefarben hervorgehoben – aktualisieren oder ob Sie den angelegten Kontakt als neuen Kontakt hinzufügen ❷ möchten. Übernehmen Sie die Einstellungen, und klicken Sie auf **Aktualisieren**.

Schritt 4

Wenn Sie eine bereits bestehende Visitenkarte bearbeiten wollen, klicken Sie im Bereich **Personen** auf **Start ▸ Aktuelle Ansicht ▸ Visitenkarte** und anschließend doppelt auf die gewünschte Karte.

Schritt 5

Als Erstes möchten Sie ein Foto einfügen. Klicken Sie in der Gruppe **Optionen** auf **Bild** und dann auf **Bild hinzufügen**, oder klicken Sie doppelt auf das Bildsymbol.

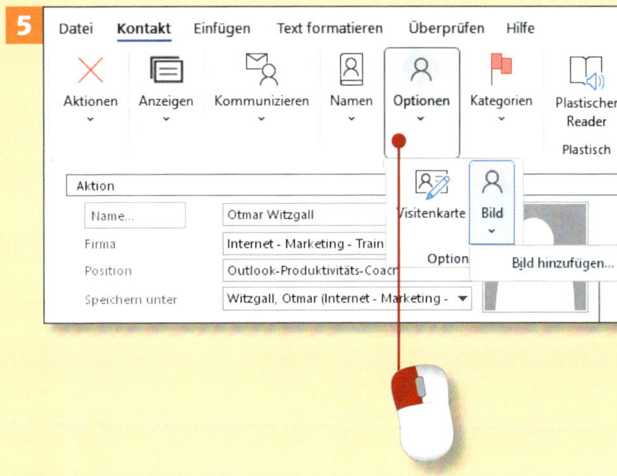

Schritt 6

Es öffnet sich das Fenster **Kontaktbild hinzufügen**. Navigieren Sie zum Ordner mit dem gewünschten Bild. Markieren Sie die Datei, und klicken Sie auf **OK**.

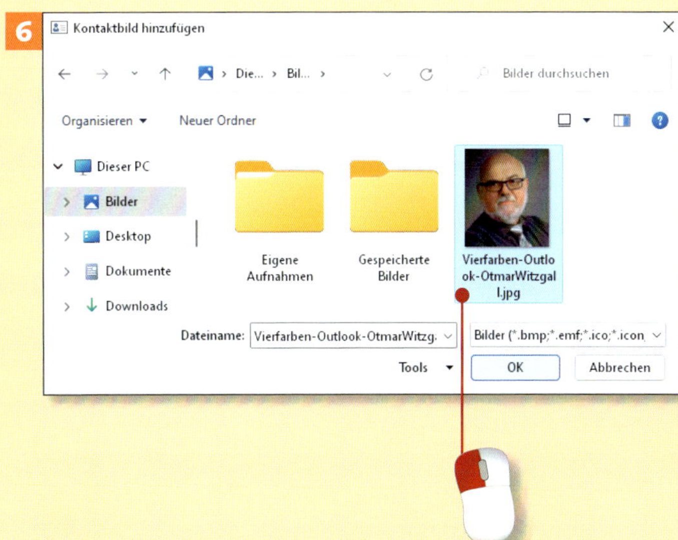

Bearbeiten im Formular

Zum Bearbeiten der einzelnen Kontaktfelder rufen Sie mit einem Doppelklick den Kontakt auf und bearbeiten das entsprechende Feld. Finden Sie das Feld nicht, klicken Sie auf **Details** oder **Alle Felder**.

Kontakte bearbeiten (Forts.)

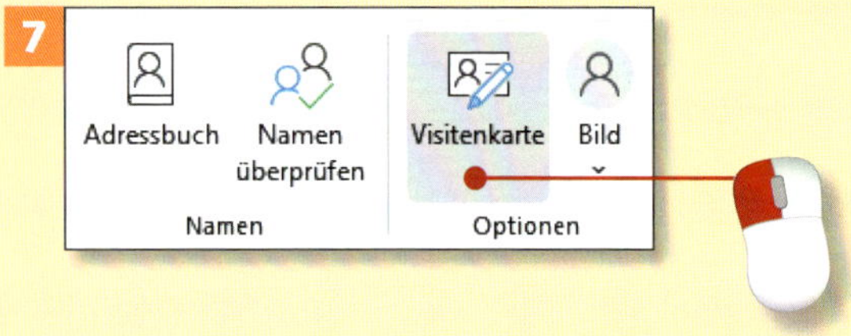

Schritt 7

Klicken Sie in der Gruppe **Optionen** auf die Schaltfläche **Visitenkarte**.

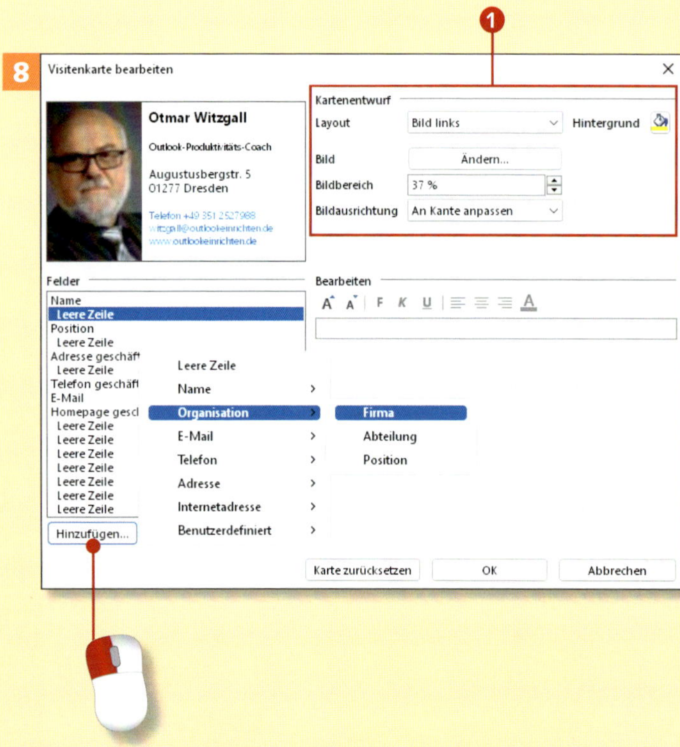

Schritt 8

Im Fenster **Visitenkarte bearbeiten** sehen Sie im Bereich **Kartenentwurf** ❶ Möglichkeiten, das Bild zu positionieren. Im Bereich **Felder** werden Sie kreativ. Klicken Sie auf **Hinzufügen**, und wählen Sie im Menü **Organisation ▸ Firma**. Im Eingabefeld **Bearbeiten** tippen Sie Ihren Firmennamen ein.

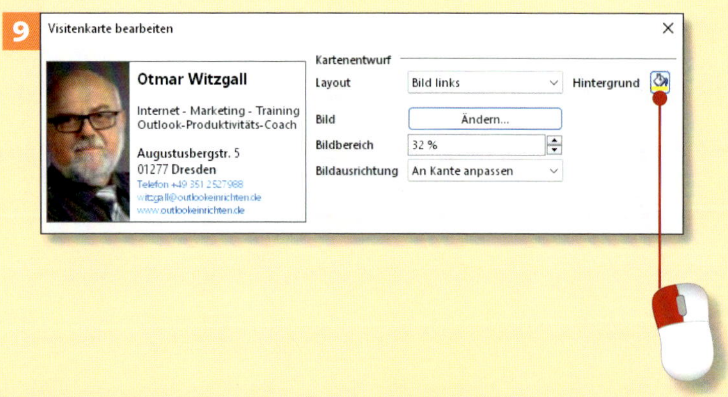

Schritt 9

Nun fehlt noch etwas Farbe auf der Visitenkarte. Klicken Sie auf das Symbol neben **Hintergrund**.

Listenansichten anlegen

Arbeiten Sie mit Feldern wie **Kundennummer**, werden diese in den normalen Ansichten als Spalten nicht berücksichtigt. Tipp: Legen Sie sich Listenansichten als Tabellen mit Ihren »seltenen« Daten an. Der Weg: Bereich **Personen**, Registerkarte **Ansicht ▸ Aktuelle Ansicht ▸ Ansicht ändern ▸ Ansichten verwalten ▸ Neu ▸ Ansichtentyp: Tabelle**.

Schritt 10

Klicken Sie im Fenster **Farbe** auf die gewünschte Farbe. Bestätigen Sie mit einem Klick auf **OK**.

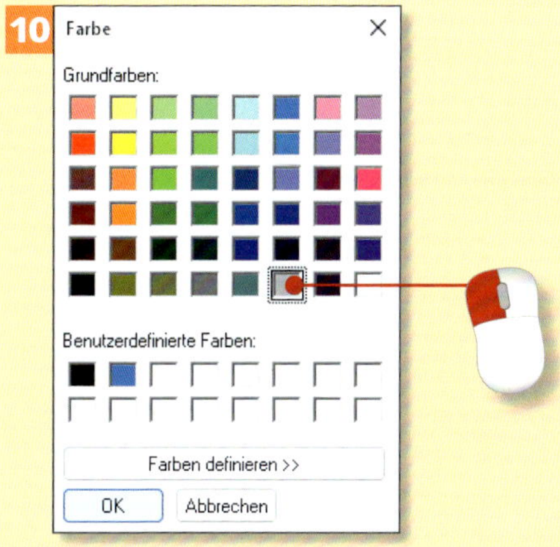

Schritt 11

Gestalten Sie das Aussehen der Visitenkarte, und verschieben Sie die **Leere Zeile** über die Pfeilsymbole ❷ an die gewünschte Position. Sie sorgen so für Abstand zwischen den verschiedenen Informationen. Die Visitenkarte ist nun nach Ihren Vorstellungen eingerichtet. Schließen Sie die Bearbeitung mit einem Klick auf **OK** und **Speichern & schließen** ab.

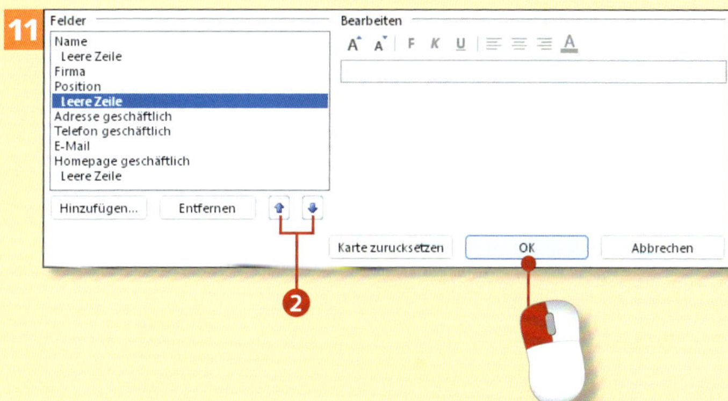

Schritt 12

Die bearbeitete Visitenkarte reiht sich in der Ansicht **Visitenkarte** bei Ihren Kontakten ein.

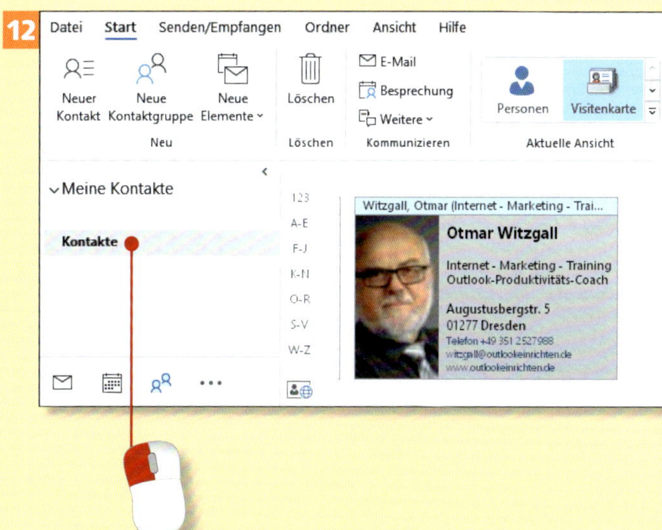

Visitenkarte

Wie Sie die Visitenkarte verwenden, erfahren Sie in den Abschnitten »Visitenkarte abspeichern« ab Seite 188 und »Einen Kontakt als Visitenkarte weitergeben« ab Seite 190.

Kontaktordner erstellen

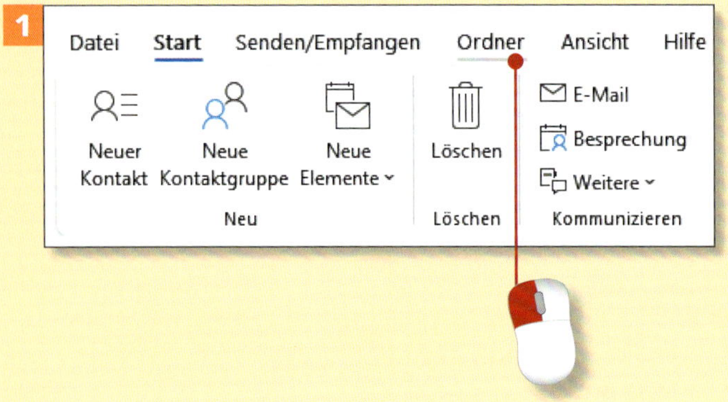

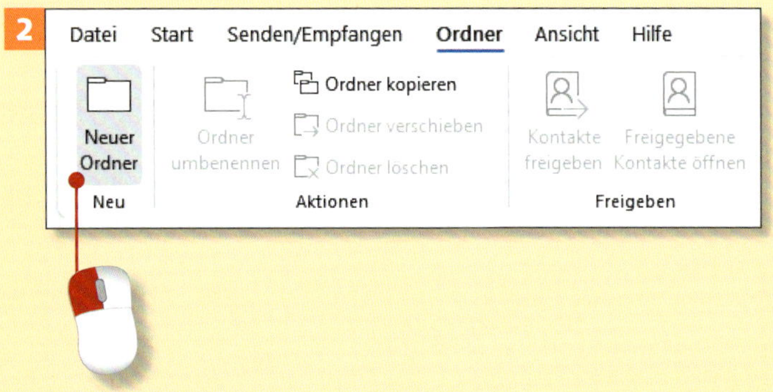

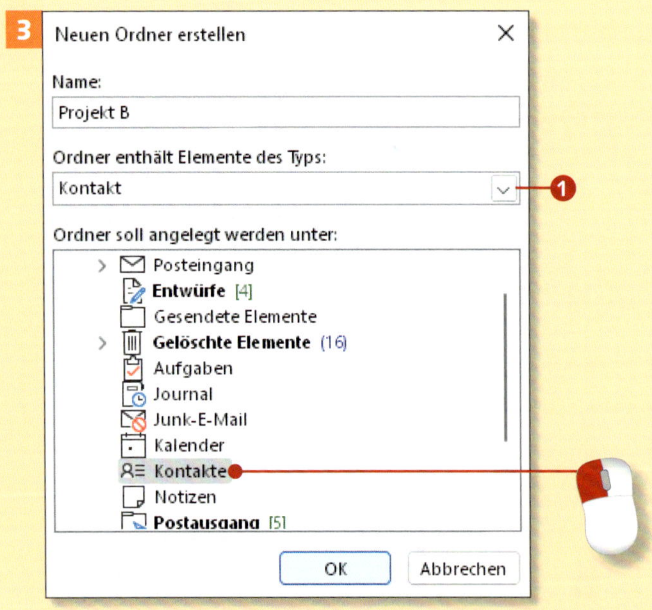

Wenn Sie an einem zeitlich begrenzten Projekt arbeiten und die zugehörigen Kontakte separat verwalten wollen, legen Sie einen neuen Kontaktordner an.

Schritt 1

Sie möchten einen neuen Kontaktordner erstellen. Klicken Sie im Bereich **Personen** auf die Registerkarte **Ordner**.

Schritt 2

Klicken Sie nun auf **Neuer Ordner**. Schneller rufen Sie den Assistenten **Neuen Ordner erstellen** mit der Tastenkombination [Strg] + [⇧] + [E] auf.

Schritt 3

Wählen Sie bei **Ordner enthält Elemente des Typs** den Eintrag **Kontakt** ❶ aus. Bei **Ordner soll angelegt werden unter** markieren Sie **Kontakte**. Unter **Name** tippen Sie »Projekt B« ein und schließen den Assistenten mit **OK**.

Schritt 4

Im Bereich **Ordner** sehen Sie: Der neue Ordner **Projekt B** ❷ hat sich als Unterordner bei **Kontakte** einsortiert.

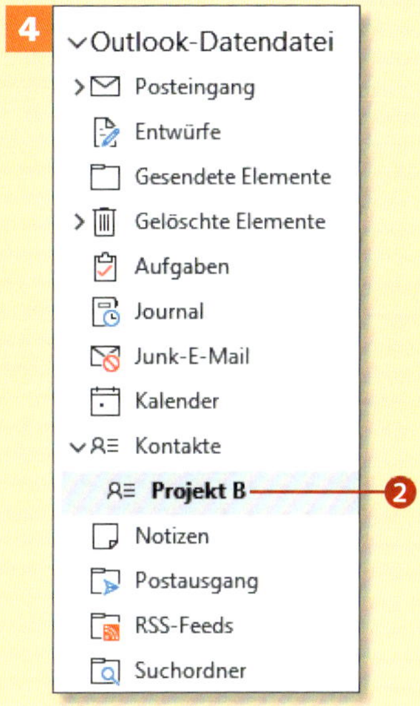

Schritt 5

Im Bereich **Personen** stehen alle Ordner gleichrangig untereinander. Per Drag & Drop können Sie die Reihenfolge der Ordner ändern.

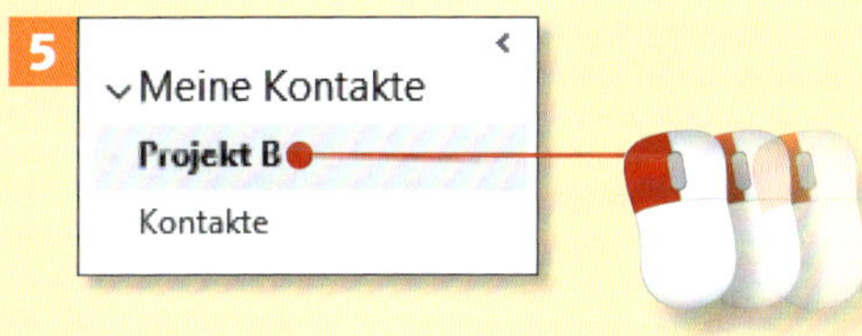

Schritt 6

Der neue Kontaktordner **Projekt B** ist angelegt und wurde von Outlook automatisch neben den anderen Ordnern in das **Adressbuch: Kontakte** eingefügt ❸. Mehr zur Verwendung des Adressbuches erfahren Sie in Kapitel 8, »Das Adressbuch für E-Mails verwenden«, ab Seite 182.

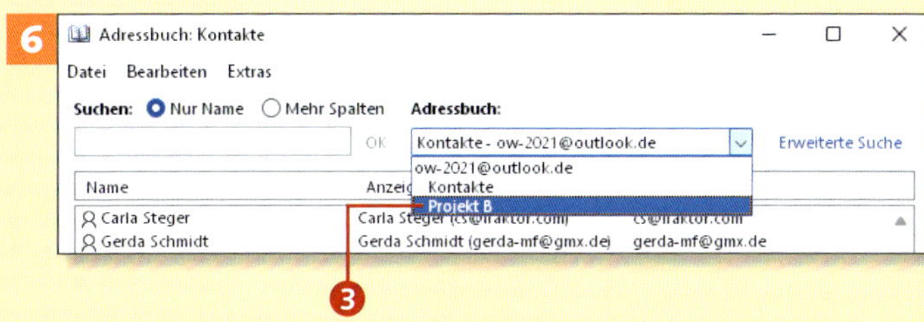

Kontaktordner und Adressbuch

Allgemein gesagt setzt sich das Adressbuch aus der Summe der für das Adressbuch aktivierten Kontaktordner unter **Meine Kontakte** zusammen. In Outlook 2021 werden alle Kontaktordner automatisch aktiviert. Sind außer dem Standardkontaktordner keine weiteren Ordner angelegt, entspricht der Kontaktordner dem Adressbuch.

Kontakte sortieren und filtern

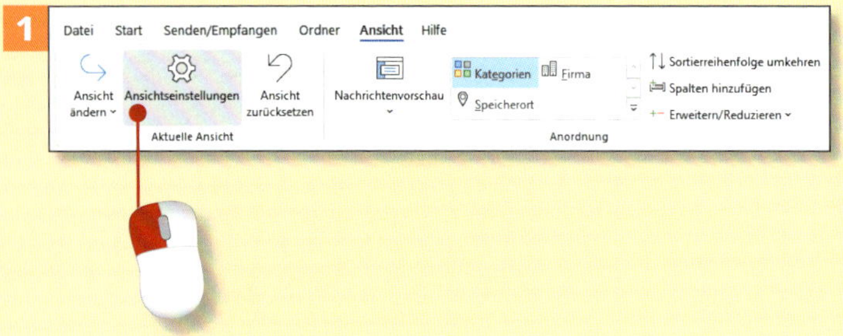

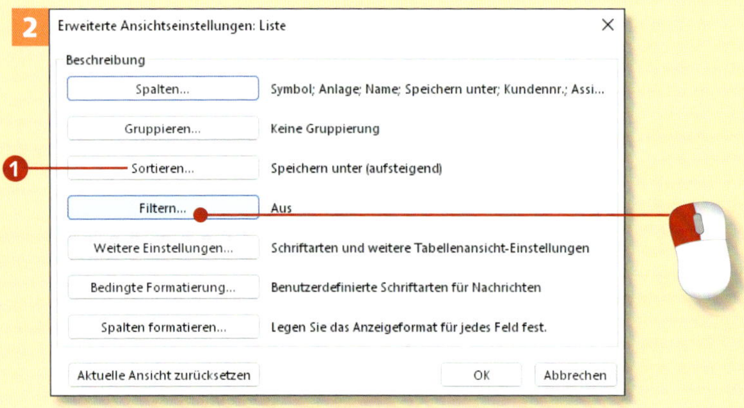

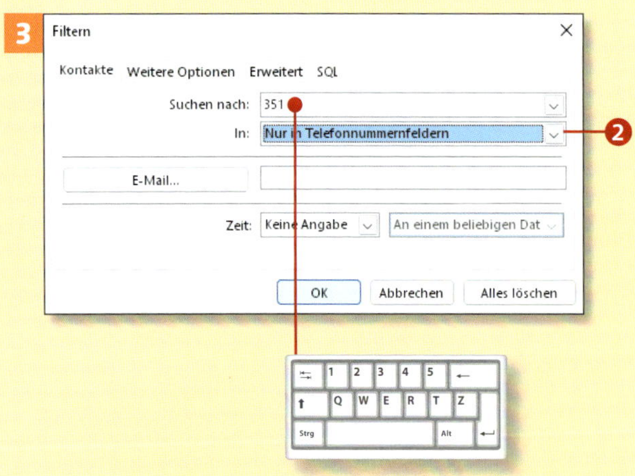

Suchen Sie Personen in derselben Firma oder am selben Ort? Mit Filtern und Sortieren verschaffen Sie sich schnell eine Übersicht.

Schritt 1

Zum Filtern der Kontakte klicken Sie im Bereich **Personen** auf der Registerkarte **Ansicht** auf **Aktuelle Ansicht ▸ Ansichtseinstellungen**.

Schritt 2

Es öffnet sich das Fenster **Erweiterte Ansichtseinstellungen: Liste**. **Liste** ist die Ansicht, die Sie in der Gruppe **Aktuelle Ansicht** und **Ansicht ändern** einstellen. Übernehmen Sie die Einstellungen in **Sortieren** ❶. Klicken Sie auf **Filtern**.

Schritt 3

Sie möchten alle Kunden in Dresden anrufen. Geben Sie auf der Registerkarte **Kontakte** bei **Suchen nach** die »351« als Teil der Vorwahl von Dresden ein. Wählen Sie dazu bei **In** die Option **Nur in Telefonnummernfeldern** ❷ aus, und bestätigen Sie mit **OK**.

Sortieren und Filtern

Lesen Sie zu diesem Thema auch den Abschnitt »E-Mails filtern und sortieren« ab Seite 140.

Schritt 4

Sie sehen die Zusammenfassung der Einstellungen mit dem eingerichteten Filter: **Kontakte: Mit Inhalt 351** ❸. Bestätigen Sie mit **OK**.

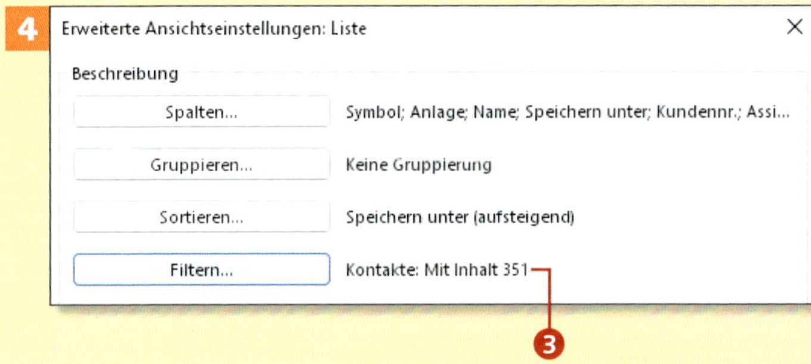

Schritt 5

Unter **Telefon geschäftlich** ❹ sehen Sie als Ergebnis nur die Dresdner Telefonnummern. Nun ist alles für Ihre Anrufe nach Dresden vorbereitet.

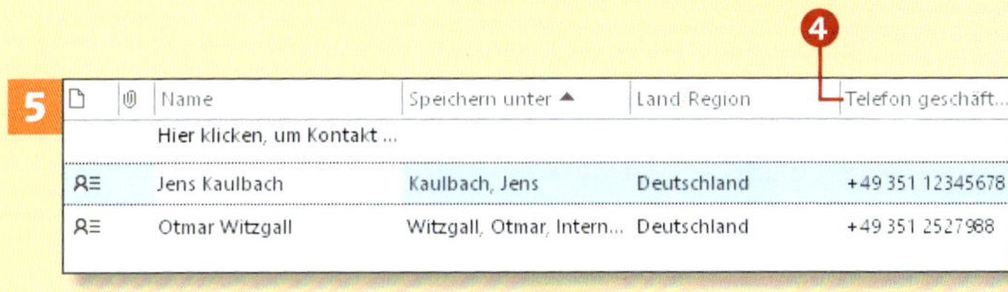

Schritt 6

Sie möchten sich alle Kontakte und Mitarbeiter anzeigen lassen, die mit dem Projekt A zu tun haben. Nachdem Sie diese mit der Kategorie **Projekt A** gekennzeichnet haben (wie in Abschnitt »E-Mails kategorisieren« ab Seite 110 beschrieben), klicken Sie auf der Registerkarte **Ansicht** in der Gruppe **Anordnung** auf **Kategorien**. Ihre Kontakte werden nach Kategorien sortiert und in Gruppen angezeigt.

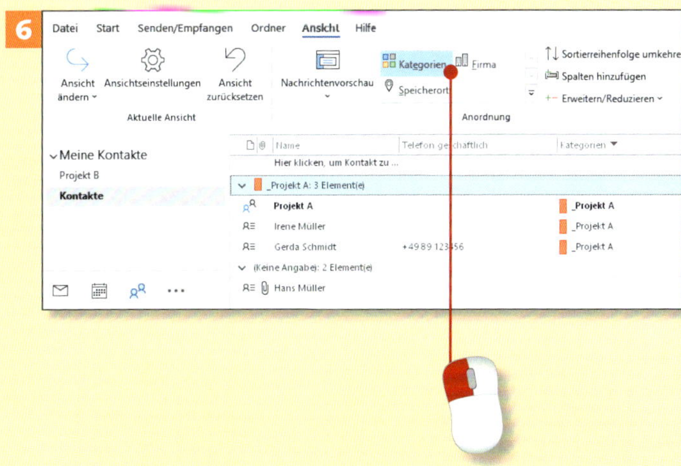

Automatisch oder manuell?

Grundregel: Arbeiten Sie ständig mit denselben Sortierungen und Filtern, lohnt es sich, die **Ansichtseinstellungen** zu ändern oder eine neue Ansicht einzurichten. Spontanes Sortieren und Filtern nehmen Sie besser manuell in einer Liste und in der Gruppe **Anordnung** vor.

Kontakte suchen

1

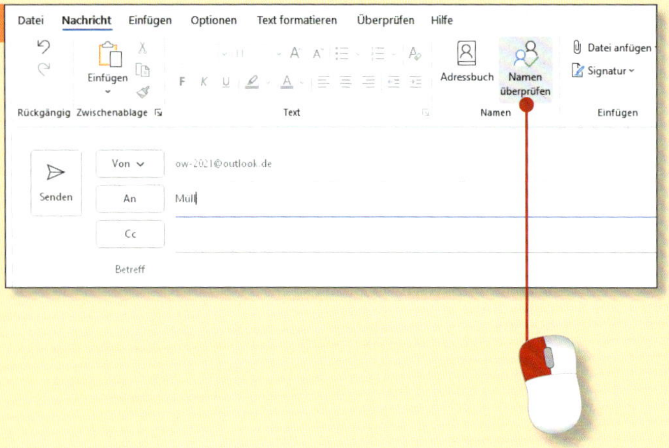

2

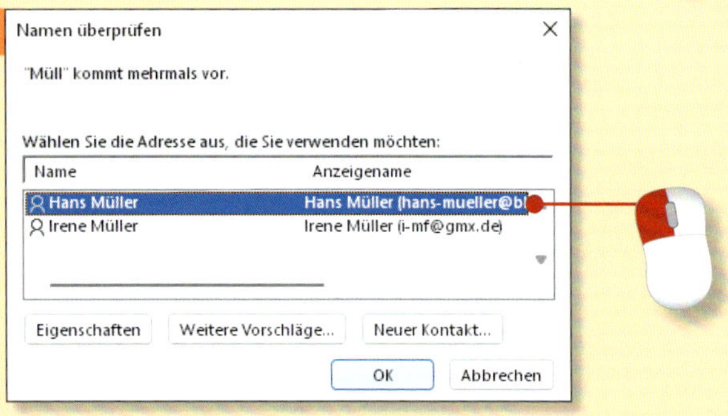

3

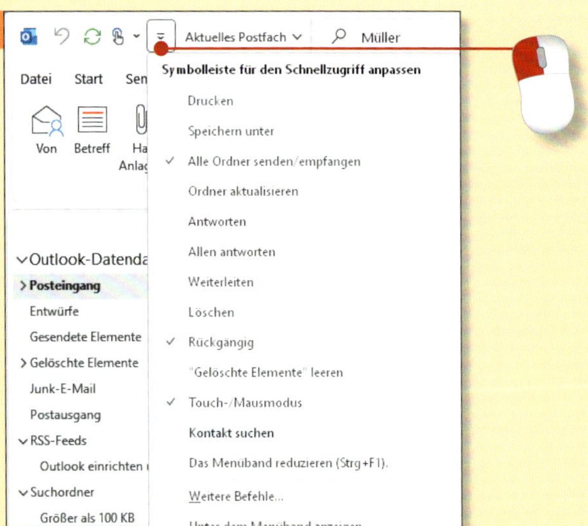

Wenn Sie viele Kontakte haben, werden Sie die Suchfunktionen schätzen, egal, ob es die Adresseingabe oder die Personensuche betrifft.

Schritt 1

Wenn Sie eine Nachricht an jemanden senden möchten, dessen E-Mail-Adresse Sie nicht mehr wissen, nutzen Sie die Prüffunktion. Für den Namen Müller schreiben Sie bei **An** »Müll« und klicken auf **Namen überprüfen**.

Schritt 2

Findet Outlook nur einen Kontakt mit »Müll«, fügt das Programm die E-Mail-Adresse ins Eingabefeld ein. In unserem Beispiel findet Outlook zweimal Müller. Wählen Sie den gewünschten Kontakt aus, und bestätigen Sie mit **OK**. Die E-Mail-Adresse ist jetzt im Feld **An** eingetragen.

Schritt 3

Sie finden in jedem Outlook-Bereich unter **Start ▸ Suchen** das Suchfeld **Personen suchen**. Wechseln Sie auf andere Registerkarten, ist es weg. Klicken Sie im Schnellzugriff auf die Pfeilspitze, und aktivieren Sie **Kontakt suchen**, um das Suchfeld dauerhaft einzublenden.

Schritt 4

Sie haben jetzt in allen Bereichen und von allen Registerkarten aus darauf Zugriff. Schreiben Sie in das Suchfeld »Müller«. Werden mehrere Müller angezeigt, nehmen Sie per Klick die Auswahl vor.

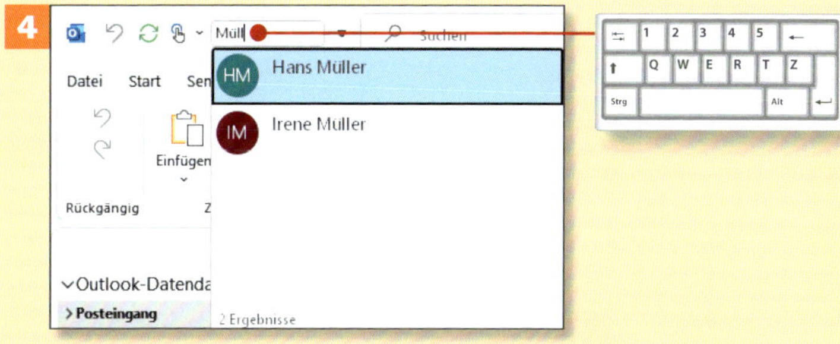

Schritt 5

Die dritte Möglichkeit, Kontakte zu suchen, besteht in der Nutzung von Favoriten. Wo Sie einen Namen finden, können Sie diesen zu den Favoriten hinzufügen oder wieder entfernen. Klicken Sie mit der rechten Maustaste auf eine E-Mail-Adresse in einer Nachricht und dann auf **Zu Favoriten hinzufügen**. Dieser Kontakt wird zukünftig als Favorit in Ihrem Adressbuch geführt und ermöglicht gleichzeitig das schnelle Suchen über die **Favoriten**-Liste.

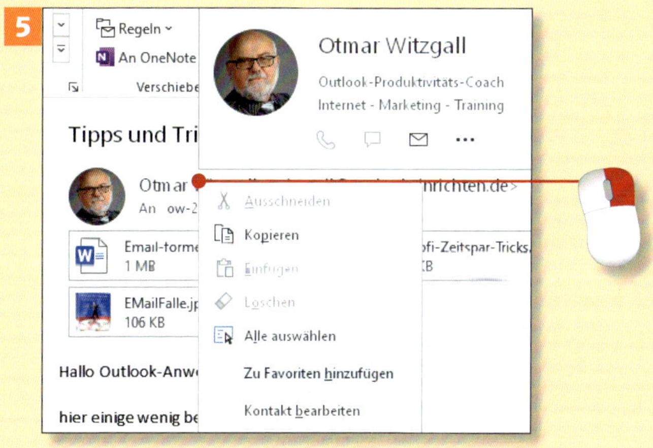

Schritt 6

Hier befinden Sie sich im Bereich **E-Mail**. Fahren Sie mit der Maus über das Personensymbol ❶. Betätigen Sie [F11], und geben Sie in die **Favoriten**-Liste den gesuchten Kontakt ein. Wenn Sie auf das kleine Symbol oben rechts ❷ klicken, wird das Fenster in die Aufgabenleiste eingefügt.

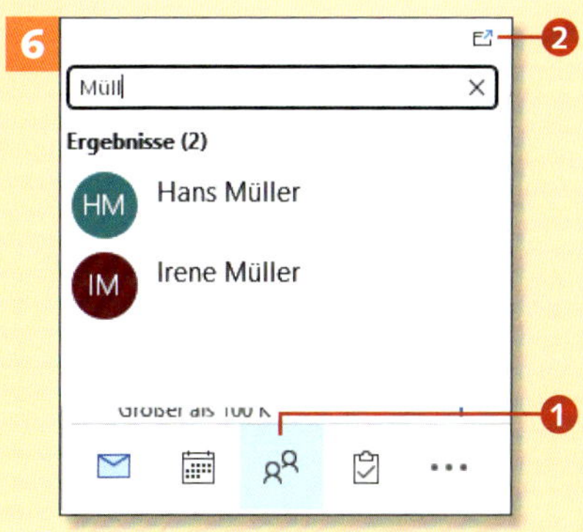

Einem Kontakt Dateien und Notizen hinzufügen

1

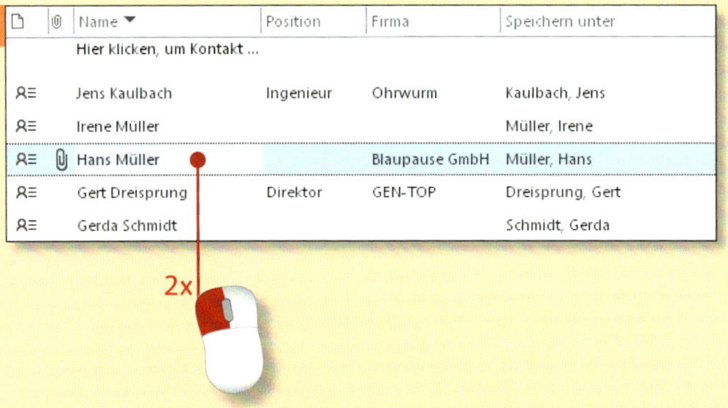

2

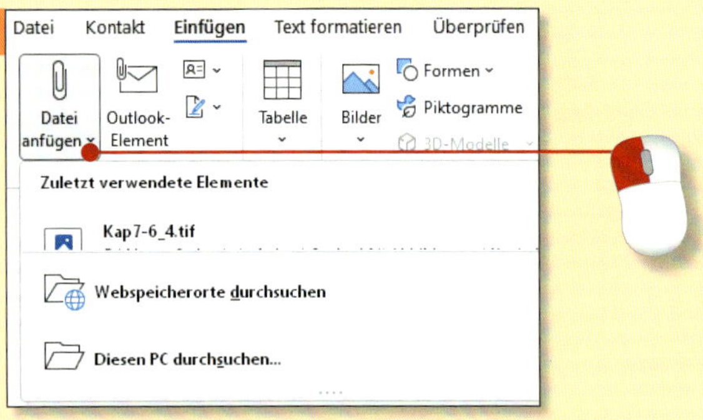

3

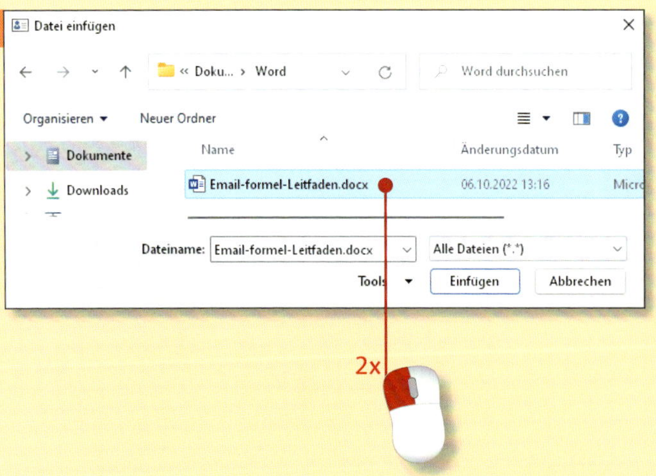

Ordnen Sie einem Kontakt gleich Notizen, Gesprächsprotokolle, Tagesordnungen und Dokumente zu – und zwar am besten mit Hyperlinks.

Schritt 1

Wählen Sie im Bereich **Personen** die Listenansicht, und klicken Sie doppelt auf den Kontakt, dem Sie Dateien hinzufügen wollen, hier **Hans Müller**.

Schritt 2

Um in das Notizfeld eine Notiz und eine Datei einzufügen, wechseln Sie im geöffneten Kontaktfenster auf die Registerkarte **Einfügen** und klicken in der Gruppe **Einschließen** auf **Datei anfügen**. Sie sehen den Bereich **Zuletzt verwendete Elemente**. Aus dieser Liste wählen Sie ein Dokument aus oder klicken auf **Diesen PC durchsuchen**.

Schritt 3

Im Fenster **Datei einfügen** navigieren Sie zum Speicherort der gewünschten Datei. Klicken Sie auf **Einfügen** oder doppelt auf die Datei.

Schritt 4

Sie sehen das Symbol der Datei im Notizfeld ❶. Allerdings ist die Datei nur als Kopie vorhanden.

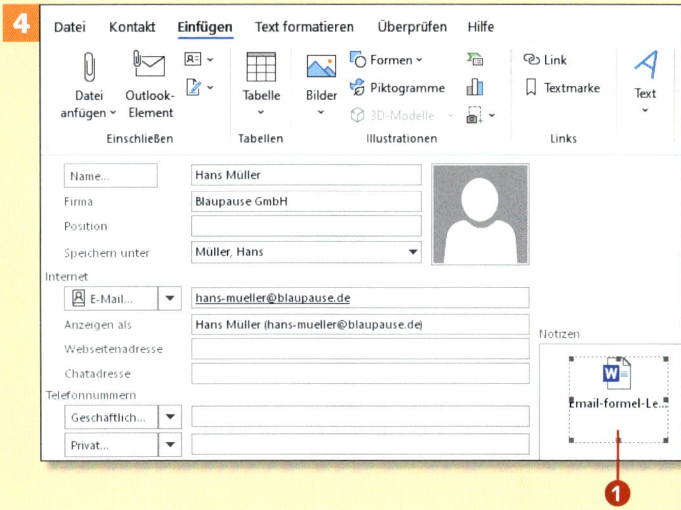

Schritt 5

Sie können aber auch nur einen Link einfügen. Positionieren Sie das Notizfeld ❷ neben dem Explorer-Fenster ❸. Ziehen Sie die Datei mit rechter Maustaste per Drag & Drop ins Notizfeld, und klicken Sie im Kontextmenü auf **Link hier erstellen**.

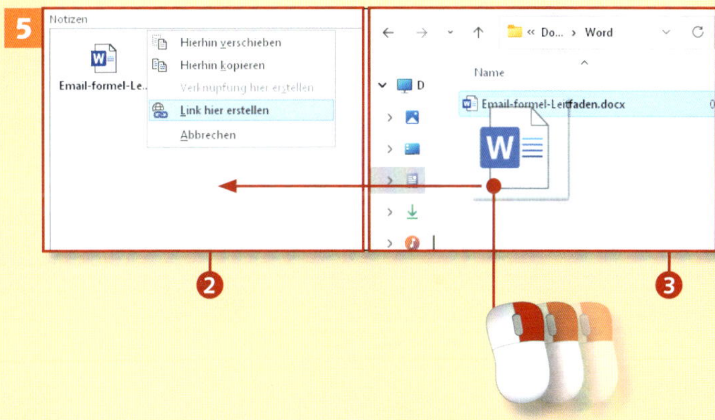

Schritt 6

Sie sehen im Notizfeld den Pfad als Link zur Datei ❹. Klicken Sie darauf, wird die ursprüngliche Datei geöffnet. Schreiben Sie noch eine Notiz, und beenden Sie mit **Speichern & schließen**.

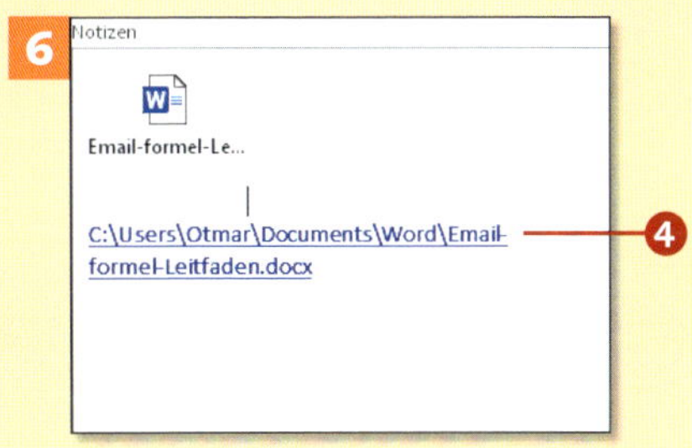

Datei als Objekt einfügen

Alternativ zu der in den Schritten 4 bis 6 beschriebenen Vorgehensweise klicken Sie auf der Registerkarte **Einfügen** auf **Text ▸ Objekt**. Mit dem Assistenten erstellen Sie neue Inhalte mit den installierten Programmen oder erzeugen den Inhalt aus einer Datei heraus.

Kontaktgruppen einrichten

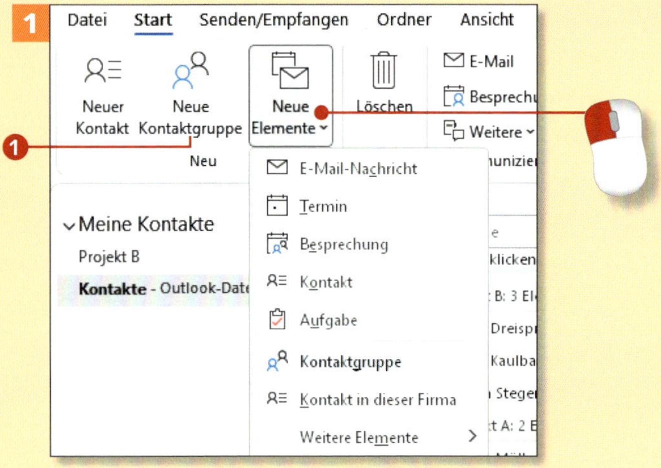

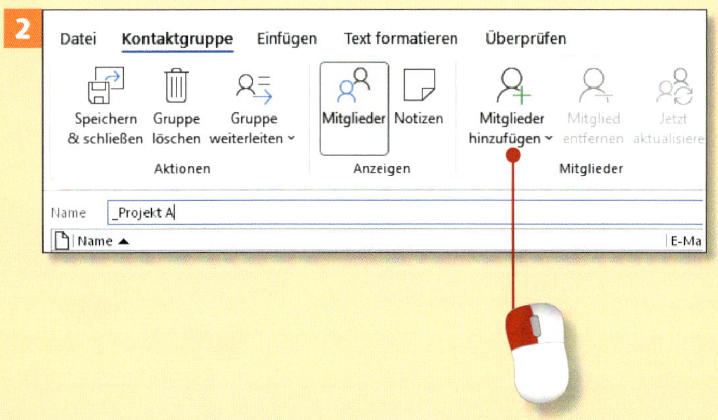

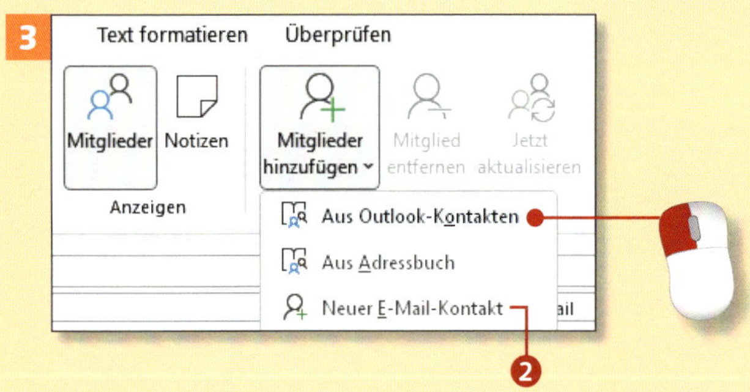

Wollen Sie an eine gleichbleibende Gruppe von Empfängern, z. B. Mitarbeiter eines Projekts, Nachrichten versenden, lohnt sich das Anlegen einer Kontaktgruppe.

Schritt 1

Öffnen Sie eine Kontaktgruppe im Bereich **Personen** über **Start** ▸ **Neu** ▸ **Neue Kontaktgruppe** ❶ oder aus anderen Bereichen mit dem Befehl **Neue Elemente** ▸ **Kontaktgruppe**. Schneller geht es bereichsübergreifend mit Strg + ⇧ + L.

Schritt 2

Geben Sie im geöffneten Formular einen Namen ein, und klicken Sie dann in der Gruppe **Mitglieder** auf **Mitglieder hinzufügen**.

Schritt 3

Im Menü klicken Sie auf **Aus Outlook-Kontakten**. Die Option **Neuer E-Mail-Kontakt** ❷ öffnet ein Fenster, in dem Sie eine E-Mail-Adresse mit angezeigtem Namen eingeben.

Schritt 4

Es öffnet sich das Adressbuch **Mitglieder auswählen: Kontakte**, das Sie vom Eingeben der E-Mail-Adresse aus dem Abschnitt »Empfänger, Betreff und Co. eingeben« ab Seite 38 her kennen. Sie markieren die Namen bei gedrückter Strg-Taste. Dann klicken Sie auf **Mitglieder** ❸ und schließen mit **OK**.

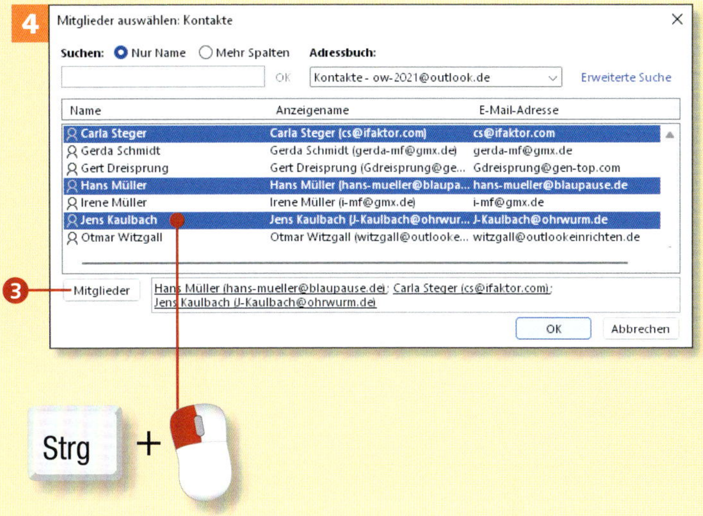

Schritt 5

Die Gruppenmitglieder sind nun mit Namen und E-Mail-Adresse aufgelistet. Klicken Sie auf **Speichern & schließen**.

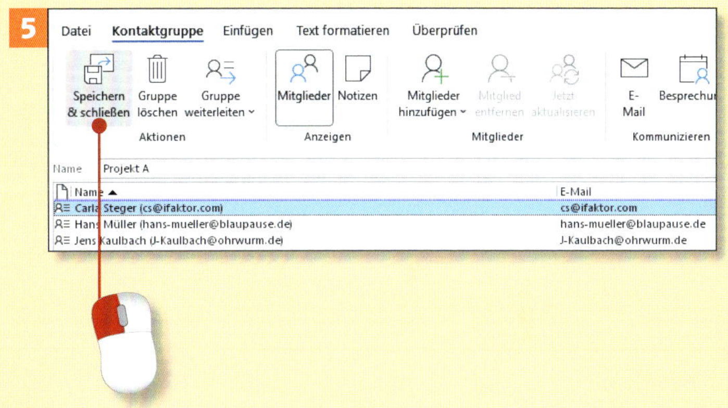

Schritt 6

In der aktuellen Ansicht **Personen** sehen Sie den Namen der Kontaktgruppe ❹. Im Lesebereich rechts finden Sie die eingefügten **Mitglieder**. Mit einem Klick auf die Erweiterungspfeile erhalten Sie weitere Details.

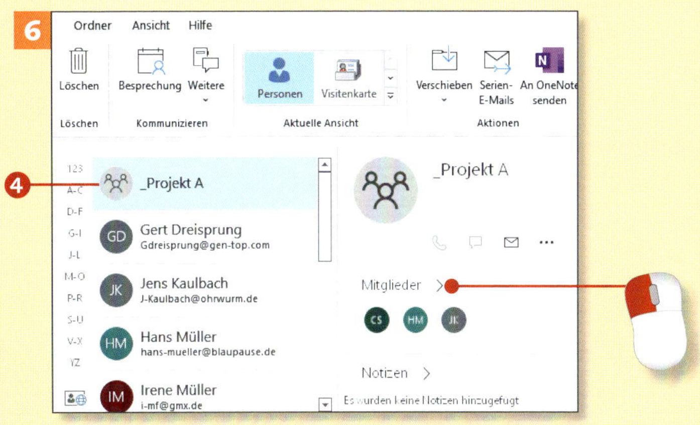

Mitglieder aus Excel einfügen
Wiederholen Sie die Schritte 1 bis 4. Kopieren Sie in Excel zwei Spalten, in denen sich die Namen und E-Mail-Adressen befinden. Gehen Sie jetzt in Outlook zur Eingabemarke **Mitglieder**, fügen Sie den Inhalt ein, und schließen Sie mit **OK**.

Kontakte in eine Excel-Datei übertragen

Wenn Sie Kontaktdaten anderweitig verarbeiten wollen, übertragen Sie sie in eine Excel-Datei.

1

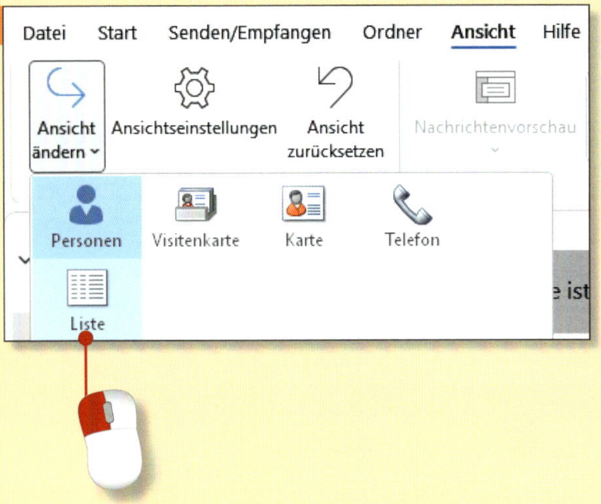

Schritt 1

Klicken Sie im Bereich **Personen** auf **Ansicht ▸ Aktuelle Ansicht ▸ Ansicht ändern ▸ Liste**. Jetzt stellen Sie sich die Liste mit den Daten zusammen, die Sie in Excel benötigen.

2

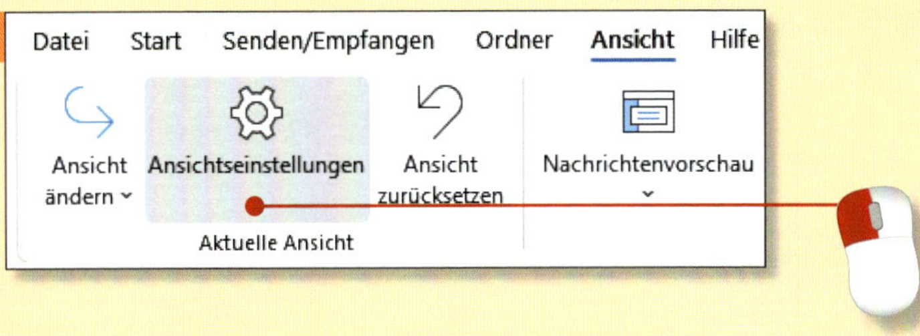

Schritt 2

Dazu klicken Sie in der Gruppe **Aktuelle Ansicht** auf **Ansichtseinstellungen**.

3

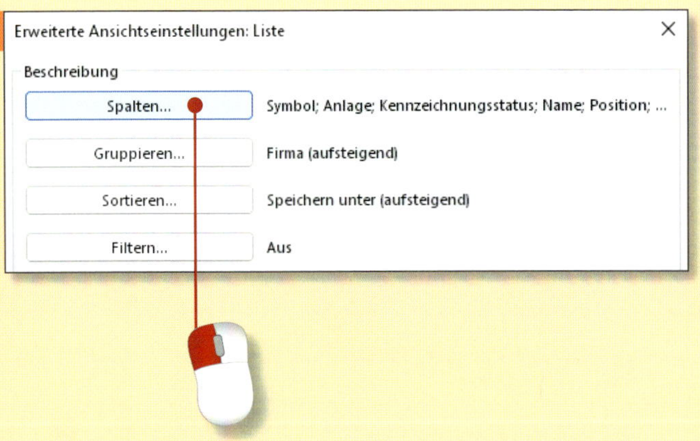

Schritt 3

Im Fenster **Erweiterte Ansichtseinstellungen: Liste** klicken Sie auf **Spalten**.

Warum nicht exportieren?
In Outlook 2021 gibt es neben dem Outlook-eigenen Format der PST-Datei nur noch den kommagetrennten Dateityp CSV als Exportformat. Dieses trennt die Spalten durch Kommas. Nun hat Excel in Deutschland Probleme, das Komma als Trennzeichen richtig zu interpretieren, da Excel (englisch) selbst Zahlen mit Kommastellen verwendet. Deshalb kommt es zu Verwechslungen in Excel.

Schritt 4

Wählen Sie unter **Verfügbare Spalten auswählen aus** den Eintrag **Alle Kontaktfelder** ❶. Damit können Sie Spalten aus allen zur Verfügung stehenden Kontaktfeldern zusammenstellen. Scrollen Sie zur Spalte **Kundennr.**, und klicken Sie dann auf **Hinzufügen**.

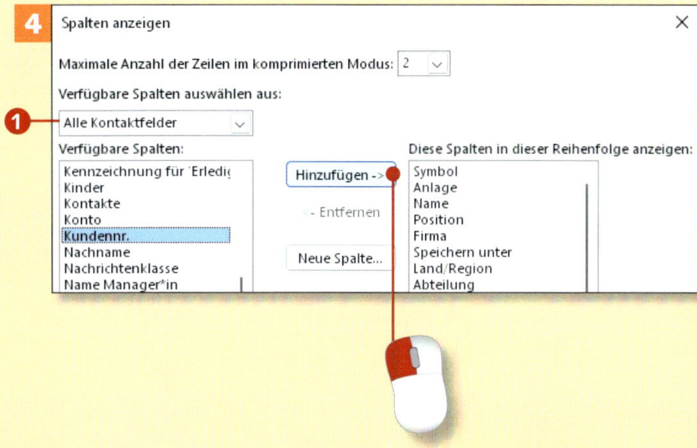

Schritt 5

Schieben Sie die Spalte **Kundennr.** mit der Schaltfläche **Nach oben** an die gewünschte Stelle in der Liste. Ordnen Sie analog die Liste für die weitere Bearbeitung in Excel.

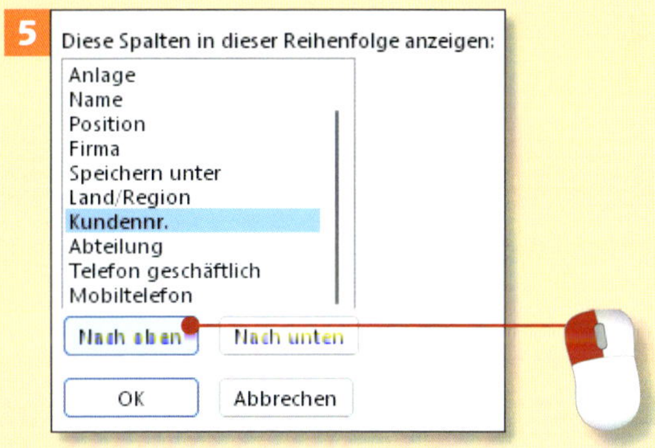

Schritt 6

Fügen Sie nach Belieben Spalten hinzu, oder entfernen Sie nicht benötigte. Sind Sie fertig, schließen Sie das Fenster **Spalten anzeigen** mit **OK**.

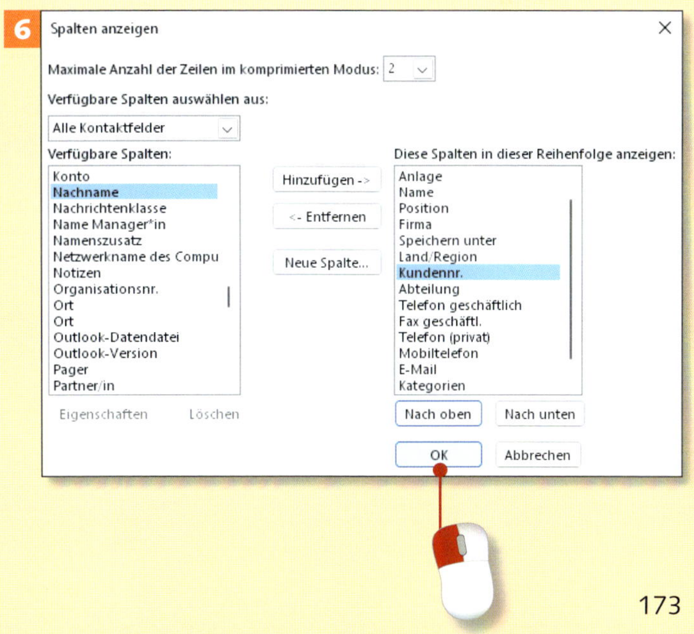

Handverlesene Listen

Über **Ansicht ändern ▸ Liste ▸ Ansichtseinstellungen** erstellen Sie maßgeschneiderte Listen für den Übertrag von Kontaktdaten nach Excel. Über **Ansicht ▸ Aktuelle Ansicht ▸ Ansicht ändern ▸ Ansichten verwalten** erzeugen Sie dauerhaft neue Ansichten.

Kontakte in eine Excel-Datei übertragen (Forts.)

7

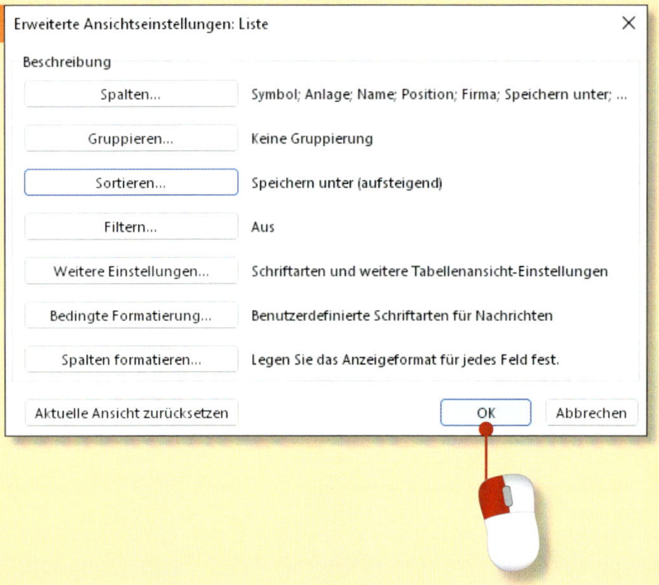

8

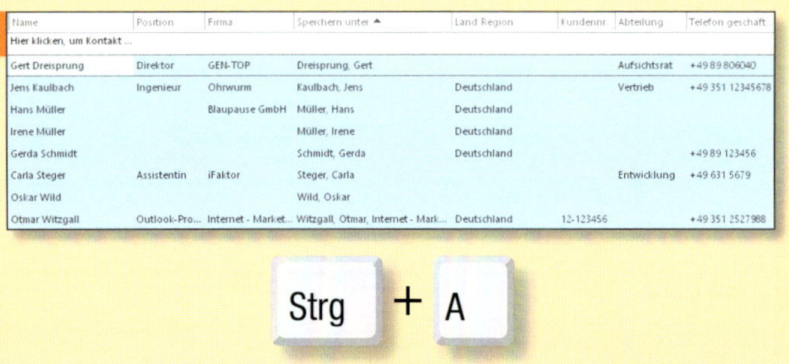

9

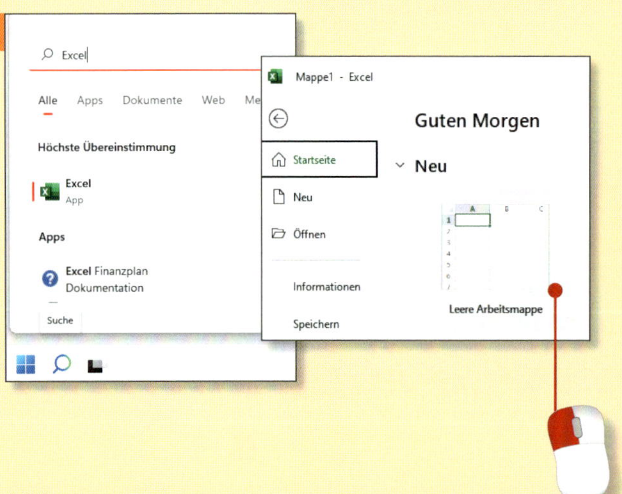

Schritt 7

Alle weiteren Einstellungen übernehmen Sie. Beenden Sie die Ansichtseinstellungen mit **OK**.

Schritt 8

Die eingerichtete Liste kann nun nach Excel übertragen werden. Markieren Sie die komplette Liste mit [Strg] + [A], und kopieren Sie diese mit [Strg] + [C] in die Windows-Zwischenablage.

Schritt 9

Starten Sie Excel, indem Sie auf dem Windows-Startbildschirm »Excel« eintippen und dann [↵] drücken. Öffnen Sie eine leere Arbeitsmappe.

Manuell Listen erstellen

Möchten Sie eine bestehende Liste mit zusätzlichen Spalten versehen, klicken Sie mit der rechten Maustaste in irgendeine Spaltenüberschrift und im Menü auf **Feldauswahl**. Im oberen Bereich wählen Sie **Alle Kontaktfelder** aus. Im unteren Bereich klicken Sie mit der linken Maustaste auf ein gewünschtes Feld und ziehen es in die Spaltenüberschriften. Sobald Sie einen roten Pfeil sehen, lassen Sie los.

Schritt 10

Fügen Sie die Liste mit Strg + V ein. Die eingefügte Liste ist mit Überschriften versehen, und alle überflüssigen Symbole und Gruppenüberschriften sind verschwunden.

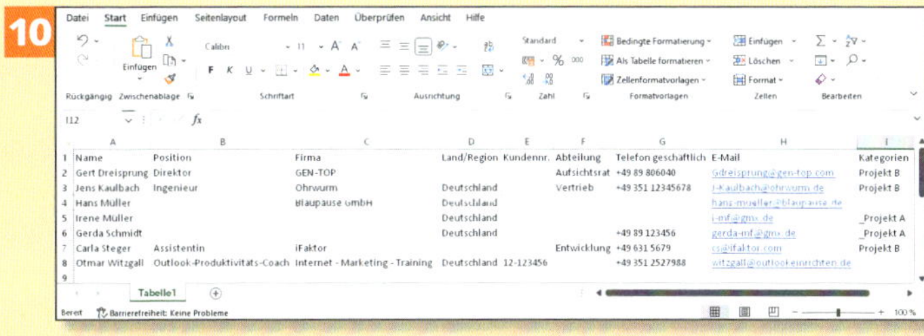

Schritt 11

Bewegen Sie die Maus an das rechte Ende der Spaltenbezeichnung – hier Spalte **K**. Wenn der Mauszeiger sich in ein Erweiterungskreuz verwandelt, klicken Sie doppelt. Die Spaltenbreite stellt sich auf die optimale Breite ein. Diesen Vorgang wiederholen Sie bei jeder Spalte, in der Sie die Daten nicht vollständig lesen können.

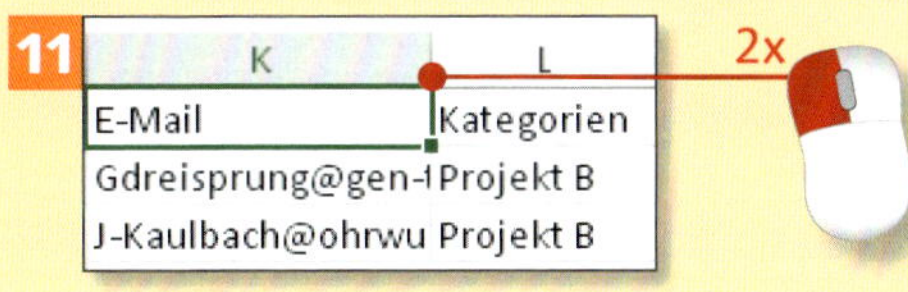

Schritt 12

Perfekt! Die Liste ist jetzt optimal eingerichtet: Die Daten sind zu lesen, die noch nicht benötigten Spalten ausgeblendet ❶. Geben Sie Strg + S ein, und speichern Sie die Arbeitsmappe zur weiteren Bearbeitung.

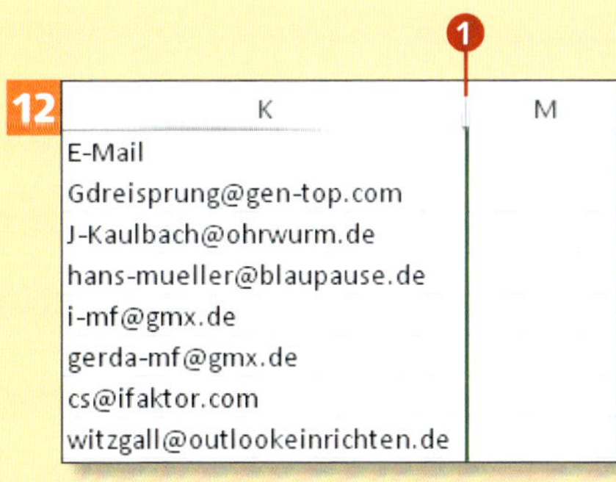

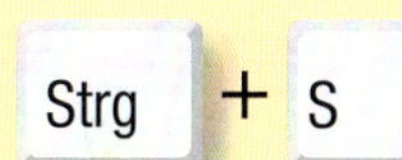

Spalten in Excel ausblenden

Markieren Sie mit der Maus die Spaltenüberschriften, und rufen Sie mit der rechten Maustaste das Kontextmenü auf. Klicken Sie auf **Ausblenden**.

Kontakte aus Excel importieren

Wenn Sie in Excel eine Liste mit Kontaktdaten führen, können Sie diese ganz einfach nach Outlook importieren.

1

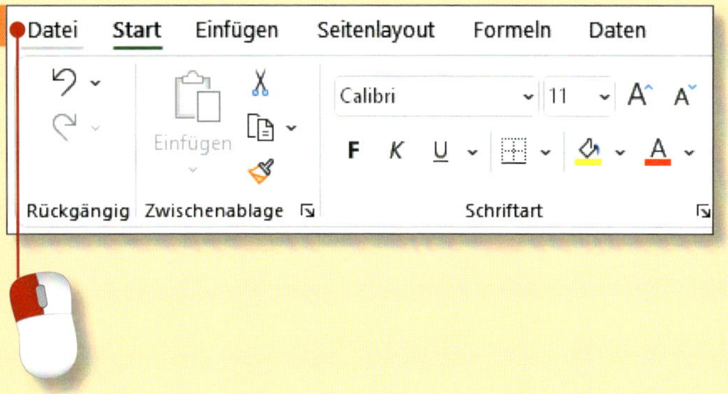

2

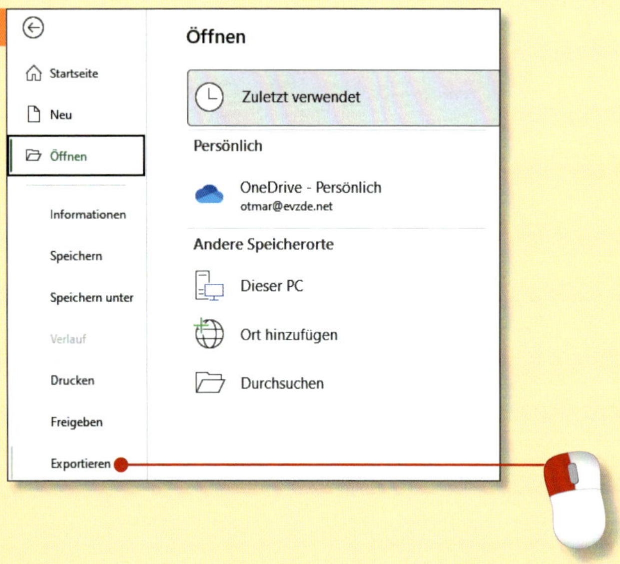

3

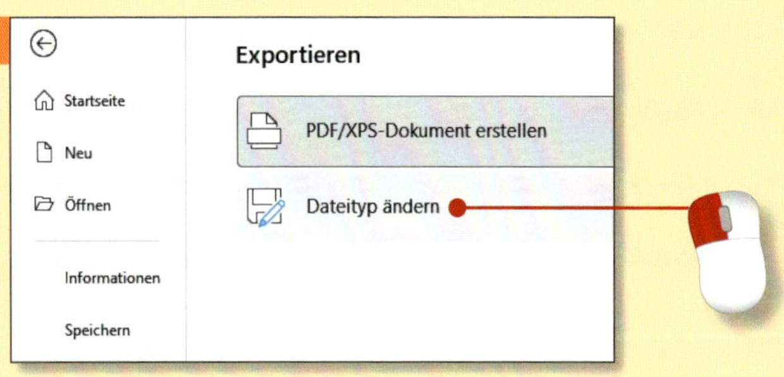

Schritt 1

Sie führen in Excel eine Liste mit Kontakten und entscheiden sich, diese nach Outlook zu exportieren. Klicken Sie zum Speichern auf **Datei**.

Schritt 2

Wechseln Sie in der Backstage-Ansicht zu **Exportieren**.

Schritt 3

In der Ansicht **Exportieren** wählen Sie die Schaltfläche **Dateityp ändern**.

!

Listentrennzeichen

Wie im Infokasten »Warum nicht exportieren?« auf Seite 172 erklärt, verwenden Outlook und Excel unterschiedliche Trennzeichen: Excel das Semikolon (;) und Outlook das Komma (,). Deshalb müssen Sie in einem Zwischenschritt im Editor die Trennzeichen austauschen – dann funktioniert auch der Import.

Schritt 4

Markieren Sie im Bereich **Andere Dateitypen** den Eintrag **CSV (Trennzeichen-getrennt) (*.csv)** ❶, und klicken Sie anschließend auf **Speichern unter**.

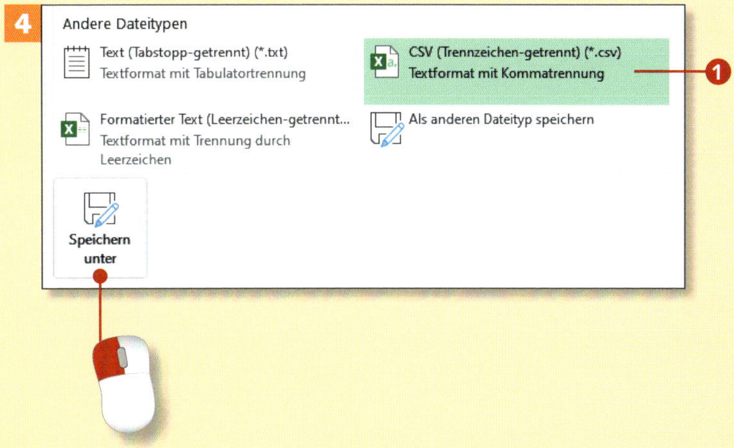

Schritt 5

Speichern Sie die Mappe unter dem gewünschten Namen ab. Als **Dateityp** ist bereits **CSV (Trennzeichen-getrennt) (*.csv)** ausgewählt. Belassen Sie es bei dieser Einstellung. Schließen Sie mit **Speichern**. Die Bearbeitung in Excel ist abgeschlossen.

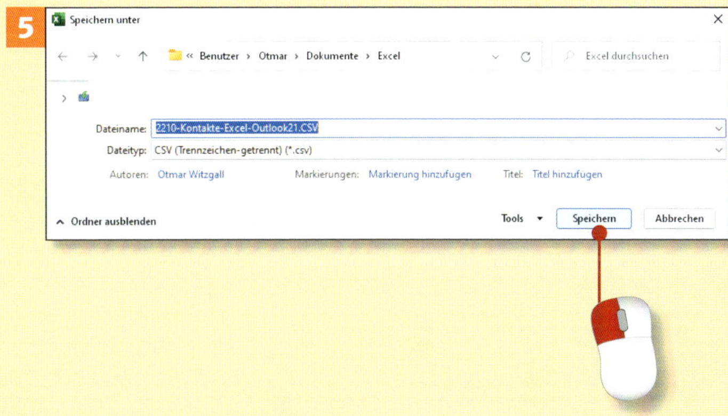

Schritt 6

Jetzt müssen Sie noch die Listentrennzeichen von Excel (;) durch die Outlook-Trennzeichen (,) ersetzen. Klicken Sie im Explorer die in Schritt 5 abgespeicherte Datei mit der rechten Maustaste an. Im Kontextmenü wählen Sie **Öffnen mit ▸ Editor**.

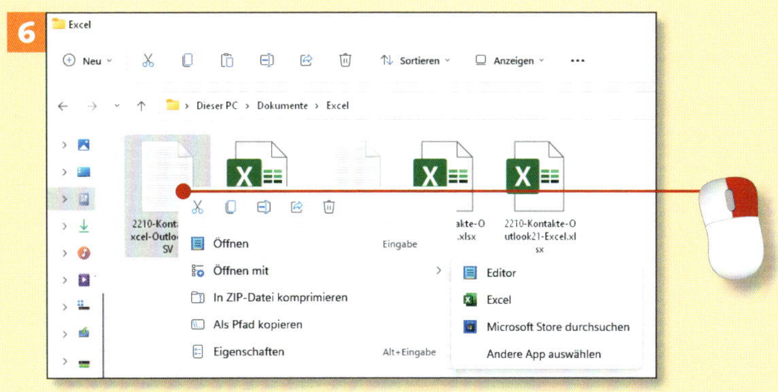

Das Programm »Editor«
Der Editor ist ein Standardprogramm von Windows. Sie müssen es also nicht zusätzlich installieren.

Kontakte aus Excel importieren (Forts.)

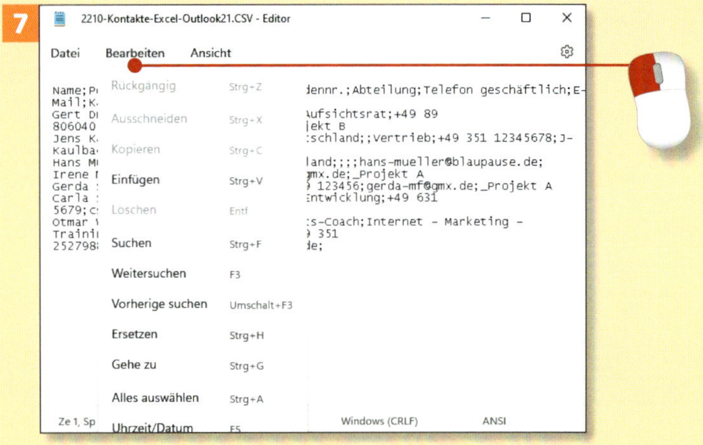

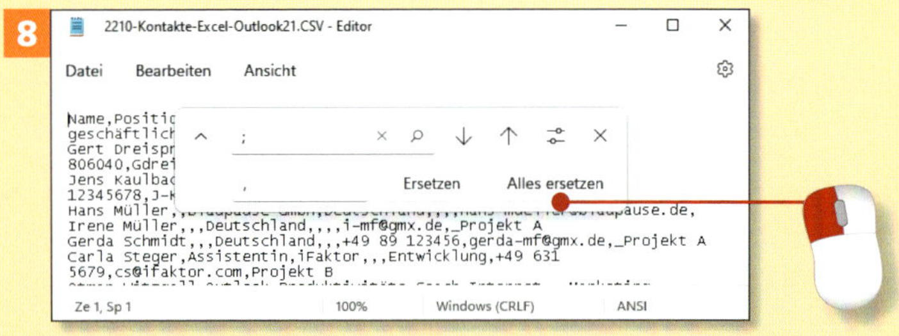

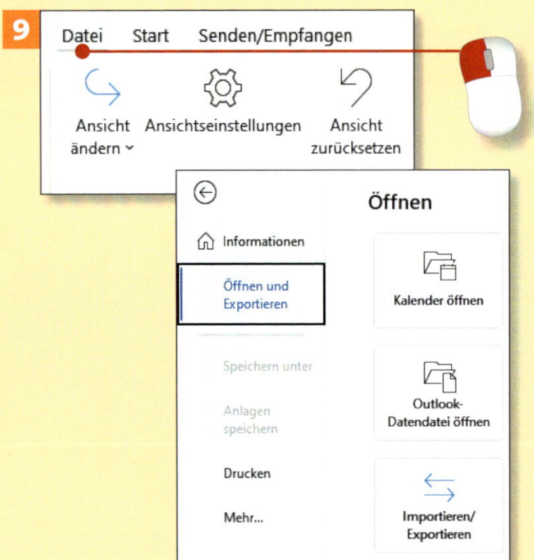

Schritt 7

Die Datei wird im *Editor* geöffnet. Sie sehen, dass als Trennzeichen der Spalten Semikola verwendet werden. Klicken Sie auf **Bearbeiten** und **Ersetzen**. Alternativ drücken Sie auf Ihrer Tastatur Strg + H.

Schritt 8

Es öffnet sich das eine Eingabemaske. Geben Sie in das erste Eingabefeld das Excel-Trennzeichen »;« und in das untere Eingabefeld das Outlook-Trennzeichen »,« ein. Klicken Sie auf **Alles ersetzen**. Im Hintergrund werden die Zeichen ausgetauscht. Schließen Sie das Suchfenster mit einem Klick auf das Schließkreuz. Speichern und schließen Sie die veränderte Datei wieder als CSV-Datei.

Schritt 9

Das Ersetzen der Listentrennzeichen ist beendet. Jetzt werden die Daten in Outlook importiert. Wechseln Sie zum Bereich **Personen**, und klicken Sie auf **Datei**. Wählen Sie **Öffnen und exportieren ▸ Importieren/Exportieren**.

Schritt 10

Es öffnet sich der **Import/Export-Assistent**. Markieren Sie **Aus anderen Programmen oder Dateien importieren**, und klicken Sie auf **Weiter**.

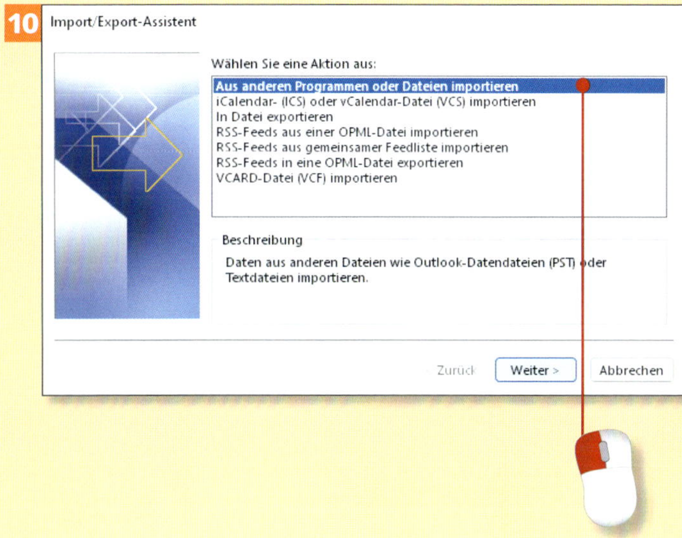

Schritt 11

Im Fenster **Datei importieren** wählen Sie bei **Zu importierender Dateityp** den Eintrag **Durch Trennzeichen getrennte Werte** aus und klicken auf **Weiter**.

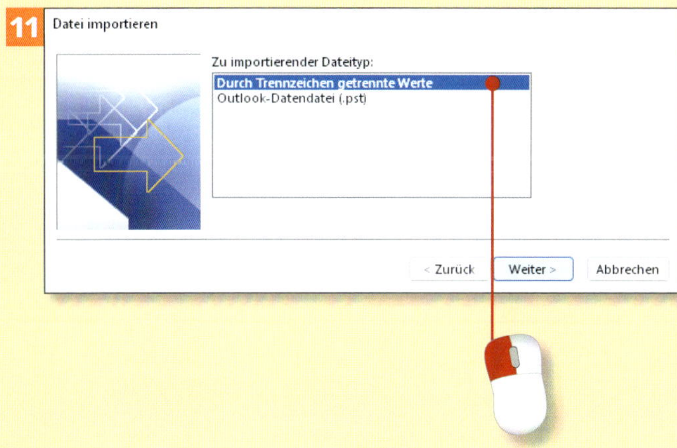

Schritt 12

Im nächsten Fenster suchen Sie die zu importierende Datei. Es wird eine Datei – die zuletzt genutzte – vorgeschlagen. Ist das nicht die gewünschte Datei, klicken Sie auf **Durchsuchen** und wählen die richtige Datei. Entscheiden Sie unter **Optionen**, wie Sie mit Duplikaten umgehen möchten, und klicken Sie auf **Weiter**.

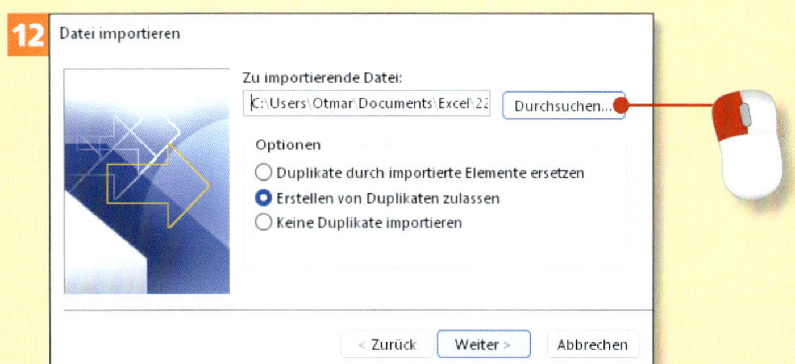

Was bedeutet eigentlich CSV?

CSV steht für den englischen Begriff *comma-separated values* und bedeutet: durch Komma getrennte Werte.

Kontakte aus Excel importieren (Forts.)

13

14

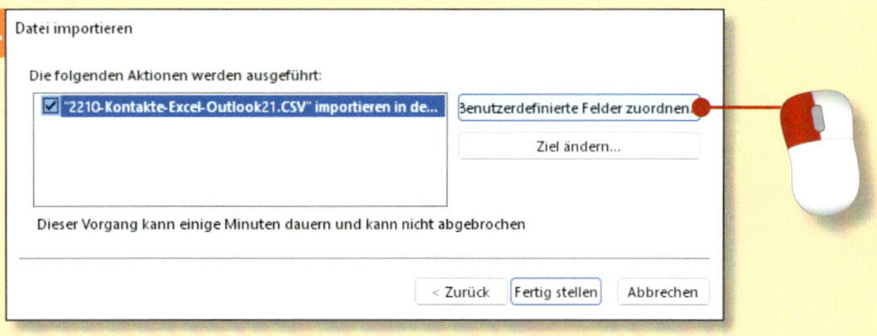

15

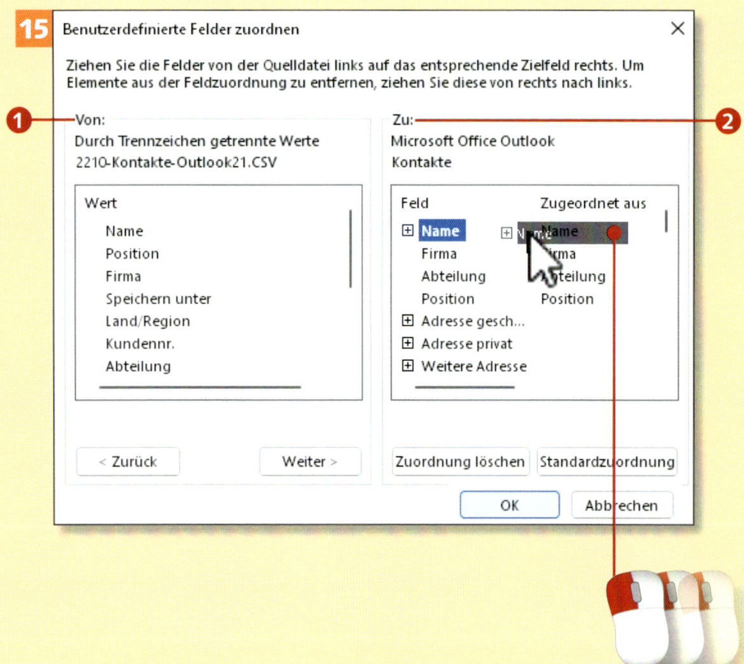

Schritt 13

Nun markieren Sie den Ordner, in den die Kontakte importiert werden sollen. Es ist bereits der Zielordner angezeigt, der im Bereich **Personen** markiert ist. Klicken Sie auf **Weiter**.

Schritt 14

Im nächsten Schritt wird angezeigt, dass die Aktion **»2210-Kontakte-Excel-Outlook21.csv« importieren in den Ordner: Kontakte** ausgeführt wird. Wenn Sie eigene Felder in Excel genutzt haben, klicken Sie auf **Benutzerdefinierte Felder zuordnen**.

Schritt 15

Im Fenster **Benutzerdefinierte Felder zuordnen** sehen Sie links die Spalte **Von:** (Excel) ❶ und rechts **Zu:** (Outlook) ❷. Kontrollieren Sie die Übereinstimmungen in **Zugeordnet aus** im Bereich **Zu:**. Scrollen Sie nach unten, und schauen Sie, ob **Firma** zu **Firma**, **Name** zu **Name** etc. passt. Wenn nicht, ziehen Sie mit gedrückter linker Maustaste den Wert auf das entsprechende **Feld**. Wenn alles fertig ist, klicken Sie auf **OK**.

Schritt 16

Jetzt ist alles für den Import vorbereitet. Starten Sie den Prozess mit einem Klick auf **Fertig stellen**. Achtung! Dieser Vorgang kann einige Minuten dauern und kann nicht abgebrochen werden.

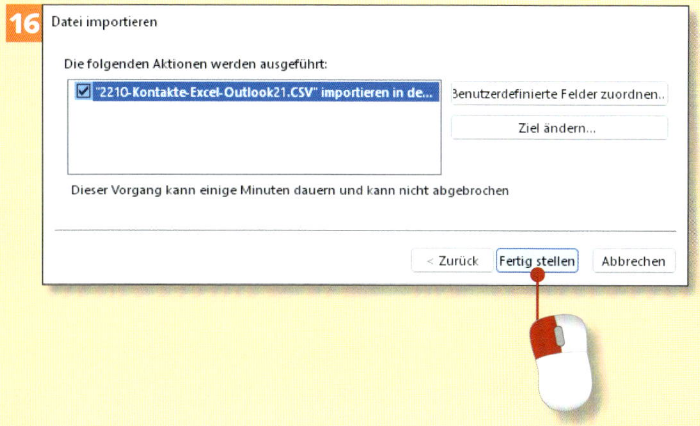

Schritt 17

Unter **Start ▸ Aktuelle Ansicht ▸ Personen** sehen Sie die neu importierten Kontakte als Duplikate – hier markiert – mit den richtigen Zuordnungen der Felder, im Beispiel **Position**, **Firma** und **Abteilung** ❸.

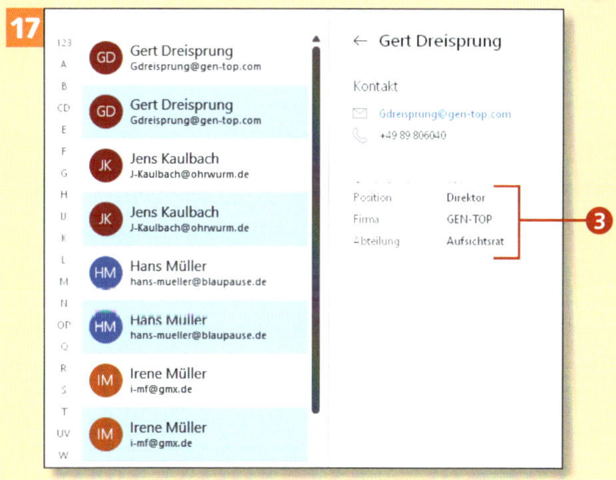

Schritt 18

Klicken Sie auf der Registerkarte **Start** in der Gruppe **Aktuelle Ansicht** auf **Liste** und danach auf der Registerkarte **Ansicht** in der Gruppe **Anordnung** auf **Kategorien**. Jetzt sehen Sie die soeben importierten Kontakte als Duplikate in der Gruppe **Projekt B** ❹. In der Spalte **Speichern unter** hat Outlook die Namen beim Import in der richtigen Reihenfolge (Nachname, Vorname) eingetragen.

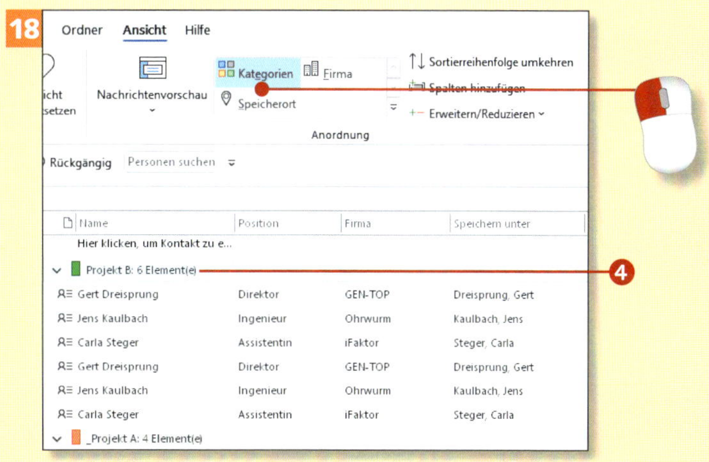

Kapitel 8
Das Adressbuch für E-Mails verwenden

Wenn Sie ein digitales Adressbuch führen, brauchen Sie E-Mail-Adressen nicht manuell einzugeben. Sie können E-Mails zudem bequem an eine Kontaktgruppe senden – mit wenigen Klicks.

Senden Sie eine E-Mail an eine Kontaktgruppe als »versteckter« Empfänger
Wenn Sie Ihre E-Mail-Adressen nach Kriterien wie »geschäftlich«, »Mitarbeiter«, »Vorstand« oder »wichtige Kunden« in Kontaktgruppen zusammengefasst haben, sollten Sie die Gruppe aus Datenschutzgründen nur über die Option **Bcc** ❶ als Empfänger einfügen.

Sie bekommen eine Visitenkarte im E-Mail-Anhang – was tun?
Die elektronische Visitenkarte wird immer beliebter. Das liegt zum einen daran, dass Sie sich damit in der digitalen Welt ein Gesicht geben, und zum anderen daran, dass es für alle E-Mail-Programme einen gültigen Speicherstandard ❷ gibt.

Geben Sie Kontaktdaten im VCF-Format weiter – man dankt es Ihnen!
Sie haben jede Menge Kontakte in Ihrem Adressbuch – deshalb werden Sie auch für andere als Informationsquelle interessant. Um die Anfragen schnellstmöglich bedienen zu können, versenden Sie Ihre Adressen einfach im Visitenkartenformat ❸.

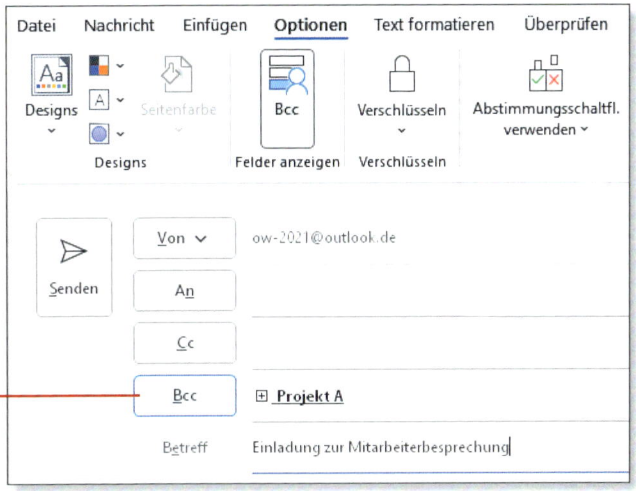

Kontaktgruppen fügen Sie am besten bei **Bcc** ein. ❶

❷ Visitenkarten werden im generell gültigen Format *vCard* (Dateiendung *.vcf*) verschickt.

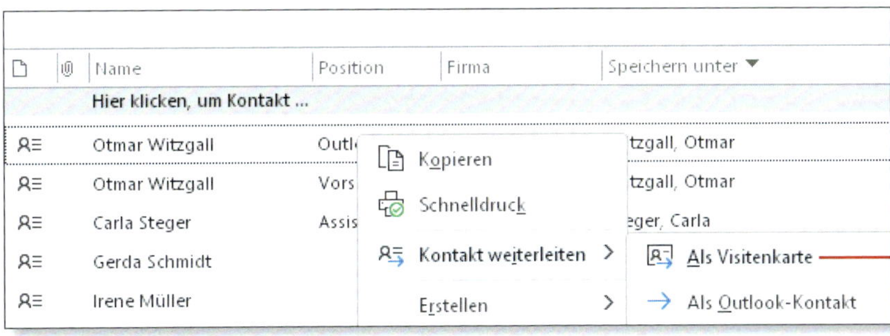

❸ Über das Kontextmenü versenden Sie Ihre Adressen im Visitenkartenformat.

Empfänger aus dem Adressbuch wählen

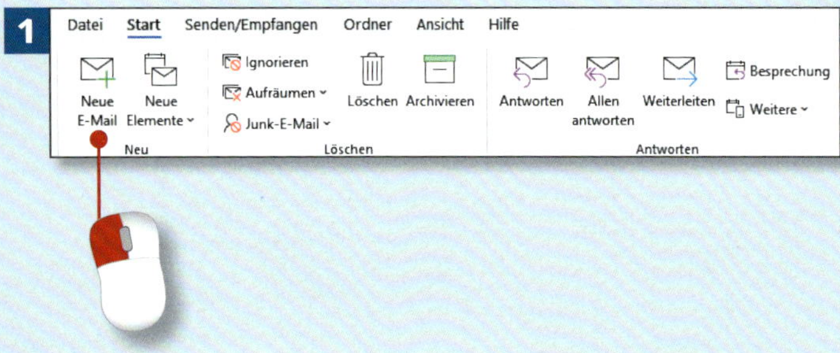

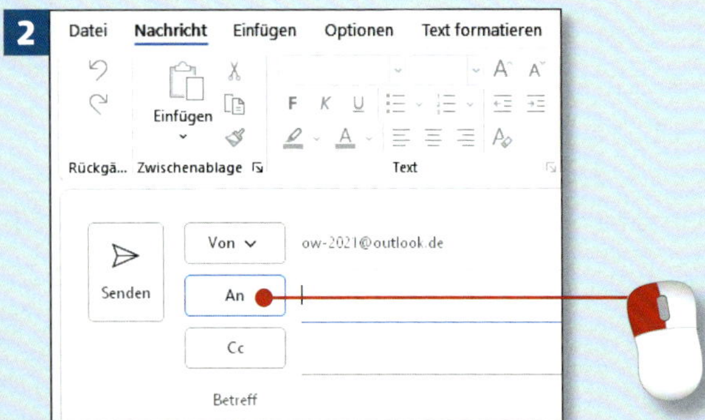

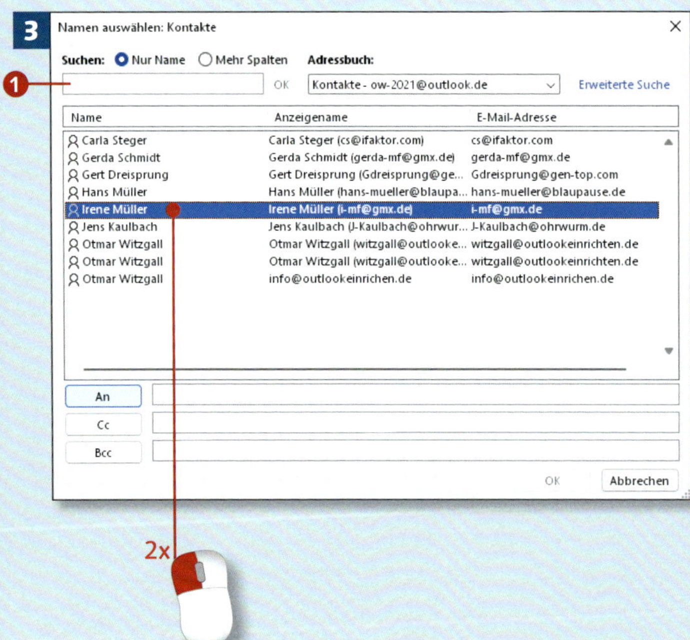

Wenn Sie eine E-Mail an eine Person versenden möchten, deren E-Mail-Adresse Sie nicht im Kopf haben, nutzen Sie das Adressbuch.

Schritt 1

Klicken Sie im Bereich **E-Mail** auf der Registerkarte **Start** auf **Neue E-Mail**. Wenn Sie sich in einem anderen Bereich befinden, klicken Sie auf **Neue Elemente ▸ E-Mail-Nachricht**. Die schnelle Variante ist Strg + ⇧ + M.

Schritt 2

Um aus dem Adressbuch eine E-Mail-Adresse auszuwählen, klicken Sie auf die Schaltfläche **An**.

Schritt 3

Es öffnet sich das Fenster **Namen auswählen: Kontakte**. Klicken Sie doppelt auf einen Kontakt, um ihn zu übernehmen.

Nach Namen suchen

Wenn Ihr Adressbuch auf den ersten Blick nicht überschaubar ist, geben Sie in das Eingabefeld **Suchen** ❶ in Schritt 3 den Nachnamen der zu suchenden Person ein. Die Markierung springt auf den gefundenen Nachnamen.

Schritt 4

Die E-Mail-Adresse des Kontakts wird in die Eingabezeile eingefügt. Wiederholen Sie den Vorgang für weitere Empfänger in **An** und **Cc**. Schließen Sie das Einfügen von Empfängern aus dem Adressbuch mit einem Klick auf **OK** ab.

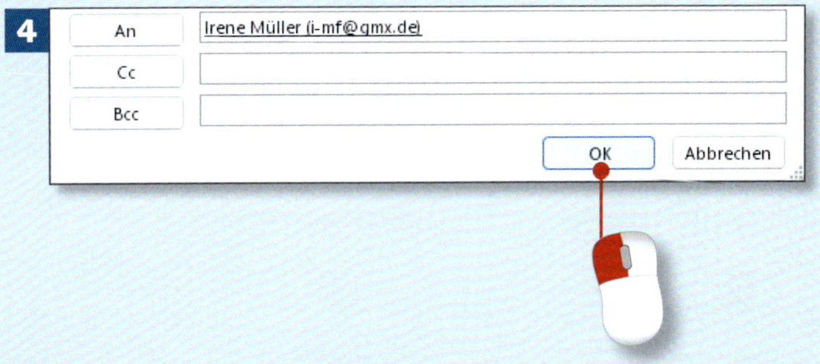

Schritt 5

Möchten Sie noch »versteckte« Empfänger einfügen, klicken Sie auf der Registerkarte **Optionen** in der Gruppe **Felder anzeigen** auf **Bcc**. Die Schaltfläche **Bcc** erscheint unterhalb von **Cc**. Wiederholen Sie die Auswahl der Empfänger, wie in den Schritten 2 und 3 beschrieben.

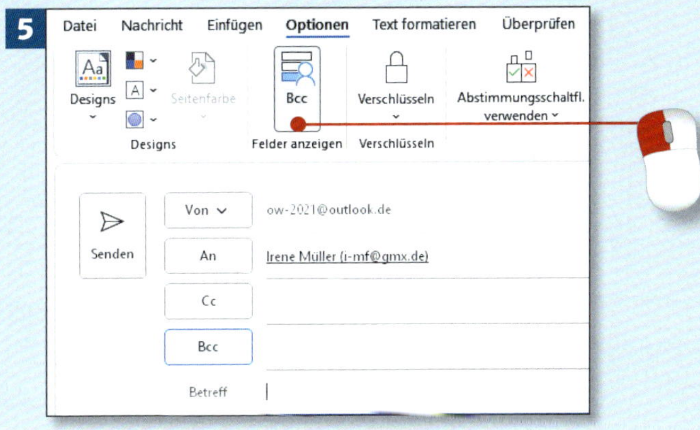

Schritt 6

Perfekt! Geben Sie nun einen **Betreff** an, und klicken Sie dann auf **Senden**. Alternativ versenden Sie mit der Tastenkombination [Strg] + [↵].

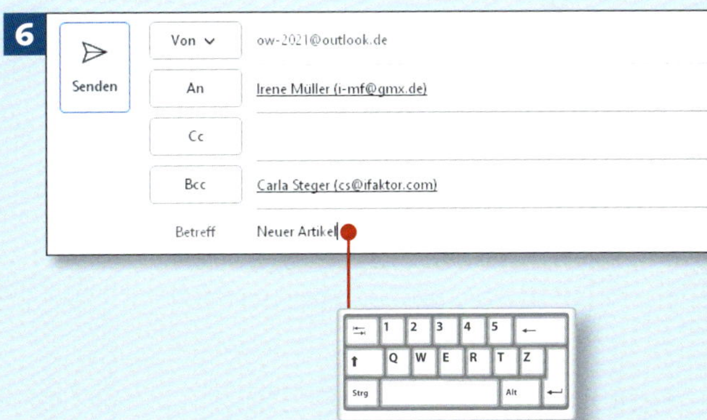

Eine E-Mail an eine Kontaktgruppe senden

1

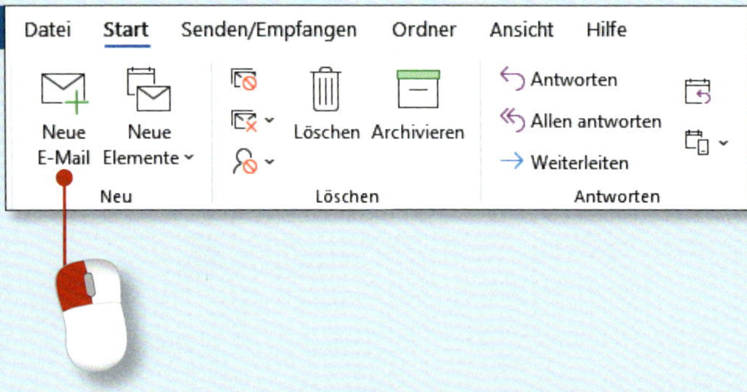

2

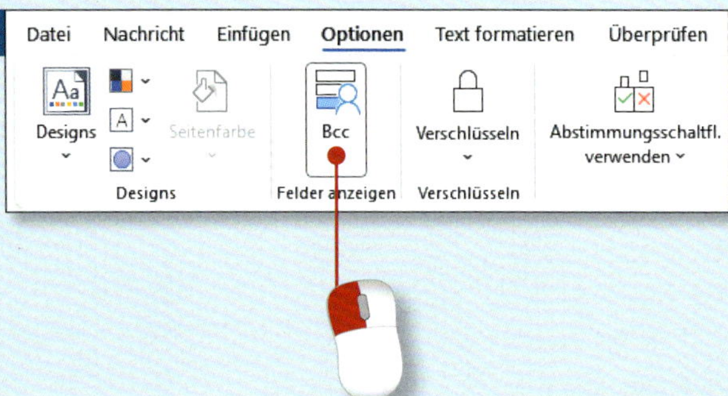

3

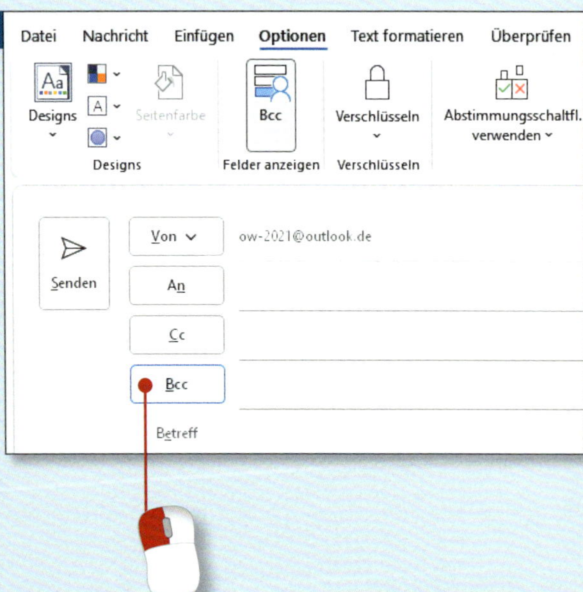

Sie haben alle Mitglieder einer Arbeitsgruppe als Kontaktgruppe angelegt. Ich zeige Ihnen hier, wie Sie an diese Kontaktgruppe eine Nachricht versenden.

Schritt 1

Wenn Sie sich im Bereich **E-Mail** befinden, öffnen Sie ein neues E-Mail-Formular mit einem Klick in der Gruppe **Neu** auf **Neue E-Mail**, alternativ drücken Sie Strg + ⇧ + M auf Ihrer Tastatur.

Schritt 2

Klicken Sie im neuen Formular auf der Registerkarte **Optionen** in der Gruppe **Felder anzeigen** auf die Schaltfläche **Bcc**.

Schritt 3

Jetzt stellen Sie sicher, dass die Kontaktgruppe als »versteckter« Empfänger eingetragen wird. Damit vermeiden Sie Probleme mit dem Datenschutz, andernfalls könnten alle Empfänger der E-Mail alle Adressen der Kontaktgruppe sehen. Klicken Sie daher auf **Bcc**.

Schritt 4

Wählen Sie mit einem Doppelklick die Kontaktgruppe **_Projekt A** aus, und bestätigen Sie mit **OK**.

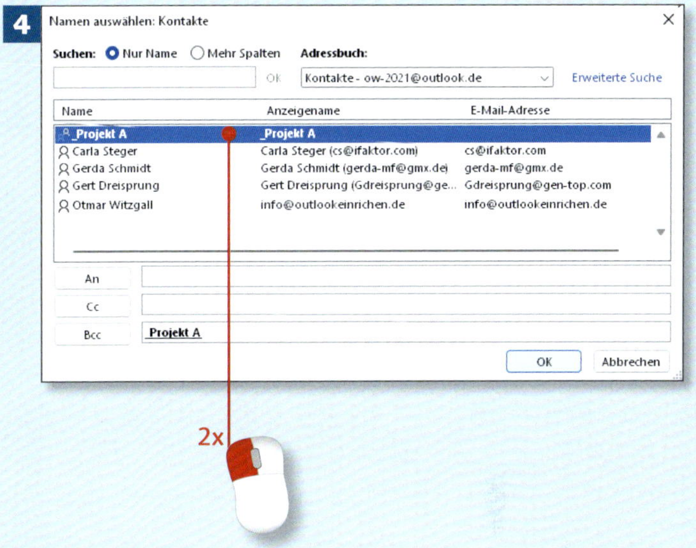

Schritt 5

Geben Sie noch einen **Betreff** ein. Wenn Sie die E-Mail so versenden, wird jedem Empfänger als Absender Ihr E-Mail-Kontoname und als Empfänger **Projekt A** angezeigt.

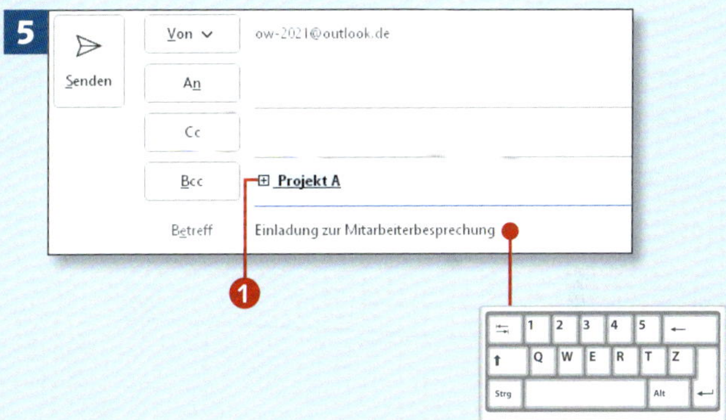

Schritt 6

Fällt Ihnen ein, dass Sie die Nachricht an ein Mitglied der Kontaktgruppe nicht senden möchten, öffnen Sie die Gruppe mit einem Klick auf das Plussymbol (❶ in Schritt 5). Die Mitglieder werden einzeln in **Bcc** eingefügt. Löschen Sie die gewünschte Adresse ❷, indem Sie sie markieren und Entf drücken. Klicken Sie schließlich auf **Senden**.

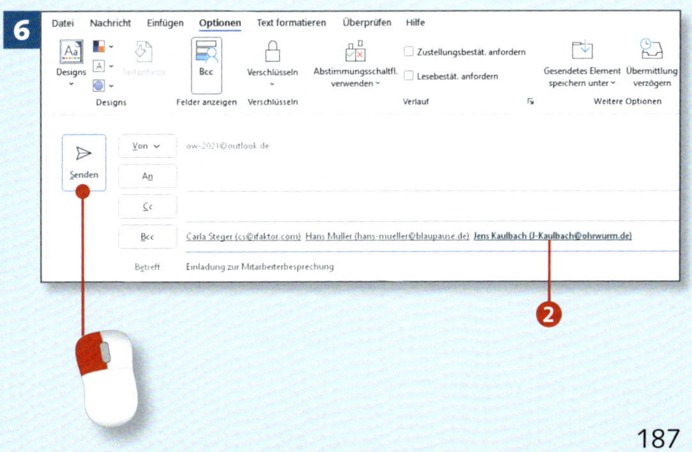

!

Datenschutz

Aus Datenschutzgründen sollten Sie Kundenadressen nur über **Bcc** senden. Ihre Kunden sehen die E-Mail-Adresse der anderen Empfänger nicht. Wenn Sie E-Mail-Adressen teamintern weitergeben möchten, senden Sie diese über **An** oder **Cc**.

Visitenkarte abspeichern

1

2

3

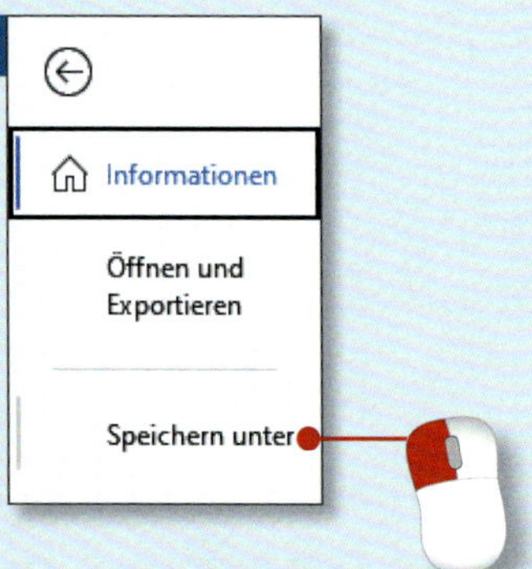

In Outlook vorhandene Visitenkarten können Sie als Datei speichern oder per E-Mail weiterleiten.

Schritt 1

Wechseln Sie in den Bereich **Personen**, und wählen Sie in der Gruppe **Aktuelle Ansicht** die Option **Visitenkarte**.

Schritt 2

Wenn Sie die Visitenkarte im unabhängigen VCF-Format auf Ihrer Festplatte abspeichern möchten, markieren Sie diese und klicken dann auf die Registerkarte **Datei**.

Schritt 3

In der Backstage-Ansicht klicken Sie auf **Speichern unter**, um die Visitenkarte als VCF-Datei abzuspeichern.

Kontaktformular = Visitenkarte

Klicken Sie in Outlook auf eine Visitenkarte, öffnet sich das Kontaktformular, in dem Sie alle Kontaktfelder mit Daten ausfüllen können. Die Visitenkarte ist Teil des Formulars und kann nicht allein angelegt werden – siehe dazu den Abschnitt »Kontakte bearbeiten« ab Seite 158.

Schritt 4

Navigieren Sie zum gewünschten Ordner. Als **Dateityp** ist bereits **vCard-Dateien (*.vcf)** ausgewählt, und unter **Dateiname** steht der Name der Visitenkarte. Klicken Sie auf **Speichern**, um Ihre Visitenkarte auf der Festplatte abzulegen.

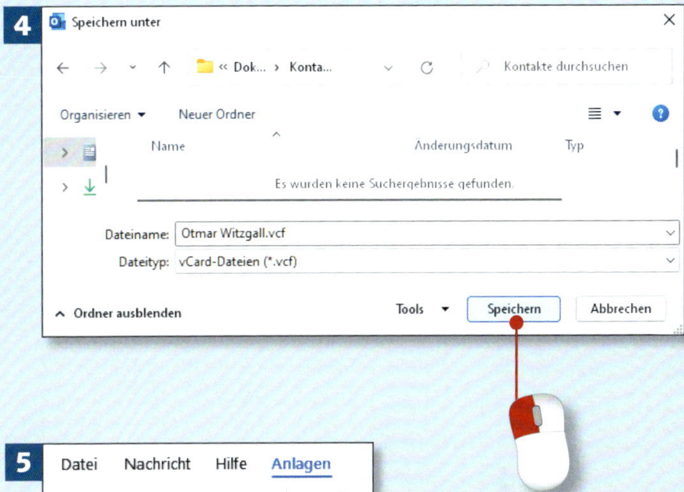

Schritt 5

Wenn Sie eine Nachricht mit einer Visitenkarte im Anhang erhalten, können Sie sie in Ihr Adressbuch übernehmen. Öffnen Sie dazu die Visitenkarte mit einem Doppelklick.

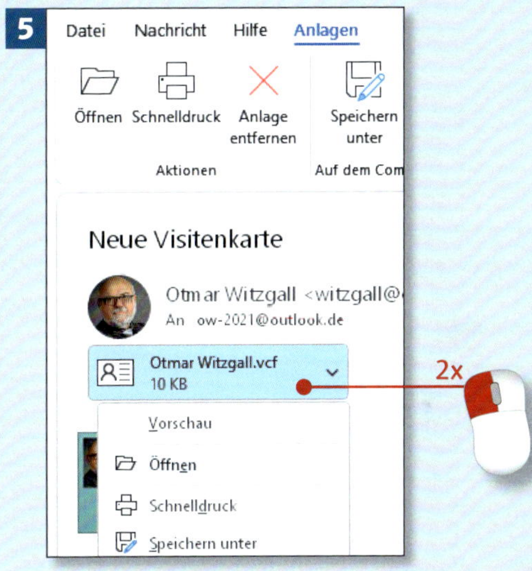

Schritt 6

Outlook öffnet die Visitenkarte als Kontaktformular. Ergänzen Sie weitere Kontaktdaten. Wenn alles in Ordnung ist, übernehmen Sie diesen Kontakt mit **Speichern & schließen** in Ihr Adressbuch in den Standardordner **Kontakte**.

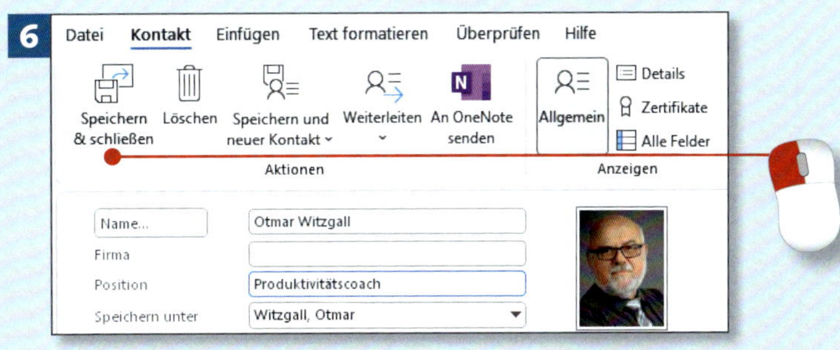

Was heißt eigentlich VCF?

Wie so oft kommen solche Begriffe aus dem Englischen: *VCF* steht für *visit card format* und bedeutet Visitenkartenformat. Dieses Format beruht auf einer allgemeingültigen Übereinkunft, sodass alle E-Mail-Programme dieses Format lesen und abspeichern können.

Einen Kontakt als Visitenkarte weitergeben

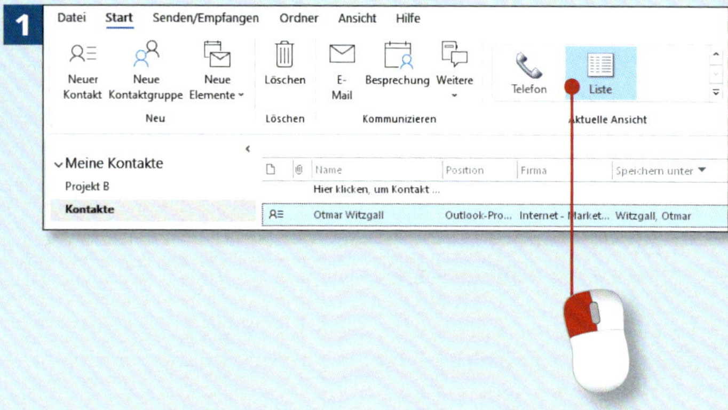

Wenn Sie nach den Kontaktdaten einer Person gefragt werden und nicht wissen, ob der Empfänger oder die Empfängerin auch mit Outlook arbeitet, gehen Sie auf Nummer sicher und schicken ihm oder ihr eine Visitenkarte.

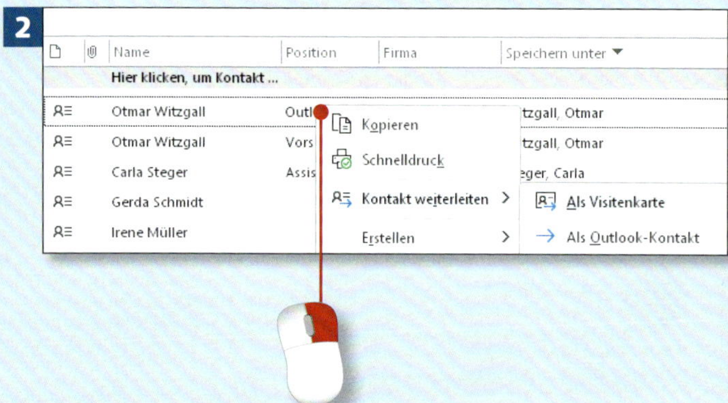

Schritt 1

Sie befinden sich im Bereich **Personen** im Ordner **Kontakte**. Wählen Sie in der Gruppe **Aktuelle Ansicht** die Option **Liste**. Markieren Sie mit einem Klick den Kontakt, den Sie als Visitenkarte versenden möchten.

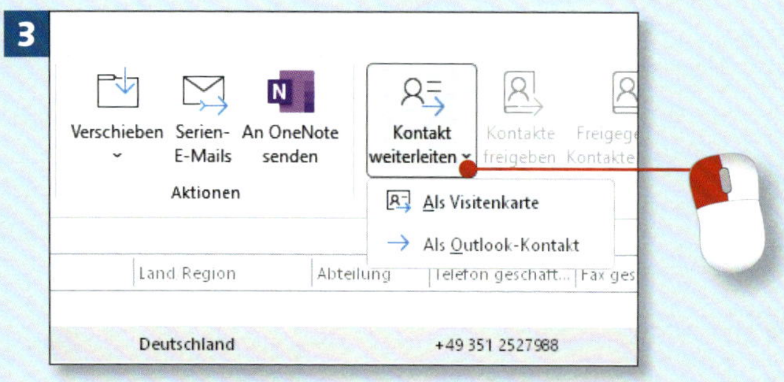

Schritt 2

Klicken Sie mit der rechten Maustaste auf den Kontakt, und wählen Sie im Menü **Kontakt weiterleiten ▸ Als Visitenkarte**. Mit diesem Format stellen Sie sicher, dass Empfänger, die kein Outlook verwenden, die Daten mit ihrem E-Mail-Programm nutzen können.

Schritt 3

Alternativ zu Schritt 2 markieren Sie den gewünschten Kontakt und klicken auf der Registerkarte **Start** in der Gruppe **Freigeben** auf **Kontakt weiterleiten ▸ Als Visitenkarte**.

Schritt 4

Im geöffneten E-Mail-Formular ist die Visitenkarte als Anhang angefügt. Wenn Sie unter **Text formatieren ▸ Format** die Option **HTML** eingestellt haben, sehen Sie die Visitenkarte als Bild ❶.

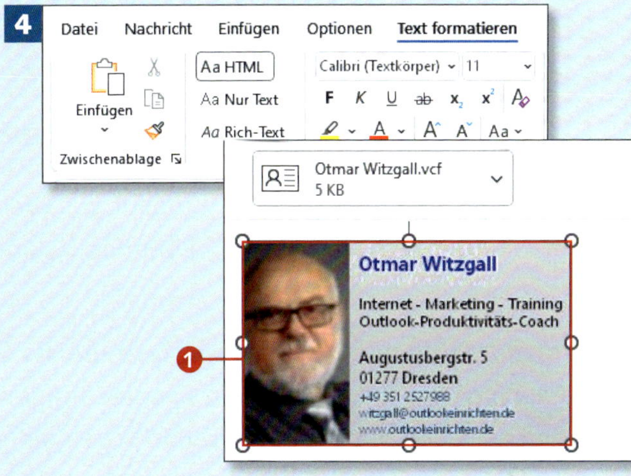

Schritt 5

Tippen Sie einen Teil des Kontaktnamens in das Feld **An**, und klicken Sie auf der Registerkarte **Nachricht** auf **Namen ▸ Namen überprüfen**. Outlook fügt die zugehörige E-Mail-Adresse ein. Alternativ überprüfen Sie mit der Tastenkombination [Strg] + [K].

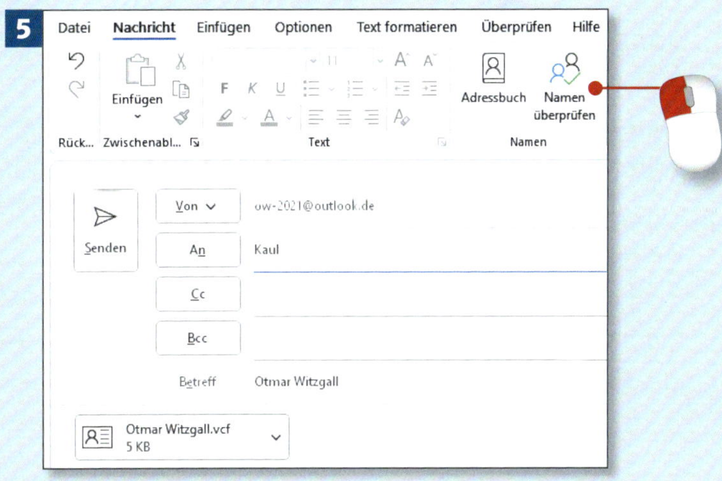

Schritt 6

Geben Sie den **Betreff** ein, überprüfen Sie Ihre Angaben, und klicken Sie auf **Senden**. Alternativ drücken Sie [Strg] + [↵].

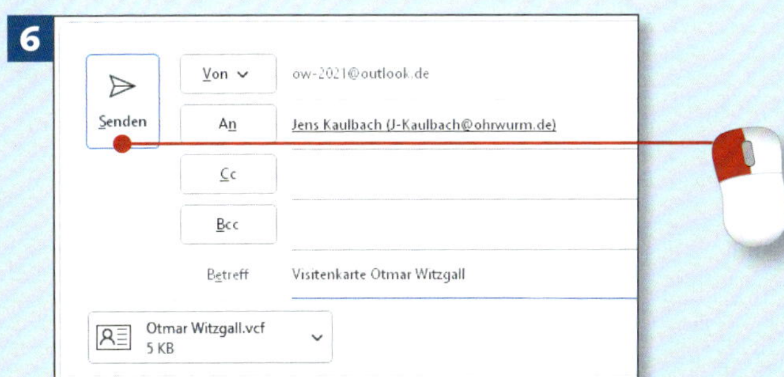

Visitenkarte und Signatur

Im Abschnitt »Eine Signatur anfügen« ab Seite 68 habe ich Ihnen gezeigt, wie Sie eine Signatur anlegen. Über **Datei ▸ Optionen ▸ E-Mail ▸ Signaturen ▸ Signatur bearbeiten ▸ Visitenkarte** fügen Sie ein Bild der Visitenkarte in Ihre Signatur ein.

Kapitel 9
Termine planen

Keiner kommt ohne Terminkalender aus – zumindest keiner, der verantwortungsvoll mit Zeit umgeht. Outlook bietet Ihnen ein mächtiges Werkzeug. Erstellen Sie Terminserien, organisieren Sie Besprechungen, und geben Sie Kalenderdaten einfach per E-Mail weiter.

Legen Sie regelmäßig wiederkehrende Termine als Serien an
Wer kennt sie nicht, die regelmäßigen Besprechungen im Team und die Verabredungen mit Freunden. Auch Geburtstage kehren in regelmäßigen Abständen wieder. Keine Sorge, Sie müssen nicht jeden Termin einzeln eingeben. Nutzen Sie stattdessen Terminserien ❶.

Bringen Sie alle Teilnehmer zusammen
Jeder hat schon mal versucht, mit anderen Personen einen gemeinsamen Termin abzustimmen – je größer die Teilnehmerzahl, desto komplexer die Terminabstimmung. Mit Outlook geht das ganz einfach – mit der Funktion **Besprechung** und der Terminplanung ❷.

Geben Sie Ihre Kalenderdaten per E-Mail weiter
Vielleicht haben Sie sich schon mal gewünscht, schnell in den Kalender eines anderen hineinschauen zu können. Kein Problem! Tauschen Sie Ihre Kalenderdaten per E-Mail aus ❸ – und zwar am besten so, dass Ihr Gegenüber mit nur zwei Klicks Ihre Daten in seinem Kalender hat.

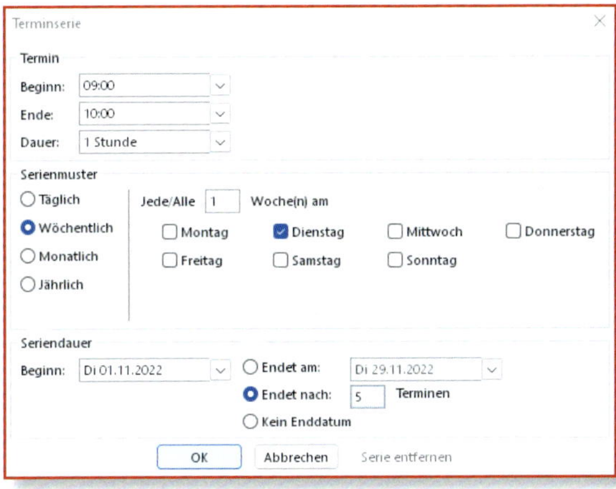

❶ Hier tragen Sie regelmäßig wiederkehrende Termine ein.

Mit dem **Terminplanungs-Assistent** suchen Sie für alle Teilnehmer die passende Zeit. ❷

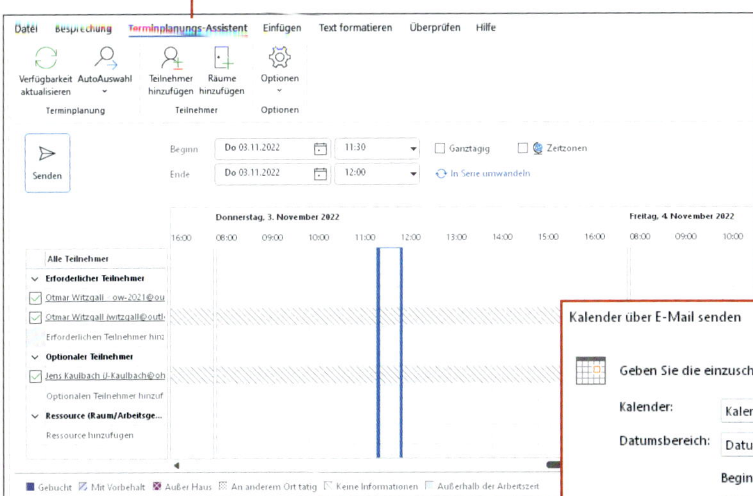

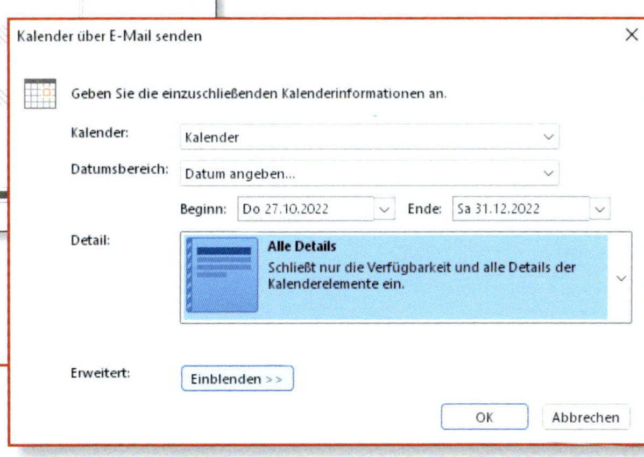

Über einen Assistenten geben Sie Kalenderdaten weiter. ❸

Einen Termin anlegen

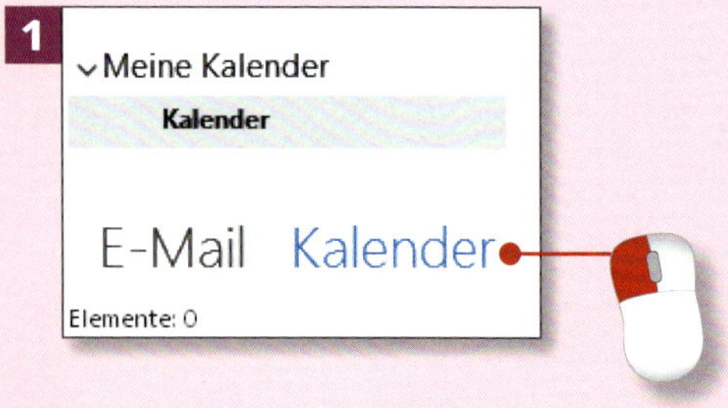

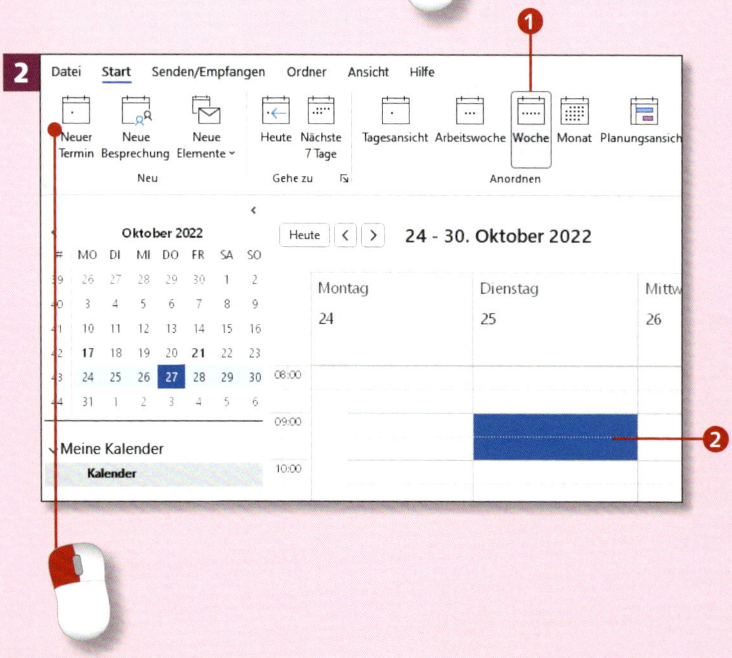

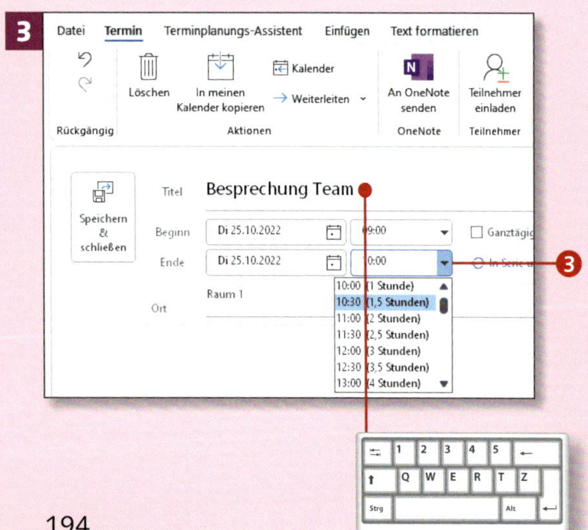

Zur Organisation Ihres Alltags nutzen Sie den Kalender. Einen Termin können Sie auf verschiedene Weise anlegen.

Schritt 1

Wechseln Sie mit einem Klick auf **Kalender** in den gleichnamigen Bereich. Alternativ wechseln Sie mit der Tastenkombination [Strg] + [2] dorthin. Sie sehen daraufhin Ihren Outlook-Kalender.

Schritt 2

Markieren Sie in der Ansicht **Woche** ❶ an einem gewünschten Tag bei gedrückter Maustaste die Dauer eines Termins ❷. Klicken Sie dann auf **Neuer Termin**. Schneller geht es mit der Tastenkombination [Strg] + [⇧] + [A].

Schritt 3

Es öffnet sich das Terminformular mit Datum und Dauer des Termins. Fügen Sie einen **Titel** und einen **Ort** hinzu. **Beginn** und **Ende** können Sie über ein Dropdown-Menü ❸ anpassen.

Schritt 4

Haben Sie alles eingetragen, beenden Sie die Eingabe mit einem Klick auf **Speichern & schließen**.

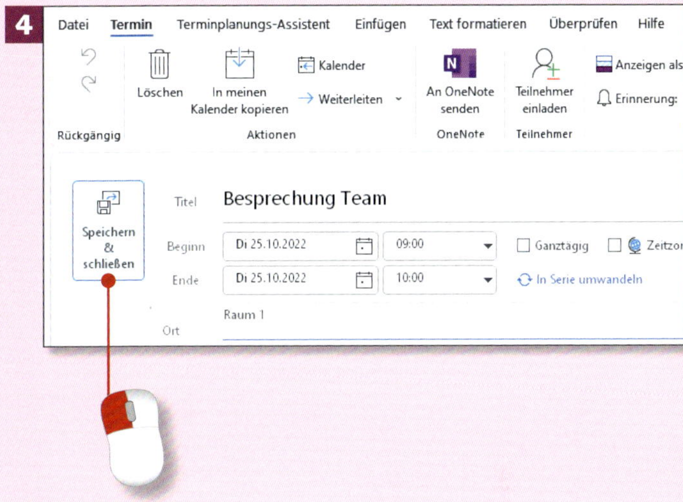

Schritt 5

Es gibt noch einen anderen Weg, einen neuen Termin anzulegen. Der erste Schritt ist zunächst gleich. Markieren Sie anschließend, so wie in Schritt 2 beschrieben, einen Termin im Kalender.

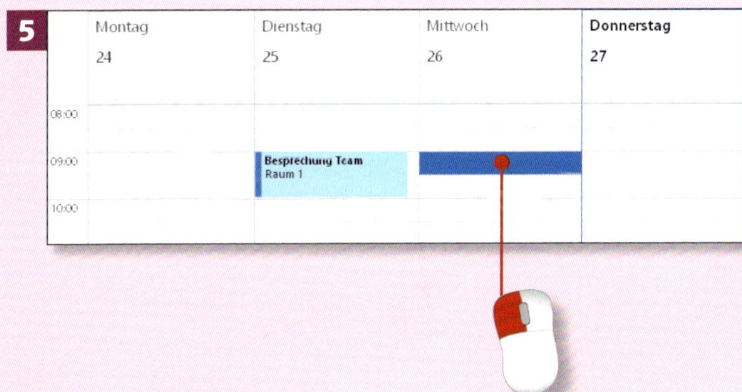

Schritt 6

Beginnen Sie einfach, einen Titel einzutippen. Die Farbe der Markierung ändert sich dabei in die Farbe des Termins.

Die Zwischenablage nutzen

Von jeder beliebigen Quelle aus kopieren Sie einen für einen Termin relevanten Text, ein Bild etc. in die Windows-Zwischenablage. In Outlook wechseln Sie mit Strg + 2 in den Bereich **Kalender**. Mit Strg + V öffnen Sie ein Terminformular und fügen gleichzeitig den Inhalt der Zwischenablage in das Terminfeld ein.

Einen Termin anlegen (Forts.)

Schritt 7

Wenn Sie mit der Maus über den Termin fahren, sehen Sie die Zusammenfassung der eingegebenen Daten ❶. Klicken Sie doppelt auf den Termin, um ihn zu öffnen.

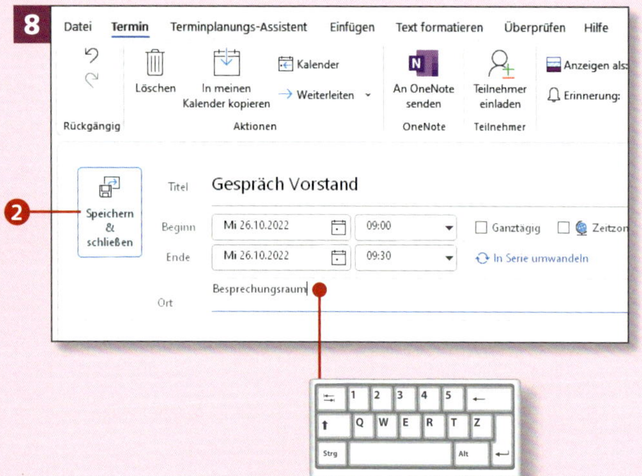

Schritt 8

Nun können Sie Angaben ergänzen, z. B. den **Ort**. Schließen Sie die Termineingabe mit einem Klick auf **Speichern & schließen** ❷ ab.

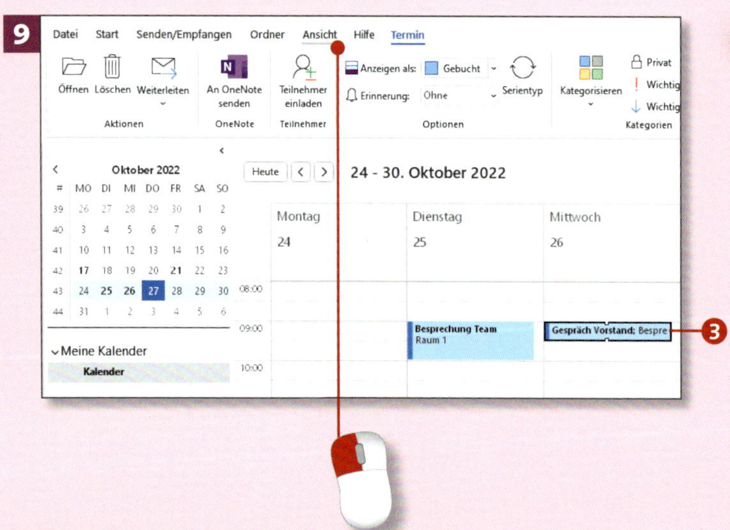

Schritt 9

Sie sehen jetzt im Kalender neben dem Titel auch den Ort ❸. Klicken Sie auf die Registerkarte **Ansicht**.

Termine duplizieren

Möchten Sie einen Termin so duplizieren, dass dieser an einem anderen Tag stattfindet, dann suchen Sie in der Navigationsleiste im Datumsnavigator den gewünschten Monat aus. Klicken Sie nun den Termin an, ziehen Sie ihn mit gedrückter Strg-Taste auf den gewünschten Tag im ausgesuchten Monat, und lassen Sie ihn los. Das Verschieben funktioniert ohne Strg-Taste.

Schritt 10

In der Gruppe **Layout** klicken Sie auf **Aufgabenleiste** und dann auf **Kalender**.

10

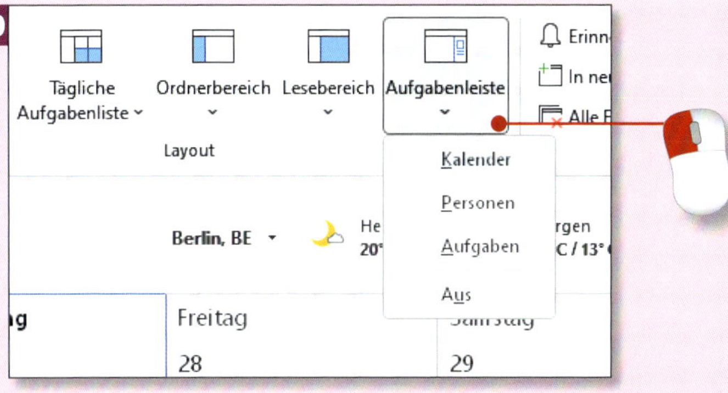

Schritt 11

Die Aufgabenleiste mit dem Kalender erscheint am rechten Rand des Arbeitsbereichs. Das aktuelle Datum ist dunkelblau hervorgehoben ❹. Markieren Sie einen anderen Tag, um andere Termine zu sehen.

11

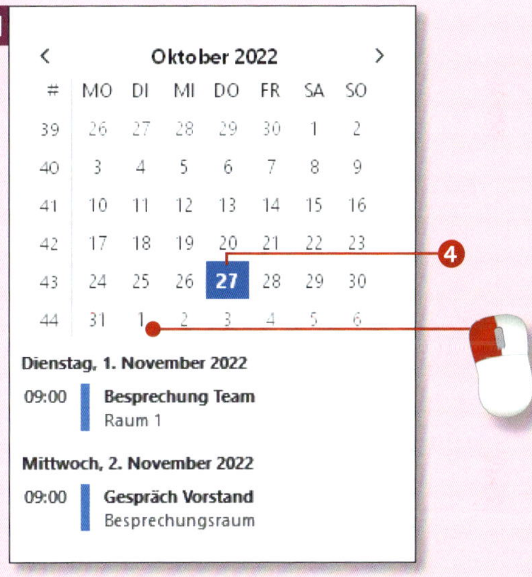

Schritt 12

Markieren Sie nochmals den Termin. Auf der Registerkarte **Termin** in der Gruppe **Kategorien** können Sie den Termin kategorisieren, ihn als **Privat** markieren und ihm eine Wichtigkeit zuordnen.

12

Gleiche Termine

Legen Sie einen Termin in der Tagesansicht an. Dieser Termin soll an einem weiteren Termin über das Jahr stattfinden. Suchen Sie mit gedrückter Strg-Taste den Tag im Datumsnavigator links, und markieren Sie ihn. Sie haben jetzt zwei Tagesansichten nebeneinander. Markieren Sie den Termin, ziehen Sie ihn bei gedrückter Strg-Taste in die andere Tagesansicht an die gewünschte Tageszeit, und lassen Sie ihn los.

Die Erinnerungsfunktion nutzen

Was nutzt ein Termin, wenn Sie nicht im Vorfeld daran erinnert werden? Ob zwei Wochen oder 15 Minuten vorher – alles ist möglich, sogar mit Ihrem Lieblings-Jingle.

1

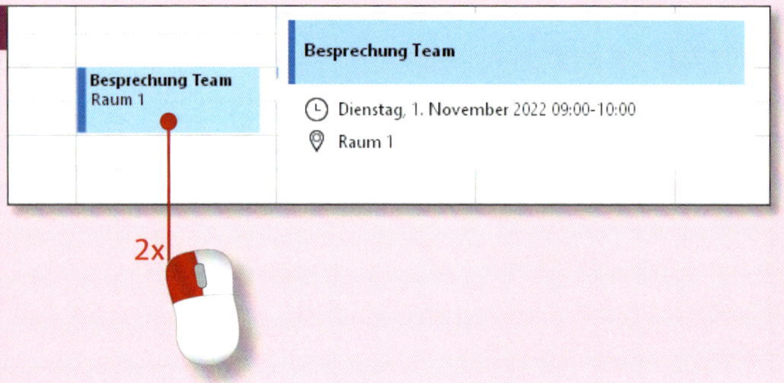

2

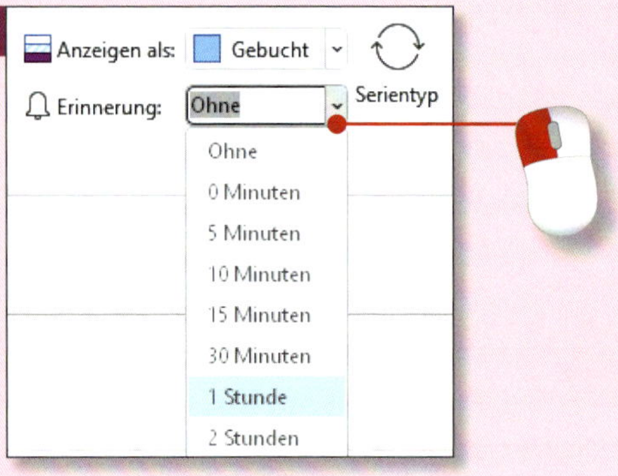

3

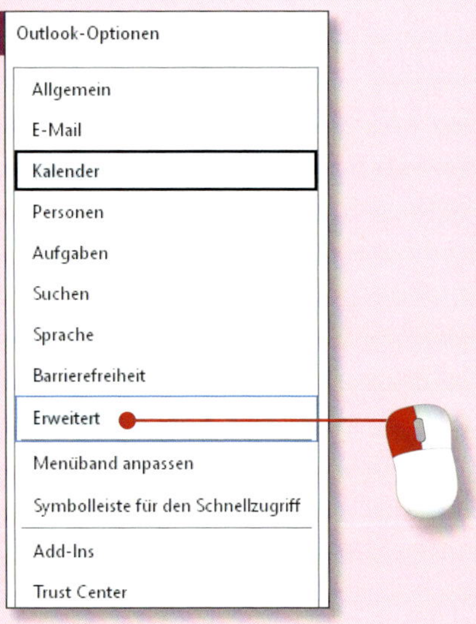

Schritt 1

Wechseln Sie in den Bereich **Kalender**, und öffnen Sie einen Termin per Doppelklick.

Schritt 2

Klicken Sie in der Gruppe **Optionen** auf die Pfeilspitze bei **Erinnerung**, und wählen Sie einen Zeitpunkt aus.

Schritt 3

Wenn Sie mit ein paar netten Takten erinnert werden wollen, gehen Sie wie im Abschnitt »Kalenderoptionen ändern« ab Seite 256 in die **Outlook-Optionen ▸ Kalender**. Klicken Sie auf **Erweitert**.

Erinnerungen anzeigen
Wenn die eingestellte Erinnerungszeit gekommen ist, blendet Outlook ein Erinnerungsfenster ein. Schließen Sie es, ist es ausgeblendet. Über **Ansicht ▸ Fenster ▸ Erinnerungsfenster** machen Sie es wieder sichtbar.

Schritt 4

Im Bereich **Erinnerungen** sollte dafür bei **Erinnerungssound wiedergeben** ein Haken gesetzt sein ❶. Haben Sie einen eigenen Sound, öffnen Sie die **Suche**.

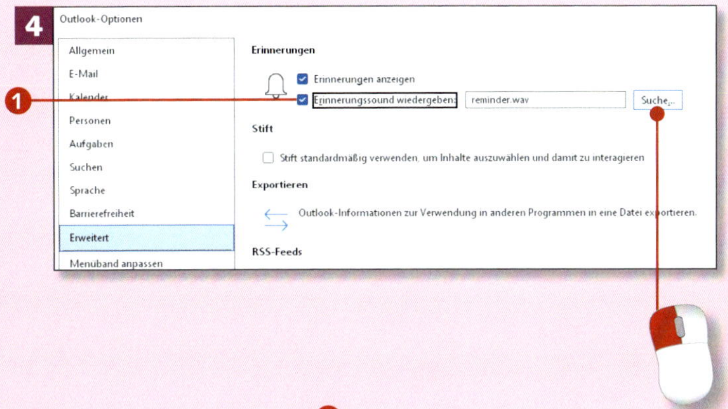

Schritt 5

Sie finden verwendbare Audiodateien im .WAV-Format z. B. im Ordner **Windows** und dort im Unterordner **Media** ❷. Übernehmen Sie die gewünschte Datei mit einem Doppelklick. Klicken Sie im Fenster **Outlook-Optionen** auf **OK** (nicht im Bild), um die Einstellungen zu bestätigen. Kehren Sie zum geöffneten Termin zurück.

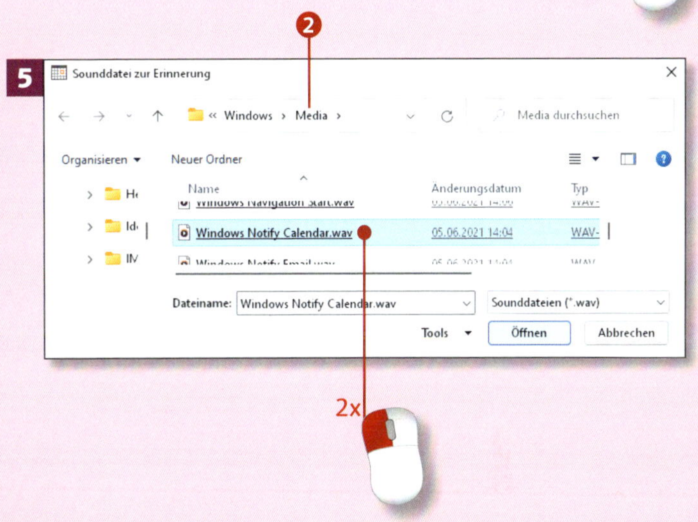

Schritt 6

Jetzt haben Sie die Erinnerungszeit und den dazugehörenden Sound eingestellt. Klicken Sie auf **Speichern & schließen**, um die Einrichtung abzuschließen.

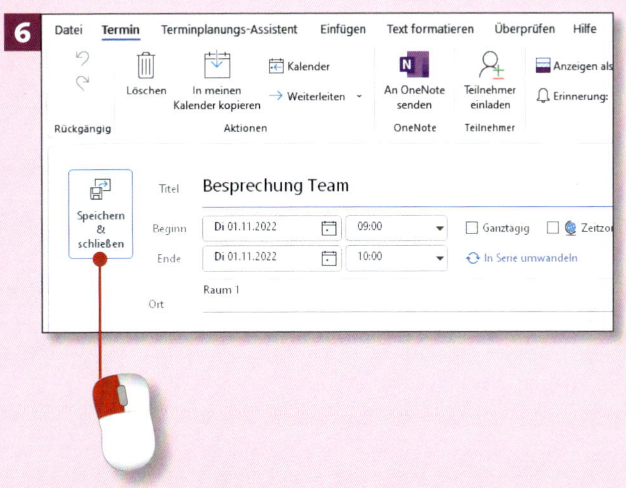

Aus regelmäßigen Terminen eine Serie machen

Ein sehr hilfreiches Tool stellt Ihnen Outlook bereit, wenn Sie immer wiederkehrende Termine eintragen möchten. Es wird Ihnen gefallen.

1

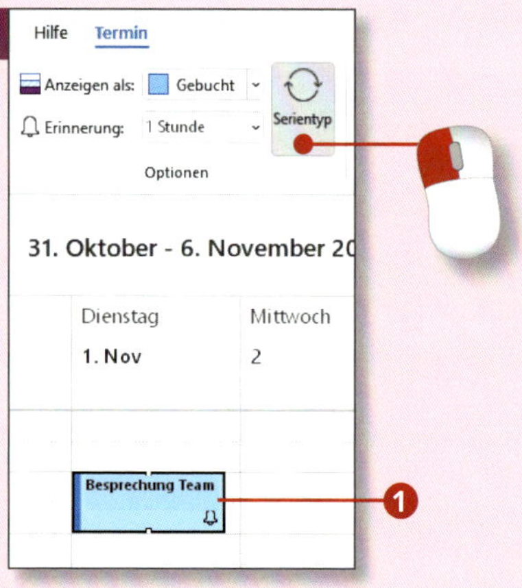

Schritt 1

Markieren Sie den Termin, der sich regelmäßig wiederholt ❶. Klicken Sie auf **Serientyp**.

2

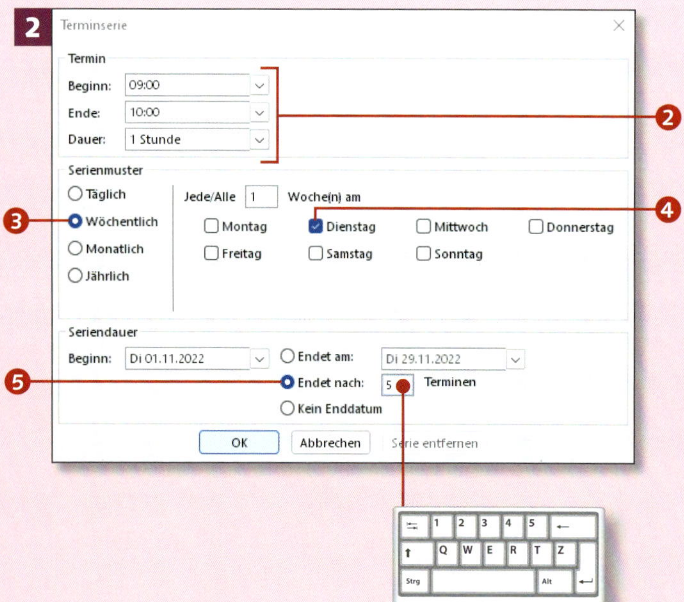

Schritt 2

Es öffnet sich das Fenster **Terminserie**. Im Bereich **Termin** sehen Sie die bereits eingestellte Tageszeit für Beginn und Ende und die Dauer ❷. Im Bereich **Serienmuster** richten Sie die Wiederholungen ein. Aktivieren Sie **Wöchentlich** ❸, und setzen Sie bei **Dienstag** ❹ ein Häkchen. Die **Seriendauer** soll im Beispiel nach fünf Terminen enden ❺. In diesem Fall tragen Sie eine »5« ein und schließen dann mit **OK**.

3

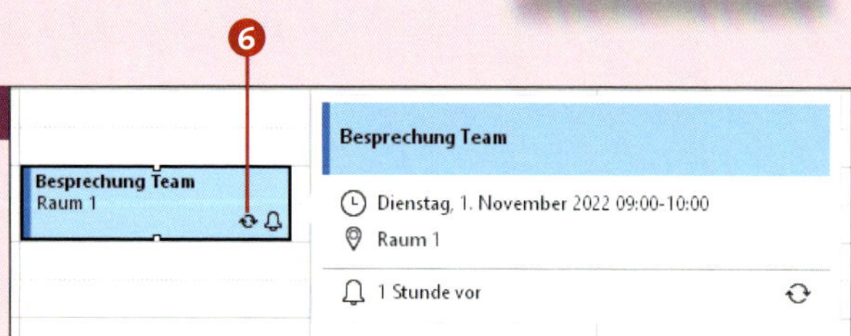

Schritt 3

Im Kalender sehen Sie, dass der Termin mit einem Kreissymbol ❻ für sich wiederholende Termine gekennzeichnet ist.

Schritt 4

Klicken Sie zum Öffnen doppelt auf einen Serientermin. Es öffnet sich das Fenster **Terminserie öffnen** mit der wichtigen Frage: **Was möchten Sie öffnen?** Darunter sehen Sie zwei Optionen: **Nur diesen Termin** und **Die gesamte Serie**. Die erste Option ist aktiviert, damit Sie nicht die gesamte Serie vorschnell verändern. Klicken Sie auf **OK**.

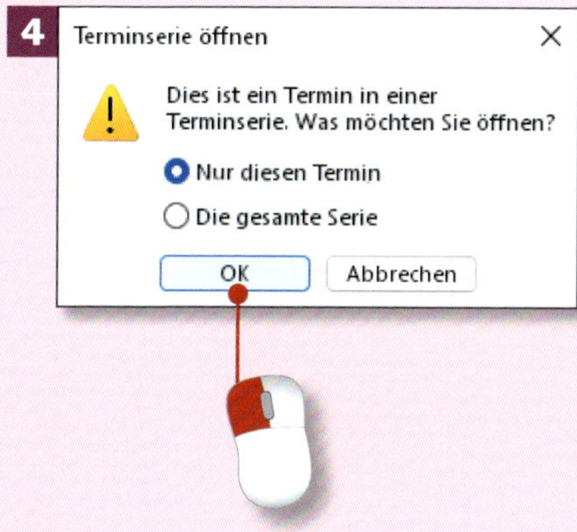

Schritt 5

Möchten Sie einen Serientermin löschen, klicken Sie mit der rechten Maustaste auf den Termin und wählen im Kontextmenü **Löschen**. Es öffnet sich eine weitere Auswahl: Sie können sich entscheiden, ob Sie nur diesen **Termin löschen** oder die ganze **Serie löschen** möchten.

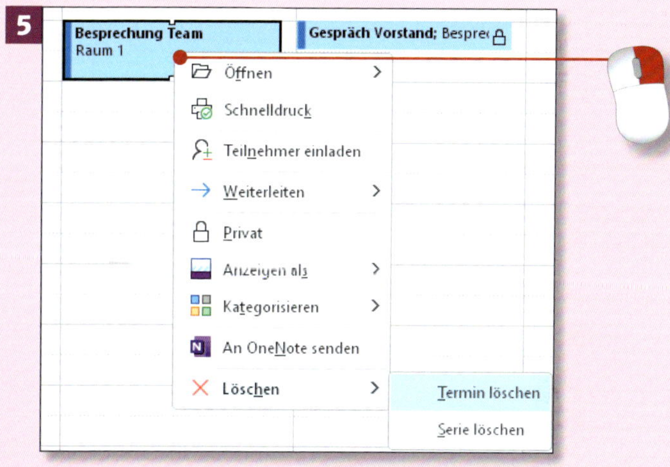

Schritt 6

Wenn Sie sich entscheiden sollten, doch nicht mit Serienterminen zu arbeiten, klicken Sie im Fenster **Terminserie** auf **Serie entfernen**. Wollen Sie die Serie nicht weiter fortsetzen, setzen Sie das aktuelle Datum bei **Endet am** 7 und schließen die Serie mit **OK** ab.

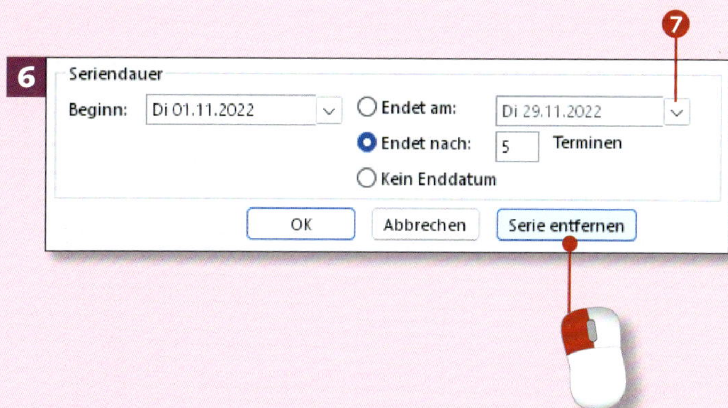

Einem Termin Dateien hinzufügen

Wenn Sie eine Besprechung oder einen Kundentermin haben, können Sie Unterlagen in das Terminfeld als Link oder als Kopie einfügen.

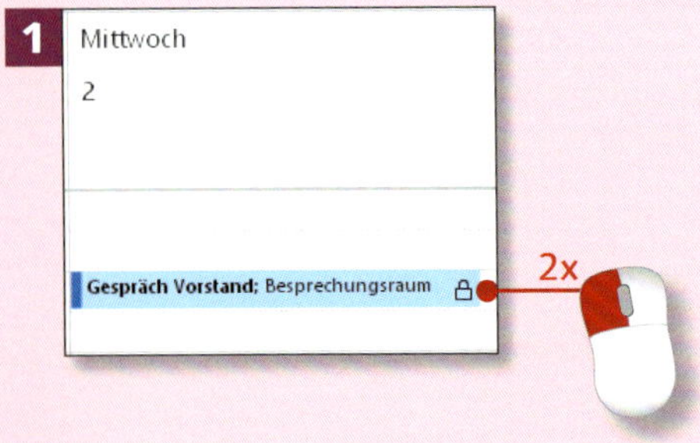

Schritt 1

Um einem Termin Dateien hinzuzufügen, öffnen Sie den Termin mit einem Doppelklick.

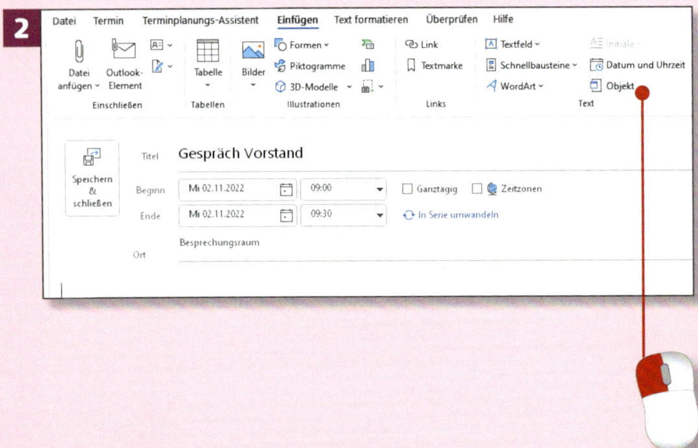

Schritt 2

Im geöffneten Terminformular klicken Sie auf der Registerkarte **Einfügen** in der Gruppe **Text** auf **Objekt**.

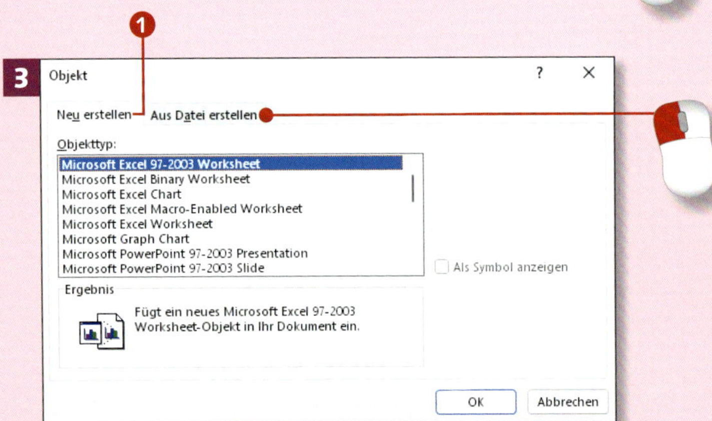

Schritt 3

Im Fenster **Objekt** haben Sie die Möglichkeit, mit jedem registrierten Programm auf Ihrem Computer ein Objekt neu zu erstellen ❶ oder ein bestehendes Objekt einzufügen. Klicken Sie auf **Aus Datei erstellen ▸ Durchsuchen**.

Befehl »Datei anfügen«

In den Abschnitten »Dateien und Fotos anhängen« ab Seite 56 und »Einem Kontakt Dateien und Notizen hinzufügen« ab Seite 168 habe ich gezeigt, wie Sie über **Einfügen ▸ Einschließen ▸ Datei anfügen** Daten in ein Outlook-Element einfügen. Nun zeige ich die Methode über **Einfügen ▸ Text ▸ Objekt**.

Schritt 4

Suchen Sie im Dateimanager nach der gewünschten Datei, und öffnen Sie diese mit einem Doppelklick.

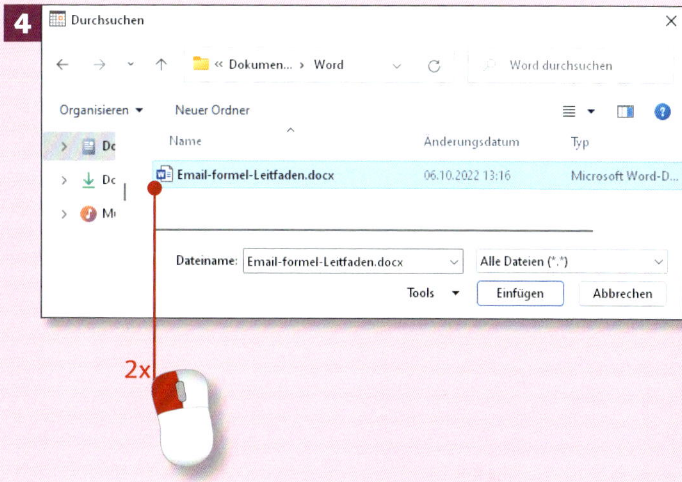

Schritt 5

Im Fenster **Objekt** sehen Sie unter **Ergebnis** ❷ die Information, dass der Dateiinhalt so eingefügt wird, dass Sie damit die Ursprungsdatei bearbeiten können – also als eine Art Link. Schließen Sie das Fenster mit **OK**.

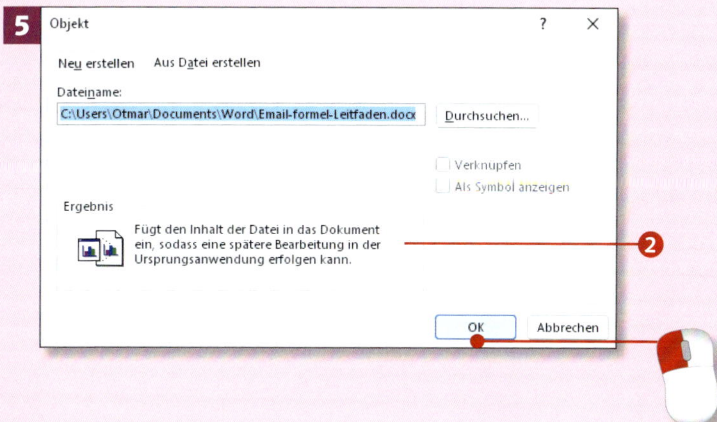

Schritt 6

Im Notizenteil des Termins lesen Sie Teile der Datei, die mit einem gepunkteten Rahmen versehen sind. Klicken Sie doppelt in diesen Rahmen, wird die Originaldatei geöffnet. Alle Veränderungen, die Sie dort vornehmen, sind nach der Speicherung im Termin sichtbar.

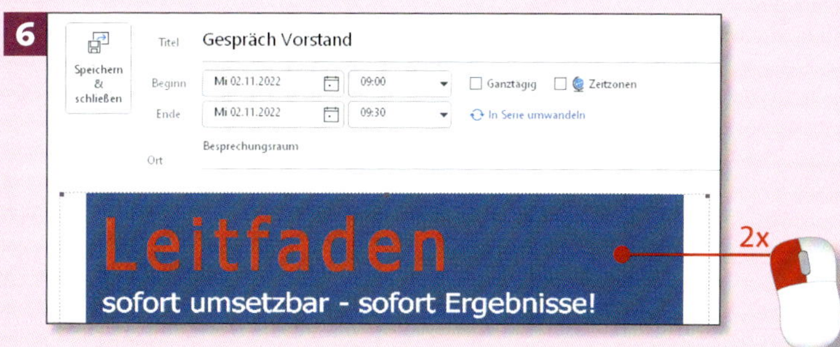

Kopie oder Verknüpfung?

Es ist immer zu empfehlen, eine bestehende Datei auf der Festplatte als Link einzufügen: Man öffnet immer die aktuelle Datei, die in der Zwischenzeit vielleicht verändert wurde, und der Termin mit Link benötigt weniger Speicherplatz.

Feiertage im Kalender anzeigen

1

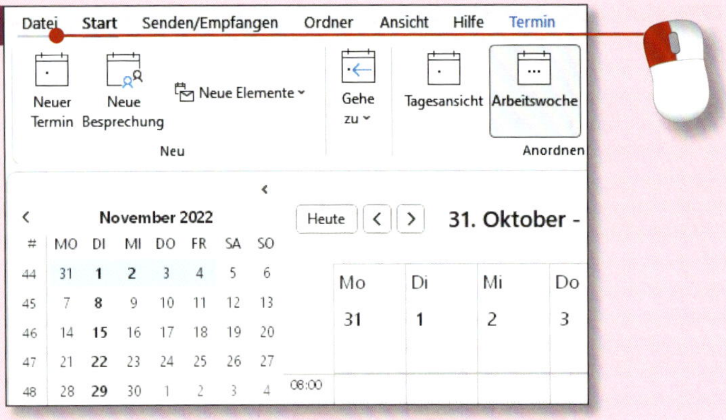

2

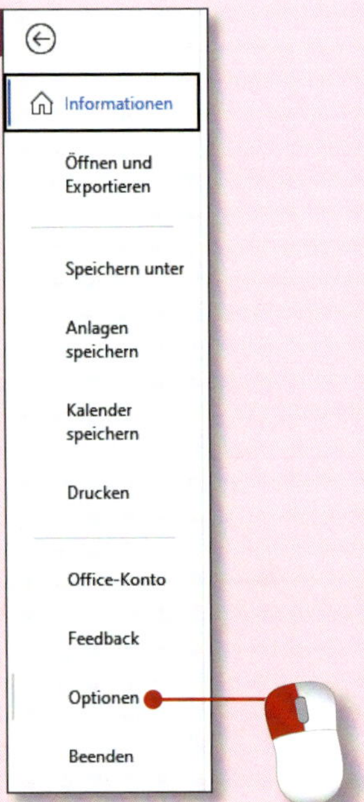

3

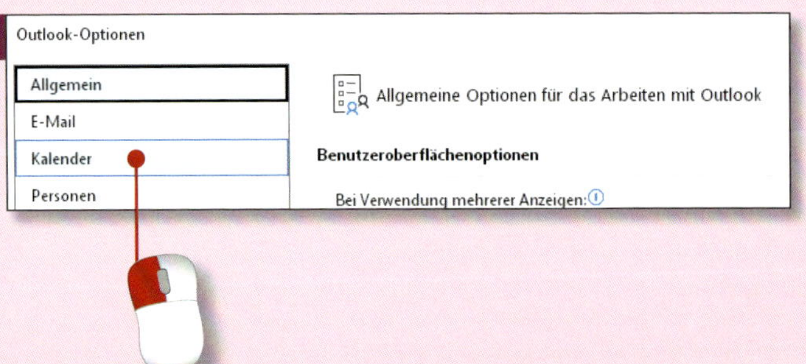

Für Ihre Planungen mit dem Kalender ist es von Bedeutung, die Feiertage im Kalender zu sehen. Sie markieren wichtige Punkte im gesellschaftlichen Leben und Alltag.

Schritt 1

Sie befinden sich im Bereich **Kalender** und sehen die **Arbeitswoche** vor sich. Um zu den Einstellungen für die Feiertage zu gelangen, klicken Sie auf **Datei**.

Schritt 2

Sie landen in der Backstage-Ansicht. Klicken Sie im Menü links auf die Rubrik **Optionen**.

Schritt 3

Im Fenster **Outlook-Optionen** klicken Sie links auf die Rubrik **Kalender**.

Feiertage

Die Feiertage werden von Microsoft automatisch per Update erneuert.

Schritt 4

In den Kalendereinstellungen rufen Sie den Bereich **Kalenderoptionen** auf und klicken bei **Feiertage in Kalender eintragen** auf die Schaltfläche **Feiertage hinzufügen**.

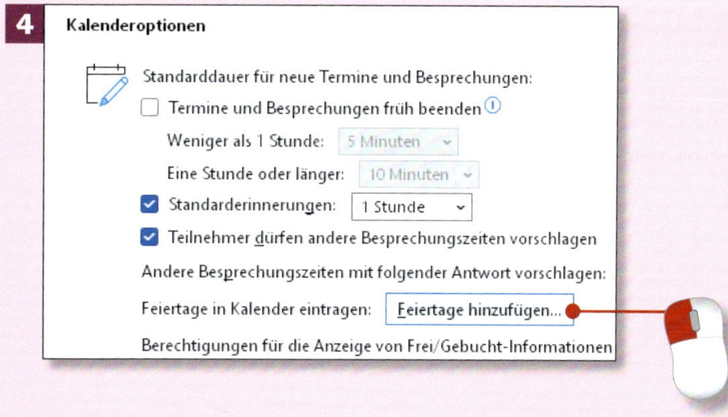

Schritt 5

Im Fenster **Feiertage in Kalender eintragen** setzen Sie bei **Deutschland** ein Häkchen. Sollten Sie aus einem anderen Land kommen, wählen Sie entsprechend Ihr Land aus – eventuell als zusätzliche Feiertage. Schließen Sie die Einstellungen mit einem Klick auf **OK**.

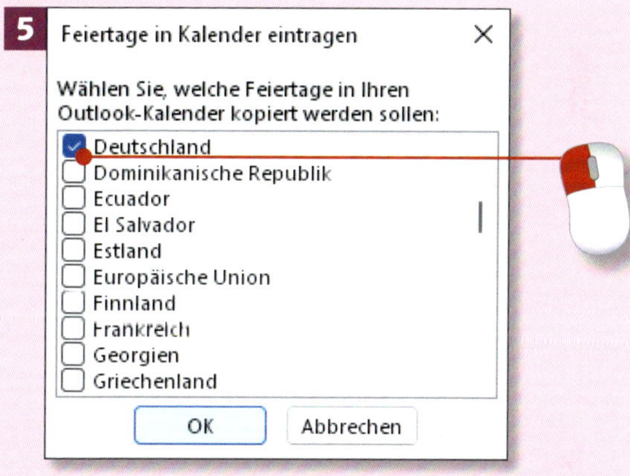

Schritt 6

Im Kalender sehen Sie nun alle deutschen Feiertage, im Beispiel die Weihnachtsfeiertage ❶.

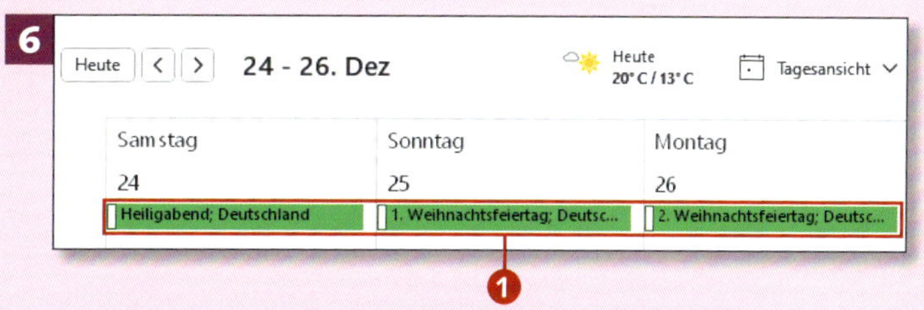

Feiertage löschen

Klicken Sie auf **Ansicht ▸ Aktuelle Ansicht ▸ Ansicht ändern ▸ Liste**. Markieren Sie die Feiertage mit der Strg-Taste, und drücken Sie die Entf-Taste.

Geburtstage eintragen

Neben den gesellschaftlichen Feiertagen sind für jeden von uns Geburtstage als persönliche Feiertage wichtig. Ich zeige Ihnen zwei Möglichkeiten, wie Sie Geburtstage eintragen.

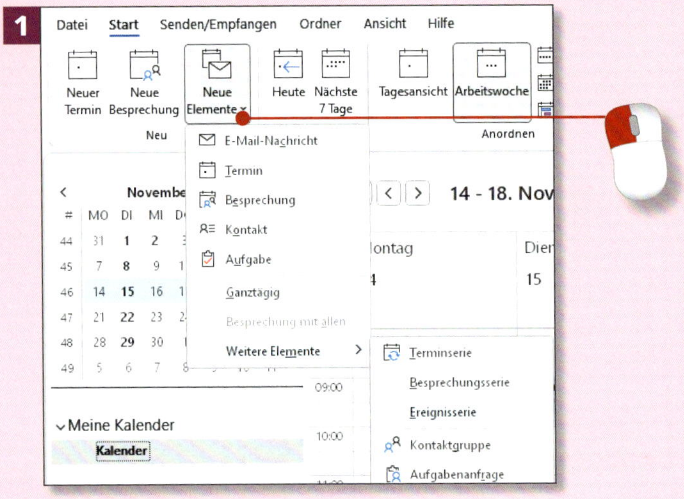

Schritt 1

Da ein Geburtstag ein regelmäßiges Ereignis ist, klicken Sie im Bereich **Kalender** auf **Start ▸ Neu ▸ Neue Elemente ▸ Weitere Elemente ▸ Ereignisserie**.

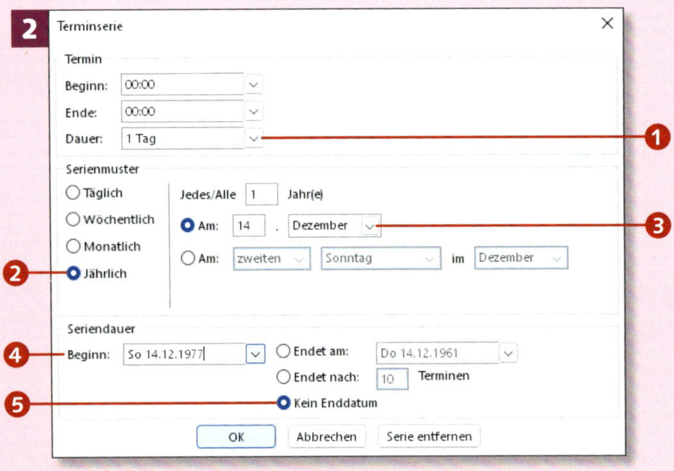

Schritt 2

Im Fenster **Terminserie** ist der **Termin** als ganztägiges Ereignis ❶ eingestellt. Bei **Serienmuster** markieren Sie **Jährlich** ❷. Aktivieren Sie als Wiederholung **Am**, und geben Sie das Geburtsdatum ❸ ein. Bei **Seriendauer ▸ Beginn** ❹ geben Sie den Geburtstag ein. Wählen Sie die Option **Kein Enddatum** ❺, und schließen Sie mit **OK**.

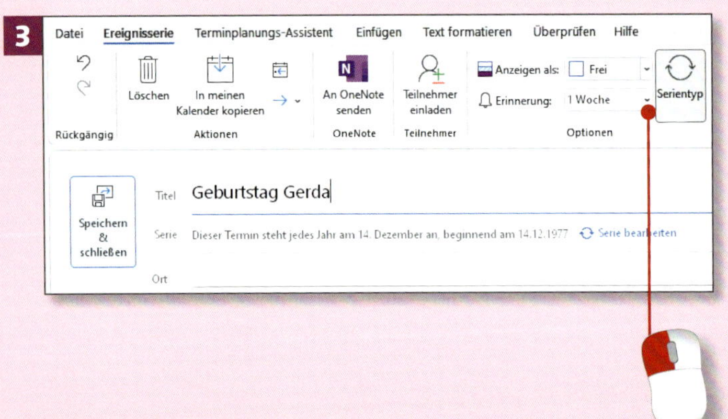

Schritt 3

Sie werden zum Terminformular zurückgeführt. Wählen Sie bei **Erinnerung** z. B. **1 Woche** aus – damit Sie noch rechtzeitig Geschenke besorgen können. Geben Sie einen **Titel** ein, und klicken Sie auf **Speichern & schließen**.

Schritt 4

Klicken Sie im Ordnerbereich in die Monatsüberschrift im Datumsnavigator, und halten Sie die linke Maustaste gedrückt, um zum gewünschten Monat zu wechseln. Um in einen zukünftigen Zeitraum zu navigieren, ziehen Sie die Maus nach unten – in einen vergangenen geht es nach oben. Stoppen Sie, wenn Sie den gewünschten Monat erreicht haben, und lassen Sie die Maus los.

4

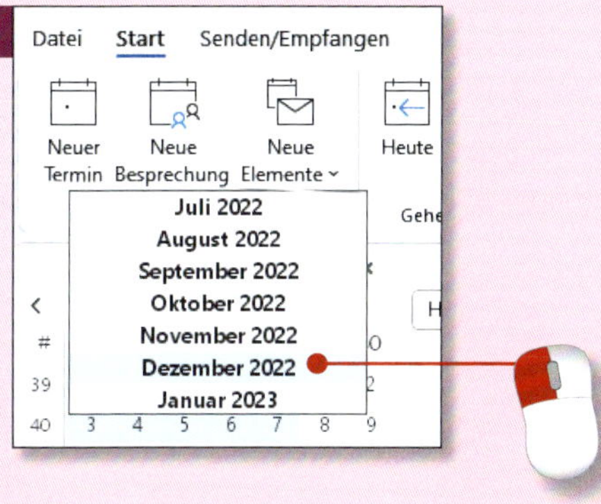

Schritt 5

Markieren Sie das Geburtsdatum. Im Kalender sehen Sie, dass der Geburtstag mit einer Wiederholung eingetragen wurde.

5

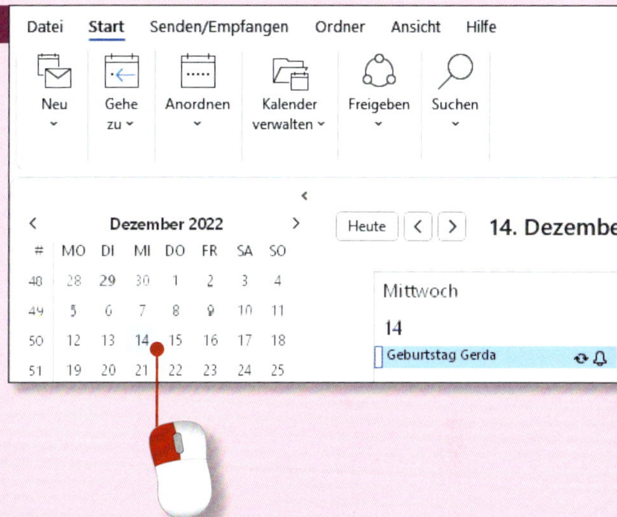

Schritt 6

Alternativ zu Schritt 1 öffnen Sie mit F11 die Suchmaske für die Person, deren Geburtstag Sie eintragen möchten. Tippen Sie den Namen in die Suchmaske ein ❻. Im Pop-up-Fenster klicken Sie auf die drei Punkte.

6

Geburtstage eintragen (Forts.)

7

8

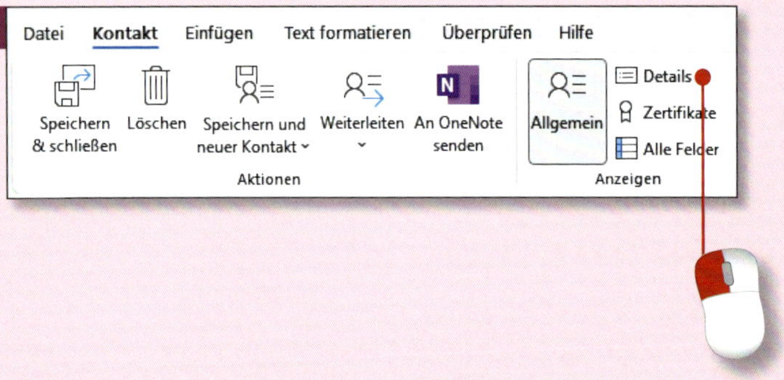

9

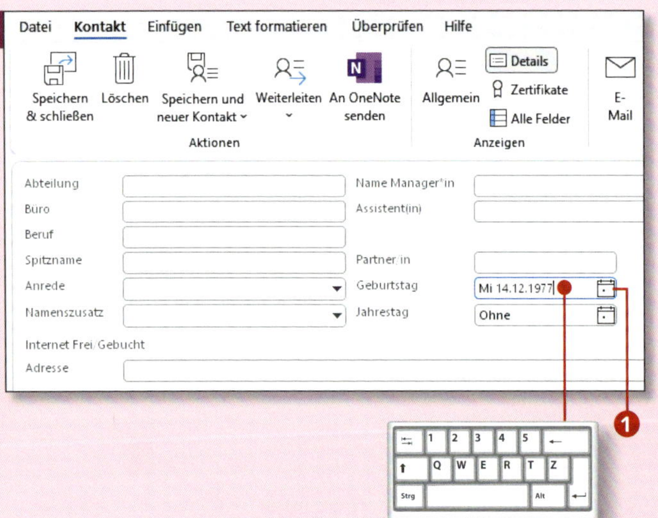

Schritt 7

Im Auswahlmenü klicken Sie auf **Outlook-Kontakt bearbeiten**.

Schritt 8

Im Kontaktformular klicken Sie in der Gruppe **Anzeigen** auf **Details**.

Schritt 9

Tippen Sie in das Eingabefeld **Geburtstag** das Geburtsdatum ein. Alternativ wählen Sie es über den Kalender **1** aus. Beenden Sie die Eingabe mit einem Klick auf **Speichern & schließen**.

Termine und Ereignisse

Ein *Termin* ist mit einer Tageszeit verbunden und hat einen festgelegten Beginn und ein festgelegtes Ende. Ein *Ereignis* findet den ganzen Tag statt – ohne festgelegte Tageszeit – und wird somit als **Ganztägiges Ereignis** markiert, wie z. B. ein Geburtstag.

Schritt 10

Nun springen Sie im Kalender direkt auf den gewünschten Tag, um zu prüfen, ob der Eintrag angelegt wurde. Dazu klicken Sie in der Gruppe **Gehe zu** auf den Dialogfeldstarter. Noch schneller geht es mit der Tastenkombination [Strg] + [G].

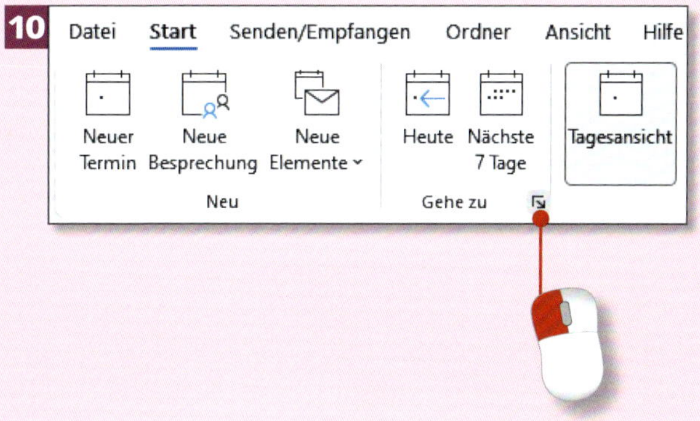

Schritt 11

Im Dialogfenster **Gehe zu Datum** tippen Sie bei **Datum** den Geburtstag ein und bestätigen mit einem Klick auf **OK**.

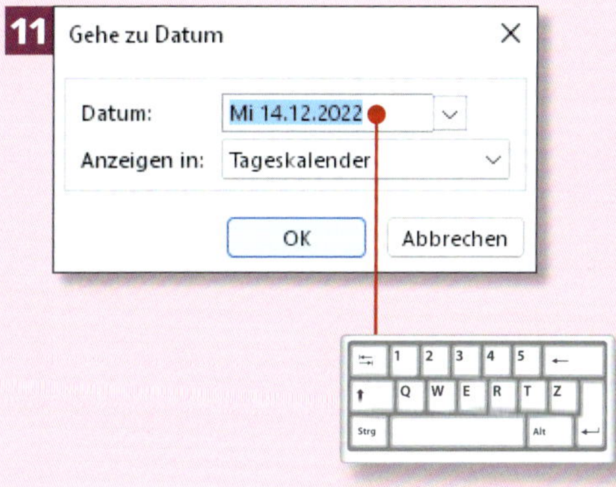

Schritt 12

Perfekt! Zum eingegebenen Datum erscheint der zuvor angelegte Geburtstag ❷ mit Wiederholungssymbol und Erinnerung als Ganztagesereignis im Kalender.

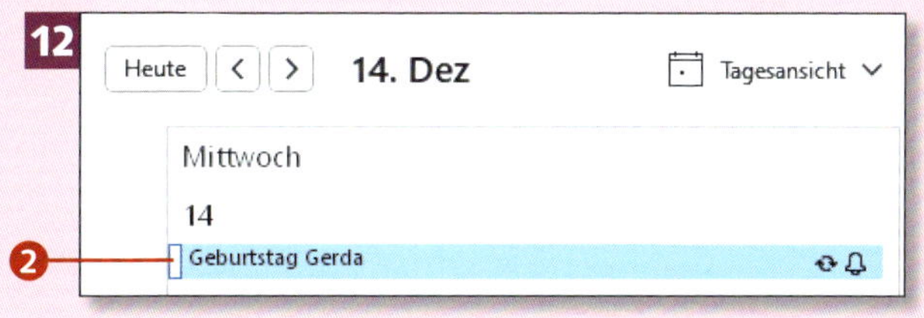

Besprechungen organisieren

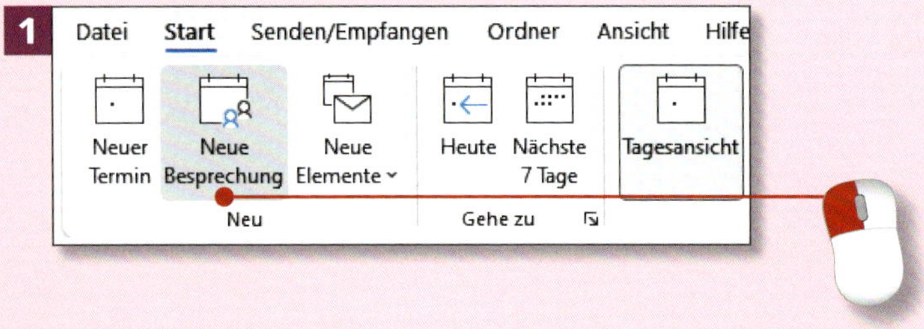

Wenn Sie mit Ihren Mitarbeitern oder Freunden ein Meeting organisieren möchten, nutzen Sie die Funktion »Besprechung«.

Schritt 1

Klicken Sie im Bereich **Kalender** auf die Registerkarte **Start** und in der Gruppe **Neu** auf die Schaltfläche **Neue Besprechung**, oder drücken Sie die Tastenkombination [Strg] + [⇧] + [Q].

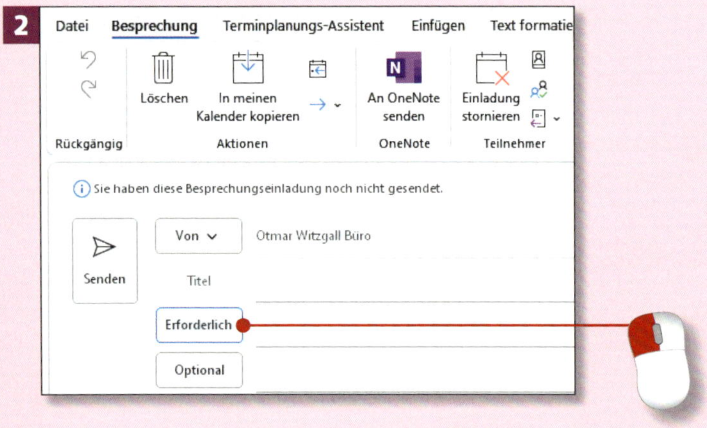

Schritt 2

Das Besprechungsformular öffnet sich als E-Mail auf der Registerkarte **Besprechung**. Um Teilnehmer einzuladen, klicken Sie auf **Erforderlich** oder tragen die E-Mail-Adressen per Hand ein.

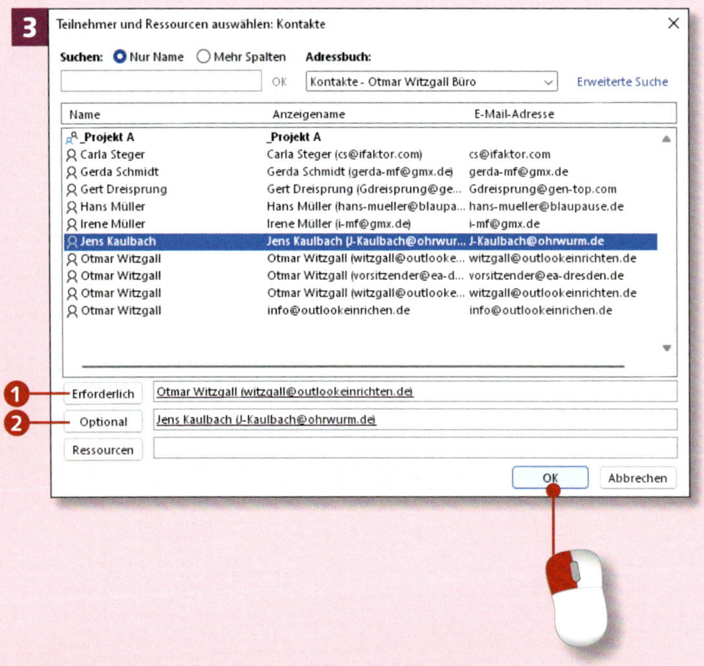

Schritt 3

Im Fenster **Teilnehmer und Ressourcen auswählen: Kontakte** geben Sie die E-Mail-Adressen derjenigen Teilnehmer ein, deren Anwesenheit erforderlich ❶ ist. Im Feld darunter tragen Sie die Namen derjenigen ein, deren Teilnahme optional ❷ ist. Klicken Sie zum Schluss auf **OK**.

Schritt 4

Tragen Sie zudem einen **Titel** und einen **Ort** ein. Nun fehlen noch Datum und Uhrzeit. Klicken Sie dazu auf die Registerkarte **Terminplanungs-Assistent**.

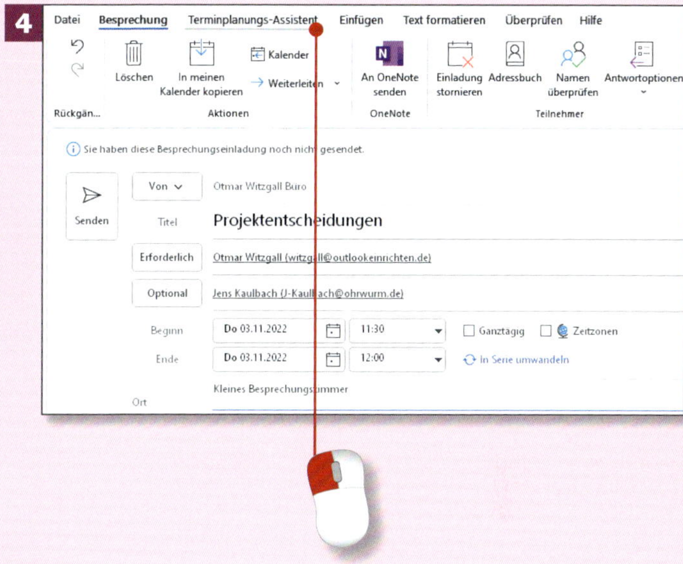

Schritt 5

Nun haben Sie Ihren und alle Kalender Ihrer eingeladenen Teilnehmer präsent ❸ – diese sollten freigegeben sein. Klicken Sie so lange auf **AutoAuswahl**, bis Sie einen geeigneten Termin gefunden haben. Zum Einladen klicken Sie auf **Senden** ❹.

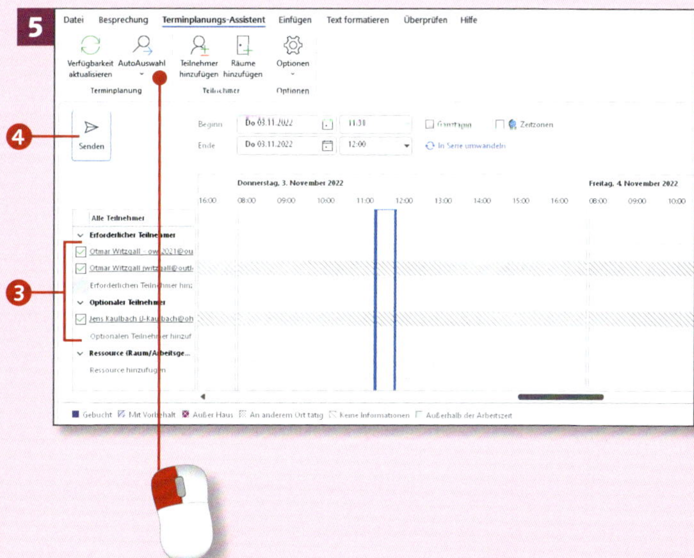

Schritt 6

Ein Empfänger oder eine Empfängerin, den oder die Sie mit **Erforderlich** ❺ eingeladen haben, antwortet Ihnen z. B. **Mit Vorbehalt** und **Antwort jetzt senden**. Wie Sie auf eine Anfrage antworten, zeige ich Ihnen im Abschnitt »Eine E-Mail als Termin übernehmen« ab Seite 214.

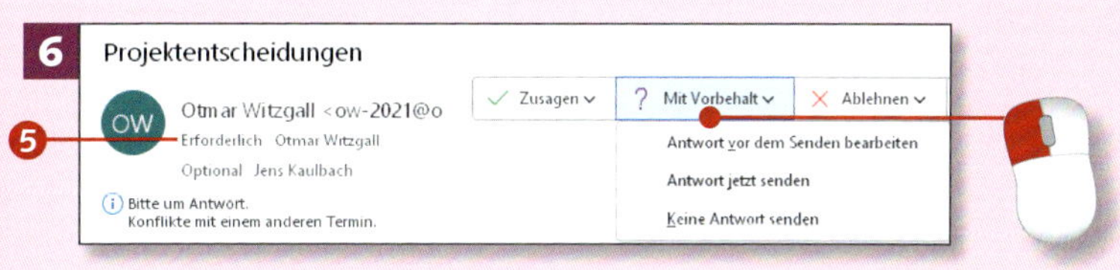

Antwortoptionen festlegen
Öffnen Sie den Besprechungstermin mit einem Doppelklick. Klicken Sie auf der Registerkarte **Besprechung** auf **Teilnehmer ▸ Antwortoptionen**. Dort aktivieren oder deaktivieren Sie die Optionen **Bitte um Antwort** und **Vorschläge für Besprechungszeitänderungen zulassen**.

Besprechungen organisieren (Forts.)

7

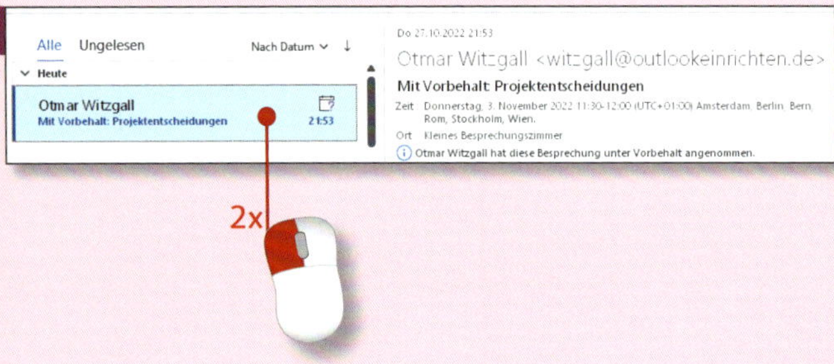

Schritt 7

Im Posteingang befindet sich die E-Mail, in der Ihnen einer der Empfänger Ihrer Einladung mitteilt, dass er mit Vorbehalt an der Besprechung teilnimmt. Öffnen Sie die E-Mail mit einem Doppelklick.

8

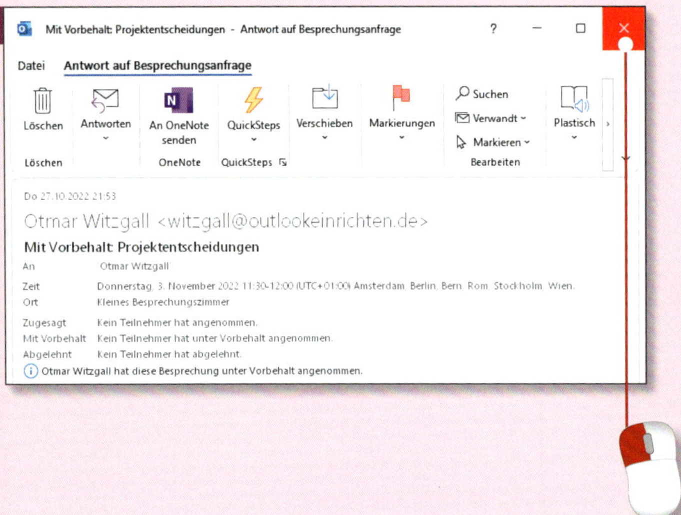

Schritt 8

Die E-Mail öffnet sich mit einer Zusammenfassung der Rückmeldungen auf Ihre Besprechungsanfrage. Schließen Sie die Nachricht mit einem Klick auf das Schließkreuz.

9

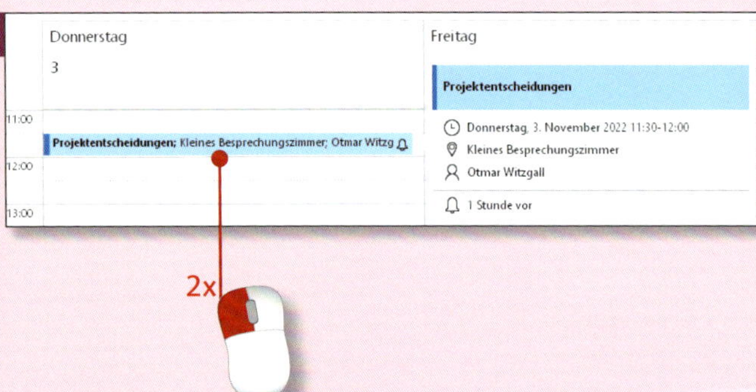

Schritt 9

Wechseln Sie zurück zum Termin im Bereich **Kalender**. Um den Termin aus Mangel an Beteiligung abzusagen, klicken Sie doppelt auf den Besprechungstermin.

Status der Antworten verfolgen
Markieren Sie den Besprechungstermin. Auf der Registerkarte **Besprechung** klicken Sie auf **Nachverfolgung**. Jetzt sehen Sie, welche Teilnehmer zu- oder abgesagt, mit Vorbehalt zugesagt oder einen neuen Termin vorgeschlagen haben.

Schritt 10

Im Termin sehen Sie noch einmal den Status aller erhaltenen Antworten ❶. Wenn Sie eine von Ihnen geplante Besprechung nachträglich absagen müssen, klicken Sie auf der Registerkarte **Besprechung** in der Gruppe **Aktionen** auf die Schaltfläche **Besprechung absagen**.

10
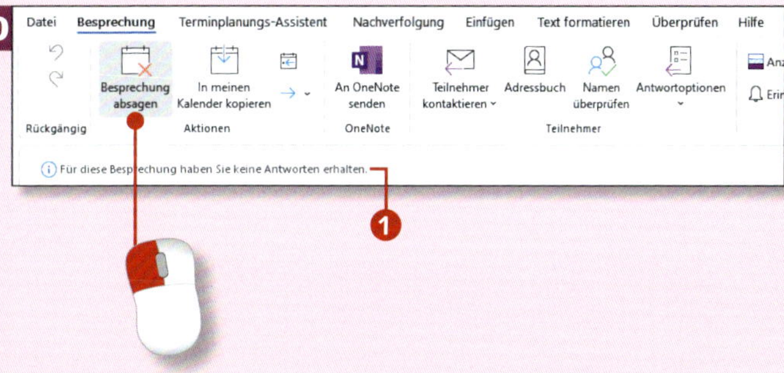

Schritt 11

Sie sehen die Information, dass noch keine Absage für die Besprechung gesendet wurde ❷. Deshalb klicken Sie jetzt auf **Absage senden**, um die Besprechungsteilnehmer zu informieren.

11
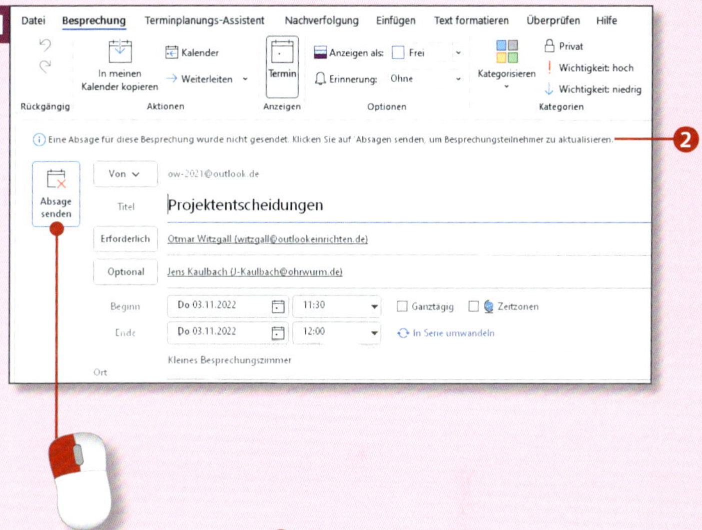

Schritt 12

Die Besprechungsteilnehmer erhalten die Absage mit dem automatisch generierten Betreff **Abgesagt: Projektentscheidungen** ❸. Klicken Sie auf **Aus Kalender entfernen**, um den Besprechungstermin aus dem Kalender auszutragen.

12

Eine E-Mail als Termin übernehmen

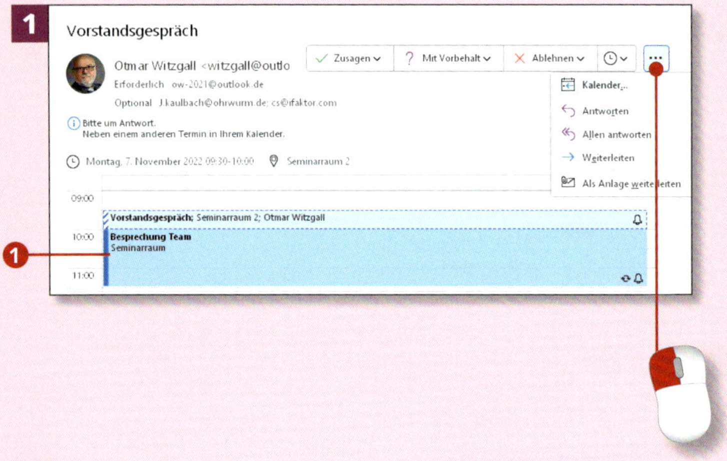

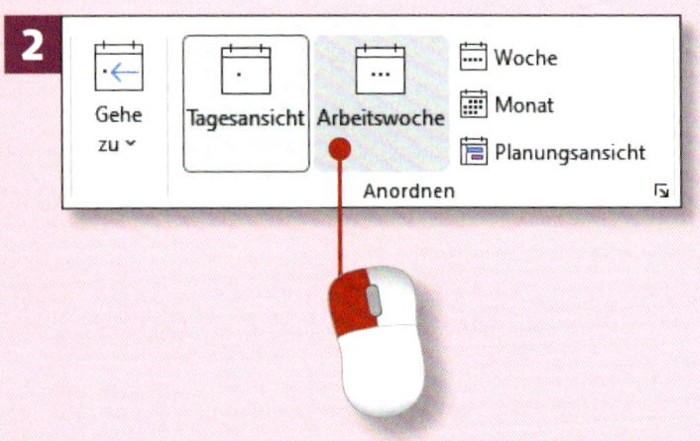

Wenn Sie eine Besprechungsanfrage per E-Mail erhalten, können Sie den Termin in Ihren Kalender übernehmen und dem Organisator oder der Organisatorin antworten.

Schritt 1

Wenn in Ihrem Posteingang eine Einladung mit Terminvorschlag zum Vorstandsgespräch landet, sehen Sie im Lesebereich, wie es in Ihrem Kalender rund um den Termin aussieht ❶. Um das Umfeld des Termins besser einschätzen zu können, klicken Sie oben rechts auf **Kalender**.

Schritt 2

Der Kalender öffnet sich in der Tagesansicht. Um zum Wochenüberblick zu wechseln, klicken Sie in der Gruppe **Anordnen** auf **Arbeitswoche**.

Schritt 3

Hier können Sie gut sehen, ob unmittelbar vor oder nach dem geplanten Termin andere Termine stattfinden sollen. Da nach dem angefragten Termin ein regelmäßiger Termin als Serie eingetragen ist ❷, wäre der Termin mit Einschränkung möglich.

Schritt 4

Wechseln Sie in den Posteingang zur E-Mail mit der Besprechungsanfrage, und öffnen Sie sie mit einem Doppelklick. In den folgenden Schritten zeige ich Ihnen die einzelnen Antwortmöglichkeiten.

Schritt 5

Die erste Antwortvariante wählen Sie wie folgt aus: Klicken Sie auf **Andere Zeit vorschlagen**, und wählen Sie **Mit Vorbehalt und andere Zeit vorschlagen**.

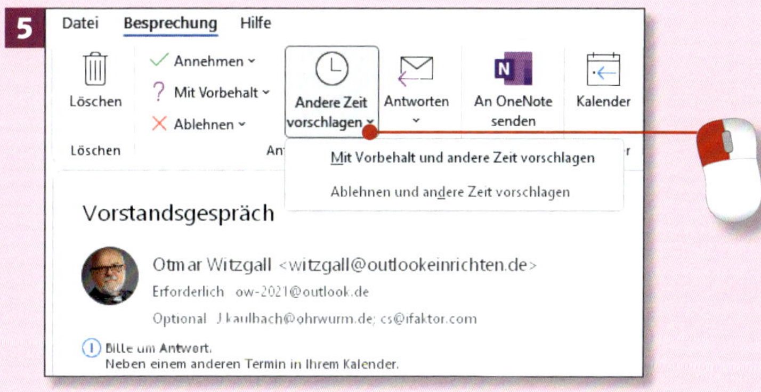

Schritt 6

Klicken Sie im Assistenten **Andere Zeit vorschlagen** so oft auf **Auto-Auswahl** ❸, bis Sie eine geeignete Zeit gefunden haben. Ist das Suchergebnis in Ordnung, klicken Sie auf **Zeit vorschlagen**.

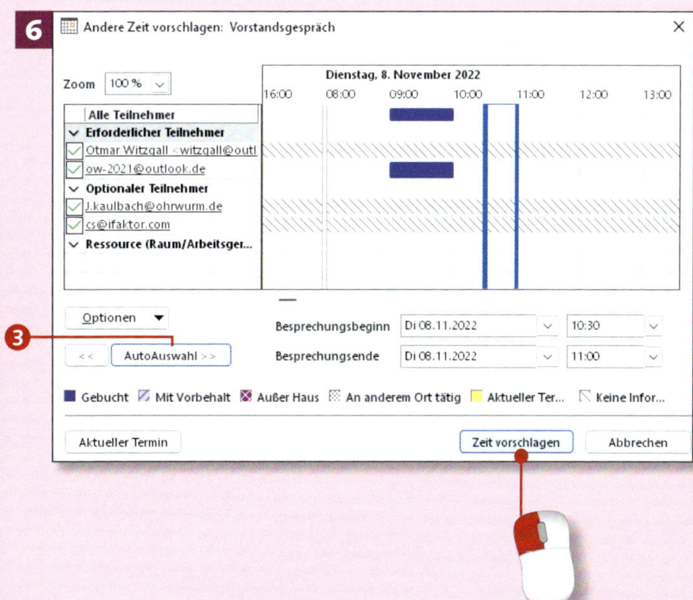

Antwortmöglichkeiten

Zunächst gilt, was im Kasten »Antwortoptionen festlegen« auf Seite 211 steht. Darüber hinaus kann ein Organisator über **Datei ▸ Informationen ▸ Optionen ▸ Kalender ▸ Kalenderoptionen** mit einem Häkchen festlegen: **Teilnehmer dürfen andere Besprechungszeiten vorschlagen**.

Eine E-Mail als Termin übernehmen (Forts.)

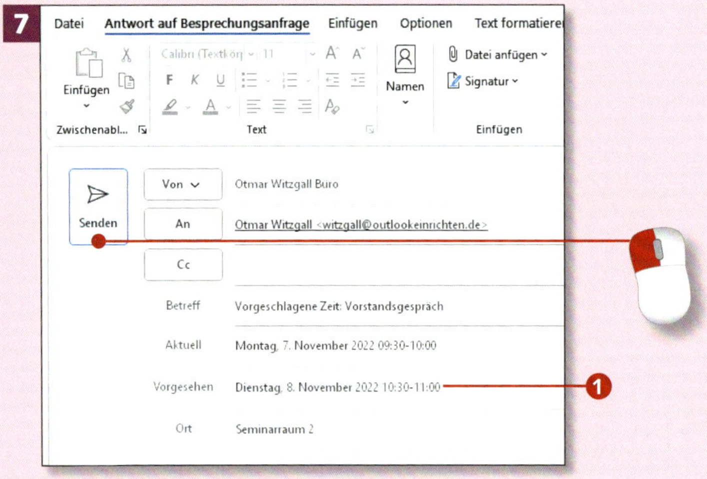

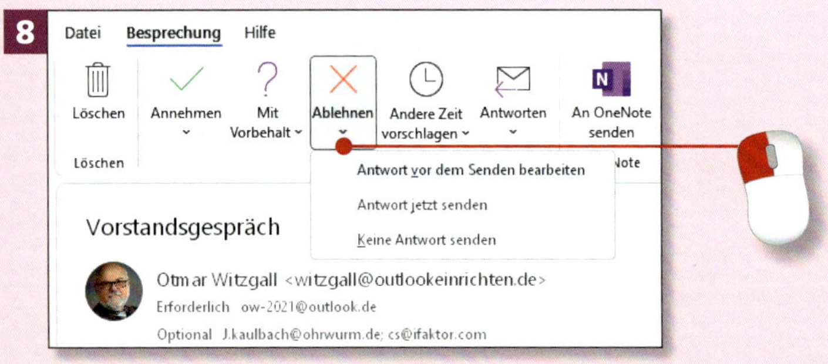

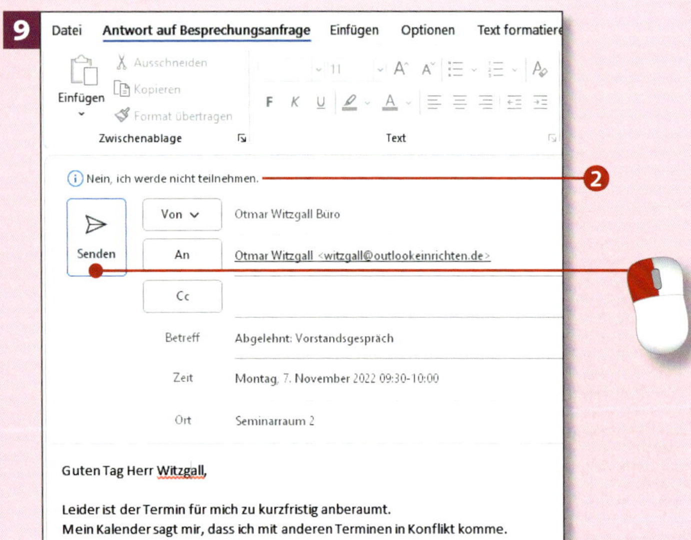

Schritt 7

Es öffnet sich ein neues E-Mail-Formular. Der Empfänger ist bereits im Feld **An** eingetragen, es ist der Organisator. Outlook hat auch den Betreff automatisch hinzugefügt, dazu noch die aktuell vorgeschlagene Zeit und bei **Vorgesehen** die gerade von Ihnen neu vorgeschlagene Zeit ❶. Klicken Sie auf **Senden**.

Schritt 8

Die zweite Antwortmöglichkeit: Sie wollen nicht teilnehmen. Klicken Sie auf **Ablehnen** und **Antwort vor dem Senden bearbeiten**.

Schritt 9

Im geöffneten Nachrichtenfenster ist mit **Nein, ich werde nicht teilnehmen** in der Kopfzeile bereits die Absage formuliert ❷. Auch alle anderen Eingaben im Kopfbereich der E-Mail sind bereits von Outlook eingefügt. Wenn Sie möchten, formulieren Sie noch eine Begründung für die Absage und klicken anschließend auf **Senden**.

Schritt 10

Es kann auch vorkommen, dass Sie nur unter Vorbehalt zusagen können. Gehen Sie in der Gruppe **Antworten** auf **Mit Vorbehalt** und **Antwort vor dem Senden bearbeiten**. Es öffnet sich wiederum ein Nachrichtenformular mit der Info: **Ja, ich werde mit Vorbehalt teilnehmen** ❸. Alles Weitere ist bereits eingefügt. Schreiben Sie bei Bedarf noch einen kurzen Text, und klicken Sie dann auf **Senden** ❹.

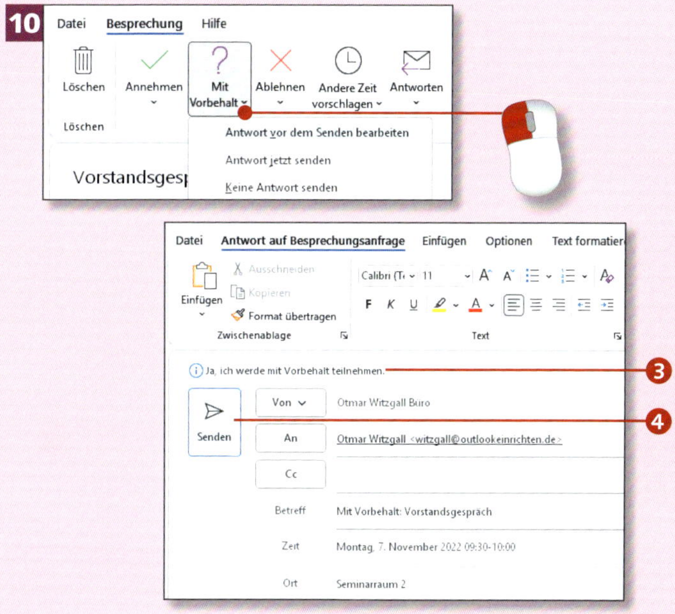

Schritt 11

Zu guter Letzt können Sie auch einfach zusagen. Klicken Sie auf **Annehmen** und **Antwort vor dem Senden bearbeiten**. Anschließend gehen Sie vor, wie in Schritt 10 beschrieben, und klicken schließlich auf **Senden**.

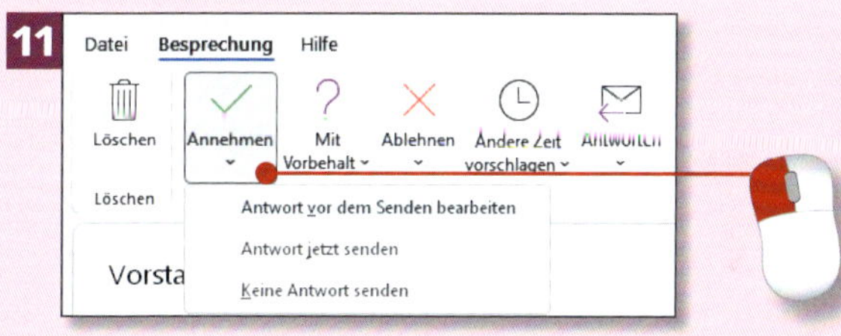

Schritt 12

Öffnen Sie den Termin im Kalender per Doppelklick. Sie sehen Ihre gültige Antwort: **Angenommen am […]** ❺. Mit einem Klick auf das **Schließkreuz** gelangen Sie zurück zum Kalender.

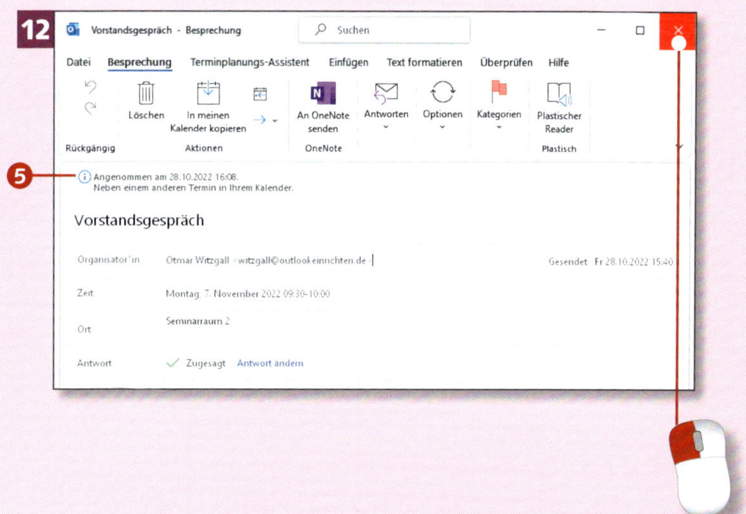

Kalenderdaten weitergeben

Mal schnell Kalenderdaten zum Abgleichen weitergeben – in Outlook kein Problem. Weil der Kalenderauszug auch im ICS-Format angehängt wird, kann jeder die Kalenderdaten in seinen Kalender übernehmen.

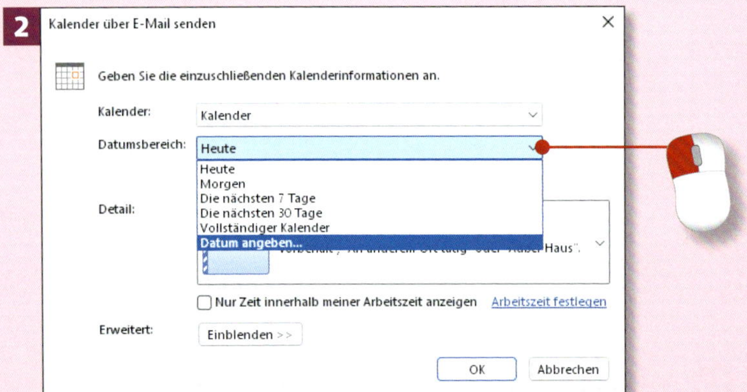

Schritt 1

Wenn Sie Teile Ihres Kalenders freigeben wollen, klicken Sie auf der Registerkarte **Start** in der Gruppe **Freigeben** auf **Kalender per E-Mail senden**.

Schritt 2

Es öffnet sich der Assistent **Kalender über E-Mail senden**. Im **Datumsbereich** klicken Sie auf die Pfeilspitze und wählen die Option **Datum angeben**.

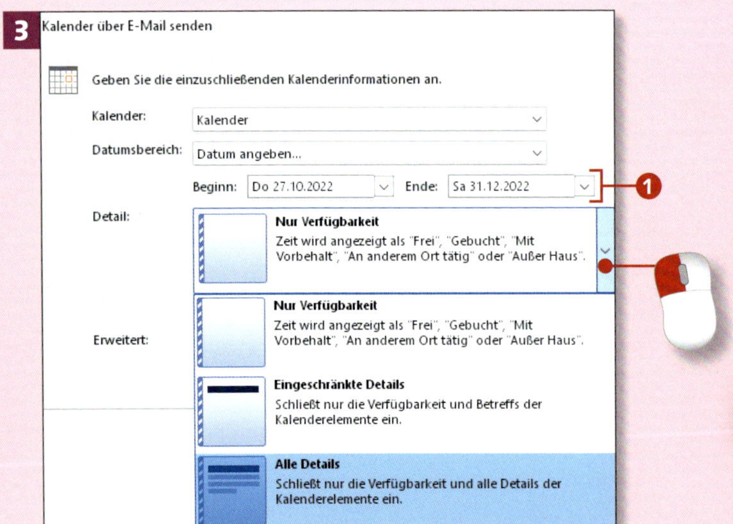

Schritt 3

Jetzt wählen Sie **Beginn** und **Ende** aus ❶. Klicken Sie dann nach einem Mausklick auf die Pfeilspitze im Abschnitt **Detail** auf **Alle Details**.

Einen neuen Termin erstellen

Wie Sie einen neuen Termin anlegen oder bearbeiten, zeige ich Ihnen im Abschnitt »Einen Termin anlegen« ab Seite 194.

Schritt 4

Nun fehlt noch eine letzte Einstellung. Unter **Erweitert** klicken Sie zunächst auf **Einblenden**.

Schritt 5

Sie haben die Möglichkeit, zwei Optionen zu aktivieren. Setzen Sie z. B. bei **Details von als privat markierten Elementen einschließen** ein Häkchen ❷. Wählen Sie unter **E-Mail-Layout** die Option **Tagesplan** ❸. Klicken Sie auf **OK**.

Schritt 6

Im Nachrichtenfeld sind die Tagespläne mit Details aufgeführt. Zusätzlich sehen Sie den Kalenderauszug noch als ICS-Datei angefügt ❹, und auch der **Betreff** ist bereits eingetragen. Schreiben Sie die Empfängeradresse in das Feld **An**, und klicken Sie auf **Senden**.

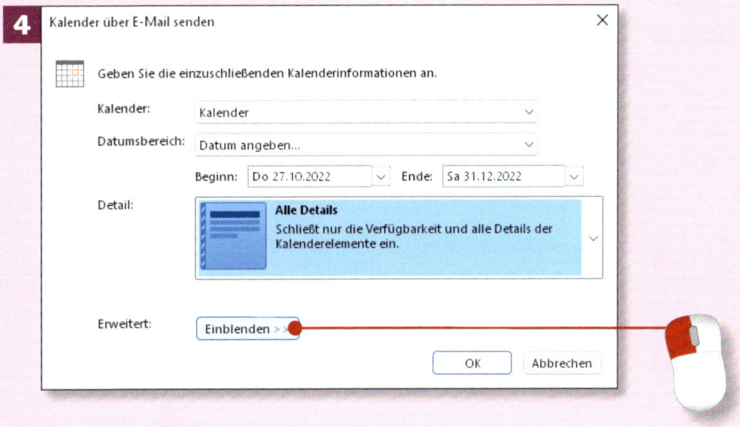

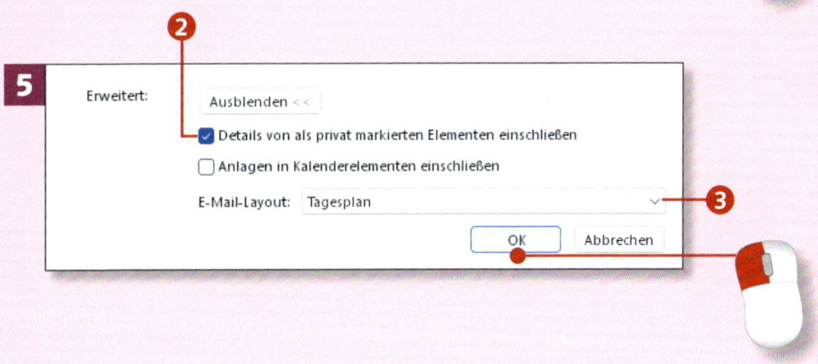

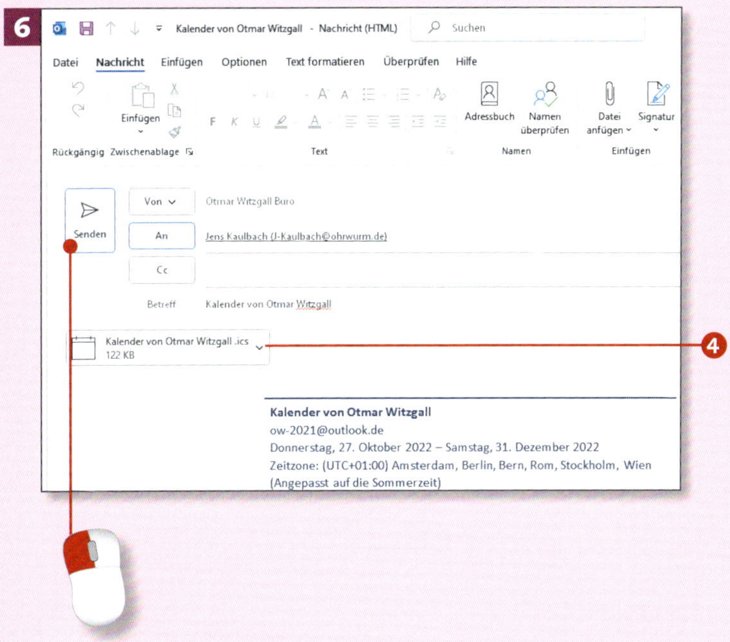

Was bedeutet »ICS«?

Die Abkürzung *ICS* steht für das von Apple entwickelte iCalendar-Format für das Internet und wurde von den anderen Systemen als Standard übernommen. Jede Empfängerin und jeder Empfänger Ihrer E-Mail kann mit einem Klick auf den Anhang Ihre Daten in ihren bzw. seinen Kalender übernehmen.

Kalender drucken

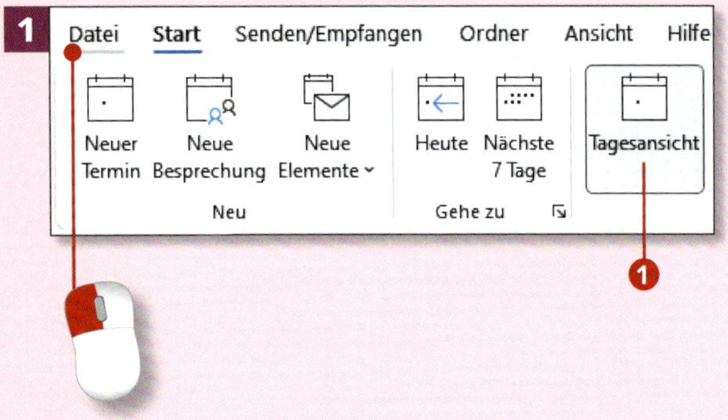

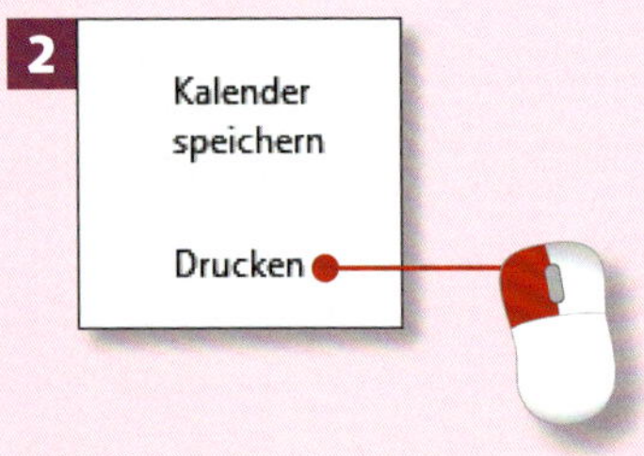

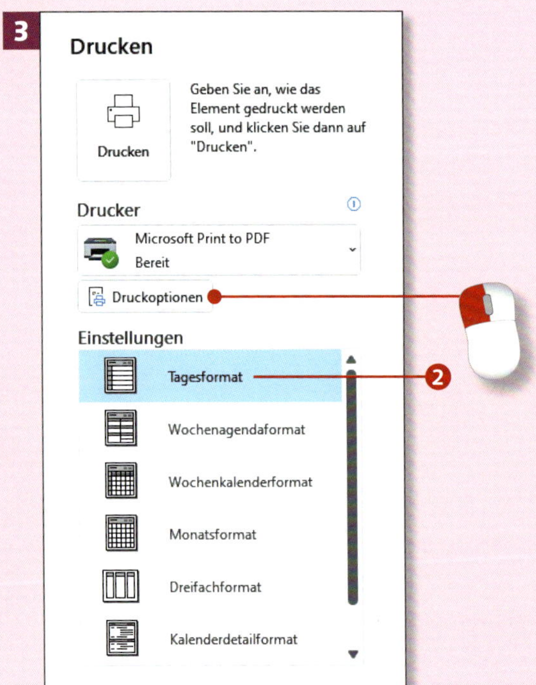

Vielleicht möchten Sie Ihren Kalender auch ausdrucken. Die Optionen dafür sind vielfältig. Ich gebe Ihnen hier einen Überblick.

Schritt 1

Mit **Start ▸ Anordnen ▸ Tagesansicht** 1 haben Sie bereits die erste Einstellung für den Ausdruck vorgenommen. Jetzt bekommen Sie als erste Option in den Druckeinstellungen den Ausdruck als Tagesansicht angeboten. Zum Drucken klicken Sie auf **Datei**.

Schritt 2

Sie gelangen in die Backstage-Ansicht. Klicken Sie im Menü links auf die Rubrik **Drucken**.

Schritt 3

Im Druckdialog sehen Sie, dass im Bereich **Einstellungen** das **Tagesformat** 2 durch Ihre Wahl in Schritt 1 bereits markiert ist. Klicken Sie zunächst auf **Druckoptionen**.

Schritt 4

Im **Drucken**-Assistenten sehen Sie im Bereich **Druckformat** die verschiedenen eingestellten Formate. Im Abschnitt **Druckbereich** wählen Sie den Kalenderzeitraum aus ❸ und klicken dann auf **Seitenansicht**.

4

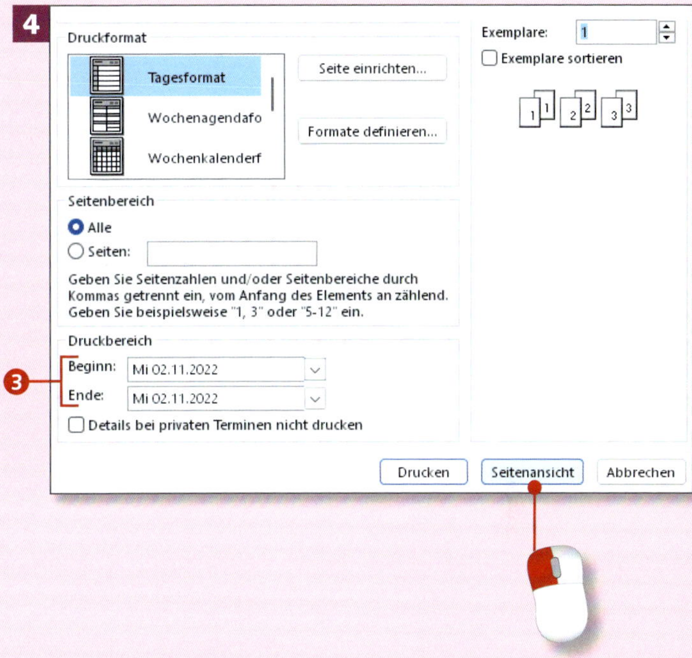

Schritt 5

Wählen Sie unten rechts in der Seitenansicht die **Detailansicht** aus ❹, und überprüfen Sie, ob die Einstellung in Ordnung ist. Wollen Sie eine **Ganzseiten-** oder **Mehrseitenansicht**, klicken Sie unten rechts auf die entsprechende Schaltfläche. Haben Sie mehrseitige Kalenderformate eingestellt, klicken Sie sich unten links durch die Seiten ❺.

5

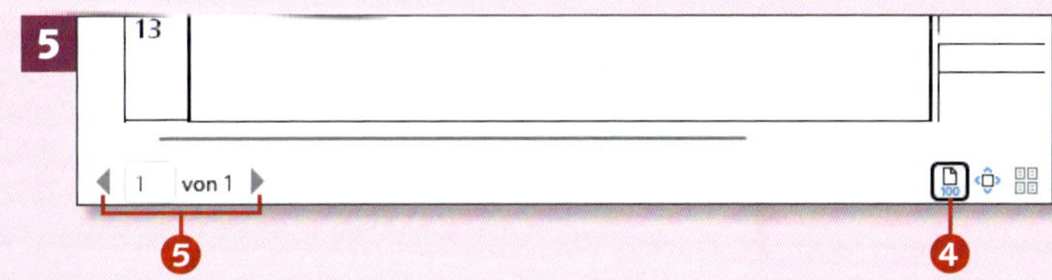

Schritt 6

Entsprechen alle Einstellungen Ihren Vorstellungen, klicken Sie auf **Drucken**.

6

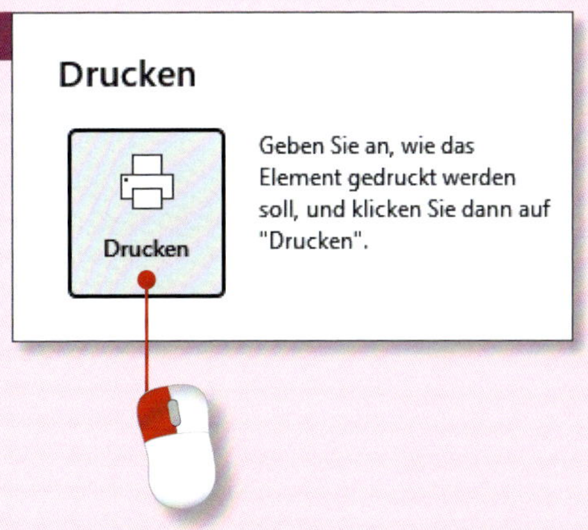

Eigene Druckformate erstellen
Über die **Druckoptionen** in Schritt 3 konfigurieren Sie im Bereich **Druckformat** unter **Formate definieren ▸ Kopieren** eigene Kalenderansichten oder passen den Druck für im Handel erhältliche Zeitplansysteme an.

Kapitel 10
Aufgaben organisieren

Aufgaben helfen bei der Organisation des Arbeitsalltags: Outlook unterstützt Sie dabei, die wichtigsten Aufgaben im Blick zu behalten.

Wie Sie Aufgaben anlegen und bearbeiten
Outlook setzt auf Flexibilität. Da Ihnen nicht immer nur an einem Ort einfällt, was noch zu erledigen ist, haben Sie in Outlook vielfältige Möglichkeiten, um Aufgaben zu notieren oder zu ändern: im Bereich **Aufgaben** – dort auch in einer Eingabezeile ❶ –, im Kalender und in der Aufgabenleiste.

Wie Sie eine Aufgabe mit einer Erinnerung versehen
Alle notierten Aufgaben nutzen Ihnen nichts, wenn Sie diese nicht zur rechten Zeit ausführen. Dazu dient die Funktion **Erinnerung**. Sie werden nicht nur optisch, sondern auch akustisch erinnert. Wichtig ist es, den richtigen Erinnerungszeitpunkt zu wählen ❷.

Wie Sie regelmäßig wiederkehrende Aufgaben als Aufgabenserie einrichten
Vielleicht müssen Sie am Ende eines jeden Monats Gehälter überweisen, einen Bericht schreiben oder die Geburtstagskarten für den kommenden Monat aussuchen – oder alle drei Tage anfallende Korrespondenz erledigen. Dafür lohnt es sich, Aufgabenserien ❸ anzulegen.

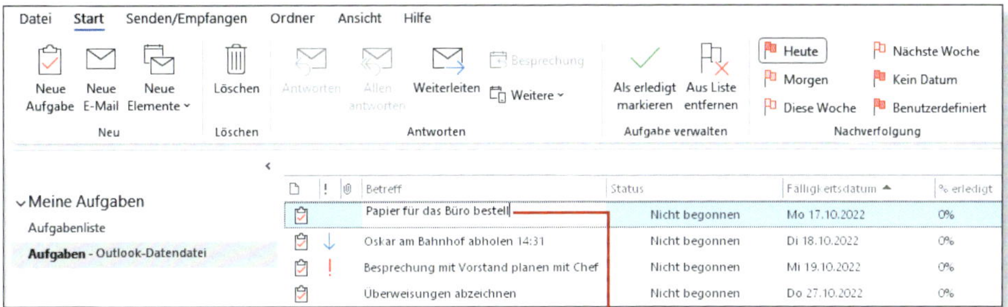

1 Legen Sie eine Aufgabe an.

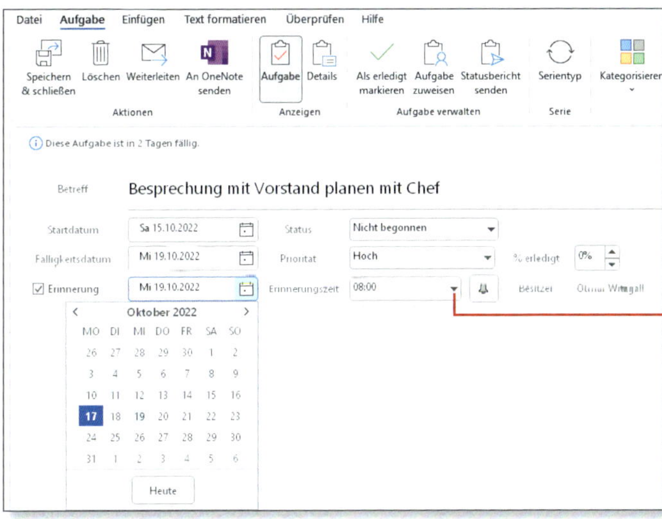

2 Wählen Sie den Erinnerungszeitpunkt aus.

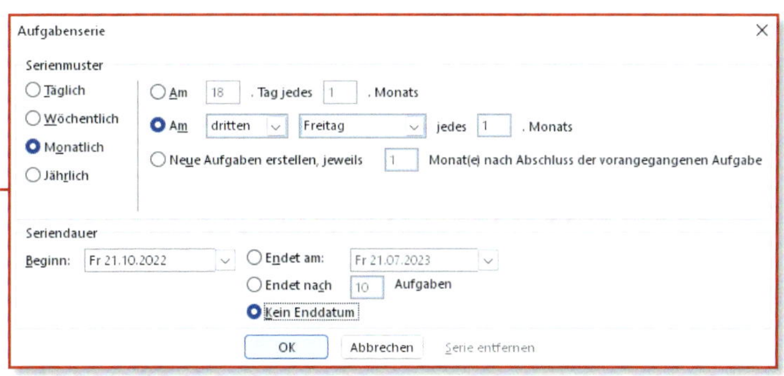

3 Richten Sie eine monatliche Aufgabenserie ein.

Aufgaben anlegen und bearbeiten

Sie kennen das: An allen Ecken und Enden fällt Ihnen etwas ein, was Sie tun müssten. Outlook sorgt dafür, dass Sie an vielen Stellen Aufgaben festhalten und bearbeiten können.

1

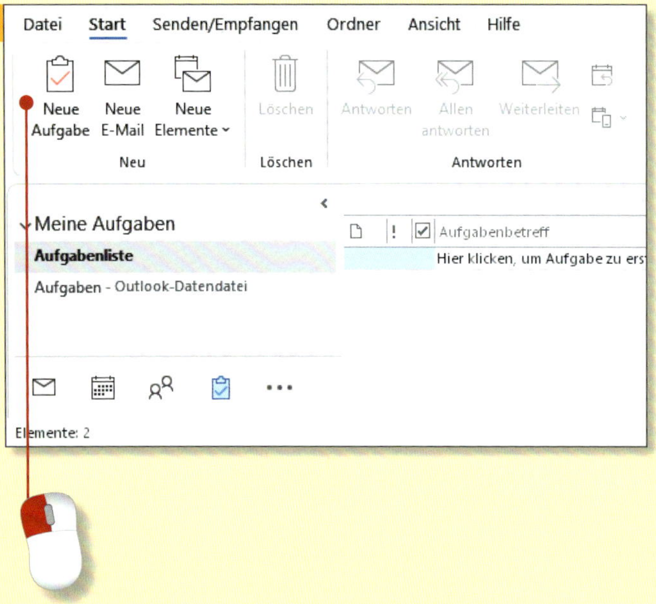

Schritt 1

Die erste Möglichkeit besteht im Anlegen eines neuen Aufgabenformulars. Dazu klicken Sie im Bereich **Aufgaben** auf **Neue Aufgabe**. Schneller geht es mit der bereichsunabhängigen Tastenkombination Strg + Alt + T.

2

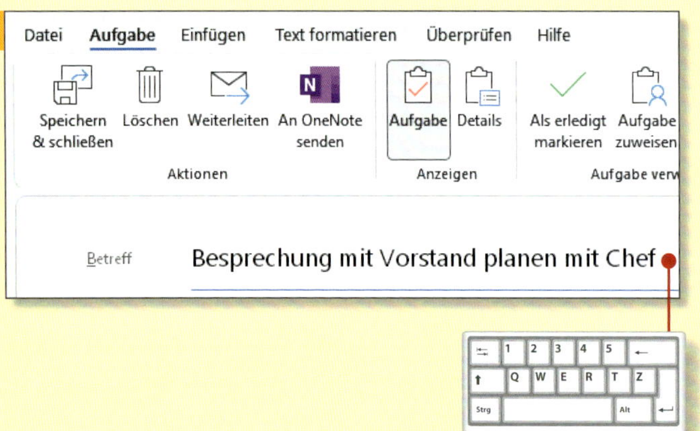

Schritt 2

Tippen Sie bei **Betreff** Ihre Aufgabe in das Eingabefeld, und beenden Sie die Eingabe mit **Speichern & schließen**.

3

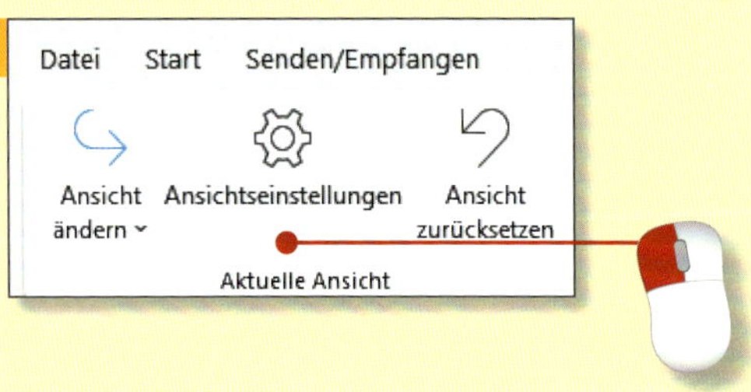

Schritt 3

Die zweite Variante ist schneller. Sie müssen jedoch zunächst sicherstellen, dass die entsprechenden Einstellungen dazu aktiviert sind. Klicken Sie auf der Registerkarte **Ansicht** in der Gruppe **Aktuelle Ansicht** auf **Ansichtseinstellungen**.

Schritt 4

Im Fenster **Erweiterte Ansichtseinstellungen: Detailliert** klicken Sie auf **Weitere Einstellungen**.

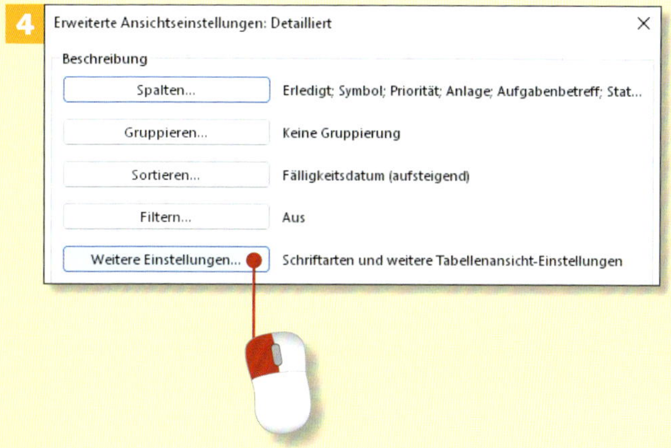

Schritt 5

Im Abschnitt **Spaltenüberschriften und Zeilen** müssen die beiden Optionen **Bearbeiten in der Zelle ermöglichen** und **Zeile für neue Elemente anzeigen** aktiviert werden ❶. Wenn dies erfolgt ist, klicken Sie in diesem und dem nächsten Fenster jeweils auf **OK**.

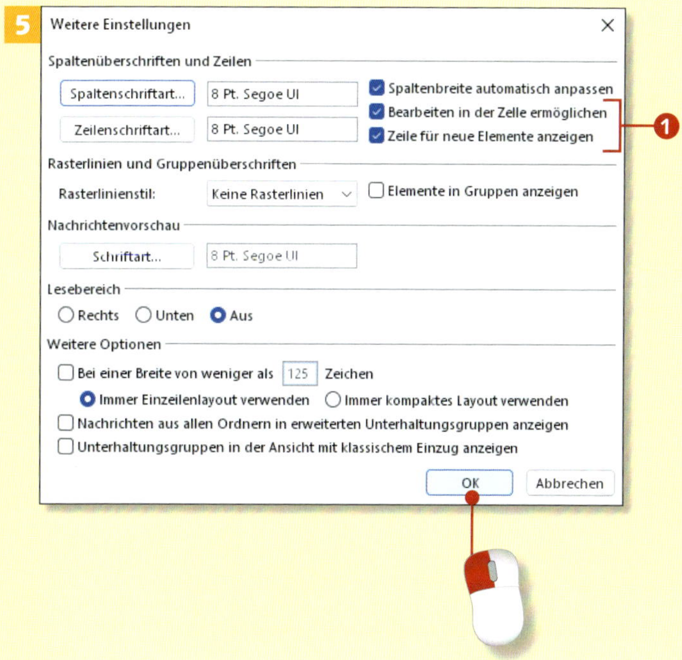

Schritt 6

Klicken Sie nun in das Eingabefeld **Hier klicken, um Aufgabe zu erstellen**, und tippen Sie die Aufgabe ein. Gehen Sie mit der [⭾]-Taste von Spalte zu Spalte, und nehmen Sie Ihre Eingaben vor, oder wählen Sie einen Eintrag aus dem Dropdown-Menü. Betätigen Sie die [↵]-Taste zum Beenden der Eingabe.

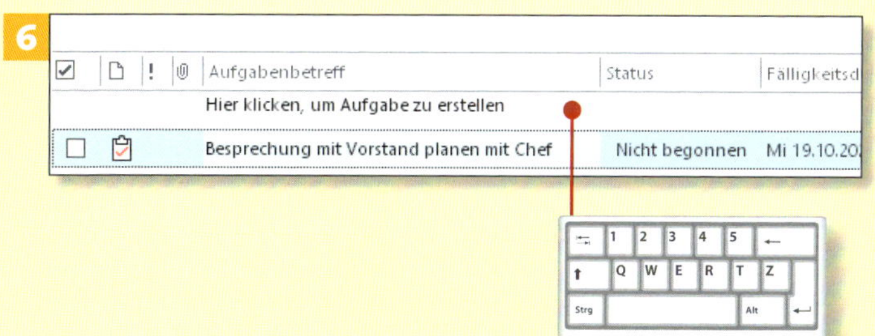

E-Mails in Aufgaben umwandeln

Klicken Sie in die E-Mail, und ziehen Sie diese mit Drag & Drop auf die Anzeige des Bereichs **Aufgabe**. Es öffnet sich eine Aufgabe mit dem Betreff der E-Mail und der Nachricht im Aufgabenfeld.

Aufgaben anlegen und bearbeiten (Forts.)

7

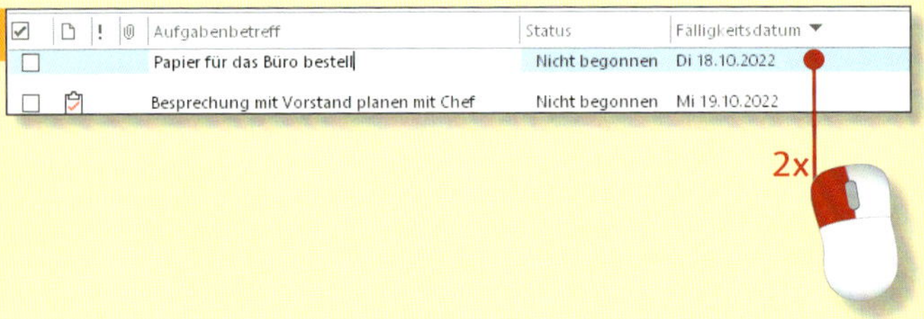

Schritt 7

Sie haben die beiden ersten Aufgaben auf verschiedene Arten angelegt. Da in der Liste nicht alle Eingabefelder angezeigt werden, klicken Sie zum Öffnen des Aufgabenformulars doppelt auf die zu bearbeitende Aufgabe.

8

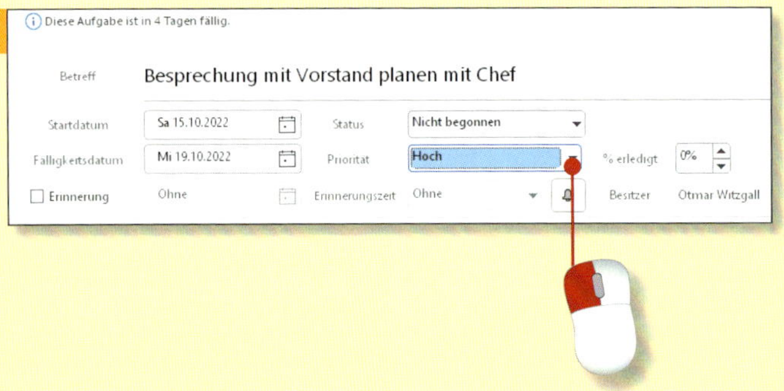

Schritt 8

Im Aufgabenformular können Sie detailliertere Angaben machen, etwa die **Priorität** auf **Hoch** setzen. Über **Startdatum** und **Fälligkeitsdatum** können Sie außerdem ein Anfangs- und ein Enddatum angeben. Beenden Sie die Eingaben mit **Speichern & schließen**.

9

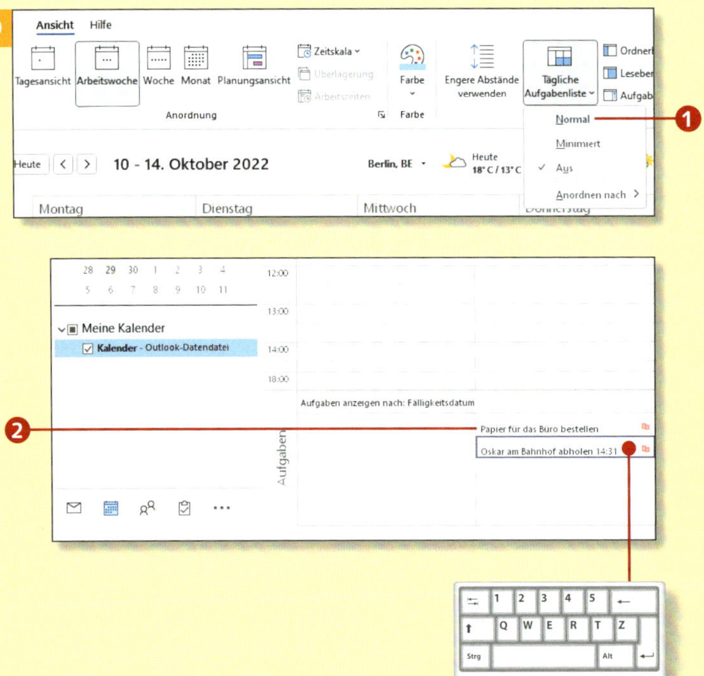

Schritt 9

Sie können auch Aufgaben anlegen, wenn Sie sich im Kalender befinden. Klicken Sie auf der Registerkarte **Ansicht** in der Gruppe **Layout** auf **Tägliche Aufgabenliste** und dann auf **Normal** ❶. In der **Aufgabenliste** sehen Sie die »Papier«-Aufgabe ❷. Legen Sie eine weitere Aufgabe an, indem Sie in die nächste Zeile klicken und einfach den Beschreibungstext für die nächste Aufgabe eintippen.

Schritt 10

Zu guter Letzt lassen sich Aufgaben auch über die Aufgabenleiste anlegen. Aktivieren Sie über **Ansicht ▸ Layout ▸ Aufgabenleiste** die Option **Aufgaben**.

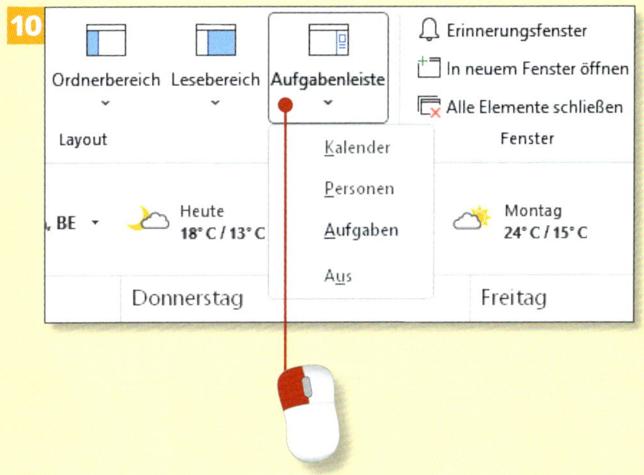

Schritt 11

Im Bereich des Aufgabenmoduls finden Sie die aus Schritt 6 bekannte Zeile zur Eingabe von neuen Aufgaben. Tippen Sie einen neuen Aufgabenbetreff ein, und drücken Sie zum Speichern die [↵]-Taste.

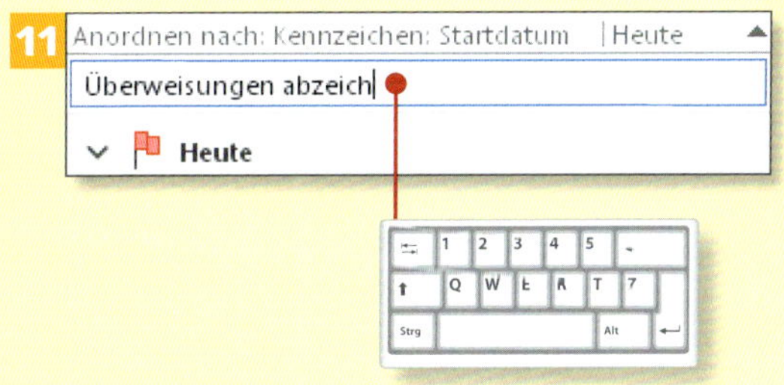

Schritt 12

Im Aufgabenmodul können Sie auch den Betreff einer Aufgabe bearbeiten. Klicken Sie mit der linken Maustaste auf die zu bearbeitende Stelle, und korrigieren Sie diese. Schließen Sie die Bearbeitung mit der [↵]-Taste ab.

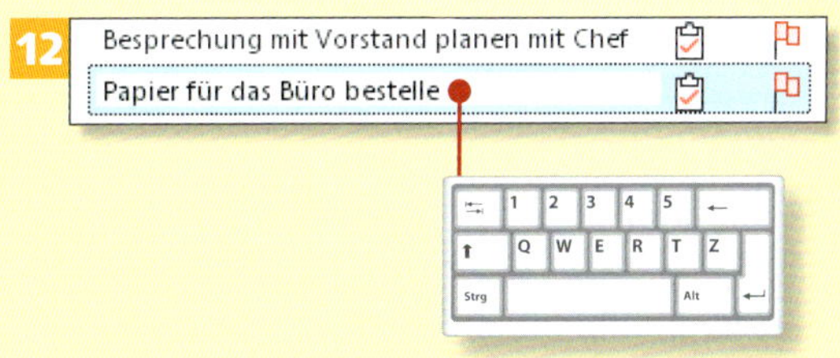

Zeitangaben in Worten eingeben

Überall, wo in Outlook Zeitangaben verwendet werden – so z. B. in Schritt 8 –, können Sie diese auch in Zeichenfolgen angeben: »di« bedeutet nächsten Dienstag; »in 1Jahr« meint in einem Jahr; »mi 2w« versteht Outlook als Mittwoch in zwei Wochen etc. Probieren Sie es einfach einmal aus!

Die Anzeige von Aufgaben ändern

1

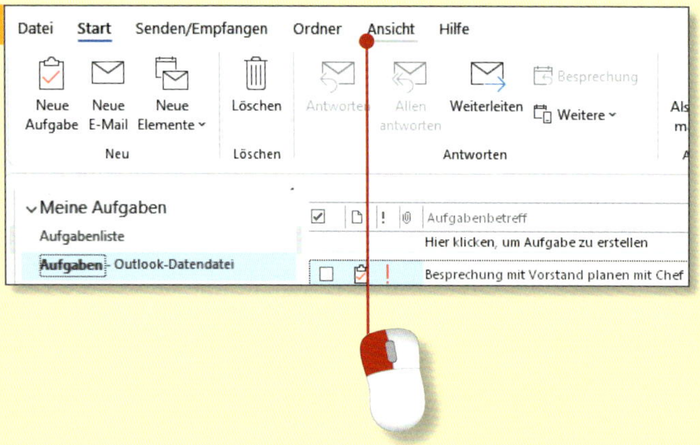

2

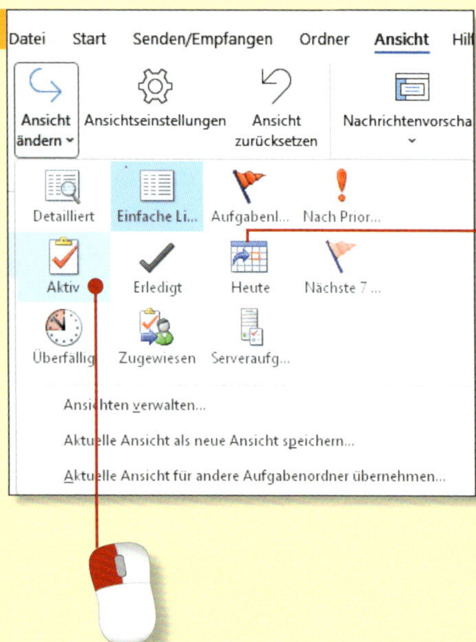

3

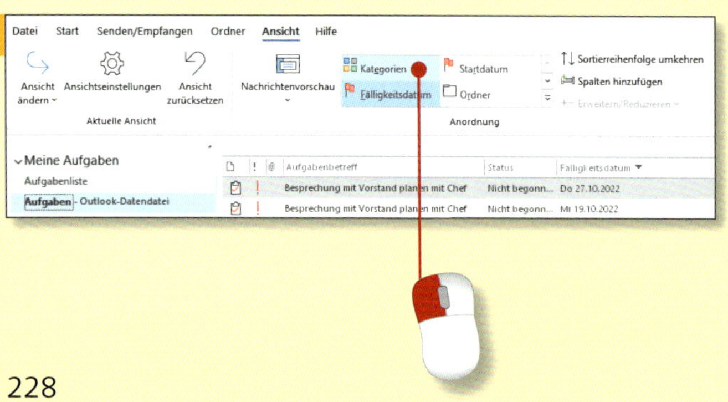

Bei den Aufgaben in Outlook ist es sehr wichtig, zur rechten Zeit die richtige Aufgabe vor Augen zu haben. Dazu bietet Ihnen Outlook verschiedene Ansichten und Anordnungen von Tabellen an.

Schritt 1

Wechseln Sie im Bereich **Aufgaben** ([Strg] + [4]) auf die Registerkarte **Ansicht**.

Schritt 2

Ansichten sind fest eingerichtete Einstellungen. Klicken Sie in der Gruppe **Aktuelle Ansicht** auf **Ansicht ändern ▸ Aktiv**. Es werden Ihnen die aktiven Aufgaben angezeigt. Wenn Sie andere Wünsche haben, klicken Sie z. B. auf **Heute** ❶, und Sie sehen die heutigen Aufgaben.

Schritt 3

Wenn Sie in der Gruppe **Anordnung** auf eine der Optionen klicken, nehmen Sie lediglich temporäre Änderungen innerhalb einer Ansicht vor. Klicken Sie auf **Kategorien**.

Ansichten definieren

Wie Sie neue Ansichten festlegen, zeige ich Ihnen im Abschnitt »Lesebereich und Ansichten einstellen« ab Seite 84.

Schritt 4

Sie sehen, die Aufgaben sind nach **Kategorien** angeordnet. Sie werden in Gruppen angezeigt. Haben Sie sehr viele Aufgaben angelegt, erhalten Sie in dieser Anordnung eine schnelle Übersicht. Klicken Sie in der Gruppe **Anordnung** auf die Pfeilspitze, gefolgt von einem Klick auf **Priorität**.

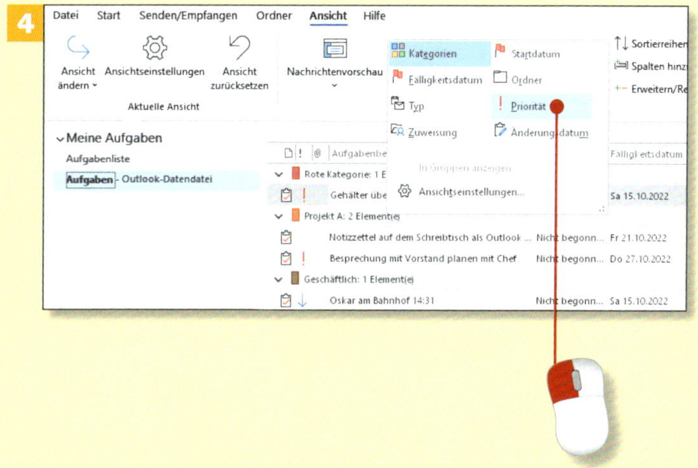

Schritt 5

Die Aufgaben sind nun nach Priorität geordnet. Das erkennen Sie am vorangestellten Symbol, also am Ausrufezeichen (hoch) und am nach unten weisendem Pfeil (niedrig). Aufgaben ohne Kennzeichnung haben normale Wichtigkeit und werden daher ohne Symbol dargestellt. Klicken Sie auf **Fälligkeitsdatum**.

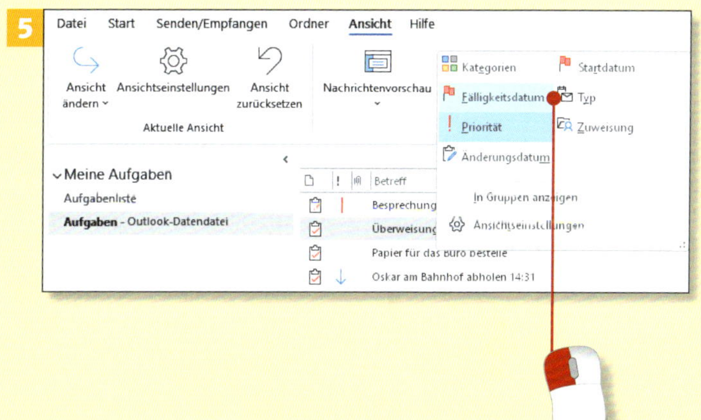

Schritt 6

Die Aufgaben sind nun nach **Fälligkeitsdatum** angeordnet, die aktuellste steht ganz oben. Wenn Sie in der Gruppe **Anordnung** auf **Sortierreihenfolge umkehren** klicken, sehen Sie die zeitlich entfernteste Aufgabe zuerst. Klicken Sie erneut auf **Sortierreihenfolge umkehren**, um die Standardansicht wiederherzustellen.

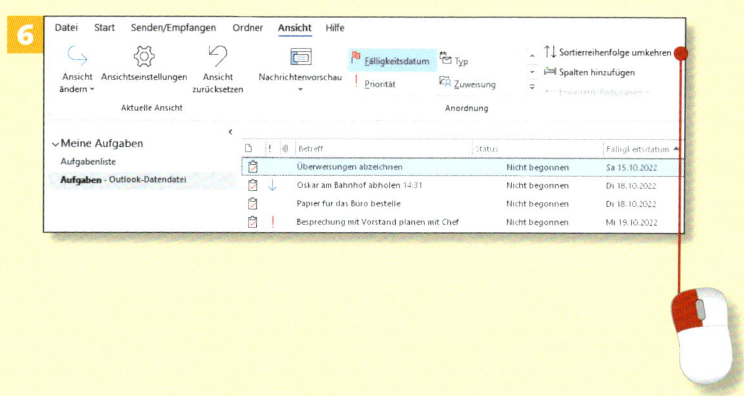

An Aufgaben erinnert werden

Eine Aufgabe notiert zu haben ist gut. Aber wie gewährleisten Sie, dass Sie die Aufgabe auch rechtzeitig erledigen? Die Antwort: mit einer Erinnerung, am besten noch akustisch untermalt mit einem eingängigen Sound.

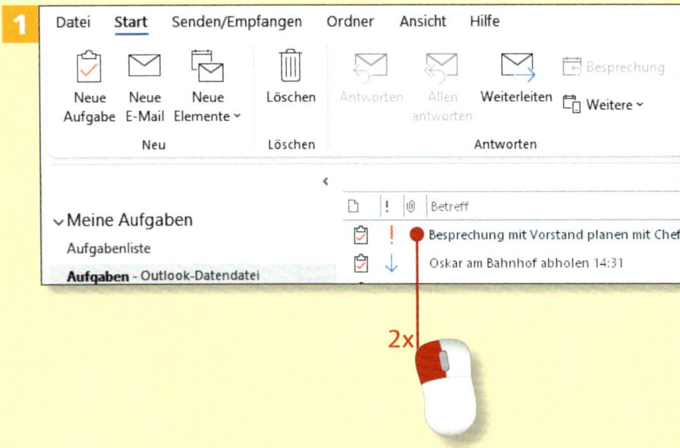

Schritt 1

Um eine Erinnerung einzurichten, öffnen Sie im Bereich **Aufgaben** die gewünschte Aufgabe mit einem Doppelklick.

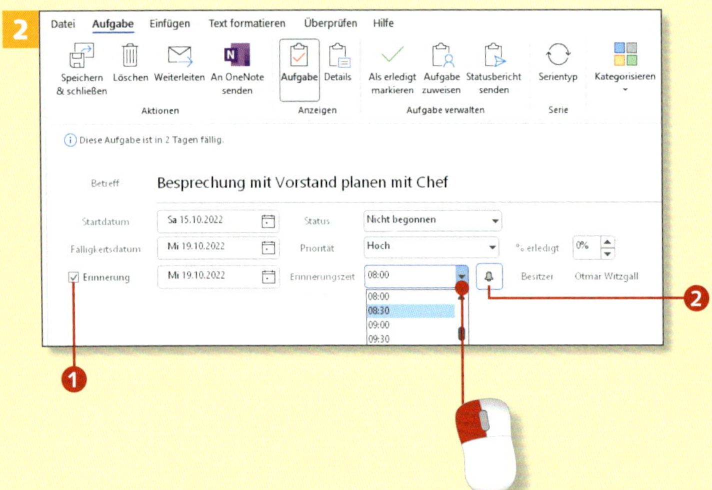

Schritt 2

Setzen Sie bei **Erinnerung** ein Häkchen ❶, und wählen Sie über das Dropdown-Menü die **Erinnerungszeit** aus. Um einen Erinnerungssound zu aktivieren, klicken Sie auf das Glockensymbol neben der Zeitangabe ❷.

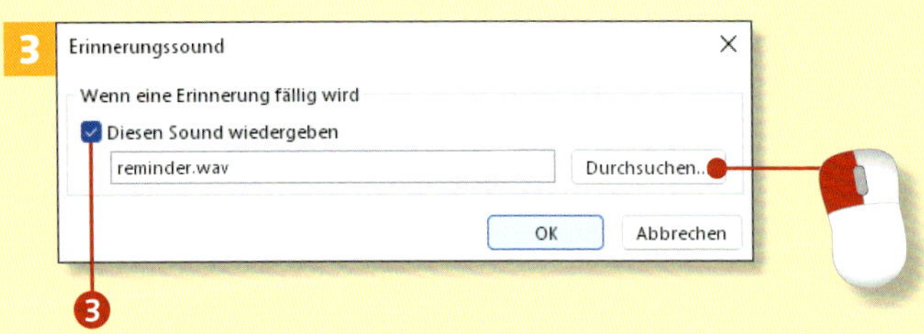

Schritt 3

Im Fenster **Erinnerungssound** setzen Sie bei **Diesen Sound wiedergeben** ein Häkchen ❸. Sagt Ihnen der Sound nicht zu, durchsuchen Sie Ihre Dateien nach Ihrer Lieblingsmusik – es muss aber eine Datei mit der Endung *.wav* sein. Bestätigen Sie Ihre Auswahl mit **OK**.

Schritt 4

Fehlt nur noch die Auswahl des Erinnerungsdatums. Dazu klicken Sie auf das Kalendersymbol und wählen das gewünschte Datum. Das aktuelle Datum ist voreingestellt.

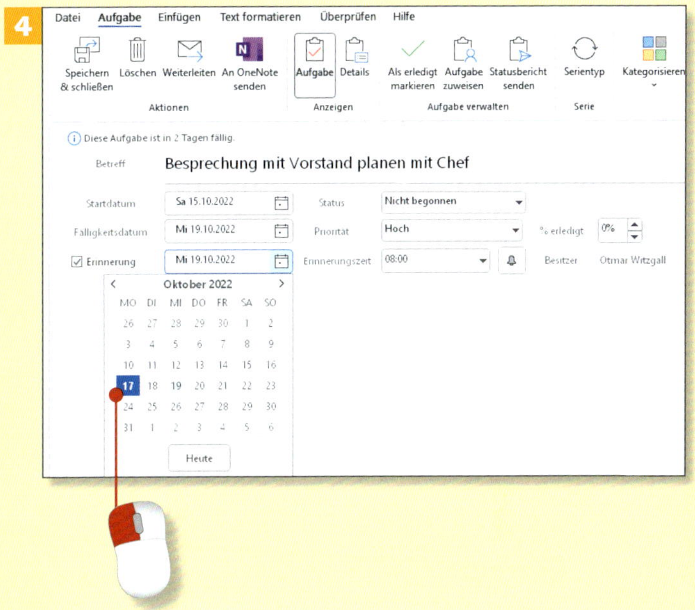

Schritt 5

Jetzt ist die Erinnerung komplett eingerichtet. Kehren Sie mit **Speichern & schließen** zur Aufgabenansicht zurück.

Schritt 6

Aktivieren Sie über **Ansicht ▸ Layout ▸ Aufgabenleiste ▸ Aufgaben** die entsprechende Leiste. In der Anzeige erkennen Sie die Aufgaben mit eingerichteter Erinnerung am Glockensymbol ❹.

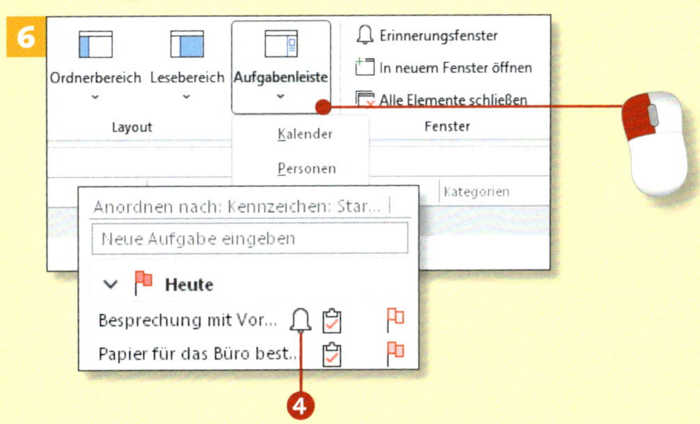

Wie werden Sie erinnert?

Zur eingerichteten Erinnerungszeit für Termine und Aufgaben erscheint ein Erinnerungsfenster – auf Wunsch auch mit Sound. Sie schließen einzelne Erinnerungen oder alle auf einmal. Sie können das Erinnerungsfenster auch manuell aufrufen, und zwar über **Ansicht ▸ Fenster ▸ Erinnerungsfenster**.

Wiederkehrende Aufgaben festlegen

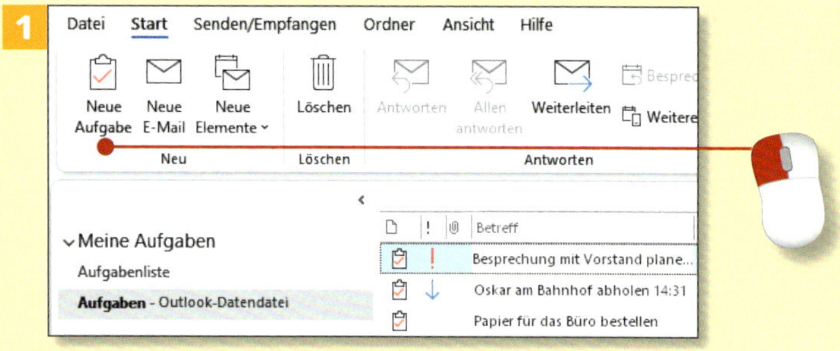

Wenn Sie eine Aufgabe immer wieder zu einer bestimmten Zeit regelmäßig wiederholen müssen, sind das beste Voraussetzungen, um eine Aufgabenserie einzurichten.

Schritt 1

Öffnen Sie ein neues Aufgabenformular im Bereich **Aufgaben**, indem Sie auf **Neue Aufgabe** klicken. Bereichsunabhängig erledigen Sie das mit Strg + Alt + T.

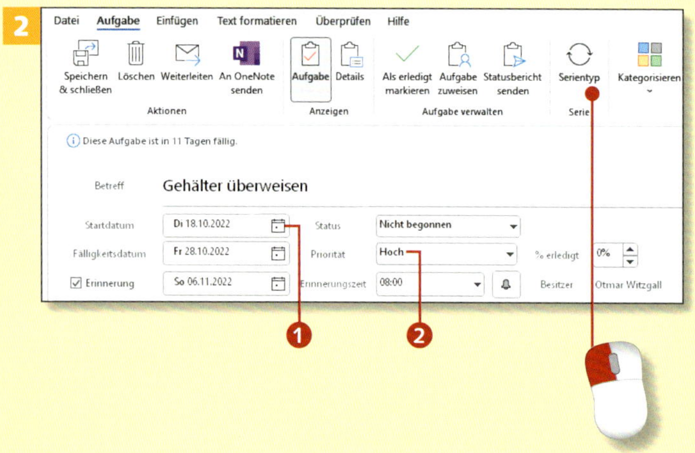

Schritt 2

Tippen Sie einen **Betreff** ein, setzen Sie den ersten Termin ❶ zur Ausführung fest, wählen Sie die Priorität **Hoch** ❷ aus, und klicken Sie dann in der Gruppe **Serie** auf **Serientyp**.

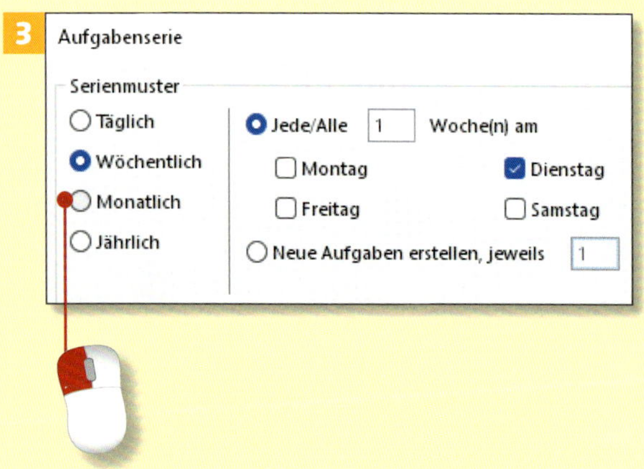

Schritt 3

Im folgenden Dialogfenster **Aufgabenserie** haben Sie die Möglichkeit im Abschnitt **Serienmuster**, tägliche bis jährliche Wiederholungen einzurichten. Aktivieren Sie **Monatlich**.

Schritt 4

In den Einstellungen für die Wiederholungen entscheiden Sie sich für einen Rhythmus. Im Abschnitt **Seriendauer** legen Sie den **Beginn** und ein Enddatum für die Aufgabenserie fest. Bestätigen Sie mit **OK**.

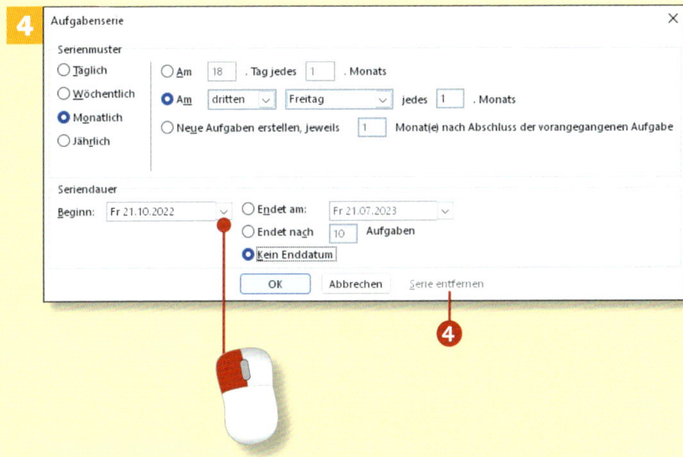

Schritt 5

Nun ist alles eingerichtet, und der Serientyp ist aktiviert. Kehren Sie mit **Speichern & schließen** zur Aufgabenansicht zurück.

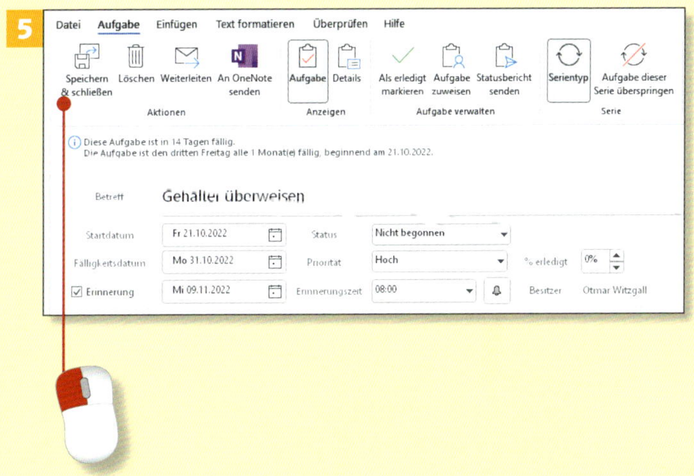

Schritt 6

In der Aufgabenliste sehen Sie das Serientypsymbol als Zeichen für eine Aufgabenserie ❸. Wenn der Termin zur Ausführung der Aufgabe kommt, markieren Sie die Aufgabe als erledigt. Zum nächsten Termin erscheint sie wieder.

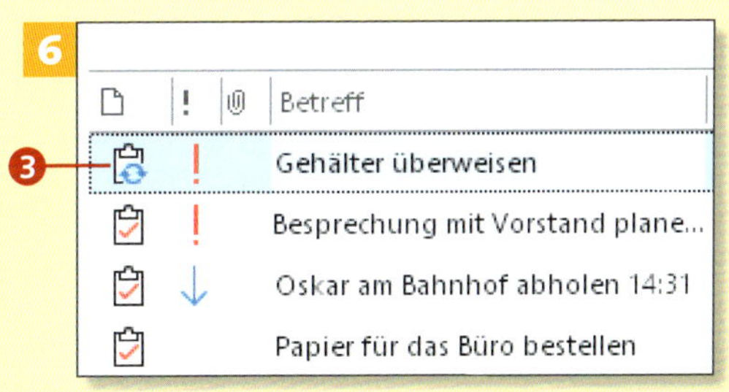

Serie entfernen

Sollten Sie sich zu einem späteren Zeitpunkt entscheiden, keine Aufgabenserie mehr zu benötigen, klicken Sie auf den dann aktivierten Befehl **Serie entfernen** ❹ (in Schritt 4).

Dateien und Notizen anhängen

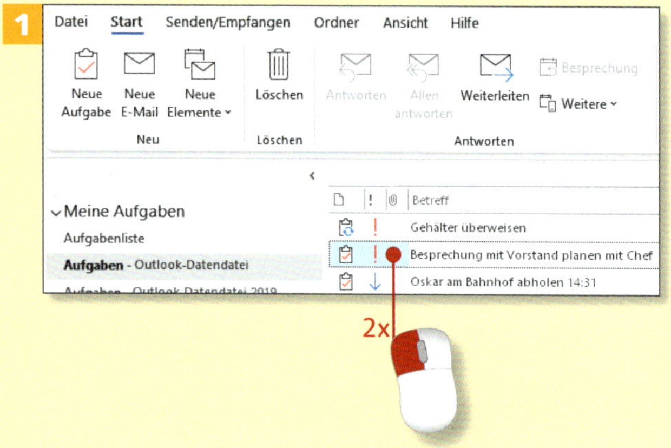

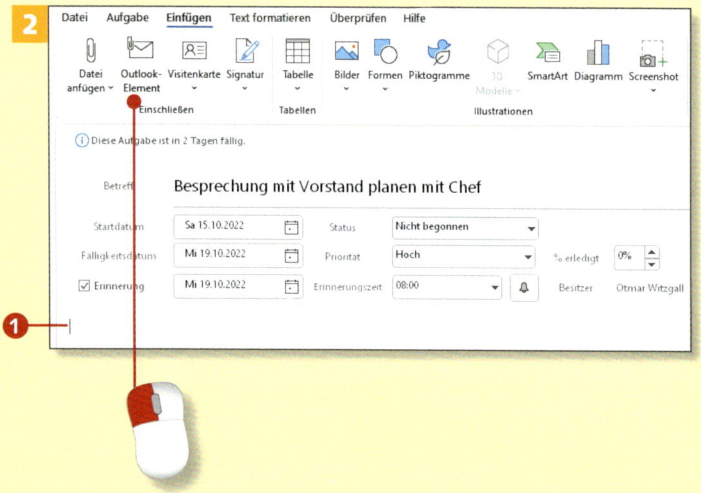

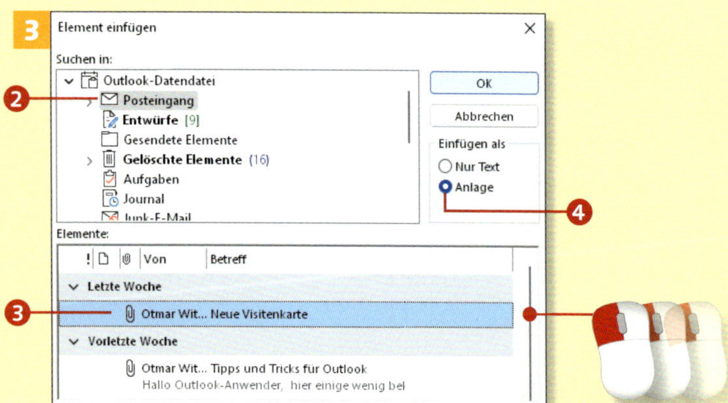

Je mehr Informationen Sie zu einer Aufgabe haben, desto präziser und schneller können Sie handeln. Dateianhänge, Outlook-Elemente, Notizen, Links – alles ist möglich.

Schritt 1

Wechseln Sie in den Bereich **Aufgaben** ([Strg] + [4]). Klicken Sie diejenige Aufgabe doppelt an, der Sie Elemente hinzufügen wollen.

Schritt 2

Im geöffneten Aufgabenformular setzen Sie den Cursor ❶ in das Aufgabenfeld. Klicken Sie auf der Registerkarte **Einfügen** in der Gruppe **Einschließen** auf **Outlook-Element**.

Schritt 3

Es öffnet sich der Assistent **Element einfügen**. Im Bereich **Suchen in** werden alle Outlook-Ordner mit E-Mails, Terminen, Kontakten und Notizen oder andere Aufgaben angezeigt. Markieren Sie den Ordner **Posteingang** ❷. Im Bereich **Elemente** scrollen Sie bis zur gewünschten E-Mail. Markieren Sie diese ❸. Aktivieren Sie **Einfügen als Anlage** ❹, und klicken Sie auf **OK**.

Schritt 4

Sie sehen im Aufgabenfeld das Symbol der eingefügten Nachricht. Es ist eine Kopie der Original-E-Mail. Zum Lesen klicken Sie doppelt darauf. Schreiben Sie in das Aufgabenfeld eine entsprechende Notiz.

Schritt 5

Klicken Sie nochmals auf **Outlook-Element**. Wieder öffnet sich der Assistent **Element einfügen**. Gehen Sie, wie in Schritt 3 beschrieben, vor. Jedoch markieren Sie jetzt oben rechts bei **Einfügen als** die Option **Nur Text** 5, und schließen Sie den Assistenten mit **OK**.

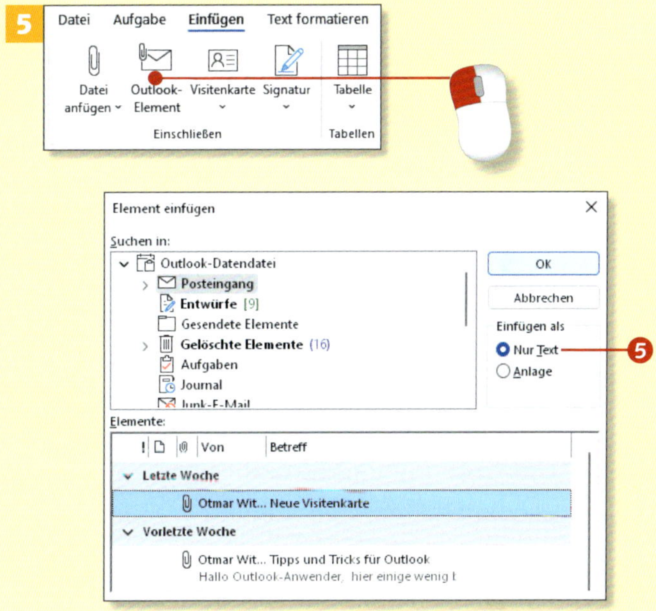

Schritt 6

Im Aufgabenfeld wird die komplette E-Mail als Text eingefügt. So müssen Sie nicht die E-Mail öffnen, sondern lesen sofort ihren Inhalt. Kehren Sie mit **Speichern & schließen** zur Aufgabenliste zurück.

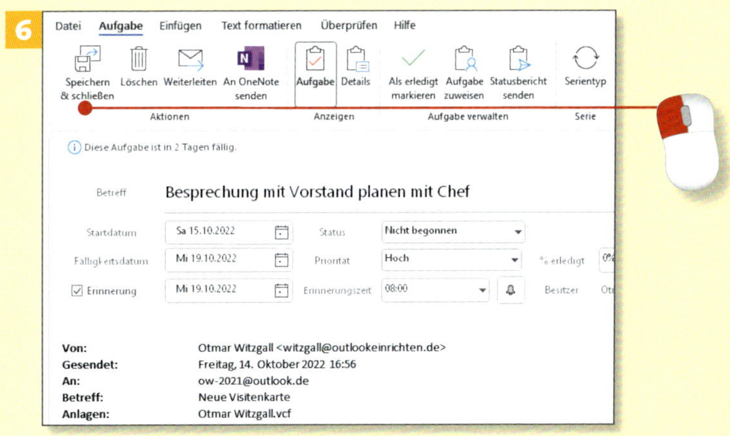

Dateien über Objekte einfügen

Diese praktische Möglichkeit zeige ich Ihnen im Abschnitt »Einem Termin Dateien hinzufügen« ab Seite 202.

Kapitel 11
Mit Notizen arbeiten

Vielleicht kennen Sie das: Viele kleine Zettel liegen auf dem Schreibtisch mit Telefonnummern, Dingen, die zu erledigen sind, und Projekten, die geplant sein wollen – ach ja, die Wunschliste für den Geburtstag auch nicht zu vergessen. Digitalisieren Sie Ihre Notizen in Outlook als eine sinnvolle Ergänzung zu E-Mails, Terminen, Kontakten und Aufgaben.

Wie Sie eine Notiz in Outlook digitalisieren

Notizen sind schnell angelegt. Sie können entweder den normalen Weg im Bereich **Notizen** über **Neue Notiz** ❶ wählen oder bereichsunabhängig die Tastenkombination [Strg] + [⇧] + [N] nutzen.

Bringen Sie mit farbigen Kategorien Struktur in Ihre Notizensammlung

Wenn Sie viele Notizen in einer Farbe angelegt haben, können Sie leicht den Überblick verlieren. Um Ordnung und Struktur in Ihre Notizensammlung zu bringen, gibt es Kategorien ❷. Diese beinhalten immer eine Farbkomponente.

Wie Sie Ihre Notizen sinnvoll sortieren

Neben der Ordnung mit Farben bietet Ihnen Outlook auch verschiedene Sortiermöglichkeiten an, um schnell eine Übersicht zu erhalten. Dafür ist die Listenansicht besonders geeignet. Neben dem Kriterium **Erstelldatum** ist die Sortierung nach Kategorien ❸ sinnvoll.

❶ Erstellen Sie eine neue Notiz über den gleichnamigen Befehl.

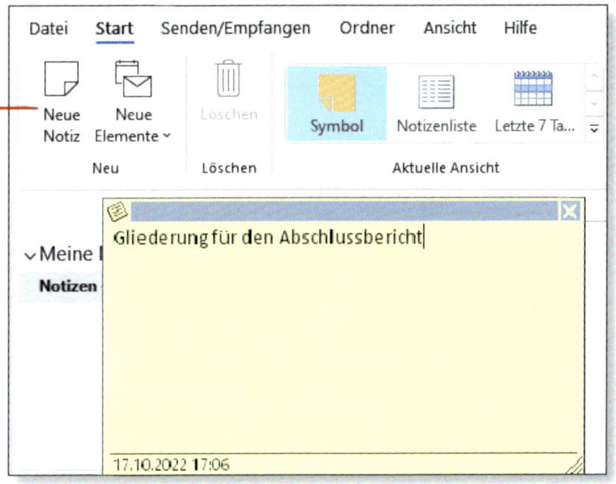

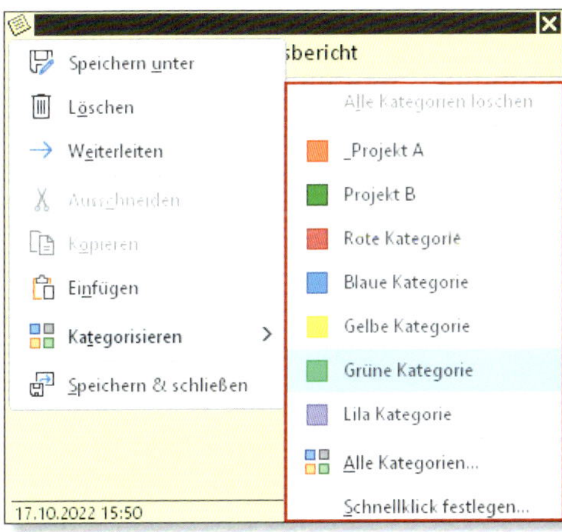

❷ Färben Sie Notizen über **Kategorien** ein.

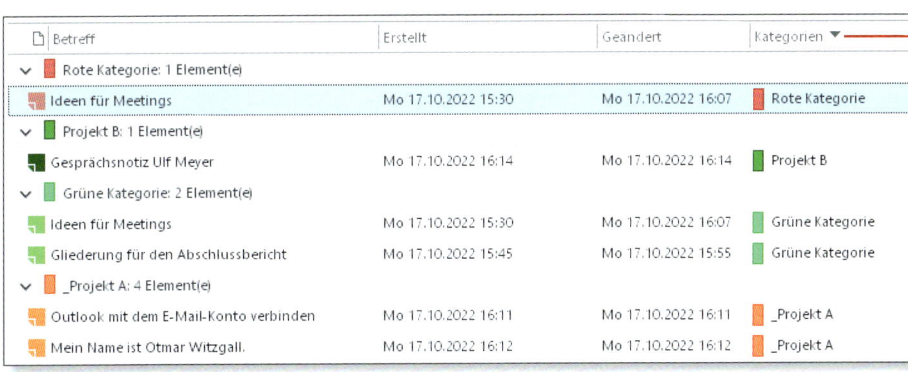

❸ Sortieren Sie Ihre Notizensammlung nach Farbkategorien.

Eine Notiz erstellen

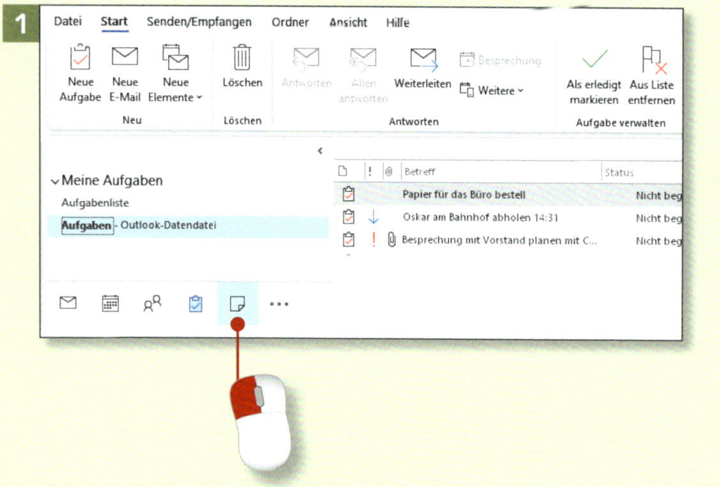

Schnell einmal eine Idee festhalten, ein Thema mit Brainstorming erarbeiten oder eine Gesprächsnotiz schreiben – das sind nur einige Gründe, um in Outlook eine Notiz zu erstellen.

Schritt 1

Wechseln Sie in den Bereich **Notizen**, indem Sie unten auf **Notizen** klicken. Wenn Sie die Hand auf der Tastatur haben, drücken Sie die Tastenkombination [Strg] + [5].

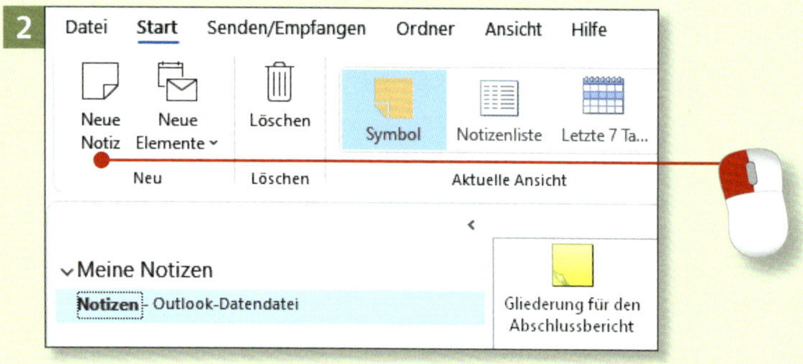

Schritt 2

Im Bereich **Notizen** werden Ihnen Ihre bereits angelegten Notizen als Symbole angezeigt. Für ein neues Notizformular klicken Sie auf **Neue Notiz**. Bereichsübergreifend drücken Sie [Strg] + [⇧] + [N], um eine neue Notiz zu erstellen.

Schritt 3

Im geöffneten und noch leeren Notizformular sehen Sie Datum und Uhrzeit unten links eingeblendet. Ziehen Sie mit der linken Maustaste unten rechts mit den Erweiterungslinien das Formular auf die gewünschte Größe.

Schritt 4

Schreiben Sie Ihre Notiz. Der Text lässt sich ausschließlich im Nur-Text-Format eintippen, also ohne Zeichenformatierungen oder Bilder. Klicken Sie oben links auf das gelbe Notizsymbol.

Schritt 5

Es öffnet sich das Auswahlmenü. Klicken Sie auf **Speichern & schließen**.

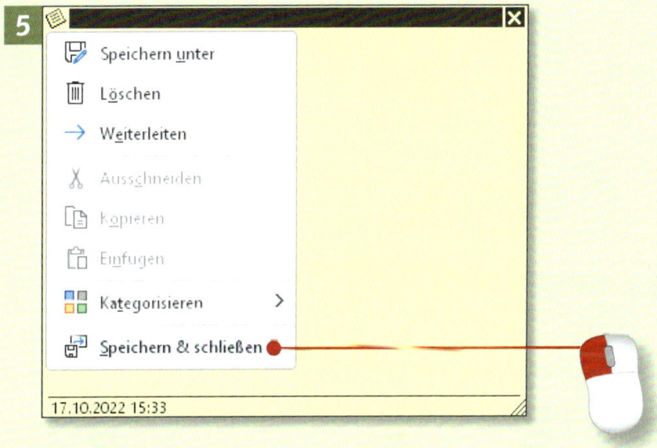

Schritt 6

Sie sehen die Notiz in der **Symbol**-Ansicht. Die erste Textzeile in der Notiz verwendet Outlook als Überschrift und Notizenname ❶.

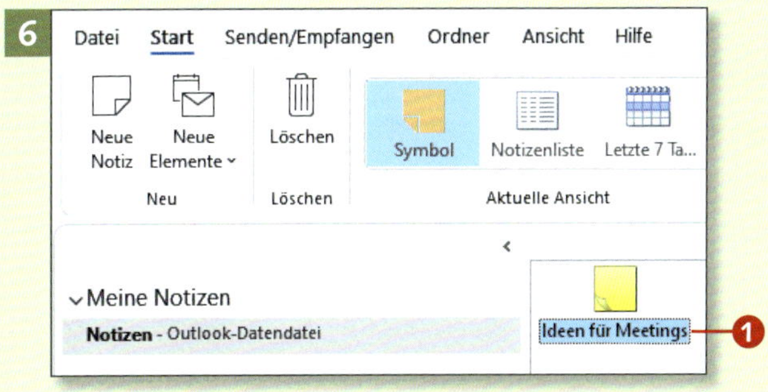

Zum Bereich »Notizen« wechseln

Wenn Sie das Symbol oder den Begriff für Notizen im Outlook-Fenster nicht sehen, klicken Sie auf die drei Punkte und dann auf **Navigationsoptionen**. Auf Nummer sicher gehen Sie, wenn Sie das Häkchen bei **Kompaktnavigation** herausnehmen und oben bei der **Anzahl sichtbarer Elemente** mindestens **5** auswählen. Schließen Sie mit **OK**. In der Kompaktnavigation sehen Sie nur Symbole.

Notizen einfärben

Es gibt viele Möglichkeiten, Struktur und Ordnung in Ihre Notizen zu bringen: die beste ist, Ihre Notizen mithilfe von Kategorien einzufärben. So erkennen Sie jederzeit Ihre besonders wichtigen Notizen.

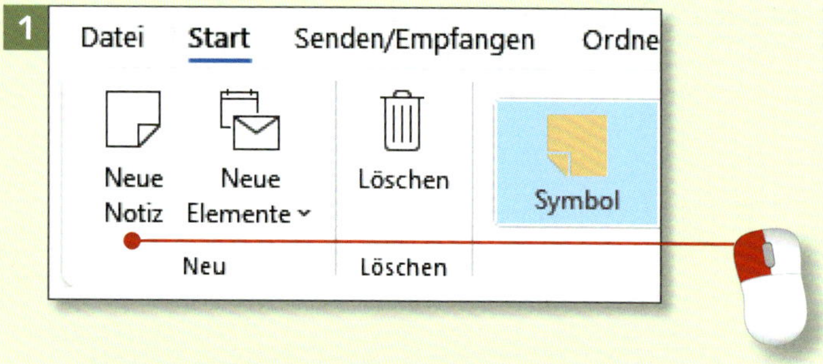

Schritt 1

Öffnen Sie ein neues Notizformular im Bereich **Notizen**, indem Sie auf der Registerkarte **Start** in der Gruppe **Neu** auf **Neue Notiz** klicken. Alternativ nutzen Sie bereichsunabhängig die Tastenkombination Strg + ⇧ + N.

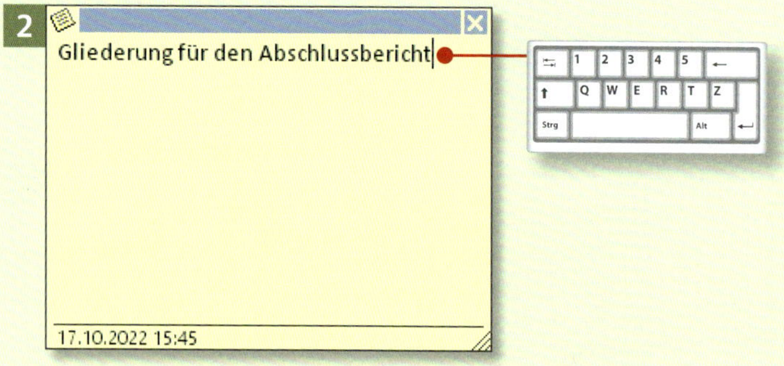

Schritt 2

Schreiben Sie im geöffneten Formular Ihre Notiz, und ziehen Sie – wenn nötig – mit der linken Maustaste unten rechts an der Größeneinstellung für den Notizzettel, um diesen zu vergrößern.

Schritt 3

Zum Kategorisieren und gleichzeitigen Einfärben der Notiz klicken Sie oben links auf das Notizsymbol und wählen im Menü **Kategorisieren** die gewünschte Kategorie aus.

Schritt 4

Sofort nimmt das Notizformular die Farbe der Kategorie an. Klicken Sie nun noch einmal auf das Notizsymbol oben links, um das Notizmenü aufzurufen.

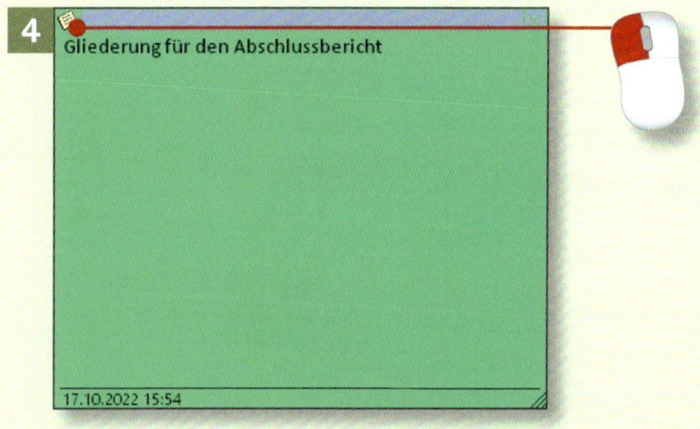

Schritt 5

Bestätigen Sie die Änderungen an der Notiz, indem Sie im Menü auf **Speichern & schließen** klicken.

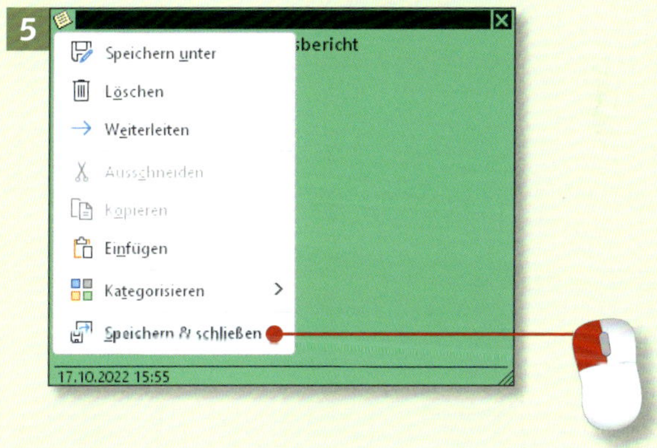

Schritt 6

In der **Symbol**-Ansicht sehen Sie, wie sich die neue Notiz ❶ mit der ersten Textzeile als Name einfügt. Dazu trägt sie die Farbe Grün der entsprechenden Kategorie.

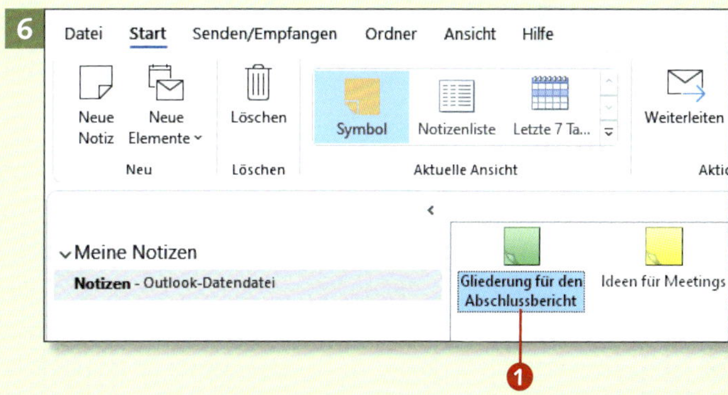

Kategorien
Hier einige Vorschläge für Kategorien: persönlich, geschäftlich, Aktion oder Anruf. Sie können nach Rollen wie Vater, Ehemann, persönlich, Angestellter oder nach Orten wie zu Hause, Büro, Computer, Internet, Freizeit etc. unterscheiden. Kategorien werden über **Start ▸ Kategorien ▸ Kategorisieren ▸ Alle Kategorien** neu erstellt, umbenannt oder gelöscht.

Notizen sortieren

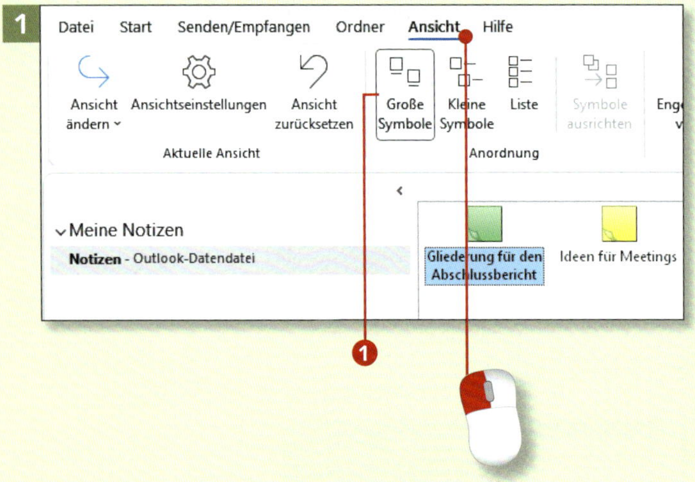

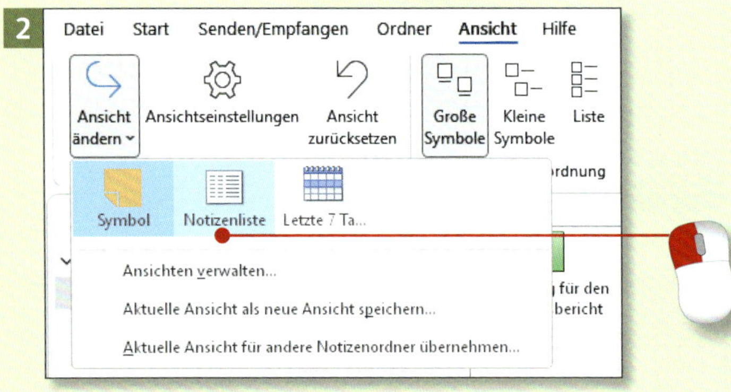

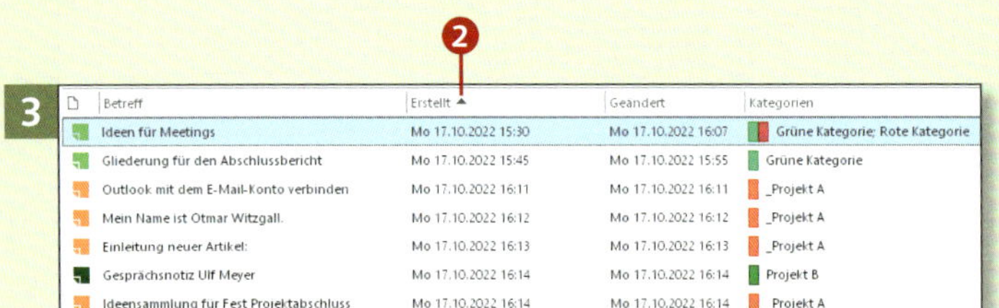

Immer wieder lautet eine der wichtigsten Fragen: Wie schnell finde ich meine Informationen? Neben der Suchfunktion ist die Strategie, wie Sie sortieren, für effektives Arbeiten entscheidend.

Schritt 1

Klicken Sie im Bereich **Notizen** auf die Registerkarte **Ansicht**. Sie sehen die Darstellung der Notizen in der Gruppe **Anordnung** als **Große Symbole** ❶.

Schritt 2

Klicken Sie auf der Registerkarte **Ansicht** in der Gruppe **Aktuelle Ansicht** auf den Befehl **Ansicht ändern**. Wählen Sie nun **Notizenliste**.

Schritt 3

Sie sehen die Notizenliste, wie sie in **Aktuelle Ansicht ▸ Ansichtseinstellungen** eingerichtet ist.
Im Abschnitt »E-Mails filtern und sortieren« ab Seite 140 zeige ich Ihnen, wie Sie Sortiereinstellungen vornehmen. Die Liste ist nach **Erstelldatum** sortiert ❷.

Schritt 4

Klicken Sie für eine weitere temporäre Sortierung auf **Kategorien**.

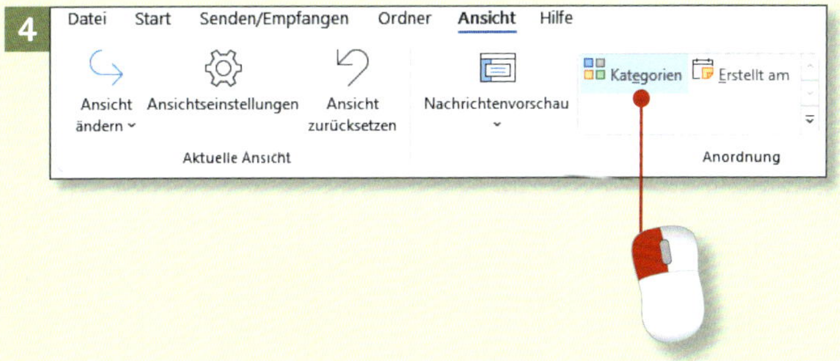

Schritt 5

Die Notizen sind nach **Kategorien** sortiert und werden zur besseren Übersicht in Gruppen angezeigt. Klicken Sie auf **Sortierreihenfolge umkehren**.

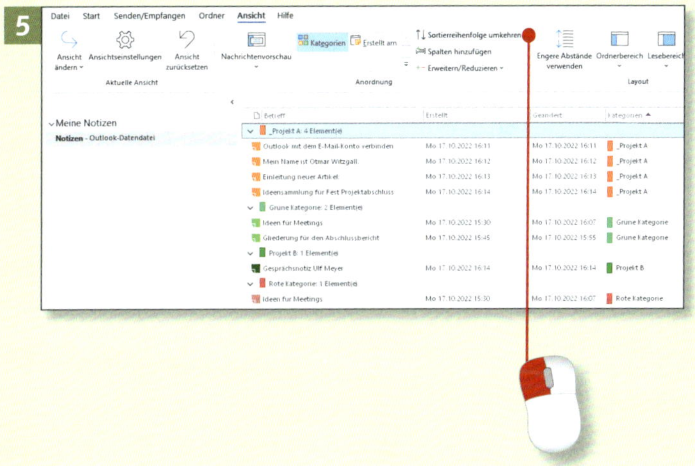

Schritt 6

Die **Kategorien** werden nun in umgekehrter Reihenfolge angezeigt. Bei jedem Mausklick auf die Spaltenüberschrift **Kategorien** oder jede andere Spaltenüberschrift wird die Sortierreihenfolge entsprechend dem Spalteninhalt umgekehrt.

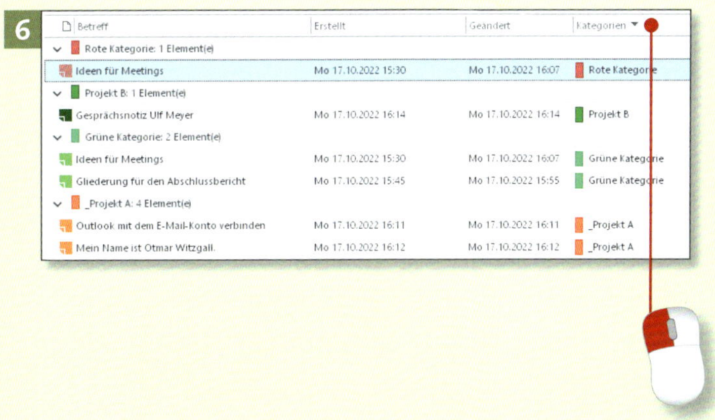

Schnell sortieren

Wenn Sie mit der rechten Maustaste in eine Spaltenüberschrift klicken, öffnet sich das Kontextmenü. Dort rufen Sie die wichtigsten Sortierfunktionen auf: **Anordnen nach**, **Sortierreihenfolge umkehren** und **Ansichtseinstellungen**. Hier können Sie auch feste Filter- und Sortierkriterien festlegen.

Notizen per E-Mail versenden

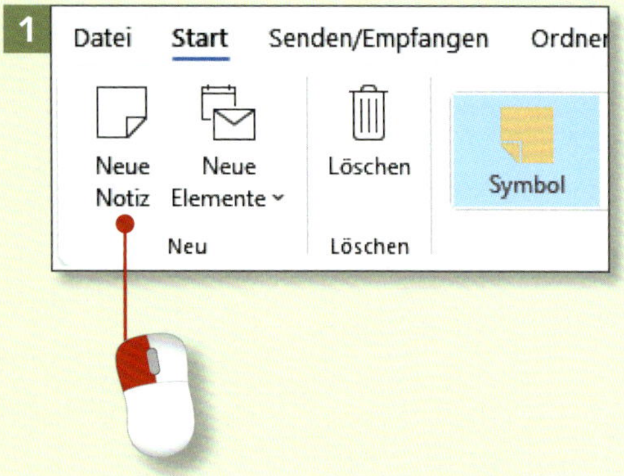

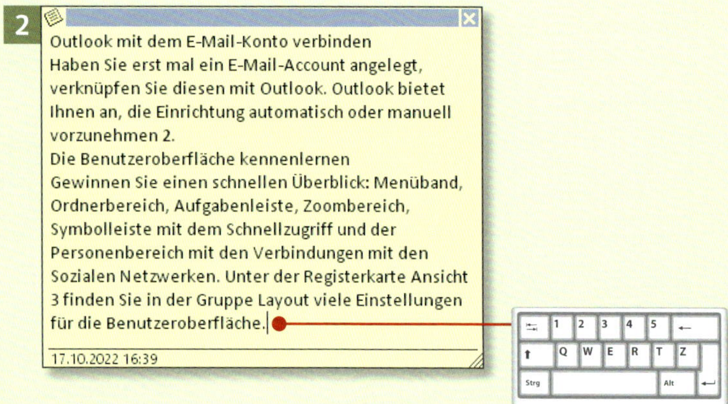

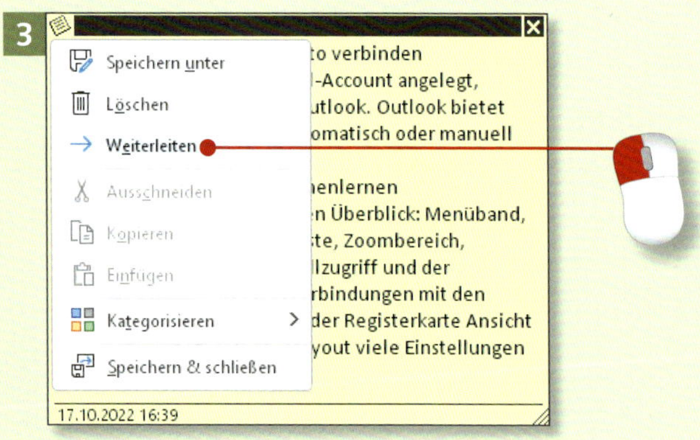

Manchmal möchten Sie jemandem vielleicht eine Notiz mit Gedanken oder Vorschlägen zum Anschauen und Bewerten zukommen lassen. Dies geht ganz einfach mit einer E-Mail.

Schritt 1

Wechseln Sie mit einem Klick auf das Notizsymbol oder mit Strg + 5 in den Bereich **Notizen**. Um eine neue Notiz anzulegen, klicken Sie auf **Neue Notiz** oder drücken bereichsunabhängig Strg + ⇧ + N.

Schritt 2

Tippen Sie Ihre Notiz, die Sie per E-Mail versenden möchten. Klicken Sie dann auf das gelbe Notizsymbol oben links.

Schritt 3

Im Menü wählen Sie **Weiterleiten**. Es öffnet sich ein Nachrichtenformular.

Denken Sie an andere Nutzer!

Viele E-Mail-Programme haben Probleme, die Notiz im Anhang korrekt zu öffnen und zu lesen. Fügen Sie deshalb die Notiz auch als Nur-Text in den Nachrichtenteil ein. So können auch Nicht-Outlook-User den Text lesen.

Schritt 4

Die Notiz mit der ersten Zeile als Titel finden Sie als Outlook-Element im Anhang ❶. Der **Betreff** ist bereits eingefügt und beginnt mit **WG:** für *Weitergeleitet*. Geben Sie die Empfängeradresse in **An** ein ❷. Tippen Sie den Nachrichtentext ein.

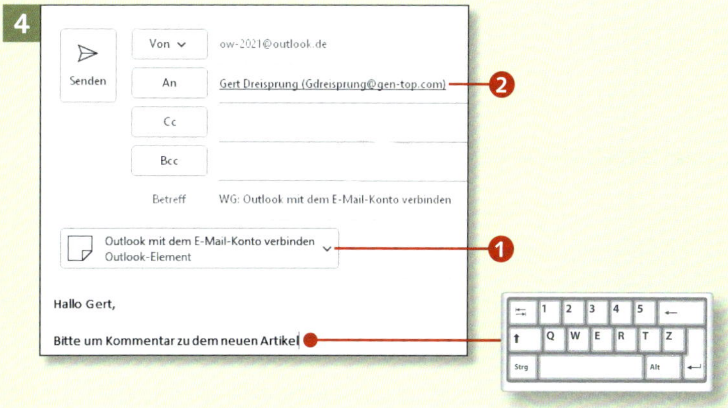

Schritt 5

Um den Inhalt der Notiz als Text einzufügen, setzen Sie im Nachrichtentext den Cursor an die gewünschte Stelle ❸. Klicken Sie auf der Registerkarte **Einfügen** in der Gruppe **Einschließen** auf den Befehl **Outlook-Element**. Gehen Sie vor, wie im Abschnitt »Dateien und Notizen anhängen« auf Seite 235 in Schritt 5 beschrieben.

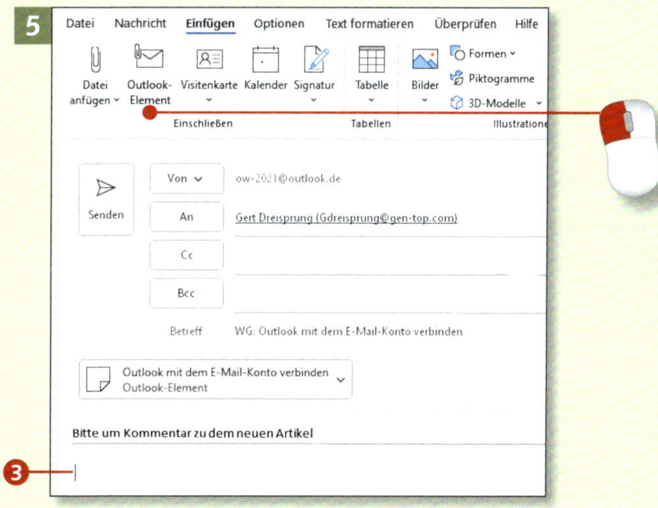

Schritt 6

Die Notiz als Anhang und die Notiz als Text sind nun eingefügt. Klicken Sie auf **Senden**, und die E-Mail ist mitsamt Notizen auf dem Weg zur Empfängerin oder zum Empfänger.

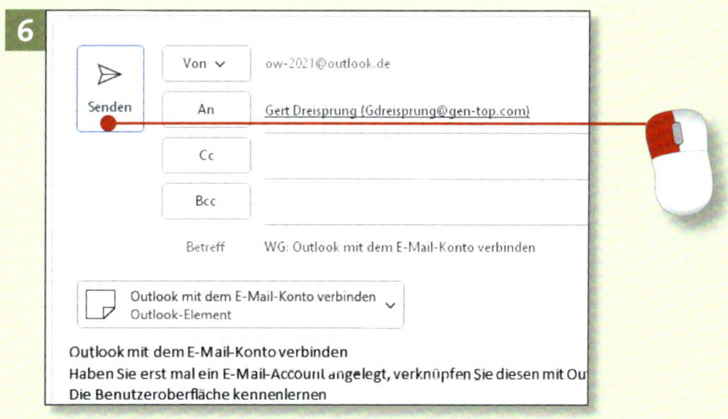

Kapitel 12
Outlook verwalten und anpassen

In diesem Kapitel machen wir einen Ausflug in die Backstage-Ansicht von Outlook, die Sie über die Registerkarte »Datei« erreichen. Hier rufen Sie die Outlook-Optionen auf und nehmen viele Detaileinstellungen vor.

Wie Sie sich Ihr eigenes Menüband einrichten
Vielleicht waren Sie schon einmal in der Situation: Mitten im Organisieren mit Outlook stecken Sie fest und fragen sich: Wie war das noch mal, wo finde ich diesen Befehl? Schaffen Sie Abhilfe, indem Sie sich Ihre Favoritenbefehle im Menüband selbst zusammenstellen ❶.

Wie Sie Ihren Kalender feintunen
Der Kalender ist nach den E-Mails das meistgenutzte Werkzeug in Outlook. Es gibt viele Einstellungsmöglichkeiten zu Arbeitszeit, Kalenderwochen etc. ❷, die Ihnen das Organisieren vereinfachen – sei es als Einzelperson, sei es im Team. In diesem Kapitel zeige ich Ihnen die wichtigsten Stellschrauben.

Wie Sie Ihre Arbeit mit Aufgaben aufpeppen
Das Wichtigste bei den Aufgaben ist, dass Sie zur rechten Zeit daran erinnert werden. Wie wäre es, wenn Sie zu Arbeitsbeginn an die Aufgaben des Tages ❸ erinnert würden? Dies ist nur eine der Einstellungen, die ich Ihnen in diesem Kapitel zeige.

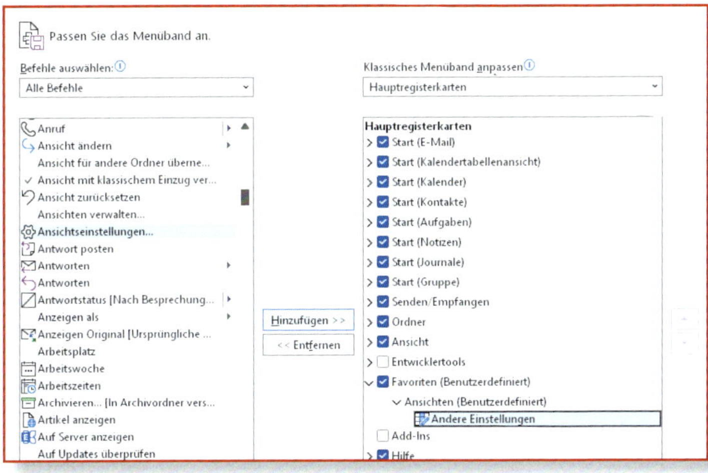

1 Stellen Sie sich Ihr eigenes Menüband zusammen.

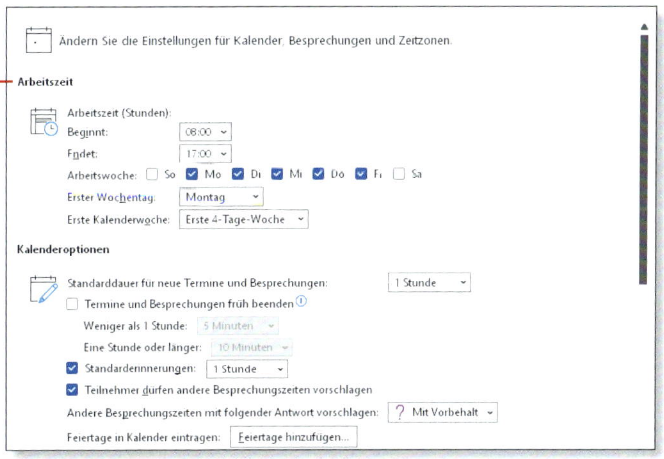

2 Stellen Sie die Arbeitszeit und die Kalenderwochen ein.

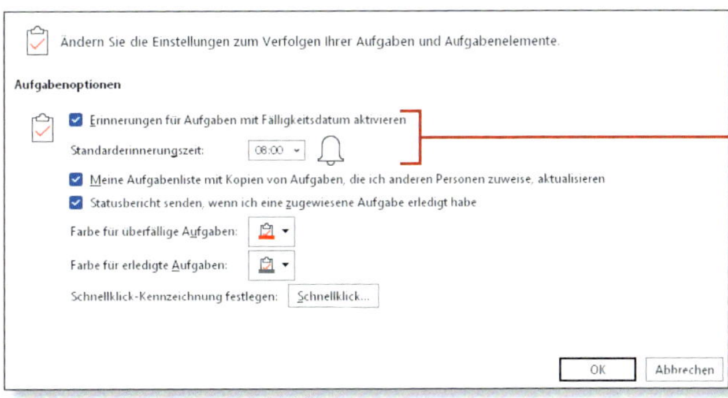

3 Richten Sie die Standarderinnerung ein.

Das Menüband anpassen

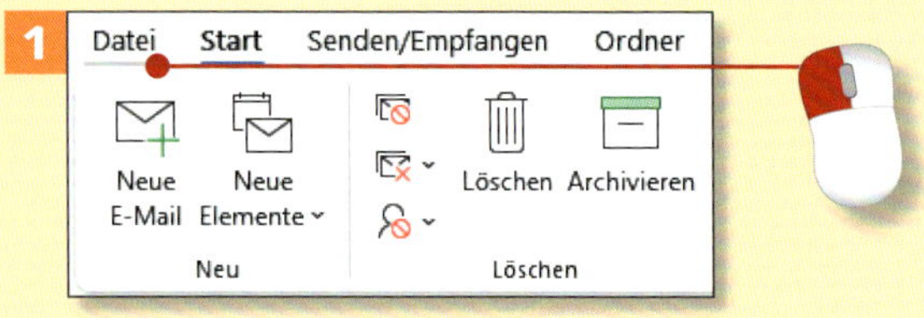

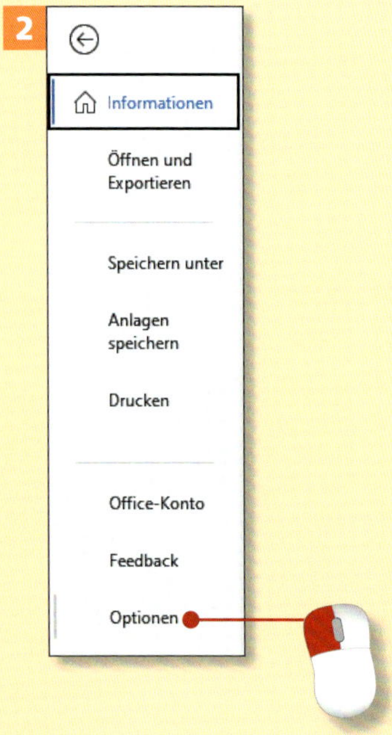

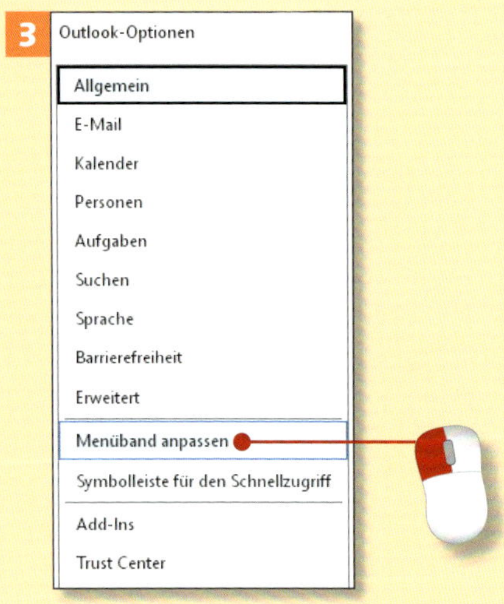

Das Menüband in der heutigen Form gibt es seit Outlook 2013. Mit etwas Übung kann man sich schnell in die Struktur und den Aufbau hineindenken. Hier zeige ich Ihnen, wie Sie das Menüband Ihren Wünschen anpassen.

Schritt 1

Wählen Sie den klassischen Weg, und klicken Sie auf die Registerkarte **Datei**.

Schritt 2

Sie gelangen in die Backstage-Ansicht. Klicken Sie im Menü links auf die Rubrik **Optionen**.

Schritt 3

Im Fenster **Outlook-Optionen** wird Ihnen der Bereich **Allgemein** angezeigt. Wechseln Sie zu **Menüband anpassen**.

Menüband

Mehr über das Menüband und seine verschiedenen Elemente erfahren Sie im Abschnitt »Die Benutzeroberfläche kennenlernen« ab Seite 22.

Schritt 4

Im rechten Teil des Fensters **Outlook-Optionen** finden Sie den Bereich **Klassisches Menüband anpassen**. Es sind die **Hauptregisterkarten** ausgewählt. Deaktivieren Sie zunächst Registerkarten, die Sie nicht benötigen. Das könnten **Entwicklertools** und **Add-Ins** sein ❶. Klicken Sie dann auf **Neue Registerkarte**.

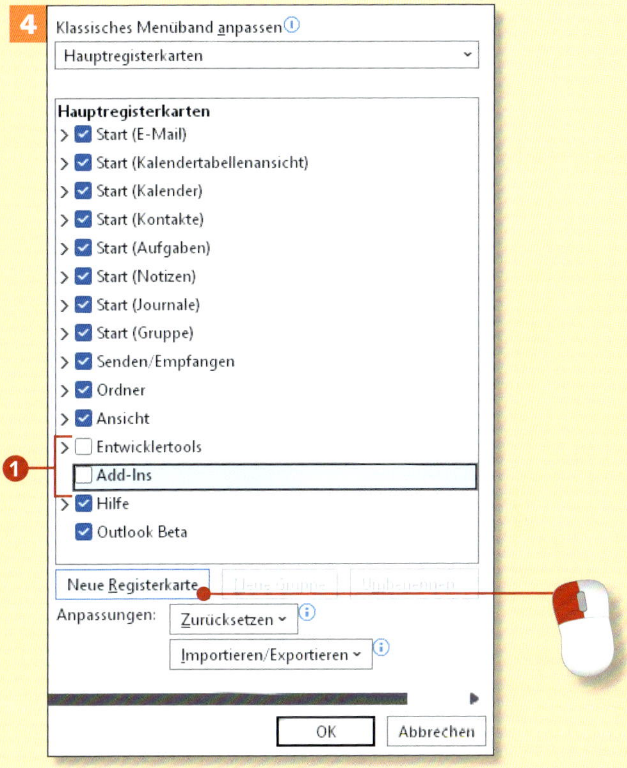

Schritt 5

Stellen Sie Ihre Lieblingsbefehle zusammen. Outlook generiert eine **Neue Registerkarte (Benutzerdefiniert)** ❷ mit einer **Neuen Gruppe (Benutzerdefiniert)**. Der Name ist nichtssagend und sollte geändert werden. Klicken Sie daher auf **Umbenennen**.

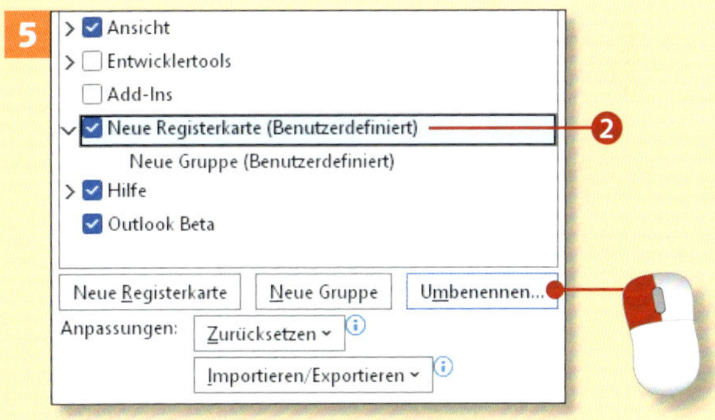

Schritt 6

Im Fenster **Umbenennen** schreiben Sie in das Eingabefeld **Anzeigename** »Favoriten«. Schließen Sie das Fenster mit einem Klick auf **OK**.

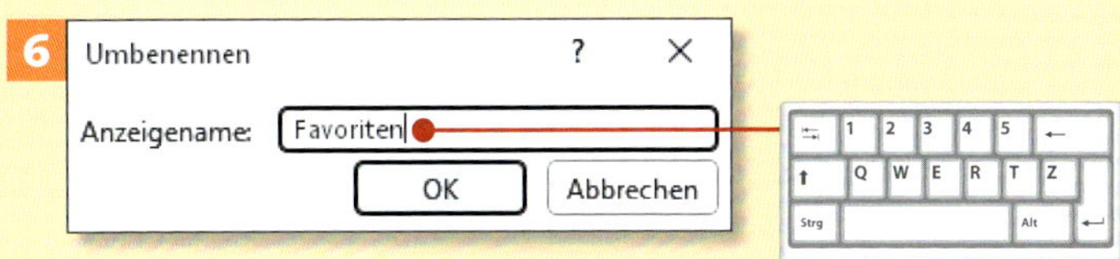

Das Menüband anpassen (Forts.)

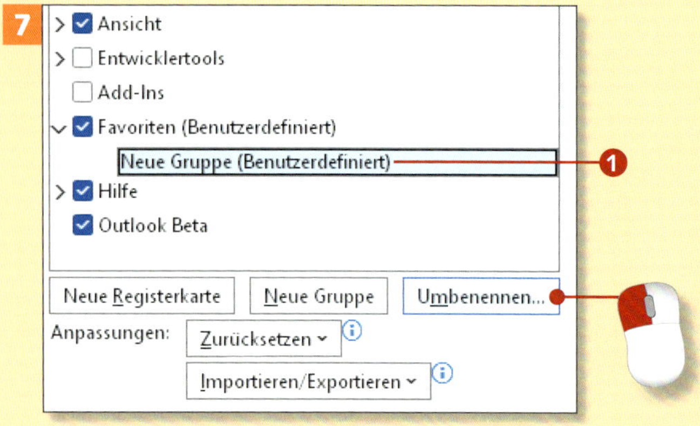

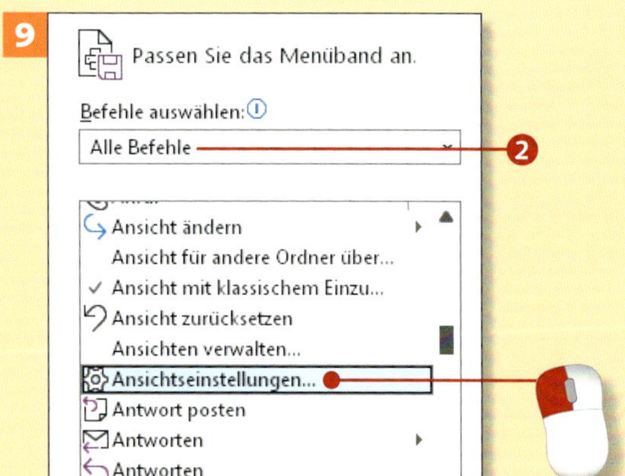

Schritt 7

Fehlt noch ein Name für die **Neue Gruppe**. Markieren Sie diese **1**, und klicken Sie erneut auf **Umbenennen**.

Schritt 8

Es öffnet sich wieder das Fenster **Umbenennen**. Wählen Sie ein **Symbol** aus. Bei **Anzeigename** tippen Sie einen aussagefähigen Namen für die Gruppe ein. Beenden Sie die Auswahl und Eingabe mit einem Klick auf **OK**.

Schritt 9

Im linken Teil des Fensters **Outlook-Optionen** wählen Sie unter **Befehle auswählen** über das Dropdown-Menü die Option **Alle Befehle** **2** aus. Scrollen Sie nach unten, bis Sie den Befehl **Ansichtseinstellungen** gefunden haben, und markieren Sie ihn mit einem Klick.

Menüband anpassen

Klicken Sie mit der rechten Maustaste auf eine Registerkarte, eine Gruppe oder einen Befehl, können Sie im Kontextmenü den Befehl **Menüband anpassen** wählen. So erreichen Sie die Einstellungsmöglichkeiten noch schneller.

Schritt 10

Klicken Sie nun auf die Schaltfläche **Hinzufügen** rechts neben der Liste der Befehle.

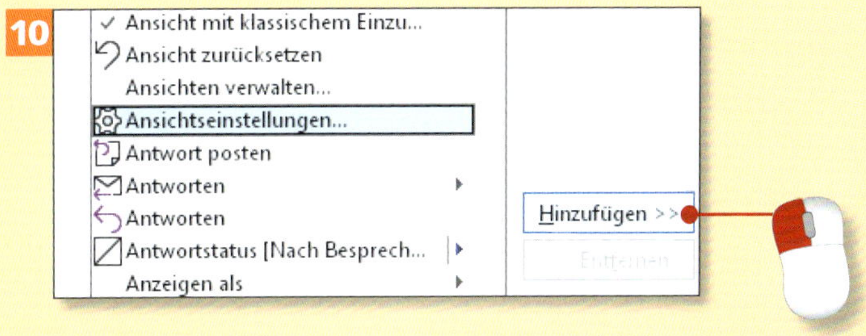

Schritt 11

Der Befehl **Ansichtseinstellungen** mit Symbol hat sich unterhalb der Gruppe **Ansichten** einsortiert ❸. In der Zwischenzeit habe ich noch einen zweiten Befehl, **Andere Einstellungen**, auf die gleiche Weise hinzugefügt. Schließen Sie die Einrichtung der neuen Registerkarte **Favoriten** mit **OK** ab.

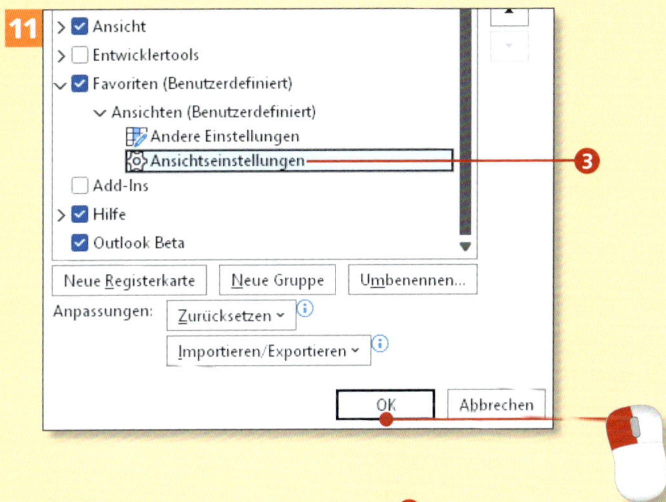

Schritt 12

Schon hat sich die zuvor angelegte Registerkarte **Favoriten** hinter der Registerkarte **Ansicht** eingeordnet ❹. Klicken Sie auf der Registerkarte **Favoriten** in der Gruppe **Ansichten** auf den Befehl **Ansichtseinstellungen**, und es öffnet sich das vom Filtern und Sortieren her bekannte Fenster **Erweiterte Ansichtseinstellungen: Kompakt**. Sie können auch Ihre häufig verwendeten Befehle auf einer Registerkarte sammeln, um sie immer griffbereit zu haben.

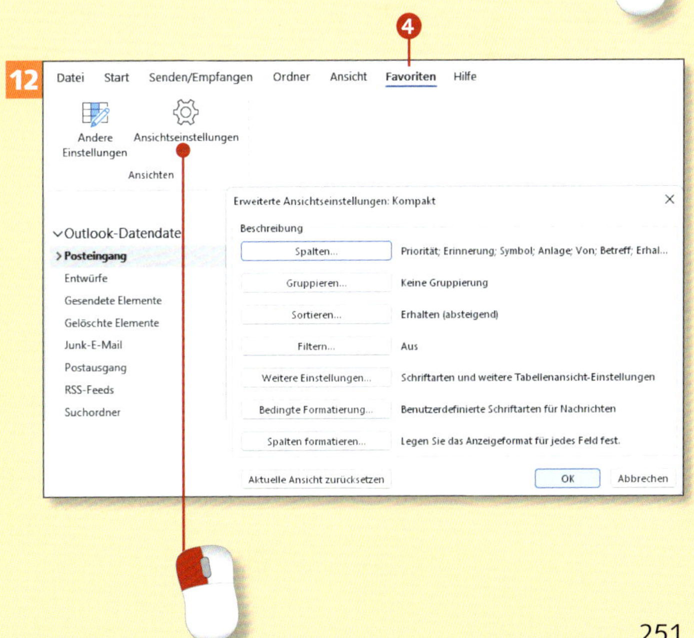

Schnell auf Befehle zugreifen

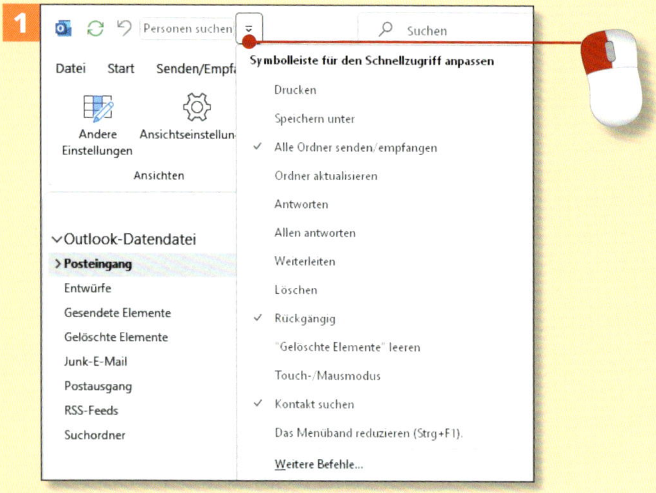

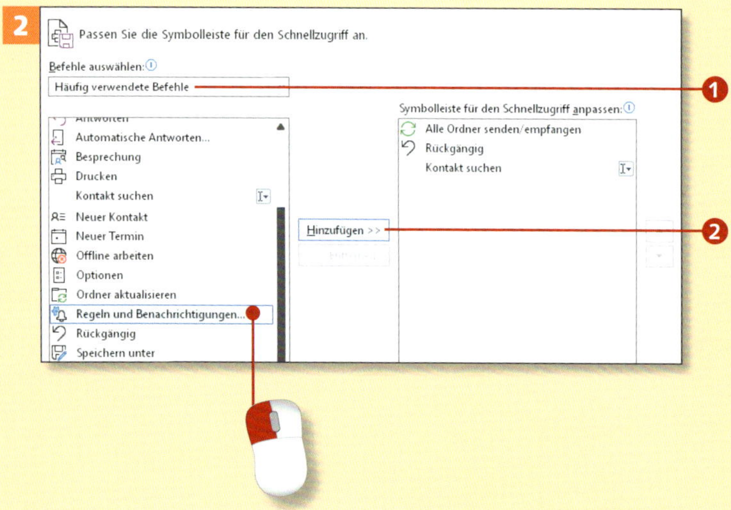

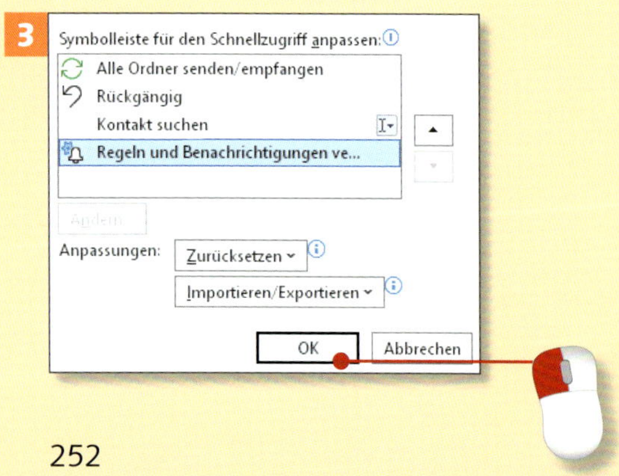

Sie haben über die Symbolleiste für den Schnellzugriff eine wunderbare Möglichkeit, häufig genutzte Befehle nach eigenen Wünschen zusammenzustellen.

Schritt 1

Klicken Sie auf die kleine Pfeilspitze in der **Symbolleiste für den Schnellzugriff**. Im Aufklappmenü aktivieren Sie Befehle mit einem Klick. Ist der gewünschte nicht dabei, klicken Sie auf **Weitere Befehle**.

Schritt 2

Im Fenster **Outlook-Optionen** wählen Sie in der linken Spalte über das Dropdown-Menü bei **Befehle auswählen** den Eintrag **Häufig verwendete Befehle** ❶. Scrollen Sie bis zum Befehl **Regeln und Benachrichtigungen verwalten**, markieren Sie ihn, und klicken Sie auf **Hinzufügen** ❷.

Schritt 3

Der Befehl landet daraufhin in der rechten Spalte **Symbolleiste für den Schnellzugriff anpassen**. Beenden Sie den Vorgang mit einem Klick auf **OK**.

Schritt 4

Sie sehen den hinzugefügten Befehl **Regeln und Benachrichtigungen verwalten** als Symbol in der Schnellzugriffsleiste. Klicken Sie darauf, öffnet sich das Fenster **Regeln und Benachrichtigungen** ❸.

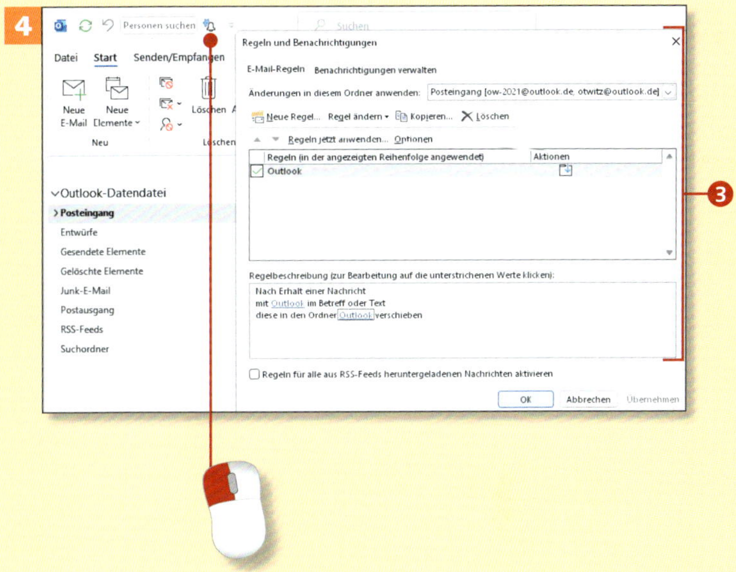

Schritt 5

Die Schritte 1 bis 3 können Sie sich sparen, wenn Sie den gewünschten Befehl im Menüband mit der rechten Maustaste anklicken und im Menü **Zu Symbolleiste für den Schnellzugriff hinzufügen** wählen. Der Befehl erscheint dann am rechten Rand der Symbolleiste.

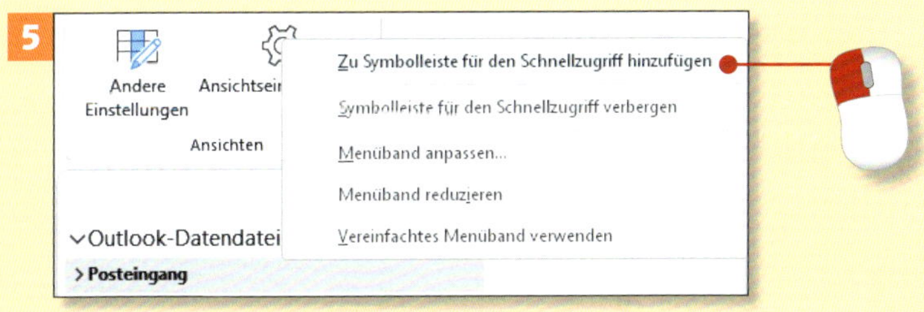

Schritt 6

Wenn Sie die Reihenfolge Ihrer Schnellzugriffsbefehle ändern möchten, wiederholen Sie die Schritte 1 bis 3, markieren den entsprechenden Befehl und klicken dann auf die Nach-oben- oder Nach-unten-Pfeilspitze ❹, bis der Befehl an der gewünschten Stelle steht. Schließen Sie den Vorgang mit einem Klick auf **OK** ab.

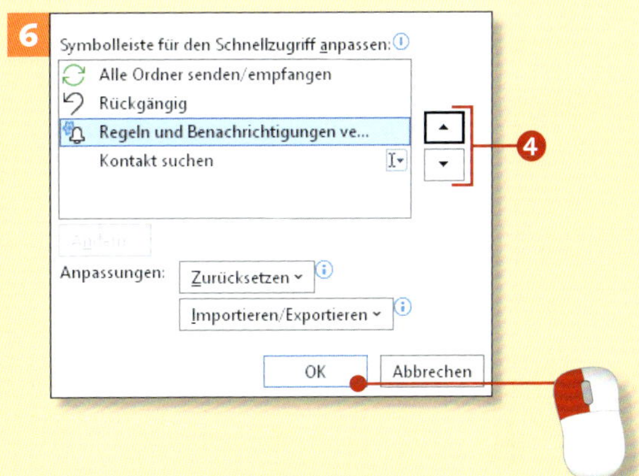

Kontoeinstellungen ändern

1

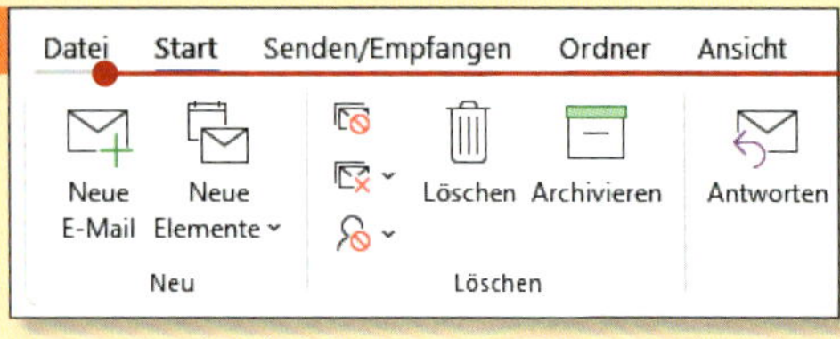

Vielleicht gefällt Ihnen der angezeigte Kontoname nicht mehr. Ein Grund, über die Kontoeinstellungen die Änderung vorzunehmen.

Schritt 1

Klicken Sie auf die Registerkarte **Datei**.

2

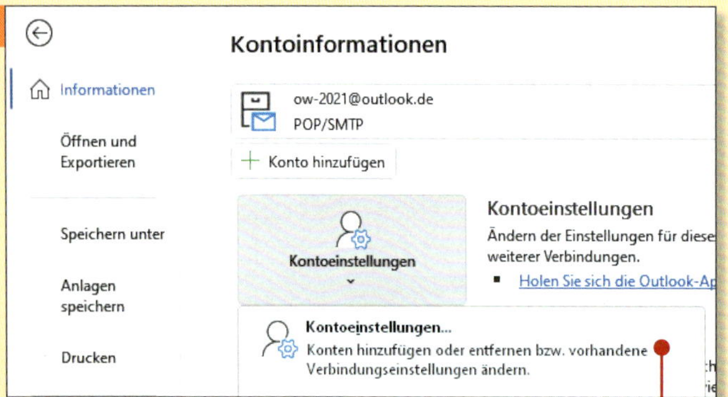

Schritt 2

Klicken Sie in der Backstage-Ansicht in der Rubrik **Informationen** auf **Kontoeinstellungen** und im Menü noch einmal auf **Kontoeinstellungen**.

3

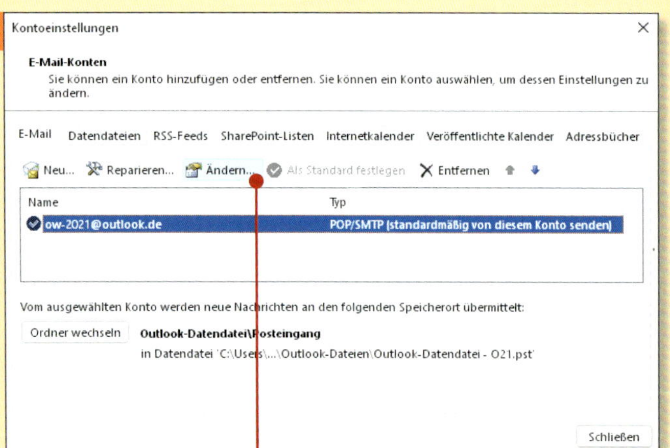

Schritt 3

Im Fenster **Kontoeinstellungen** wird die Registerkarte **E-Mail** aufgerufen. Markieren Sie die gewünschte E-Mail-Adresse, und klicken Sie auf **Ändern**.

Kontoeinstellungen

Kontoeinstellungen im Einsatz sehen Sie in Abschnitt »Outlook manuell mit POP-Konto verbinden« ab Seite 18.

Schritt 4

Bei **Kontoname** ersetzen Sie die E-Mail-Adresse z. B. durch »Otmar Witzgall Büro« ❶. Klicken Sie dann auf **Weiter**.

Schritt 5

Schließen Sie die Aktualisierung Ihres Kontos mit einem Klick auf **Vorgang abgeschlossen** ab.

Schritt 6

Sie gelangen daraufhin zurück zum Fenster **Kontoeinstellungen**. Sie sehen beim E-Mail-Konto den neuen Kontonamen ❷. Beenden Sie die Kontoeinstellungen mit einem Klick auf **Schließen**.

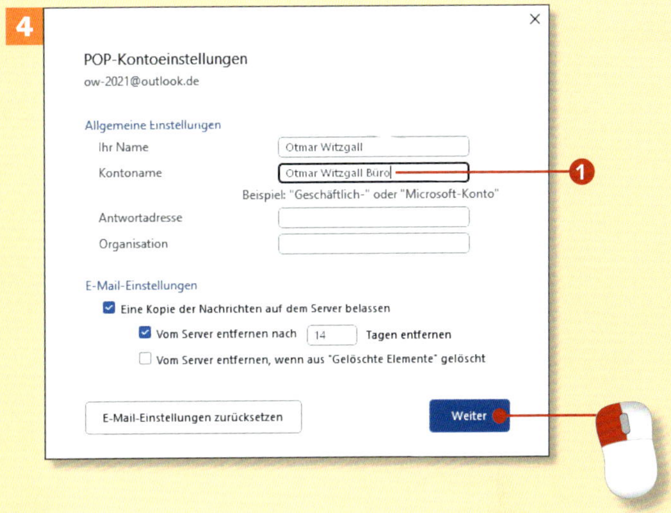

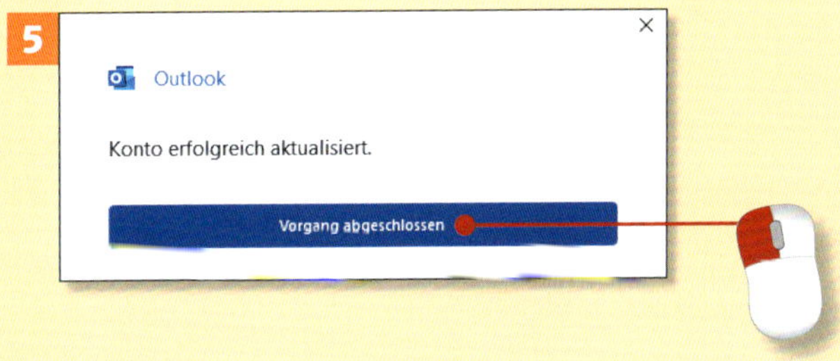

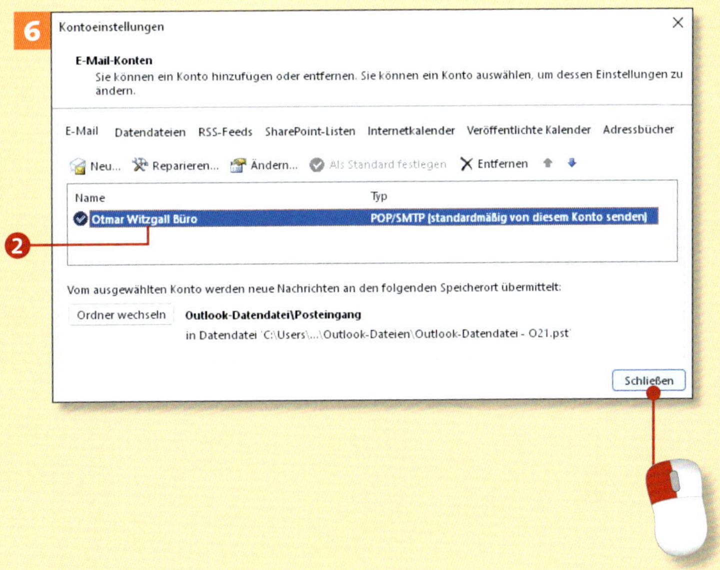

Kalenderoptionen ändern

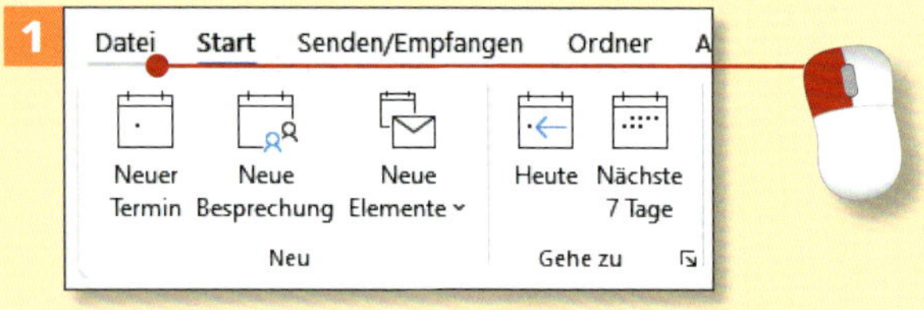

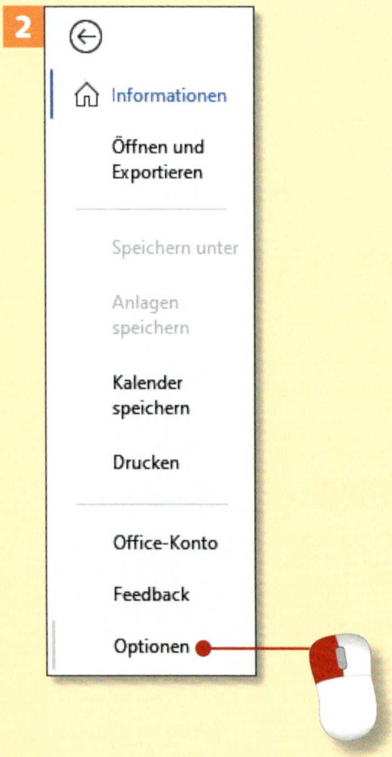

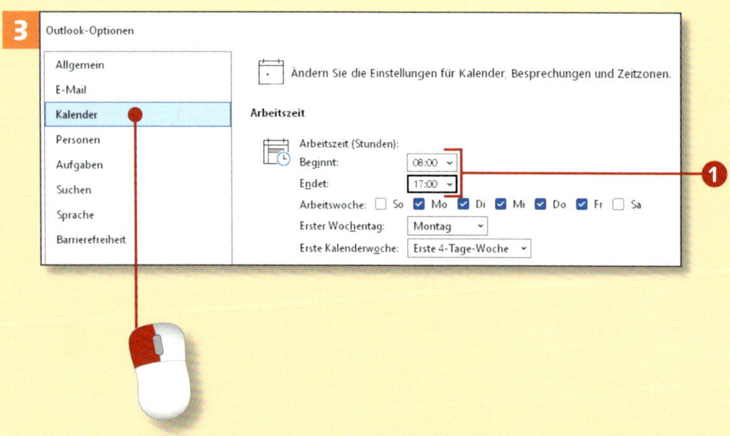

Vielleicht haben Sie sich schon einmal gefragt, wo Sie die Standarderinnerungszeit einrichten oder warum Ihr Kalender keine Kalenderwochen anzeigt. Im Bereich »Kalenderoptionen« nehmen Sie diese Einstellungen vor.

Schritt 1

Wechseln Sie auf die Registerkarte **Datei**.

Schritt 2

Klicken Sie in der Backstage-Ansicht auf die Rubrik **Optionen**.

Schritt 3

Im Fenster **Outlook-Optionen** wechseln Sie zu **Kalender**. Im Abschnitt **Arbeitszeit** wählen Sie Beginn und Ende ❶. Verändern Sie, wenn nötig, die Wochentage der Arbeitswoche über das Setzen und Entfernen der Häkchen. Übernehmen Sie die weiteren Einstellungen.

Schritt 4

Im Bereich **Kalenderoptionen** setzen Sie ein Häkchen bei **Standarderinnerungen** ❷ und wählen den Erinnerungszeitraum vor einem Termin aus. Weitere Optionen verändern Sie nach Ihren Wünschen.

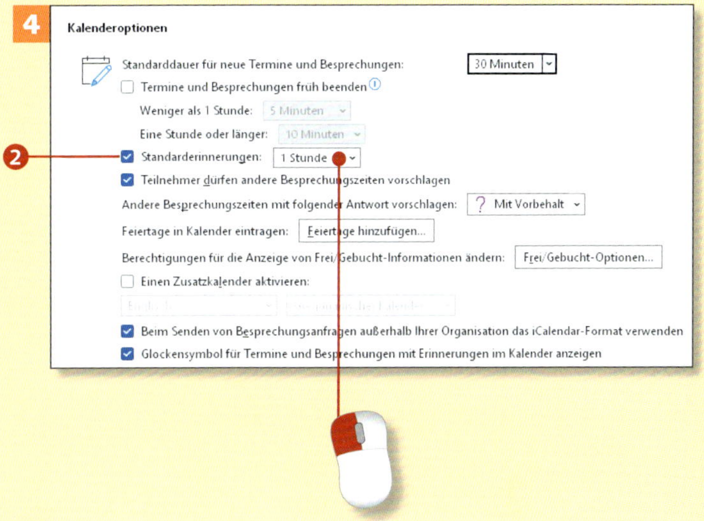

Schritt 5

Im Bereich **Anzeigeoptionen** können Sie eine Farbe abweichend von der **Standardkalenderfarbe** wählen. Setzen Sie gegebenenfalls ein Häkchen bei **Diese Farbe für alle Kalender verwenden** ❸.

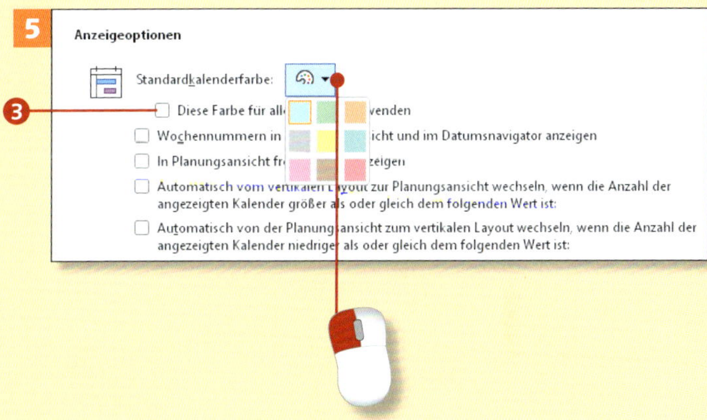

Schritt 6

Stellen Sie die Anzeige der Kalenderwochen ein: Wählen Sie bei **Erster Wochentag** den **Montag**. **Erste Kalenderwoche** ist im Beispiel **Erste 4-Tage-Woche** ❹. Aktivieren Sie bei **Anzeigeoptionen** mit einem Klick **Wochennummern in der Monatsansicht und im Datumsnavigator anzeigen** ❺.

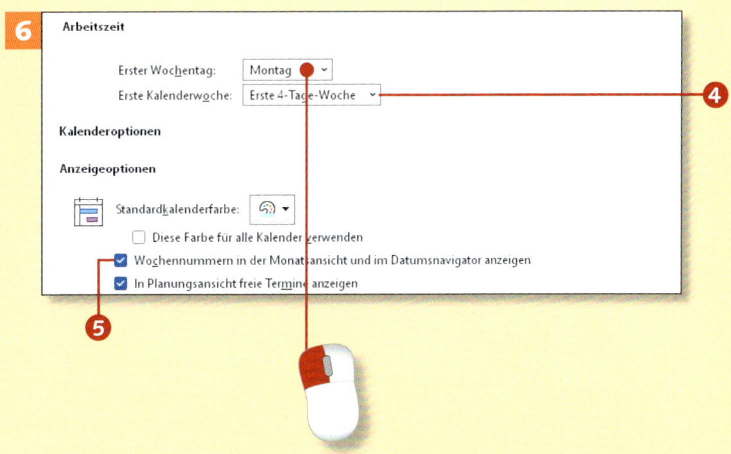

Der Bereich »Kalender«

Wie Sie effektiv mit dem Bereich **Kalender** arbeiten, erfahren Sie in Kapitel 9, »Termine planen«, ab Seite 192.

Einstellungen für Aufgaben vornehmen

Vielleicht möchten Sie zu Beginn Ihres Arbeitstages an die zu erledigenden Aufgaben erinnert werden. Oder Sie möchten in der Aufgabenliste unterscheiden, welche Aufgaben überfällig und welche bereits erledigt sind.

1
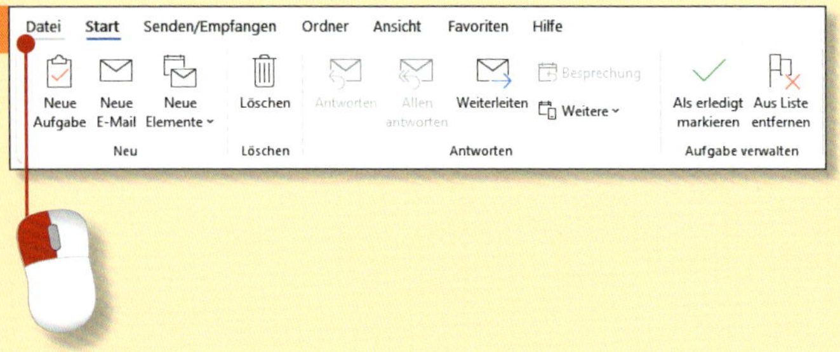

Schritt 1

Klicken Sie auf die Registerkarte **Datei**.

2
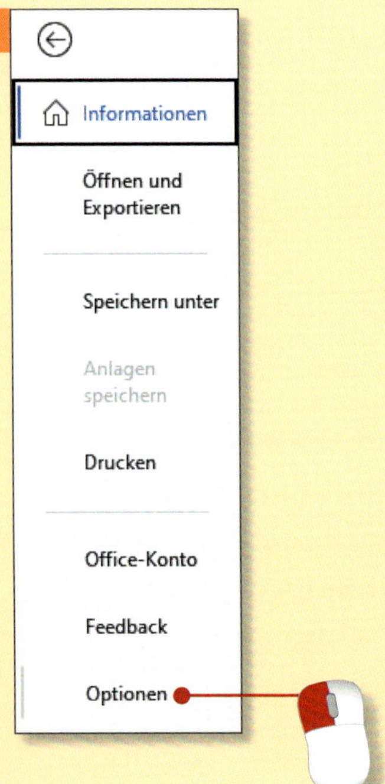

Schritt 2

In der Backstage-Ansicht klicken Sie auf die Rubrik **Optionen**.

3
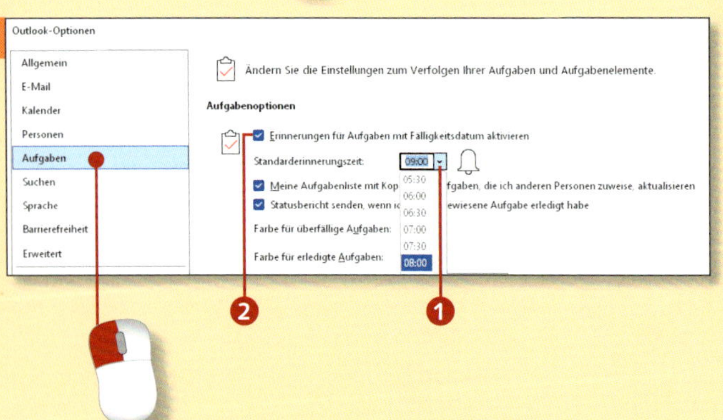

Schritt 3

Im Fenster **Outlook-Optionen** wechseln Sie zu **Aufgaben**. Passen Sie im Bereich **Aufgabenoptionen** die **Standarderinnerungszeit** an – optimal ist der Beginn Ihres Arbeitstages ❶. Setzen Sie ein Häkchen bei **Erinnerungen für Aufgaben mit Fälligkeitsdatum aktivieren** ❷.

Der Bereich »Aufgaben«
Erfahren Sie in Kapitel 10, »Aufgaben organisieren«, ab Seite 222, wie Sie Aufgaben anlegen und verwalten.

Schritt 4

Wenn Sie Ihren Aufgaben in der Listenansicht mit einem *Schnellklick* auf das Nachverfolgungsfähnchen einen Fälligkeitstag zuordnen möchten, klicken Sie auf **Schnellklick**, wählen im Dialogfenster **Schnellklick festlegen** z. B. die Kennzeichnung **Morgen** ❸ aus und bestätigen die Auswahl mit **OK**.

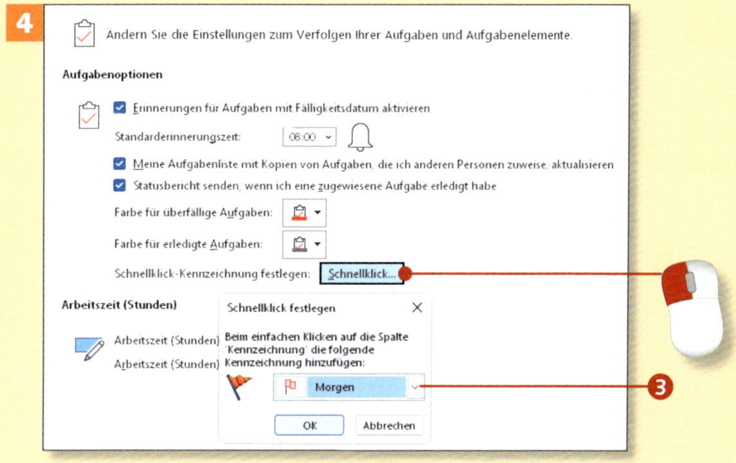

Schritt 5

Wenn Sie Ihre überfälligen Aufgaben besonders hervorheben möchten, klicken Sie im Bereich **Aufgabenoptionen** auf den Farbauswahlpfeil bei **Farbe für überfällige Aufgaben** und wählen die gewünschte Farbe aus. Speichern Sie die Veränderungen mit einem Klick auf **OK**.

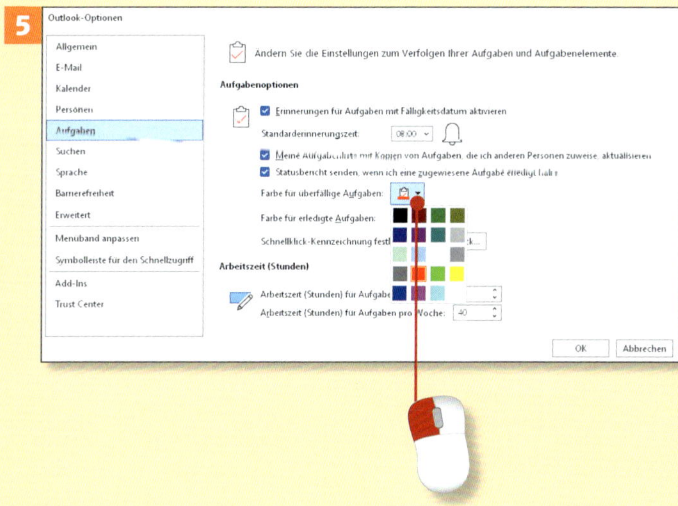

Schritt 6

Im Bereich **Aufgaben** sehen Sie in der Ansicht **Aktiv** die überfälligen Aufgaben rot ❹ eingefärbt. Wie Sie mit Ansichten umgehen, zeige ich Ihnen im Abschnitt »Die Anzeige von Aufgaben ändern« ab Seite 228.

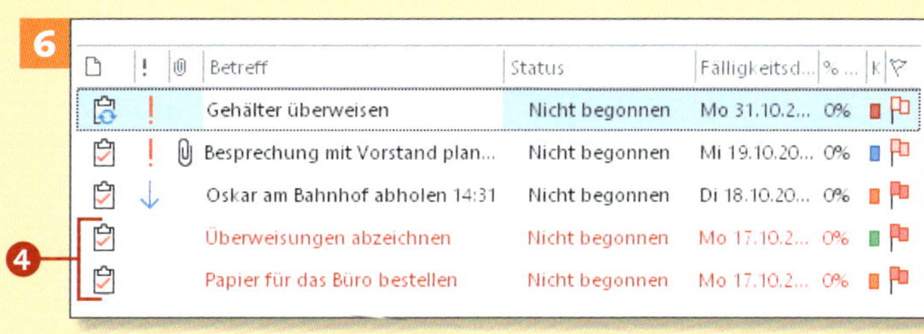

Optionen für den Bereich »Personen« anpassen

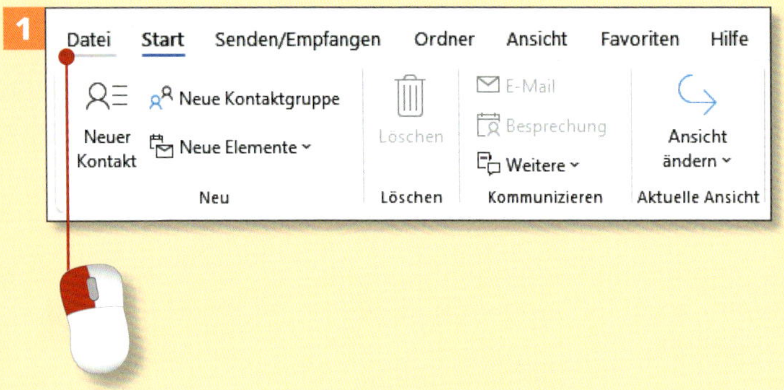

Die Reihenfolge der Eingabe und Abspeicherung Ihrer Personendaten hat große Auswirkungen darauf, wie schnell Sie beim Schreiben von Nachrichten die gewünschten E-Mail-Adressen finden.

Schritt 1

Klicken Sie auf die Registerkarte **Datei**.

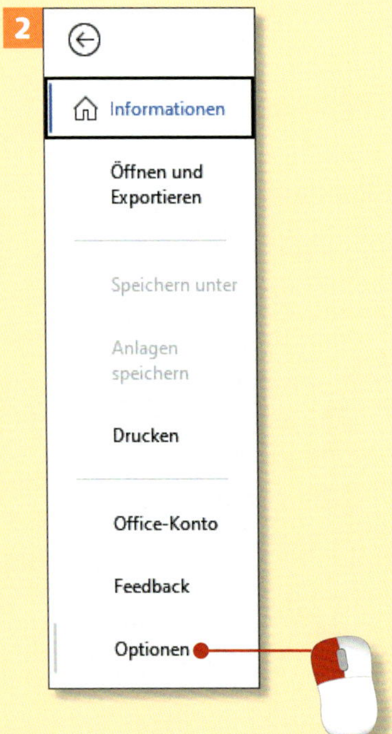

Schritt 2

Sie befinden sich nun in der Backstage-Ansicht. Klicken Sie links auf die Rubrik **Optionen**.

Schritt 3

Im Fenster **Outlook-Optionen** landen Sie zunächst im Bereich **Allgemein**. Wechseln Sie von hier aus über das Menü auf der linken Seite in die Einstellungen für den Bereich **Personen**.

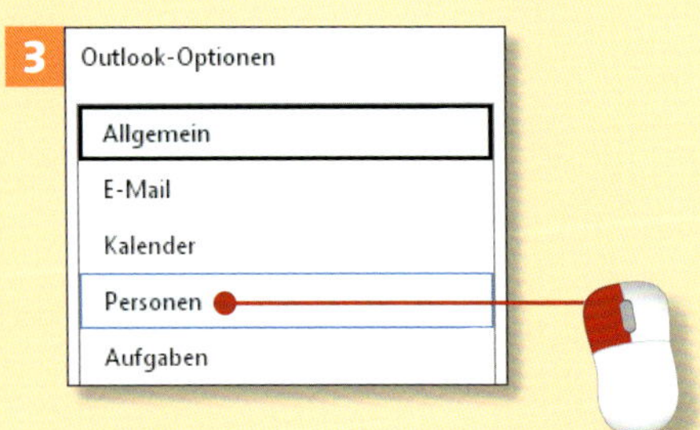

Der Bereich »Personen«

Wie Sie im Bereich **Personen** arbeiten, erfahren Sie im Abschnitt »Einen Kontakt neu anlegen« ab Seite 158 sowie in Kapitel 8, »Das Adressbuch für E-Mails verwenden«, ab Seite 182.

Schritt 4

Damit Outlook weiß, in welcher Reihenfolge Sie Name und Vorname eingeben, wählen Sie im Abschnitt **Namen und Ablage** unter **Namensreihenfolge (Standard)** die Option **Vorn. (Vorn.2) Nachn.**

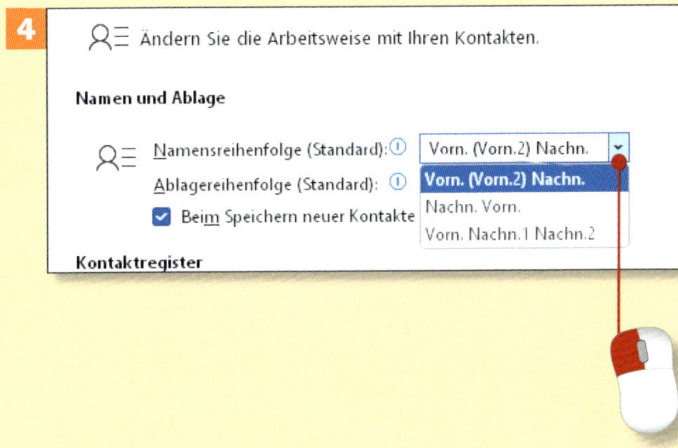

Schritt 5

Noch wichtiger ist die **Ablagereihenfolge (Standard)**. Wählen Sie im Dropdown-Menü **Nachn., Vorn. (Firma)**. Bei der Suche nach E-Mail-Adressen ist diese Ablagereihenfolge entscheidend. Würden Sie zuerst nach den Vornamen ablegen, müssten Sie sich alle Vornamen merken – kaum vorstellbar!

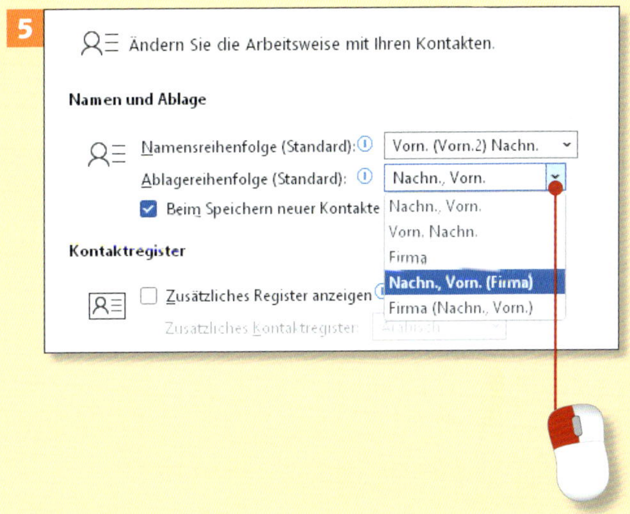

Schritt 6

Im Bereich **Personen** sind jetzt unter **Ansicht ▸ Aktuelle Ansicht ▸ Ansicht ändern** alle Einträge bei **Speichern unter** in alphabetischer Reihenfolge sortiert – auch wenn unter **Name** ❶ zuerst der Vorname angezeigt wird und alphabetisch an anderer Stelle einsortiert werden müsste.

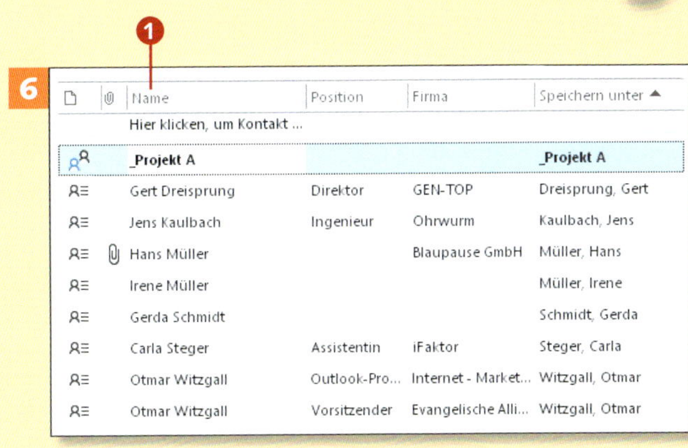

Mehr Übersicht in den Listenansichten

1

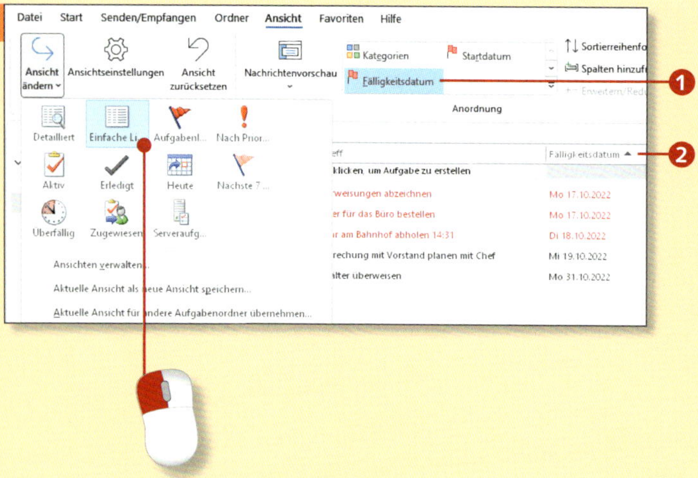

2

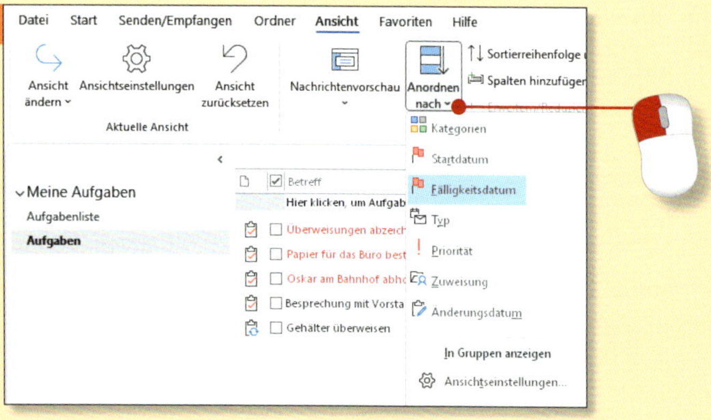

3

In den Bereichen »E-Mail«, »Kalender«, »Personen«, »Aufgaben« und »Notizen« organisieren Sie am bequemsten per Sortieren und Gruppieren.

Schritt 1

Sie befinden sich im Bereich **Aufgaben**. Klicken Sie auf der Registerkarte **Ansicht** in der Gruppe **Aktuelle Ansicht** auf **Ansicht ändern**, und wählen Sie **Einfache Liste**. In der Gruppe **Anordnung** ist aktuell **Fälligkeitsdatum** ❶ als Listensortierung ❷ eingerichtet. Sie können beliebig nach allen angegebenen Kriterien sortieren.

Schritt 2

Klicken Sie in der Gruppe **Anordnung** auf **Anordnen nach**, und wählen Sie **In Gruppen anzeigen**. Weitere Sortiermöglichkeiten finden Sie im Abschnitt »Die Anzeige von Aufgaben ändern« ab Seite 228.

Schritt 3

Sie sehen jetzt die Aufgaben in Gruppen eingeteilt, von **Heute** über **Morgen** bis **Nächste Woche**. Das vereinfacht die Übersicht. Klicken Sie mit der rechten Maustaste in eine Gruppenzeile, und wählen Sie **Alle Gruppen reduzieren**.

Schritt 4

Sie sehen nur noch die Gruppenüberschriften. Mit einem Klick auf einen Erweiterungspfeil ❸ öffnen Sie die Gruppe und sehen die dazugehörigen Aufgaben. Klicken Sie in der Gruppe **Aktuelle Ansicht** auf **Ansichtseinstellungen**.

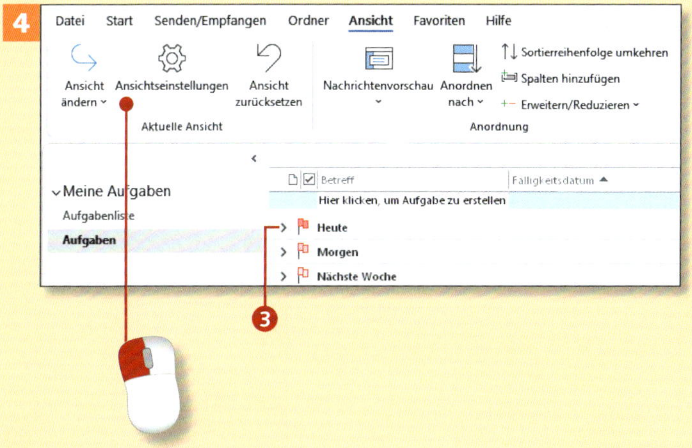

Schritt 5

Im Fenster **Erweiterte Ansichtseinstellungen: Einfache Liste** erkennen Sie Ihre zuvor vorgenommenen Änderungen der ursprünglichen Ansicht am aktiven Befehl **Aktuelle Ansicht zurücksetzen**. Wenn Sie die Einstellungen rückgängig machen möchten, klicken Sie darauf.

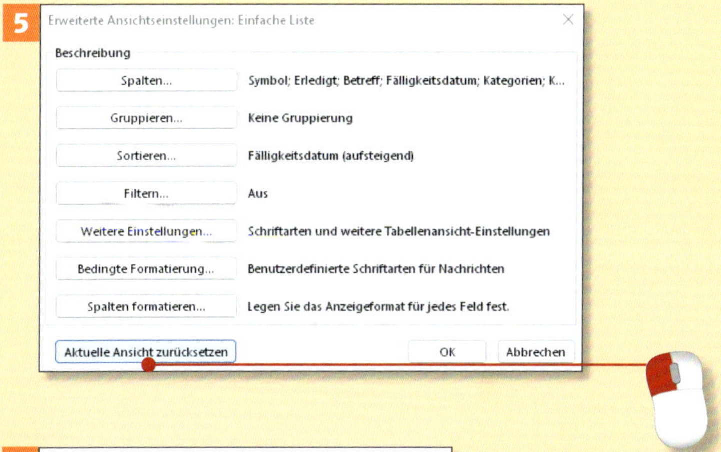

Schritt 6

Wenn Ihnen die neue Ansicht dagegen gefällt, klicken Sie auf **Ansicht ändern** und **Aktuelle Ansicht als neue Ansicht speichern**. Lesen Sie dazu auch den Abschnitt »E-Mails filtern und sortieren« ab Seite 140 und »Lesebereich und Ansichten einstellen« ab Seite 84.

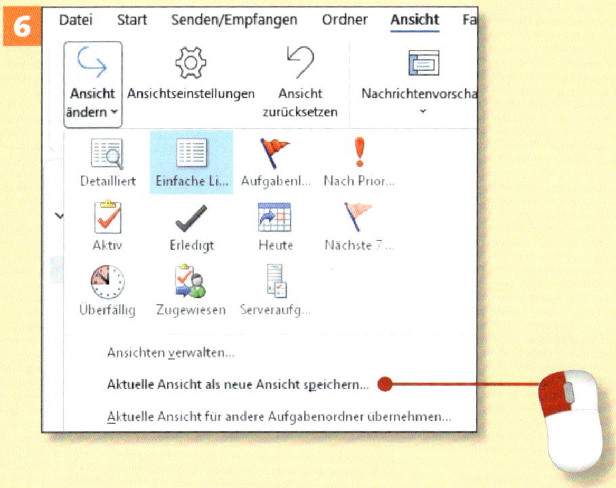

Outlook mit Word und Co. verwenden

1

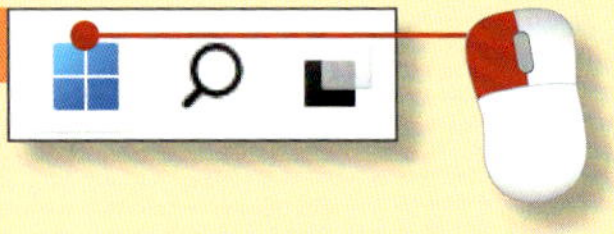

2

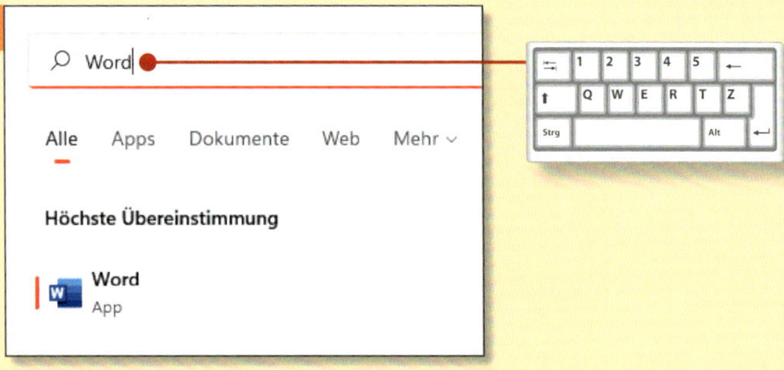

3

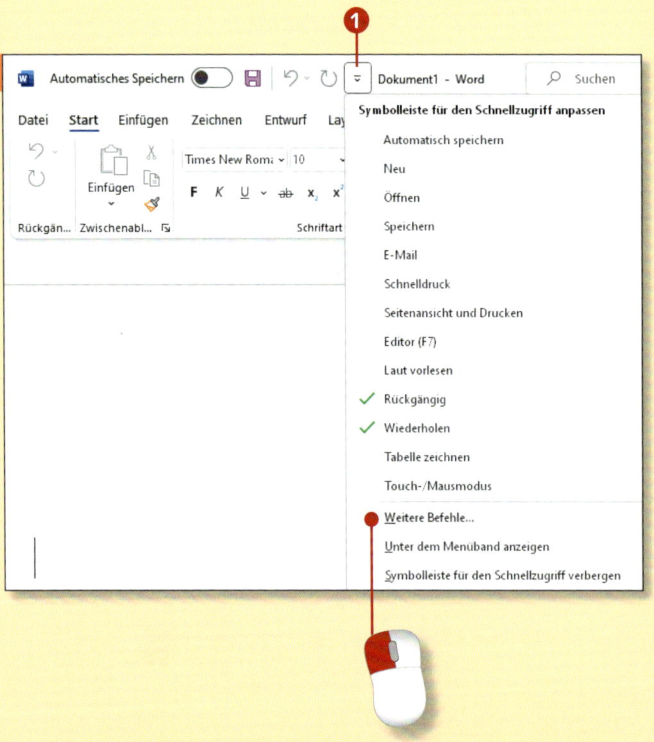

Hier lernen Sie Outlook als Teamplayer in der Zusammenarbeit mit Microsoft OneNote, Word, Excel und PowerPoint kennen. Was Sie einstellen müssen und wie die Zusammenarbeit aussieht, zeige ich Ihnen in diesem Abschnitt.

Schritt 1

Die Schritte 1 bis 7 sind für die Programme Word, Excel, PowerPoint und OneNote jeweils gleich. Ich zeige Ihnen die Schritte anhand von Word 2021. Klicken Sie in der Taskleiste von Windows auf die Windows-Startschaltfläche, oder drücken Sie die [Windows]-Taste.

Schritt 2

Beginnen Sie auf der Tastatur »Word« einzutippen. Klicken Sie auf das Suchergebnis, oder drücken Sie die [↵]-Taste.

Schritt 3

Klicken Sie in Word auf die kleine Pfeilspitze in der **Symbolleiste für den Schnellzugriff** (1), und wählen Sie im Aufklappmenü die Option **Weitere Befehle**.

Schritt 4

Das Fenster **Word-Optionen** öffnet sich mit der aktiven Rubrik **Symbolleiste für den Schnellzugriff**. Öffnen Sie mit einem Klick auf die Pfeilspitze bei **Befehle auswählen** das Auswahlmenü, und klicken Sie dort auf **Alle Befehle**.

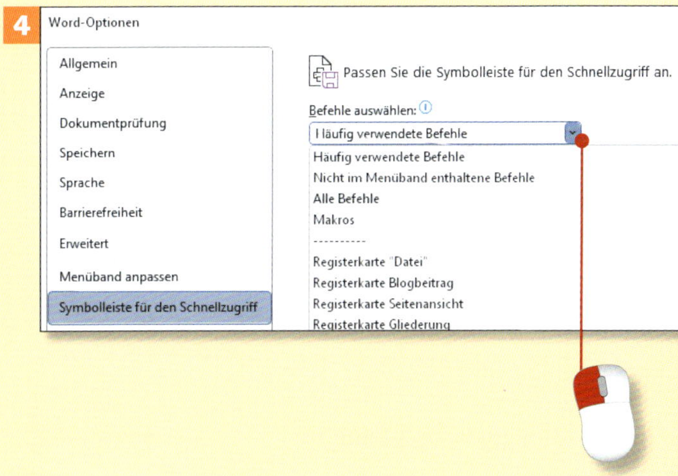

Schritt 5

Scrollen Sie bis zum Befehl **Microsoft Outlook-Aufgabe erstellen** ❷. (Hinweis: in Microsoft OneNote suchen Sie den Befehl **Aufgabe in Outlook öffnen**) Markieren Sie den jeweiligen Befehl, und klicken Sie auf die Schaltfläche **Hinzufügen**.

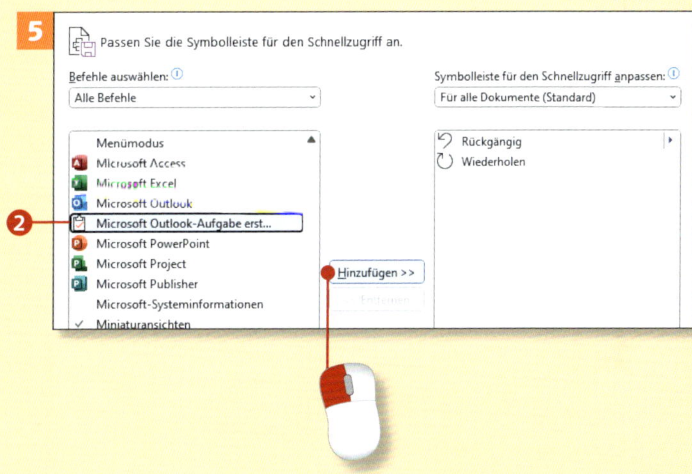

Schritt 6

In der rechten Spalte wird der Befehl **Microsoft Outlook-Aufgabe erstellen** an letzter Stelle der Liste eingefügt. Möchten Sie das ändern, bewegen Sie den Befehl mit der Nach-oben-Pfeilspitze, bis er die gewünschte Position erreicht hat. Beenden Sie die Anpassung mit **OK**.

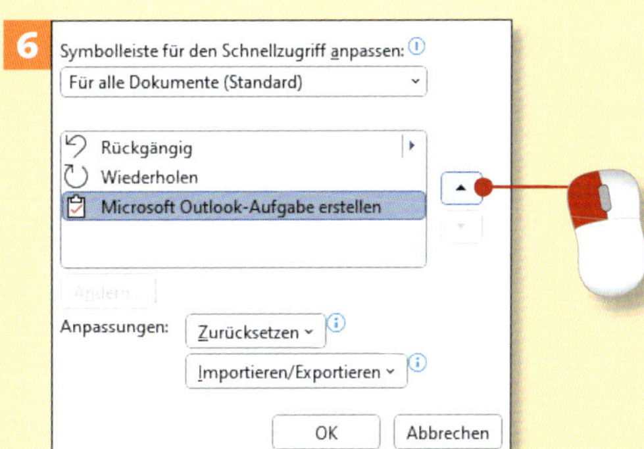

7

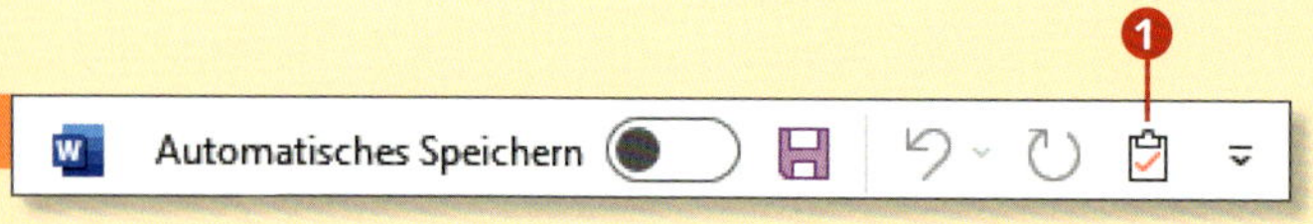

8

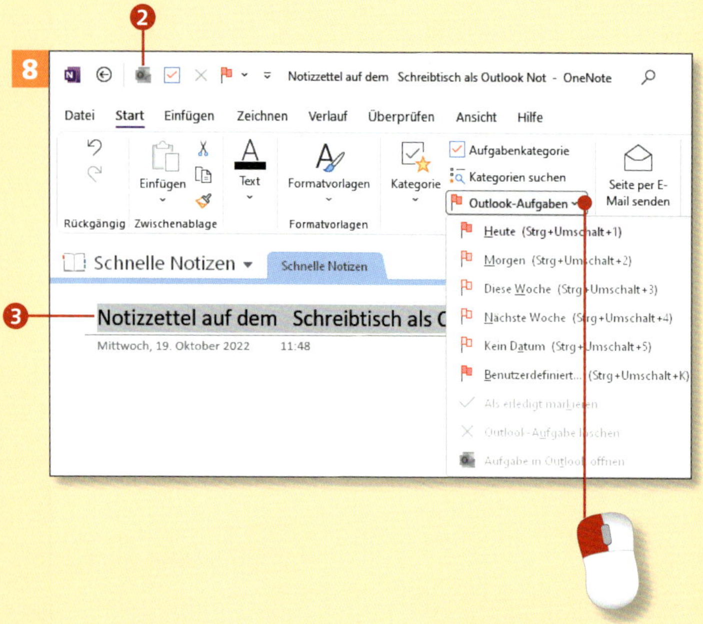

9

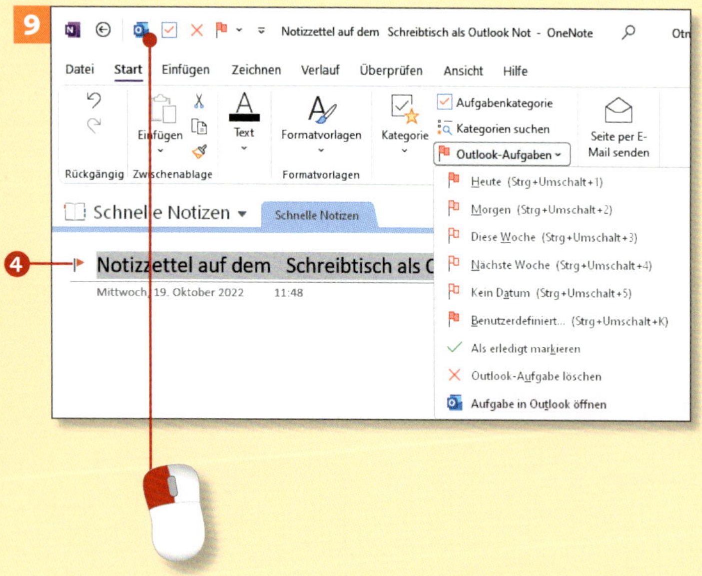

Schritt 7

In der Schnellzugriffsleiste des Programms erscheint daraufhin der Befehl **Microsoft Outlook-Aufgabe erstellen** ❶. Klicken Sie auf das Symbol in einem abgespeicherten Dokument. Fahren Sie mit Schritt 10 fort.

Schritt 8

In OneNote ist der Befehl **Aufgabe in Outlook öffnen** in der Schnellzugriffsleiste deaktiviert ❷. Um ihn zu aktivieren, müssen Sie eine Notiz als Aufgabe kennzeichnen. Markieren Sie Ihre Notiz ❸, klicken Sie auf **Start ▸ Kategorien ▸ Outlook-Aufgaben ▸ Heute**, oder drücken Sie alternativ [Strg] + [⇧] + [1].

Schritt 9

An der markierten Stelle erscheint ein Nachverfolgungsfähnchen ❹, dessen Funktion im Abschnitt »Nachrichten zur Nachverfolgung kennzeichnen« ab Seite 112 beschrieben ist. Jetzt ist alles vorbereitet, und Sie können in der Schnellzugriffleiste auf **Aufgabe in Outlook öffnen** klicken. Alternativ klicken Sie auf der Registerkarte **Start** in der Gruppe **Kategorien** auf den Befehl **Outlook-Aufgaben**, gefolgt von einem Klick auf **Aufgabe in Outlook öffnen**.

Schritt 10

Im Aufgabenfeld hat Outlook die markierte Überschrift der Notiz und den Link zur Aufgabe in OneNote eingefügt. Klicken Sie auf den Link, und sofort öffnet sich OneNote an der entsprechenden Stelle.

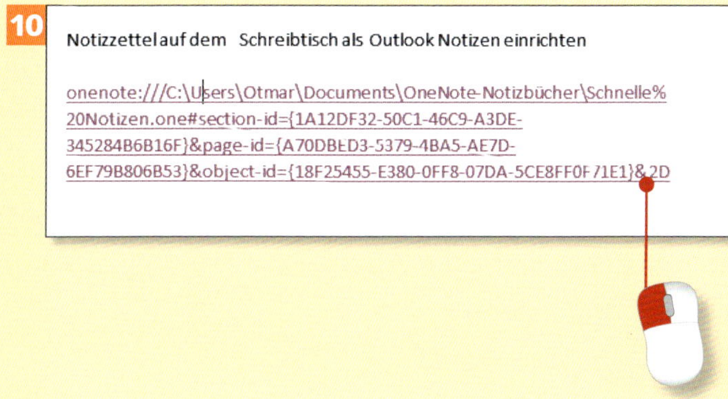

Schritt 11

Als Datum hat die Aufgabe das in OneNote als Nachverfolgung vergebene Datum. Fügen Sie noch eine Notiz hinzu, vergeben Sie eine Kategorie, und beenden Sie die Eingabe mit einem Klick auf **Speichern & schließen**

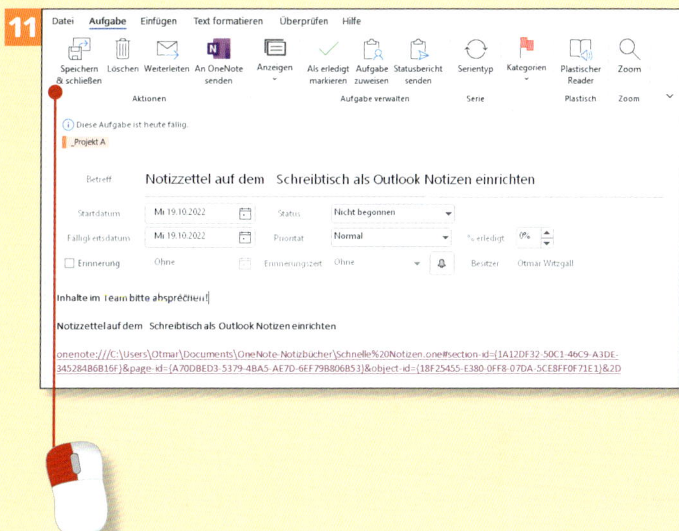

Schritt 12

Die markierte Aufgabe fügt sich in die Aufgabenliste mit dem aktuellen Datum in die Sortierung **Fälligkeitsdatum** ❺ ein, wobei das aktuelle Datum zuerst angezeigt wird.

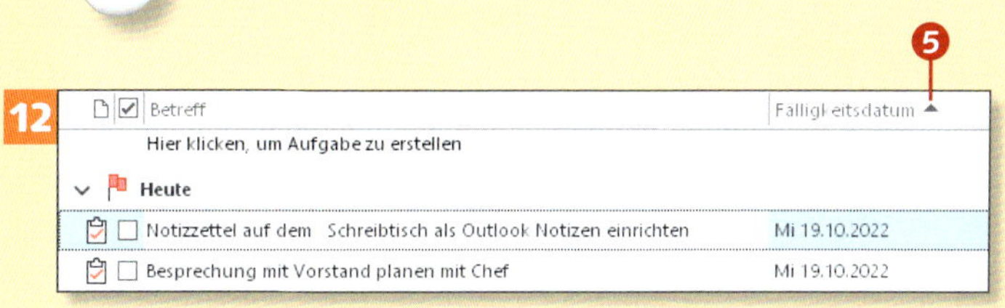

OneNote und Outlook

OneNote gibt es als App unter Windows im Microsoft Store oder in Office 2021 als Teil der Aboversion Microsoft Office 365.

Kapitel 13
Outlook-Daten sichern

Das A und O Ihres verantwortlichen Umgangs mit Ihren Daten ist deren Schutz und Sicherung. In diesem Kapitel geht es um die Sicherung. Dabei können Sie einzelne oder mehrere Ordner bis hin zu den Elementen einer kompletten Datendatei sichern – auf dem PC und extern.

So läuft Ihre AutoArchivierung perfekt
Alte Daten legen mit der Zeit Ihr Outlook lahm. Dabei können Sie die Archivierung ❶ ganz leicht automatisieren. Optimieren Sie nach und nach diesen automatisierten Prozess, und halten Sie Ihr Outlook schlank. Über individuelle Einstellungen für bestimmte Ordner umgehen Sie den Automatismus.

Wie Sie Ihre Daten exportieren und sichern
Sie arbeiten an großen und wichtigen Projekten. Die interne und externe Kommunikation – ja die gesamte Organisation – läuft über Outlook. Was passiert, wenn Outlook abstürzt und Sie es nicht mehr zum Laufen bringen? Ich zeige Ihnen eine Lösung: den Export ❷ von Datendateien.

Wie Sie Ihre Daten importieren und wiederherstellen
Genauso einfach wie das Sichern durch Exportieren ist der umgekehrte Weg, nämlich das Wiederherstellen durch Importieren ❸. Sie können einzelne oder mehrere Ordner, alle Elemente einer gesicherten Datendatei oder sogar bestimmte Elemente, die einem Filterkriterium folgen, wiederherstellen.

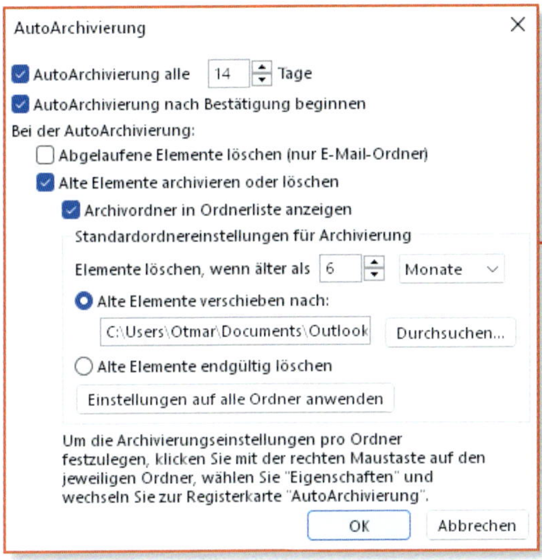

1 Drehen Sie an den Stellschrauben für Ihre AutoArchivierung.

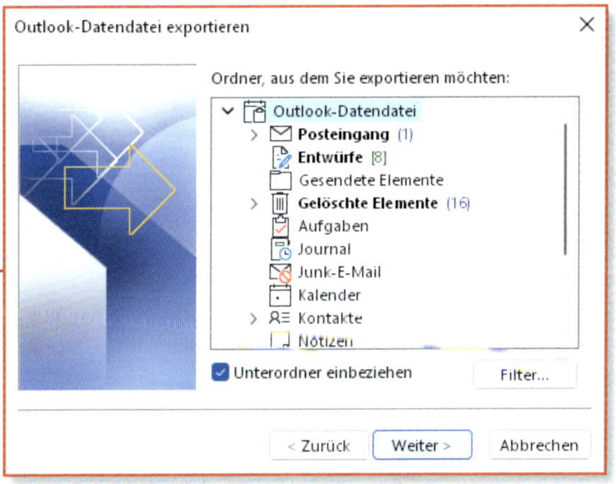

2 Erstellen Sie ein komplettes Backup der Elemente Ihrer Datendatei.

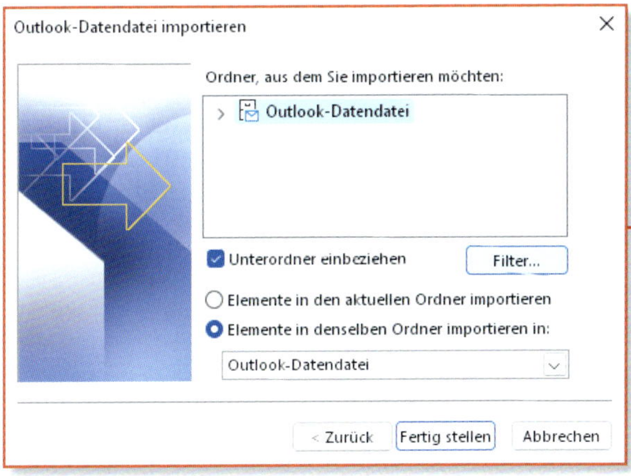

3 Importieren Sie Ihre gesicherten Elemente eines bestimmten Zeitraumes.

Alte Daten archivieren

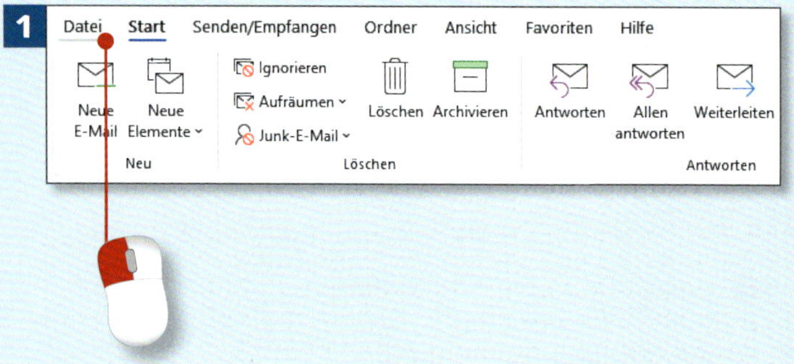

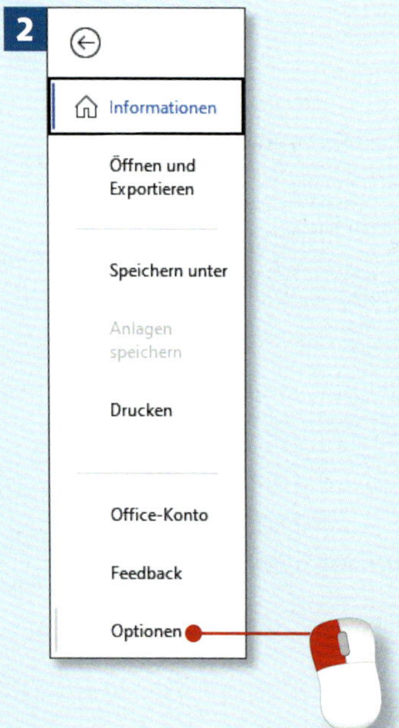

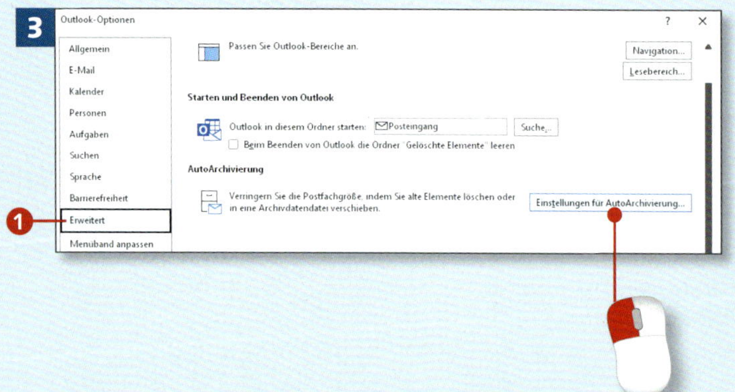

Mit der Zeit wächst die Datenmenge gewaltig. Deshalb ist es sinnvoll, eine Strategie zu entwickeln, wie man von Zeit zu Zeit alte Daten wieder loswird und sie archiviert – das geht automatisch und manuell.

Schritt 1

Ich zeige Ihnen zunächst das automatische Archivieren: Klicken Sie auf die Registerkarte **Datei**.

Schritt 2

Sie befinden sich nun in der Backstage-Ansicht. Um die Outlook-Optionen aufzurufen, klicken Sie im Menü links auf die Rubrik **Optionen**.

Schritt 3

Rufen Sie im Fenster **Outlook-Optionen** die Rubrik **Erweitert** 1 auf. Scrollen Sie zum Abschnitt **AutoArchivierung**, und klicken Sie auf die Schaltfläche **Einstellungen für AutoArchivierung**.

Schritt 4

Zur Aktivierung der **AutoArchivierung** setzen Sie bei **AutoArchivierung alle [...] Tage** ❷ ein Häkchen und wählen ein Zeitintervall in Tagen aus. Damit Sie die AutoArchivierung kontrollieren können, setzen Sie bei **AutoArchivierung nach Bestätigung beginnen** ❸ ein Häkchen. Sie bekommen dann vor dem Start eine Abfrage, die Sie bestätigen.

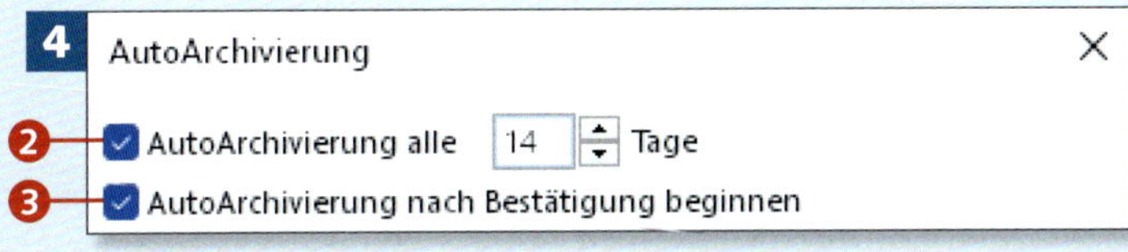

Schritt 5

Im Abschnitt **Bei der AutoArchivierung** haben Sie die Möglichkeit, nach Ihren Wünschen Optionen mit Häkchen zu aktivieren oder zu deaktivieren. Wenn Sie **Alte Elemente archivieren oder löschen** ❹ aktiviert haben, definieren Sie im Outlook-Dateiordner einen Namen für die Datei, sonst legt Outlook eine *Archive.pst* an. Klicken Sie auf **Durchsuchen**, und vergeben Sie einen Namen. Dann schließen Sie mit **OK**.

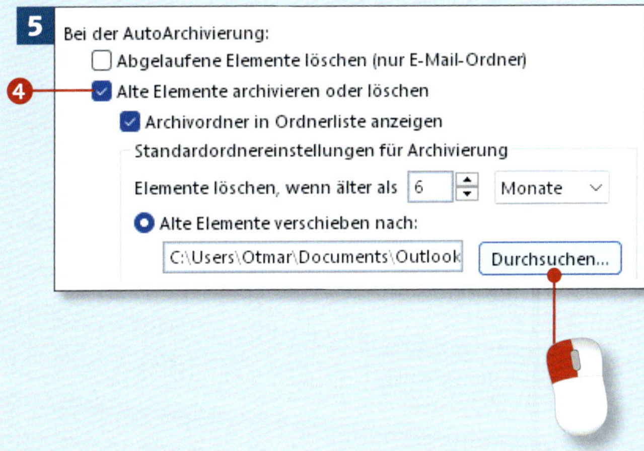

Schritt 6

Wenn die Einstellungen überall gelten sollen, wählen Sie **Einstellungen auf alle Ordner anwenden** und schließen mit **OK**.

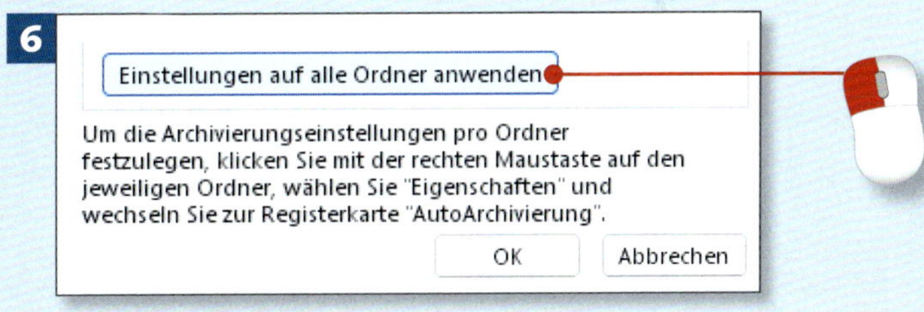

Alte Daten archivieren (Forts.)

7

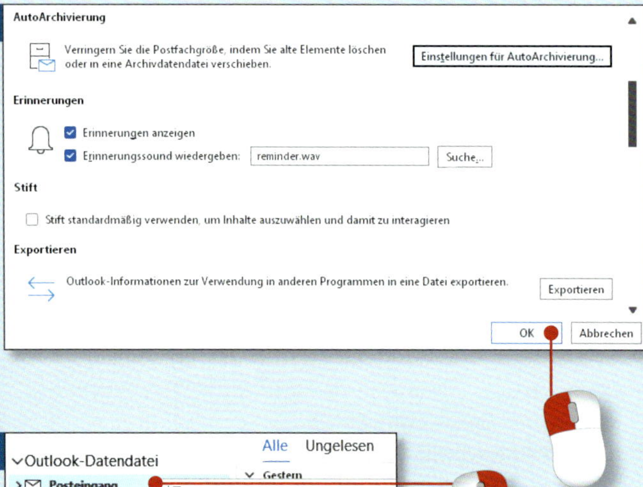

8

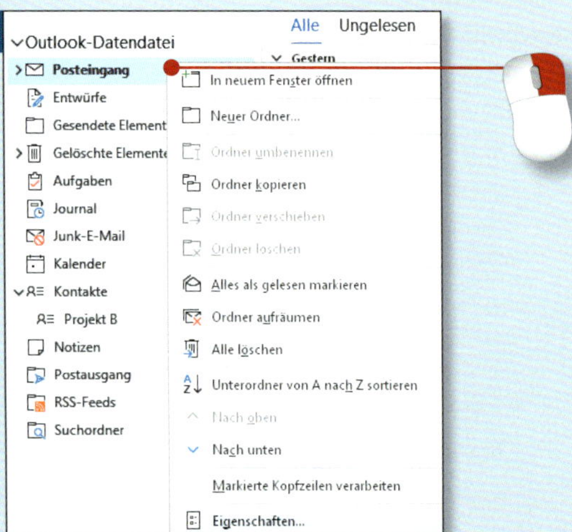

9

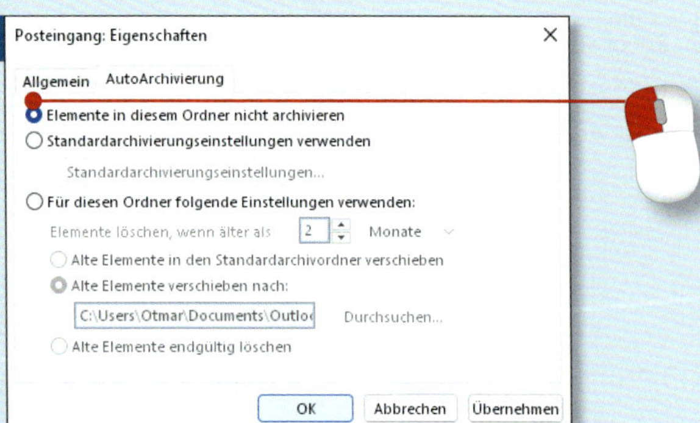

Schritt 7

Sie haben die Einstellungen für die AutoArchivierung abgeschlossen. Schließen Sie die Outlook-Optionen ebenfalls mit **OK**.

Schritt 8

Alternativ zur AutoArchivierung können Sie für jeden Ordner manuell eigene Archivierungseinstellungen vornehmen. In den folgenden Schritten erfahren Sie, wie Sie dabei vorgehen müssen. Klicken Sie mit der rechten Maustaste z. B. auf **Posteingang**, und wählen Sie im Kontextmenü **Eigenschaften**.

Schritt 9

Wechseln Sie im Dialogfenster **Posteingang: Eigenschaften** zur Registerkarte **AutoArchivierung**, und aktivieren Sie z. B. die Option **Elemente in diesem Ordner nicht archivieren**. Das ist gerade beim Posteingang sinnvoll. Die manuellen Einstellungen haben Vorrang vor den Einstellungen für die AutoArchivierung (siehe Schritte 4 bis 6). Schließen Sie mit einem Klick auf **Übernehmen**, gefolgt von einem Klick auf **OK**.

Schritt 10

Um manuell mit gezieltem Zeitfilter einzelne Ordner zu archivieren, klicken Sie in der Backstage-Ansicht unter **Informationen** auf **Tools** und anschließend auf **Alte Elemente bereinigen**.

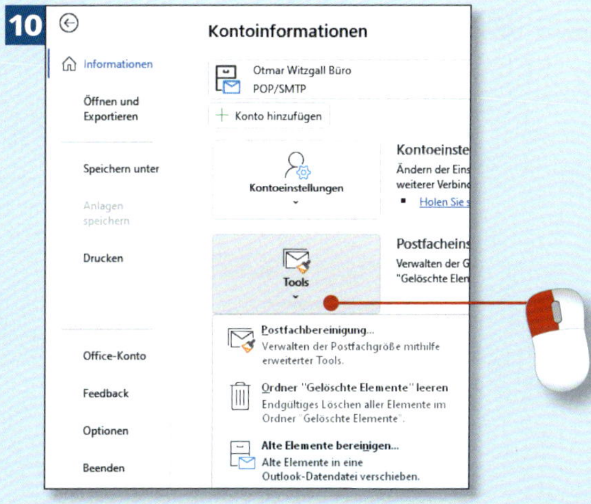

Schritt 11

Um beispielsweise den Kalender für 2021 zu archivieren, aktivieren Sie im Assistenten **Archivieren** die Option **Diesen Ordner und alle Unterordner archivieren** ❶. Markieren Sie **Kalender** ❷. Übernehmen Sie die Zeitauswahl **Sa 01.01.2022** ❸ in **Elemente archivieren, die älter sind als**. Um eine Archivdatei einzurichten, gehen Sie auf **Durchsuchen**.

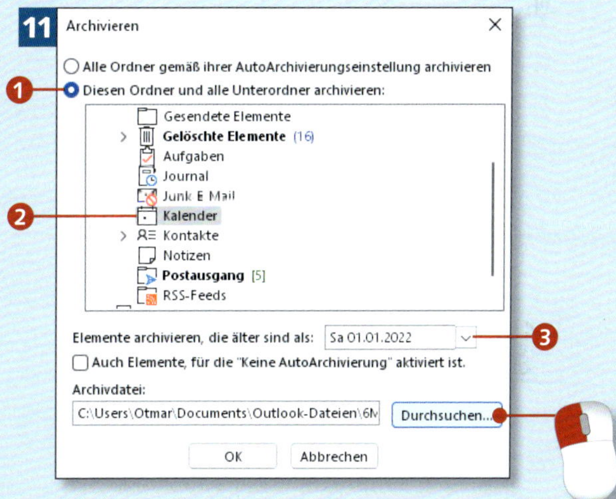

Schritt 12

Vergeben Sie einen passenden Dateinamen für die Archivdatei, z. B. »21-Kalender-archive.pst«. Schließen Sie mit einem Klick auf **OK**.

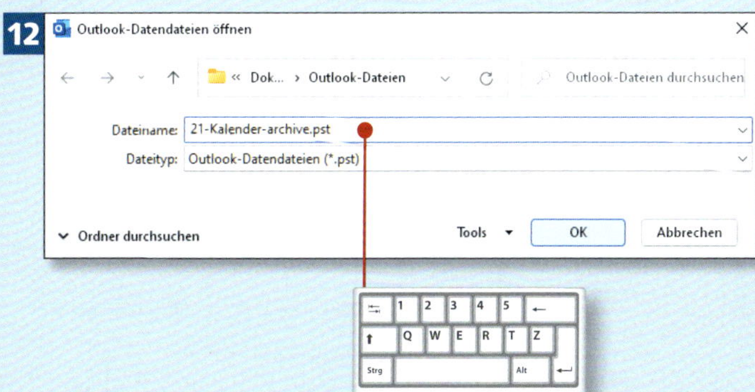

Autoarchivierung nach Bestätigung

Ich empfehle Ihnen, die Autoarchivierung erst nach Bestätigung starten zu lassen (siehe Schritt 4). Zu häufig kommt es vor, dass gesuchte E-Mails durch die Autoarchivierung nicht mehr aufzufinden sind.

Daten sichern

1

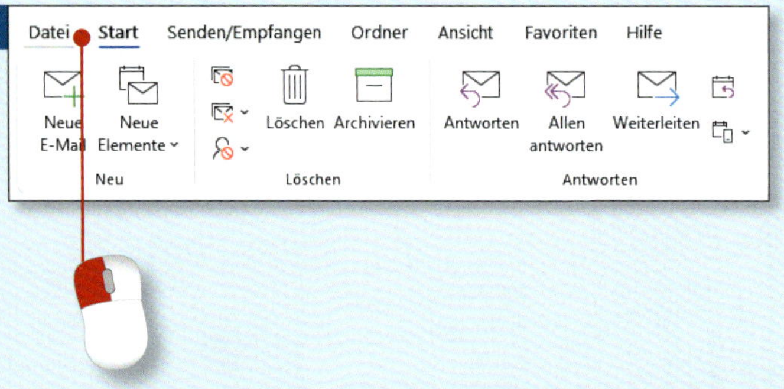

2

3

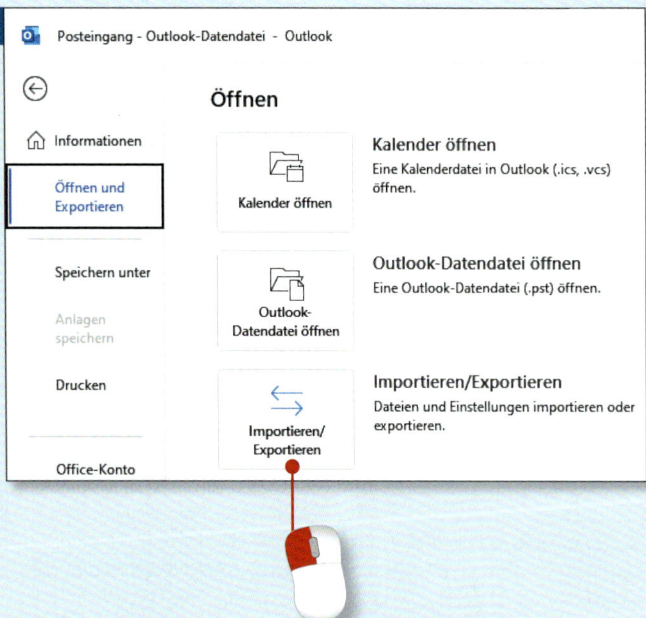

Sichern Sie regelmäßig Ihre Outlook-Elemente, und zwar doppelt: einmal auf Ihrem PC und dann auf einer externen Festplatte oder einem USB-Stick. So kann nichts verloren gehen.

Schritt 1

Klicken Sie auf die Registerkarte **Datei**, um in die Backstage-Ansicht zu wechseln.

Schritt 2

Klicken Sie auf **Öffnen und Exportieren**. Wo »exportieren« steht, dürfen Sie davon ausgehen, dass Sie auch »importieren« können.

Schritt 3

Klicken Sie auf die Schaltfläche **Importieren/Exportieren**.

Archivieren oder Sichern

Das Ergebnis der beiden Vorgehensweisen ist eine Datendatei. Archivieren können Sie automatisch, wie es im Abschnitt »Alte Daten archivieren« ab Seite 270 beschrieben ist. Da man beim Sichern alle Ordner exportiert und für die Wiederherstellung anlegt, redet man von Sichern. Während es für das Archivieren mehrere Möglichkeiten gibt, funktioniert das Sichern nur über den **Import/Export-Assistenten**.

Schritt 4

Im **Import/Export-Assistenten** markieren Sie die Option **In Datei exportieren** und klicken auf **Weiter**.

Schritt 5

Wählen Sie im Fenster **In eine Datei exportieren** den Dateityp **Outlook-Datendatei (.pst)**, und klicken Sie auf **Weiter**.

Schritt 6

Im Fenster **Outlook-Datendatei exportieren** markieren Sie **Outlook-Datendatei** und setzen darunter bei **Unterordner einbeziehen** ❶ ein Häkchen. Einen zusätzlichen Filter einzurichten ist an dieser Stelle nicht nötig. Klicken Sie auf **Weiter**.

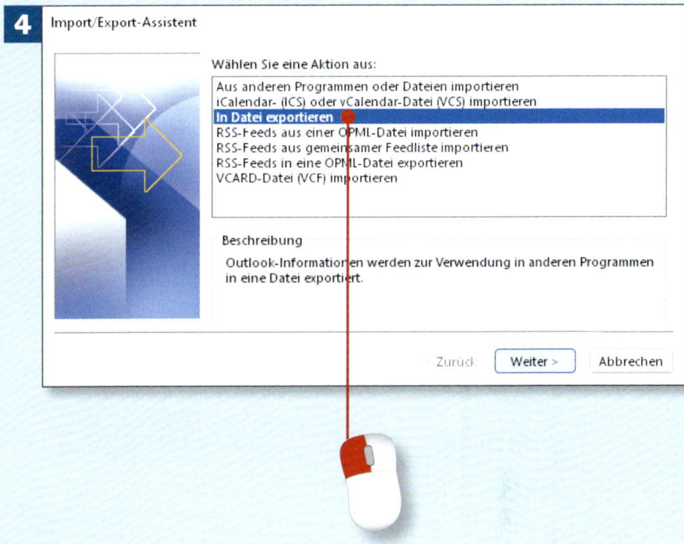

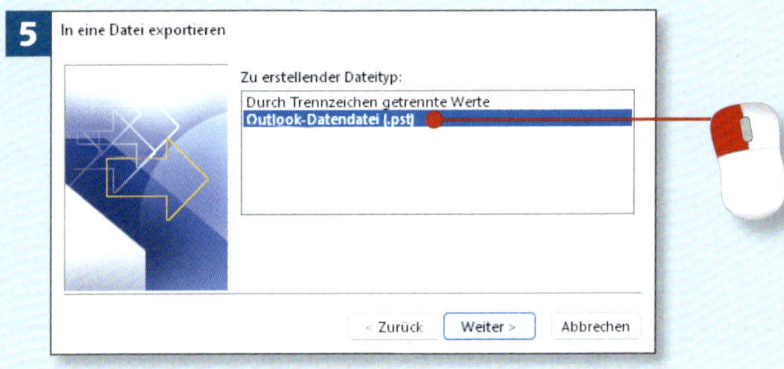

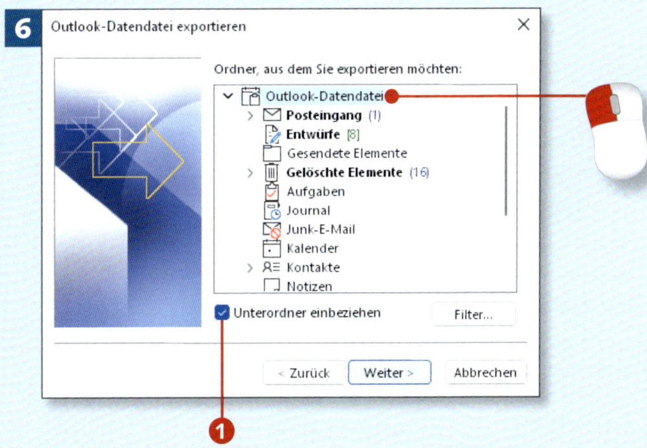

PST-Datei

Die PST-Datei ist die Outlook-eigene Erweiterung für die Datendatei. PST ist die Abkürzung für *Personal Storage* (englisch für »persönliche Ablage«). Vergleichbar ist die Datendatei mit dem Aktenschrank eines Büros, in dem alle Dokumente aufbewahrt werden.

Daten sichern (Forts.)

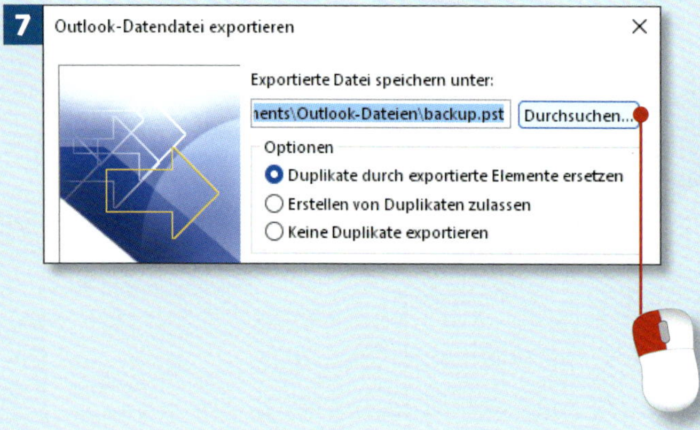

Schritt 7

Um eine PST-Datei zu bestimmen, klicken Sie bei **Exportierte Datei speichern unter** auf **Durchsuchen**.

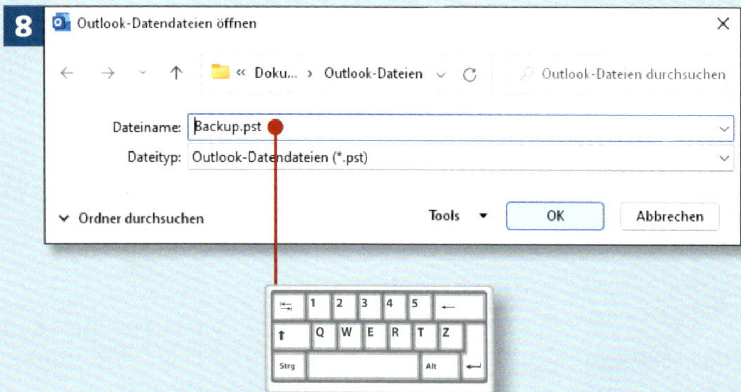

Schritt 8

Navigieren Sie zum gewünschten Ordner, und vergeben Sie einen aussagekräftigen Dateinamen, z. B. »Backup.pst«. Klicken Sie anschließend auf **OK**.

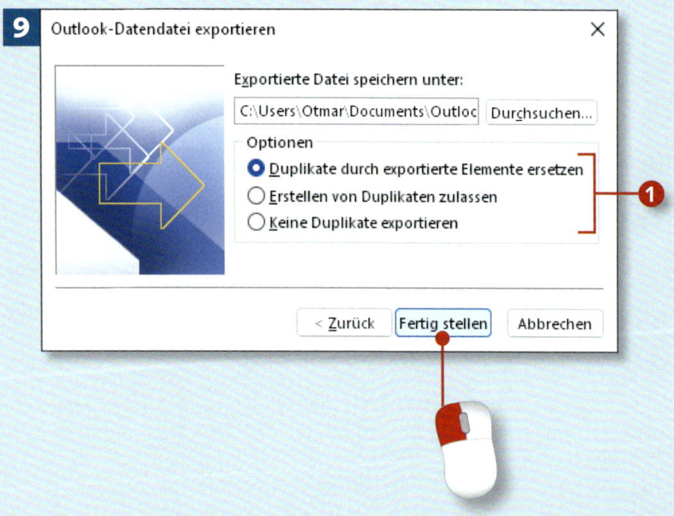

Schritt 9

Wählen Sie noch die gewünschten Duplikate-Optionen **1**. Wenn sich in Outlook und in der *Backup.pst* jeweils derselbe Kontakt befindet, haben Sie ein Duplikat. Sie haben folgende Optionen: Der Kontakt im Backup überschreibt den Outlook-Kontakt; der Backup-Kontakt wird zusätzlich eingeführt; der Backup-Kontakt wird nicht importiert. Klicken Sie zum Schluss auf **Fertig stellen**.

Schritt 10

Vergeben Sie ein optionales Kennwort, oder lassen Sie die beiden Zeilen leer. Notieren Sie sich dieses Kennwort, und bestätigen Sie mit **OK**.

10

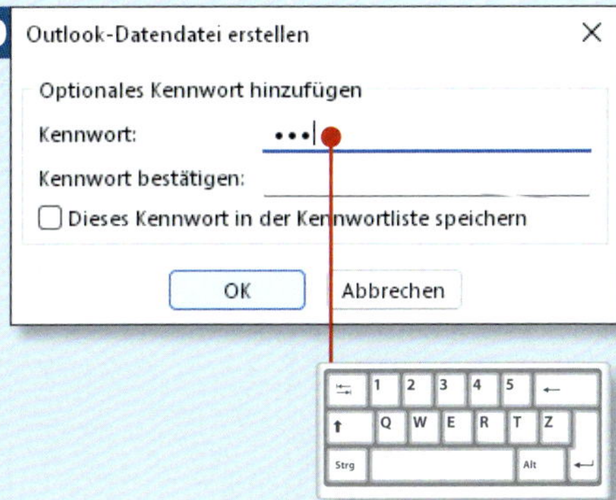

Schritt 11

Sie werden nach dem Kennwort für die von Ihnen angelegte Datendatei gefragt. Geben Sie das in Schritt 10 notierte Kennwort ein, und schließen Sie mit **OK**.

11

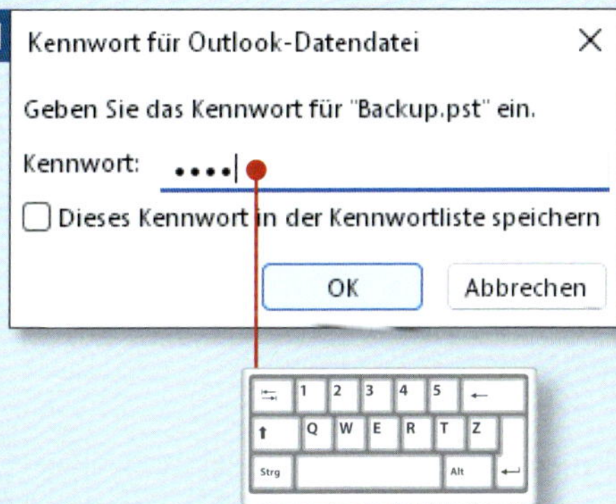

Schritt 12

Der Exportvorgang startet. Über den Fortschrittsbalken ❷ werden Sie über den Verlauf informiert.

12

!

Backup mit Einstellungen

Achtung! Bei diesem Backup-Verfahren werden nur die Elemente gesichert, nicht die Outlook-Einstellungen wie Kategorien, E-Mail-Konten, Sicherheitseinstellungen etc. Wollen Sie diese mit sichern, müssen Sie auf Drittanbieter zurückgreifen. Googeln Sie nach »Outlook-Backup«. Empfehlen kann ich das Programm *MObackup*.

Daten wiederherstellen

Wenn Sie Daten gesichert haben, lassen sich diese auch ganz einfach wiederherstellen. Die einfachste Methode ist der Rückimport, den ich Ihnen in diesem Abschnitt erkläre.

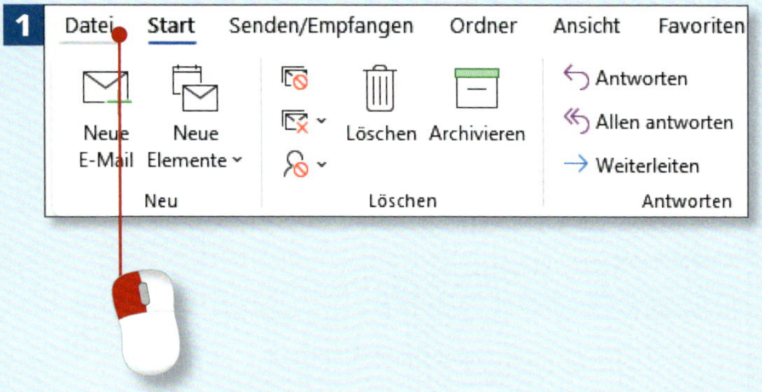

Schritt 1

Starten Sie mit einem Klick auf die Registerkarte **Datei**.

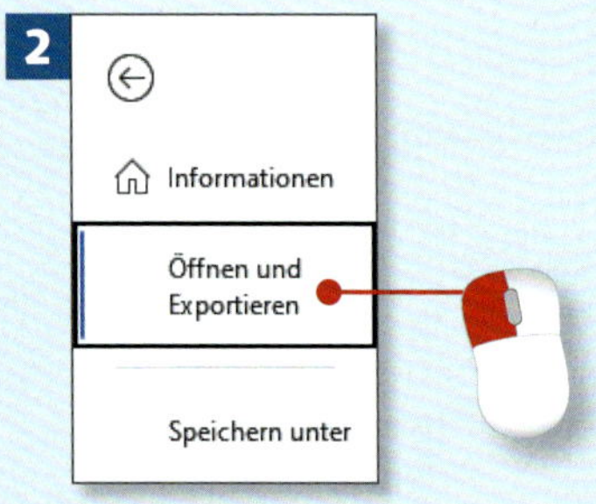

Schritt 2

In der Backstage-Ansicht klicken Sie auf **Öffnen und Exportieren**. Keine Sorge, Sie sind hier trotz der missverständlichen Bezeichnung richtig.

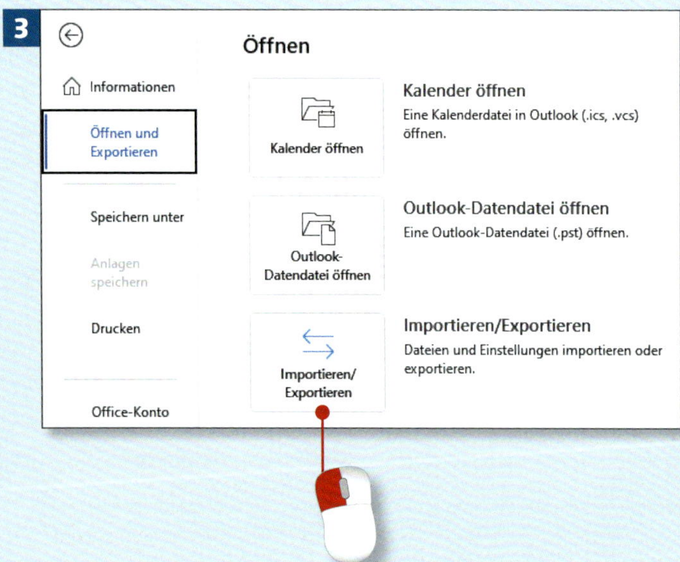

Schritt 3

Klicken Sie nun auf die Schaltfläche **Importieren/Exportieren**.

Backup-Datei

Die Backup-Datei ist eine normale Outlook-Datendatei und kann als solche behandelt werden. Was man mit Datendateien machen kann, lesen Sie im Abschnitt »Mit Datendateien arbeiten« ab Seite 282. Mit geöffneter Backup-Datei können Sie Elemente oder Ordner in die Standarddatendatei verschieben oder kopieren.

Schritt 4

Im **Import/Export-Assistenten** wählen Sie die Option **Aus anderen Programmen oder Dateien importieren**. Klicken Sie auf **Weiter**.

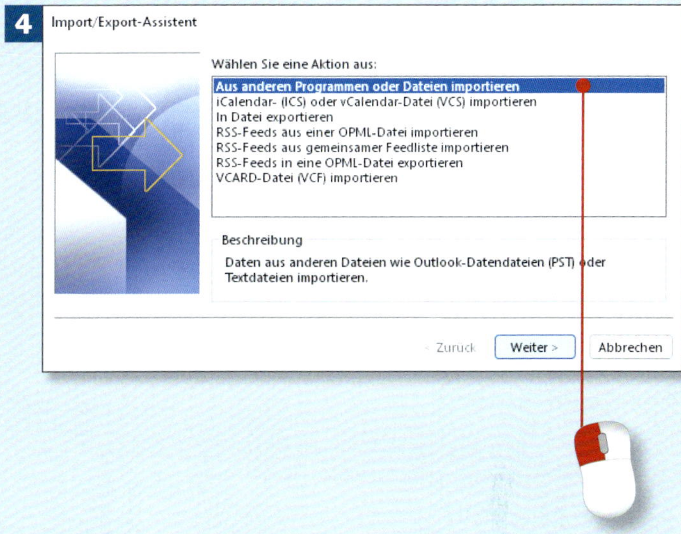

Schritt 5

Markieren Sie im nächsten Fenster **Datei importieren** den Dateityp **Outlook-Datendatei (.pst)**, und klicken Sie dann auf **Weiter**.

Schritt 6

Es öffnet sich ein weiteres Fenster, **Outlook-Datendatei importieren**. Wählen Sie **Durchsuchen**.

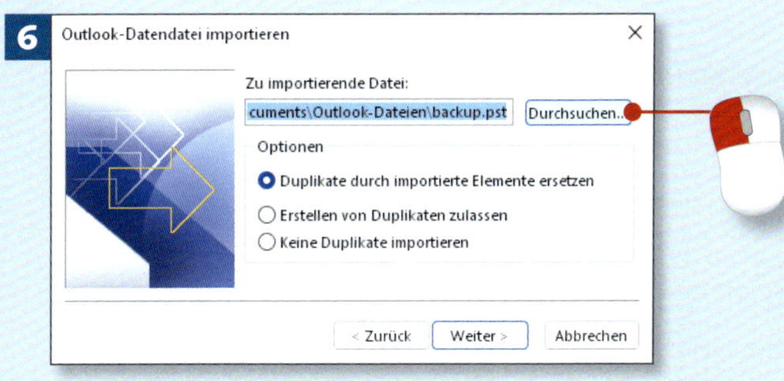

Wiederherstellen mit Filtern
Sie müssen die Backup-Datei nicht vollständig importieren, um alte Datenbestände wiederherzustellen. Oft reicht es, wie in den Schritten 10 und 11 auf Seite 281 beschrieben, die Daten eines bestimmten Zeitraumes, hier eines Monats, wiederherzustellen. Weitere Filter können Größe, Anlagen, ein bestimmtes E-Mail-Konto oder ein bestimmter Absender sein.

Daten wiederherstellen (Forts.)

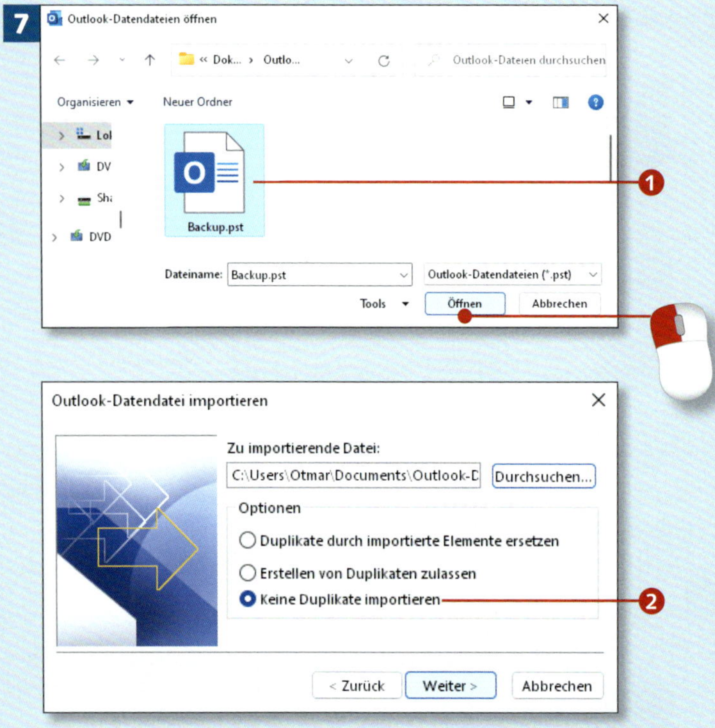

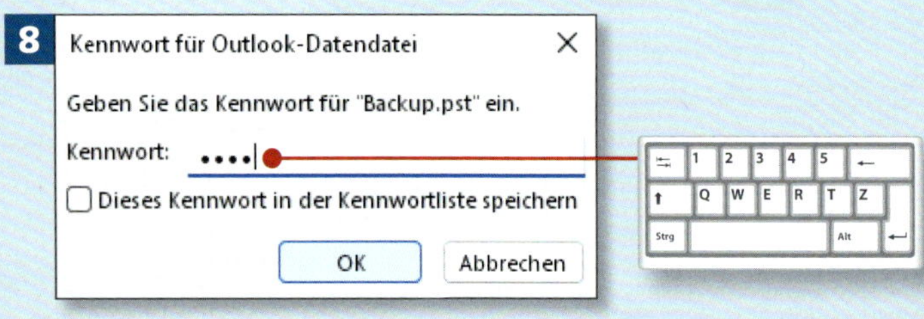

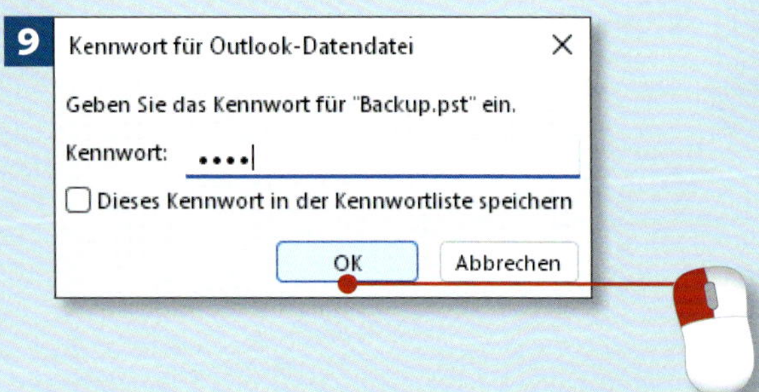

Schritt 7

Es öffnet sich das Fenster **Outlook-Datendateien öffnen**. Markieren Sie die Datei **Backup.pst** ❶ (die Sie im Abschnitt »Daten sichern« auf Seite 276 in Schritt 8 angelegt haben), und klicken Sie auf **Öffnen**. Legen Sie die Option für den Umgang mit Duplikaten fest ❷, und klicken Sie auf **Weiter**.

Schritt 8

Tragen Sie im Fenster **Kennwort für Outlook-Datendatei** das Passwort ein, das Sie im Abschnitt »Daten sichern« auf Seite 277 in Schritt 10 notiert haben, und bestätigen Sie mit **OK**.

Schritt 9

Es öffnet sich nochmals das Fenster **Kennwort für Outlook-Datendatei**. Wiederholen Sie die Eingabe des Kennwortes, und gehen Sie mit einem Klick auf **OK** weiter.

Kennwortschutz

Für jede Outlook-Datendatei, die angelegt wird, kann optional ein Kennwort zum Schutz vergeben werden. Wenn Sie das nicht möchten, lassen Sie alle Felder bei der Abfrage nach einem Kennwort leer und gehen mit **OK** weiter.

Schritt 10

Im Fenster **Outlook-Datendatei importieren** wählen Sie als **Ordner, aus dem Sie importieren möchten**, die vorgeschlagene gesamte **Outlook-Datendatei** ③ und setzen darunter bei **Unterordner einbeziehen** ein Häkchen ④. Sie könnten jetzt die komplette Datei zurückimportieren, Sie möchten die Daten aber eingrenzen. Klicken Sie daher auf **Filter**.

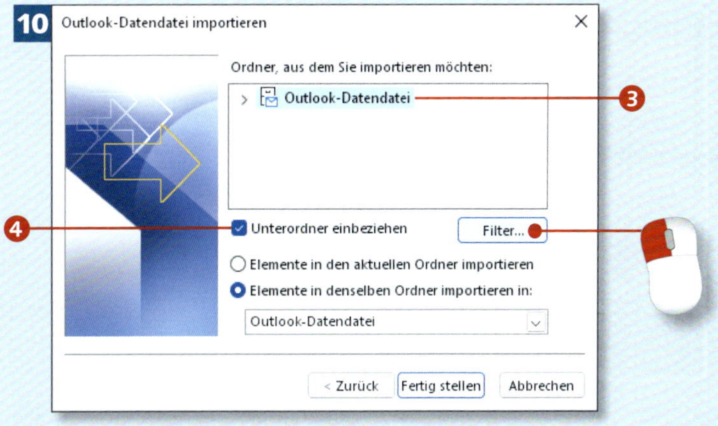

Schritt 11

Das Fenster **Filtern** kennen Sie z. B. aus dem Abschnitt »E-Mails filtern und sortieren« ab Seite 140. Bleiben Sie auf der Registerkarte **Nachrichten**, und wählen Sie bei **Zeit** ⑤ das Feld **Erhalten** aus. Beim Wert richten Sie **Letzten Monat** ein und schließen den Filter mit **OK**.

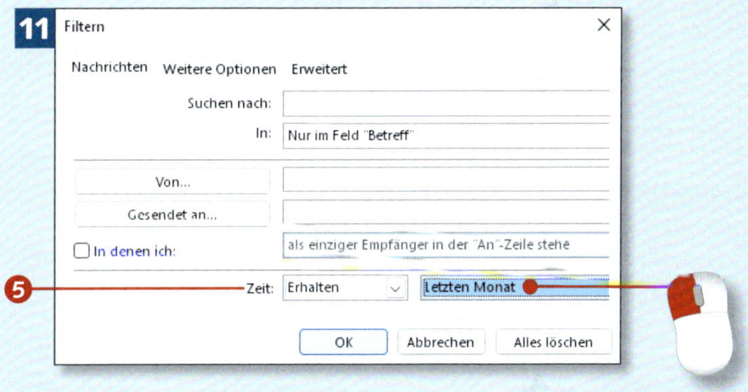

Schritt 12

Laut Filter werden jetzt alle erhaltenen Nachrichten des letzten Monats wiederhergestellt. Aktivieren Sie **Elemente in denselben Ordner importieren in** ⑥, und übernehmen Sie die bereits ausgewählte Outlook-Datendatei. Starten Sie die Wiederherstellung mit **Fertig stellen**.

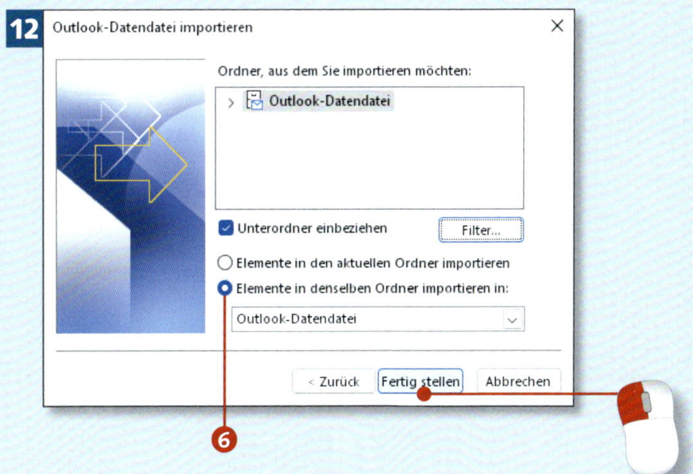

Mit Datendateien arbeiten

1

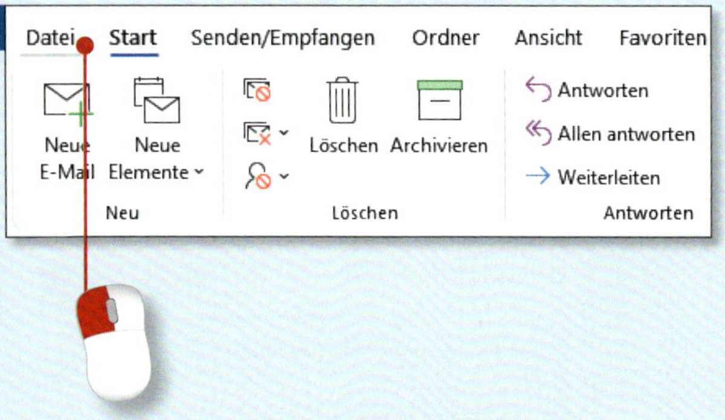

Wenn Sie Ihre Daten regelmäßig sichern und archivieren, kann es vorkommen, dass Sie einen Blick in Ihre Archive oder Backups werfen wollen, um bestimmte Daten zu finden. Ich zeige Ihnen, wie Sie schnell an Ihre Daten kommen.

Schritt 1

Starten Sie mit einem Klick auf die Registerkarte **Datei**, um in die Backstage-Ansicht zu gelangen.

2

Schritt 2

Klicken Sie auf die Rubrik **Öffnen und Exportieren**.

3

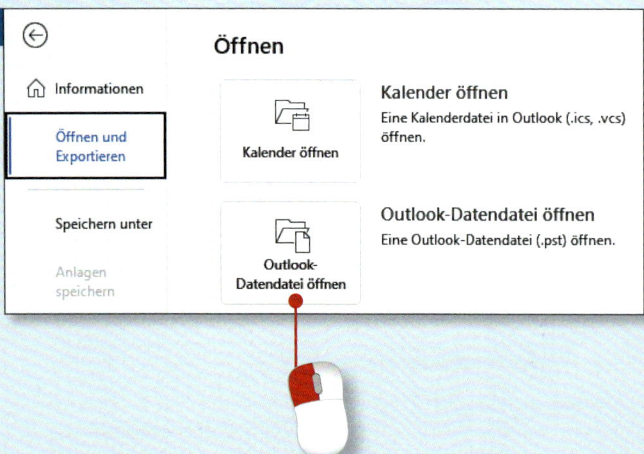

Schritt 3

Klicken Sie auf **Outlook-Datendatei öffnen**.

Weg über Kontoeinstellungen
Wechseln Sie über **Datei ▸ Informationen ▸ Kontoeinstellungen ▸ Kontoeinstellungen** in die **Kontoeinstellungen**. Wählen Sie auf der Registerkarte **Datendateien** die Option **Hinzufügen**. Lassen Sie sich durch den Prozess führen. Wenn Sie z. B. Elemente eines Projekts vor dem Zugriff Fremder schützen möchten, vergeben Sie einfach ein Kennwort für die Datendatei.

Schritt 4

Navigieren Sie zum Speicherort der Datendatei, und markieren Sie sie. Öffnen Sie die Datei mit einem Klick auf **OK**.

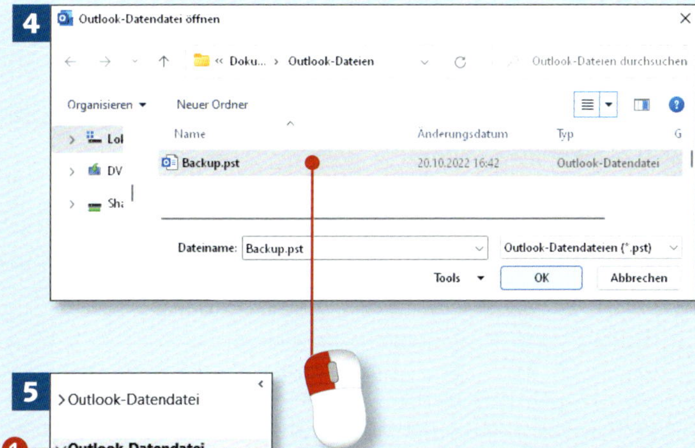

Schritt 5

Im Ordnerbereich öffnet sich zusätzlich zur Standard-Outlook-Datendatei eine zweite mit dem Inhalt der Datei *Backup.pst* ❶. In den Datendateien befinden sich Elemente aller Outlook-Bereiche, die Sie sich über den Bereich **Ordner** ansehen können.

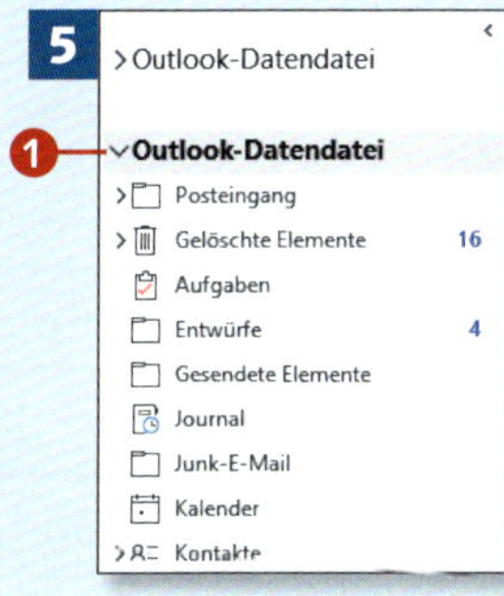

Schritt 6

Sie suchen im Bereich **E-Mail** im **Posteingang** ❷ der zweiten Datendatei eine bestimmte E-Mail. Die einfachste Methode, die Nachricht in den Standardposteingang zu verschieben, ist per Drag & Drop, wie im Abschnitt »E-Mails ordnen, verschieben und löschen« ab Seite 92 beschrieben.

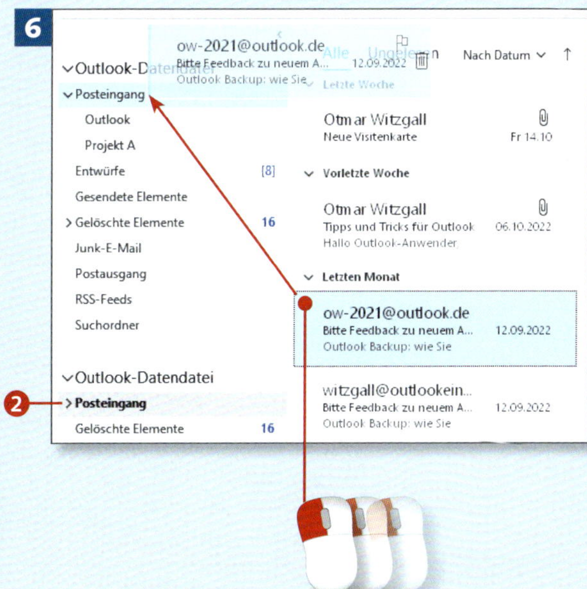

Outlook-Datendatei schließen
Klicken Sie mit der rechten Maustaste auf die Datendatei, die Sie schließen möchten, und dann im Kontextmenü auf **[Name der Datendatei] schließen**.

Wichtige Tasten und Tastenkombinationen

Tastenkombinationen, häufig auch Tastenkürzel oder Shortcuts genannt, sind für die Arbeit mit Outlook besonders nützlich und zeitsparend. Auf dieser und der nächsten Seite finden Sie eine Übersicht über die wichtigsten und am häufigsten benötigten »Abkürzungen«.

Taste/Tastenkombination	Beschreibung
Alt + F1	den Ordnerbereich öffnen, maximieren, minimieren und schließen
Strg + F1	die Menüleiste reduzieren und erweitern
Strg + 1	in den Bereich **E-Mail** wechseln
Strg + 2	in den Bereich **Kalender** wechseln
Strg + 3	in den Bereich **Personen** wechseln
Strg + 4	in den Bereich **Aufgaben** wechseln
Strg + 5	in den Bereich **Notizen** wechseln
Strg + 6	in den Bereich **Ordner** wechseln
Strg + 7	in den Bereich **Verknüpfungen** wechseln
Strg + Y	zu einem anderen Ordner wechseln
Alt + 2, 3, 4 – 0	im Bereich **Kalender** in der Tagesansicht den aktuellen plus weitere Tage (2–10) anzeigen
Strg + Alt + 1	im Bereich **Kalender** in die Tagesansicht wechseln
Strg + Alt + 2	im Bereich **Kalender** in die Arbeitswochenansicht wechseln
Strg + Alt + 3	im Bereich **Kalender** in die Wochenansicht wechseln
Strg + Alt + 4	im Bereich **Kalender** in die Monatsansicht wechseln
Strg + Alt + 5	im Bereich **Kalender** in die Planungsansicht wechseln
Strg + G	im Bereich **Kalender** den Datumswechsler aufrufen
Strg + ⇧ + G	das Dialogfeld zur Nachverfolgung aufrufen (in E-Mail, Aufgaben, Kontakte)
Strg + ⇧ + B	das Adressbuch öffnen
Strg + .	bei geöffneter E-Mail die nächste E-Mail öffnen

Taste/Tastenkombination	Beschreibung
Strg + ,	bei geöffneter E-Mail die vorhergehende E-Mail öffnen
Strg + U	eine markierte E-Mail als ungelesen kennzeichnen
Strg + Q	eine markierte E-Mail als gelesen kennzeichnen
Alt + F4	Programme, Dateien, Elemente etc. schließen
Strg + D	geöffnete oder markierte Elemente in den Ordner **Gelöschte Elemente** verschieben
⇧ + Entf	ungeöffnete Elemente vollständig löschen
Strg + R	auf eine markierte oder geöffnete E-Mail antworten
Strg + ⇧ + R	an alle antworten
Strg + F	eine E-Mail weiterleiten
Strg + ↵	eine E-Mail senden
F1	die Windows-Suche für Outlook öffnen
F3	die globale Suche (in allen Outlook-Ansichten) aufrufen
F4	im Text der geöffneten E-Mail suchen
F7	Rechtschreibprüfung aufrufen
F11	das Suchfeld **Personen Suche** in Favoritenleiste aktivieren
Strg + Alt + Y	die Erweiterte Suche aufrufen
Strg + N	ein neues Element im entsprechenden **Bereich** öffnen
Strg + ⇧ + M	eine neue E-Mail-Nachricht öffnen
Strg + ⇧ + A	ein neues Terminformular öffnen
Strg + ⇧ + C	ein neues Kontaktformular öffnen
Strg + Alt + T	ein neues Aufgabenformular öffnen
Strg + ⇧ + N	ein neues Notizformular öffnen
Strg + ⇧ + L	ein neues Kontaktgruppenformular öffnen
Strg + ⇧ + E	den Assistenten zur Erstellung eines neuen Ordners öffnen
Strg + ⇧ + P	einen neuen Suchordner öffnen
Strg + ⇧ + Q	eine neue Besprechung planen

Glossar

Adressbuch

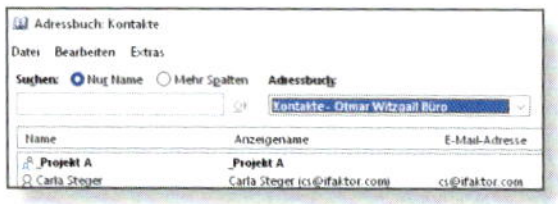

Im Adressbuch finden Sie alle Kontakte, die Sie angelegt haben. Sie nutzen das Adressbuch bei der Suche nach Personen und E-Mail-Adressen. Sie öffnen es mit Strg + ⇧ + B.

Aufgaben-formular

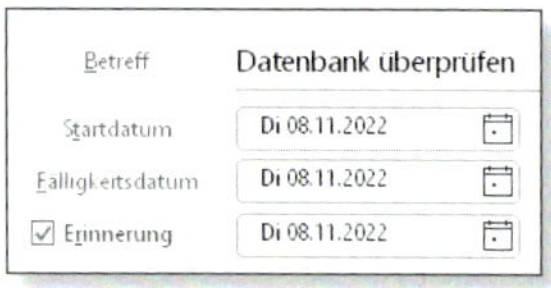

Im Aufgabenformular tragen Sie **Betreff**, **Startdatum**, **Fälligkeitsdatum** und gegebenenfalls ein Datum für eine **Erinnerung** ein. Außerdem können Sie Wichtigkeit, Prioritäten und Kategorien bestimmen. Sie öffnen es mit Strg + Alt + T.

Aufgabenliste

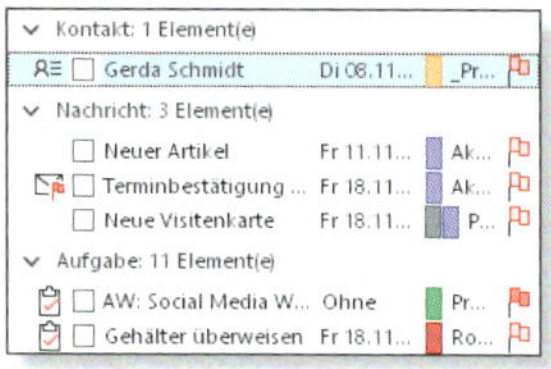

In der Aufgabenliste im Bereich **Aufgaben** werden alle mit der Nachverfolgung oder Wiedervorlage gekennzeichneten E-Mails, Kontakte und Aufgaben aufgelistet.

Aufklappmenü

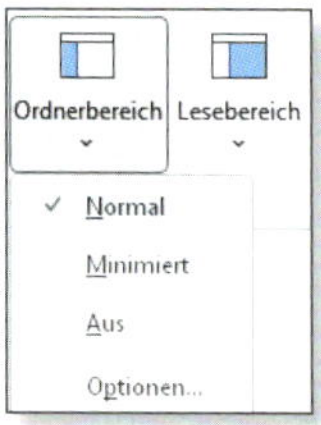

Bei vielen Befehlen sehen Sie einen kleinen Pfeil nach unten. Klicken Sie darauf, öffnet sich ein Aufklappmenü, aus dem Sie weitere Optionen auswählen.

Aufräumen

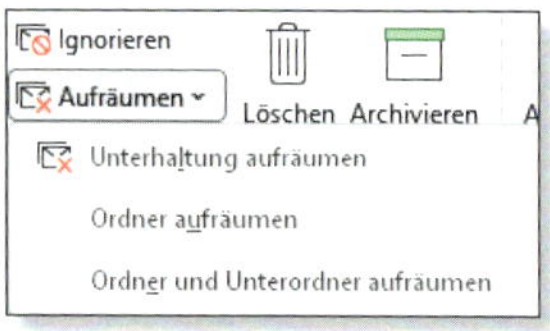

Mit dem Befehl **Aufräumen** entfernen Sie überflüssige Informationen aus einer Unterhaltung oder aus allen Ordnern.

Befehl

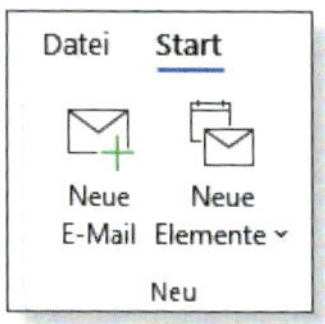

Mit einem Befehl werden entsprechende Aktionen ausgeführt. Im Menüband ist er neben der Registerkarte und der Befehlsgruppe die kleinste Einheit. Klicken Sie darauf, wird eine Aktion ausgeführt, es sei denn, es öffnet sich zuerst das Aufklappmenü mit weiteren Auswahlmöglichkeiten.

Befehlsgruppe

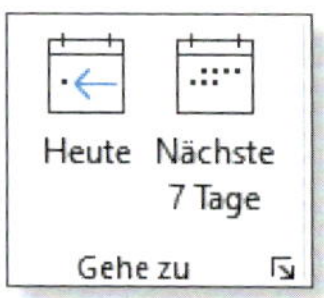

In einer Befehlsgruppe werden Befehle gleichen Typs zusammengefasst, wie im Bild z. B. die Befehle **Heute** und **Nächste 7 Tage** in der Gruppe **Gehe zu**.

Glossar

Bereich

Es gibt sieben Outlook-Bereiche: **E-Mail**, **Kalender**, **Personen**, **Aufgaben**, **Notizen**, **Ordner** und **Verknüpfungen**. Diese werden mit Namen oder in Kompaktform als Symbole angezeigt.

Datendatei

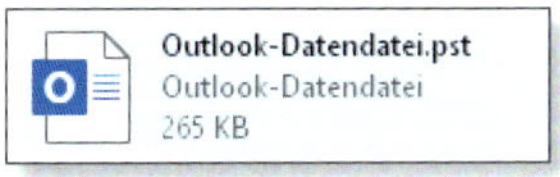

In der Outlook-Datendatei sind Ihre E-Mails, Termine, Kontakte, Aufgaben und Notizen gespeichert, dazu noch manche Einstellungen. Auch eine Archiv- oder eine Backup-Datei ist eine Datendatei.

Design

Beim Schreiben einer Nachricht können Sie über die Registerkarte **Optionen** und die Gruppe **Design** Ihrer E-Mail eine farblich aufeinander abgestimmte Note geben. Ein Design bezieht sich im Gegensatz zur Funktion **Briefpapier** immer nur auf die aktuelle E-Mail.

E-Mail-Adresse

Im Outlook-Bereich **E-Mail** ist die E-Mail-Adresse das »Postfach« eines Kontakts. Die E-Mail-Adresse kommt weltweit nur einmal vor. Sie besteht aus einem Namensteil, dem @-Zeichen und einem Domain-Teil.

E-Mail-Kopf

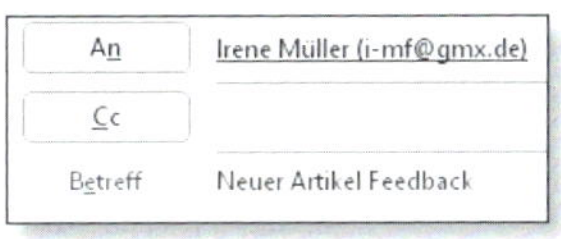

Der E-Mail-Kopf besteht aus der E-Mail-Adresse des Absenders (wird oft nicht angezeigt), der E-Mail-Adresse des Empfängers und dem Betreff.

Ereignis

Ein Ereignis unterscheidet sich von einem Termin insofern, als es keine bestimmte Tageszeit für Beginn und Ende hat, sondern 24 Stunden lang gilt, also einen ganzen Tag dauert.

Exportieren

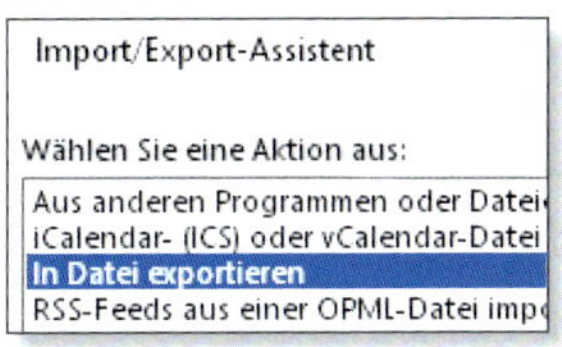

Über den Assistenten **Import/Export** lassen sich E-Mails, Termine und Co. mit der Option **In Datei exportieren** sichern oder für andere Programme wie Excel aufbereiten.

Glossar

Feiertage

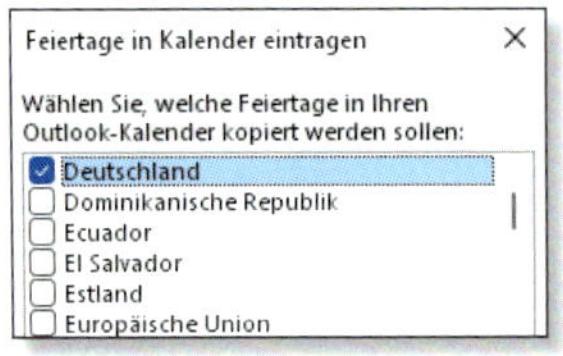

Microsoft bietet den Service, für mehrere Jahre die Feiertage eines bestimmten Landes in den Outlook-Kalender einzutragen.

Filtern

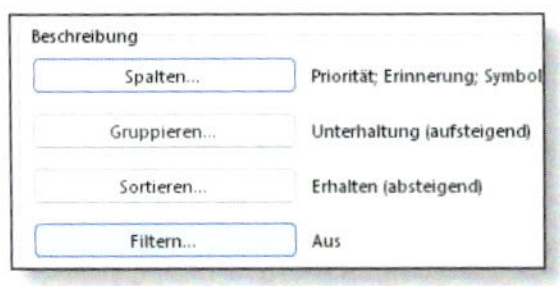

Über **Ansicht ▸ Aktuelle Ansicht ▸ Ansichtseinstellungen** lassen sich E-Mails und Co. nach bestimmten Kriterien filtern. So erhalten Sie mehr Übersicht.

Formatvorlage

Im geöffneten Nachrichtenformular helfen Ihnen die Formatvorlagen beim Schreiben Ihrer Nachrichten. Sie wählen vorgegebene aus oder erstellen eigene.

Importieren

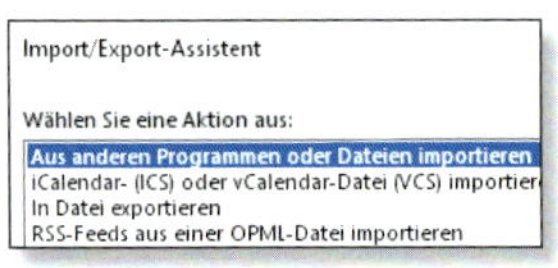

Über den Assistenten **Import/Export** stellen Sie Elemente aus Backups wieder her oder importieren Daten aus Excel.

Junk-E-Mail

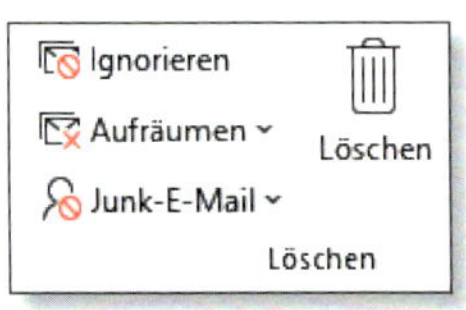

Im Ordner **Junk-E-Mail** landen Spam-Mails, die vom Junk-E-Mail-Filter aussortiert werden. Bei E-Mails in diesem Ordner sind die Links deaktiviert, und der Absender wurde der Liste blockierter Absender hinzugefügt. Sie können mit der Option **Keine Junk-E-Mail** die Blockierung wieder aufheben.

Kategorie

Mit Kategorien bringen Sie eine zusätzliche Ordnungsstruktur quer durch alle Outlook-Bereiche in Outlook ein. Kategorien legen Sie selbst über **Alle Kategorien** an.

Kontaktformular

Im Kontaktformular geben Sie Adressdaten ein. Die wesentlichen sind: Vorname, Name, Post- und E-Mail-Adresse sowie Telefonnummer. Einige dieser Daten werden im Adressbuch verwendet. Sie öffnen das Kontaktformular mit Strg + ⇧ + C.

Glossar

Kontaktgruppe

Haben Sie mehrere Kontakte, die ein gemeinsames Merkmal haben, fassen Sie diese in einer Kontaktgruppe zusammen. So versenden Sie eine E-Mail gleichzeitig an alle Mitglieder der Kontaktgruppe. Sie öffnen eine neue Gruppe mit Strg + ⇧ + L.

Menüband

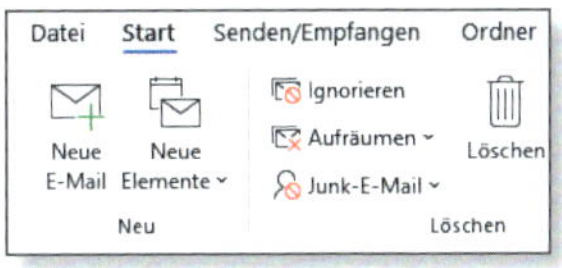

Das Menüband ist das zentrale Element der Benutzeroberfläche von Outlook. Sie finden dort alle Befehle, die Outlook zur Verfügung stellt. Es gliedert sich in Registerkarten wie **Datei** und **Start**, Befehlsgruppen wie **Neu** und **Löschen** und in die einzelnen Befehle. Sie können das Menüband individuell anpassen.

Nachrichtenformular

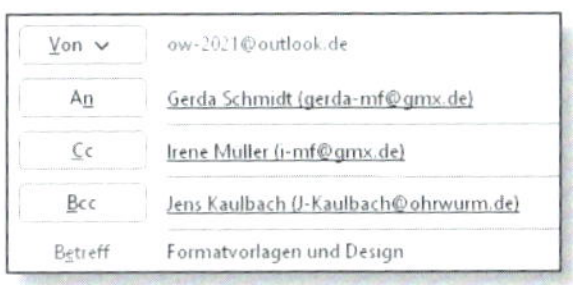

Mit dem ausgefüllten Nachrichtenformular versenden Sie Ihre E-Mails. Darin werden alle Informationen abgefragt, die Sie benötigen, und alle Funktionen zur Verfügung gestellt, um Ihren Text zu formatieren.

Nachverfolgung

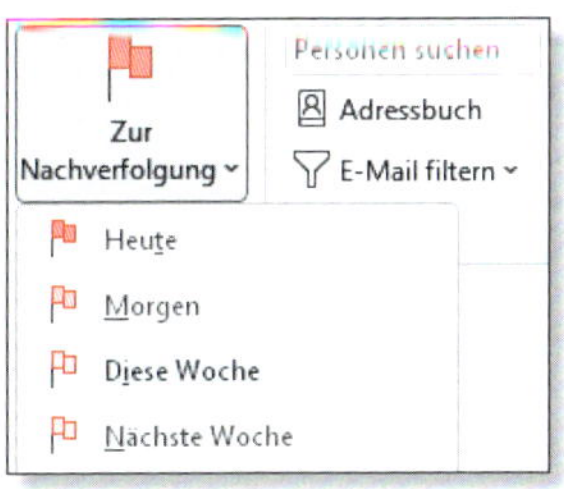

Die Nachverfolgung funktioniert wie der »Knoten im Taschentuch«. Sie kennzeichnen einen Kontakt, eine E-Mail oder eine Aufgabe mit einem Fähnchen, das für eine bestimmte Zeit als Symbol zur Wiedervorlage steht. Zur fälligen Zeit werden Sie an die Aufgabe erinnert. Sie sehen die gekennzeichneten Elemente in der Aufgabenliste.

Notizformular

Im Notizformular notieren Sie wichtige Informationen, wie z. B. Einkaufslisten, Checklisten und Gesprächsnotizen. Diese Notizzettel finden Sie im Bereich **Notizen**. Sie leiten sie per E-Mail weiter und vergeben eine Kategorie. Mit Strg + ⇧ + N rufen Sie das Notizformular auf.

Posteingang

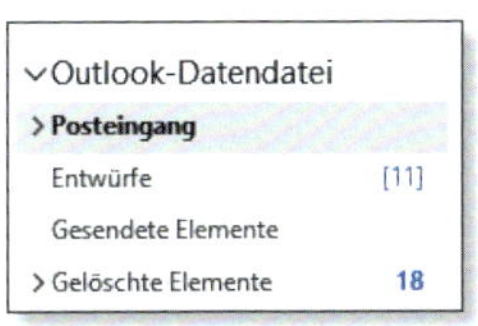

Der Posteingang ist der am häufigsten genutzte Ordner in Outlook. Hier kommen Ihre E-Mails an. Dort filtern Sie Ihre E-Mails nach **Alle** oder **Ungelesen** und antworten oder leiten diese weiter.

Glossar

QuickStep

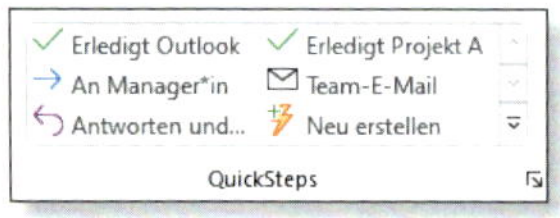

Ein QuickStep ist ein Befehl, der an einer E-Mail verschiedene vorher definierte Bearbeitungsschritte nacheinander ausführt. So definieren Sie z. B., dass eine E-Mail mit einer bestimmten Kategorie versehen und in einen bestimmten Ordner verschoben wird.

Regel

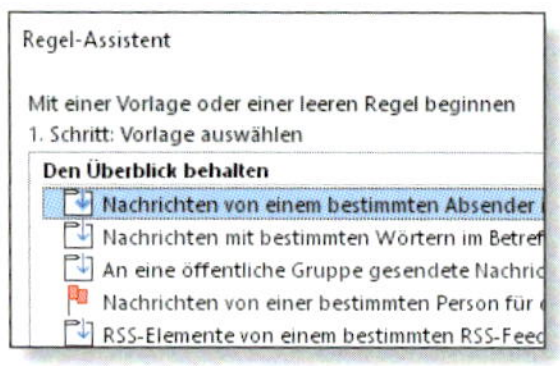

In einer Regel werden Bedingungen definiert, wonach eingehende Nachrichten automatisch gefiltert und bearbeitet werden. Sie können mit einer Regel z. B. definieren, Nachrichten von einem bestimmten Absender in einem Benachrichtigungsfenster angezeigt zu bekommen.

Registerkarte

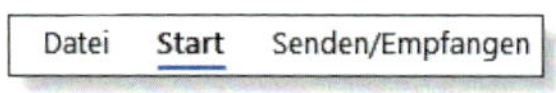

Registerkarten sind die oberste Gliederungseinheit des Menübandes. Je nachdem, in welchem Outlook-Bereich Sie sich befinden und was Sie gerade tun, verändern sich die Registerkarten.

RSS-Feeds

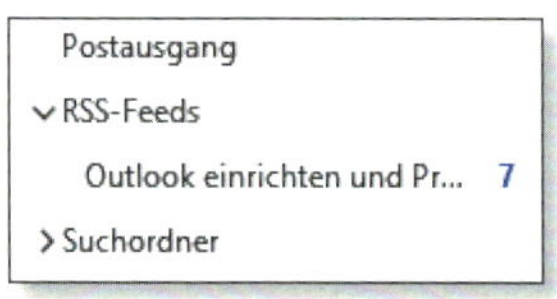

RSS (*Really Simple Syndication*) ist ein Standard für die Aufbereitung von Kurznachrichten aus einer Quelle im Internet. Sie abonnieren diese Nachrichten und lassen sie sich in Outlook damit »zustellen« (*Feed*). RSS-Feeds funktionieren wie ein Nachrichtenticker.

Serie

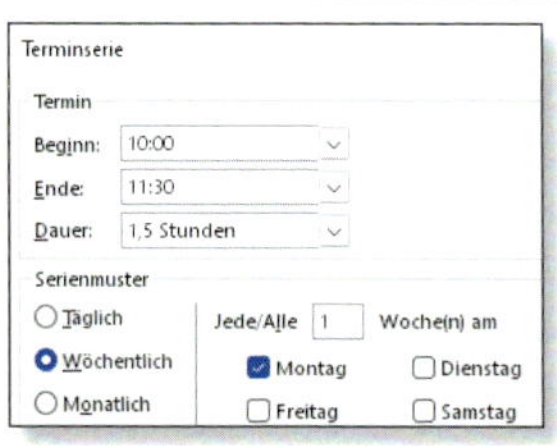

Termine, Ereignisse und Aufgaben, die sich in einem festen zeitlichen Rhythmus wiederholen, legen Sie als Serie an. Dabei kann es sich um tägliche, wöchentliche, monatliche oder jährliche Wiederholungen handeln.

Signatur

Für jede Ihrer E-Mail-Adressen können Sie eine Signatur anlegen und bestimmen, dass die zugehörige Signatur angehängt wird. Signaturen beinhalten Ihre wesentlichen Kontaktdaten. Im geschäftlichen Umfeld gelten bestimmte Vorschriften für den Inhalt der Signatur.

Sortieren

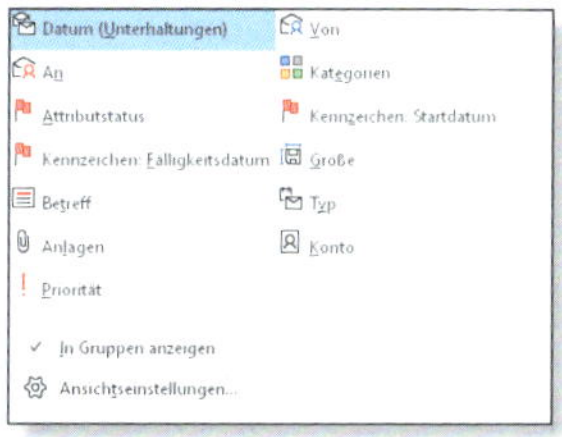

Die Funktion **Sortieren** erleichtert Ihnen die Orientierung und das Finden bestimmter Informationen. Diese Funktion finden Sie in allen Bereichen. Unter der Registerkarte **Ansicht** und der Gruppe **Anordnung** finden Sie die Sortierkriterien. Die Sortierreihenfolge kehren Sie mit einem Klick auf die Spaltenüberschrift um.

Statusleiste

In der Statusleiste sehen Sie den Stand der aktuellen Übermittlung von Nachrichten. Sie bestimmen mit einem Schieberegler den Grad für den Zoom der Schriftgröße und schalten zwischen **Leseansicht** und **Normalansicht** um.

Suchen

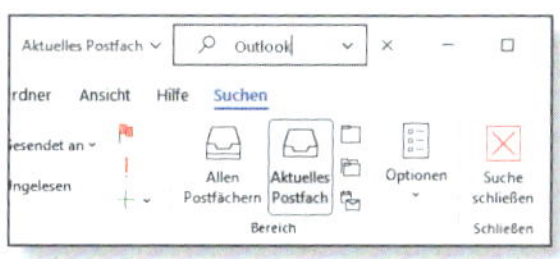

Wie effektiv Sie arbeiten, hängt davon ab, wie schnell Sie Gesuchtes finden. In Outlook können Sie sehr gezielt suchen und die Suchzeit kurz halten. Mit der Funktionstaste F3 beginnt jede Suche.

Suchordner

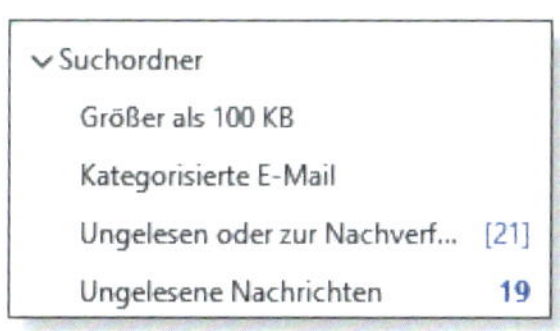

Der Suchordner ist ein Standardordner in Outlook und kann nicht gelöscht werden. Im Suchordner suchen Sie E-Mails nach bestimmten definierten Kriterien. Die jeweils aktuell gefundenen E-Mails sind Verknüpfungen. Löschen Sie jedoch eine Verknüpfung im Suchordner, ist die Nachricht wirklich gelöscht.

Symbolleiste für den Schnellzugriff

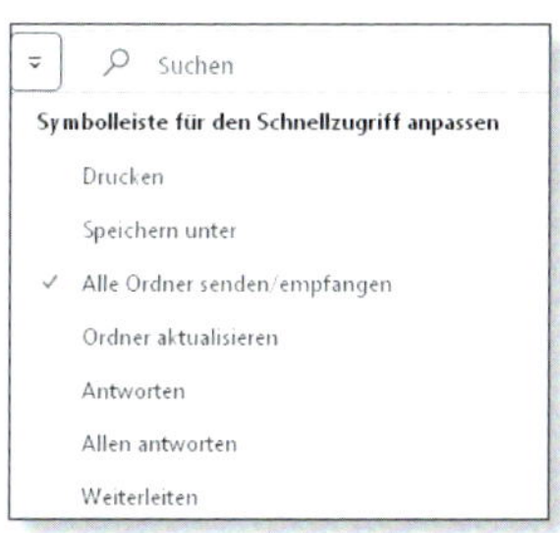

Die Symbolleiste für den Schnellzugriff beinhaltet Symbole für Befehle, mit denen Sie schnell Aktionen ausführen. Jeden Befehl können Sie in diese Symbolleiste holen. Einige Befehle wählen Sie im Aufklappmenü an oder ab, weitere fügen Sie über einen Assistenten hinzu.

Tägliche Aufgabenliste

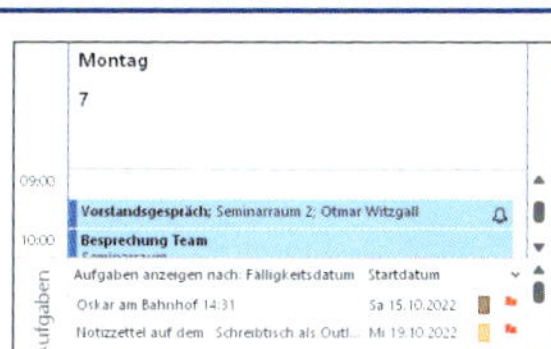

Die tägliche Aufgabenliste fügt sich im Kalender unten an die einzelnen Wochentage an. Sie zeigt die jeweiligen Aufgaben des Tages und wird über die Registerkarte **Ansicht ▸ Layout ▸ Tägliche Aufgabenliste** aktiviert.

Glossar

Terminformular

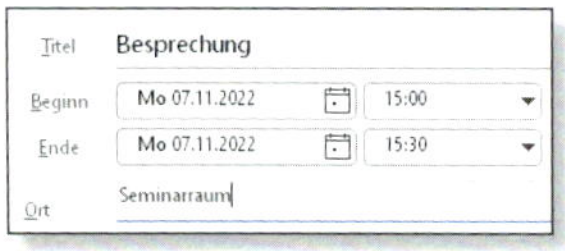

Mit dem Terminformular legen Sie Ihre Termine oder Ereignisse an. **Titel**, **Ort** und Zeit sind die wesentlichen Informationen, die Sie über das Formular eingeben. Sie rufen es mit Strg + ⇧ + A auf.

Textformatierung

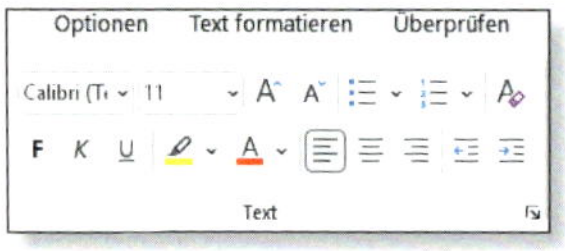

Die Texte im Eingabefeld für Informationen lassen sich unter anderem mit Schrifttyp, Schriftgrad und Farbe formatieren. Ausnahmen sind das Notizformular und solche E-Mails, die im Nur-Text-Format verfasst werden.

Tools

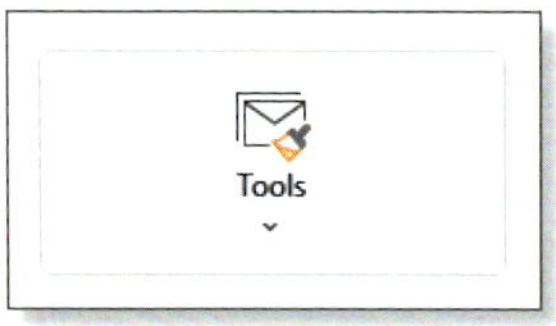

Mit den **Tools** verwalten Sie mit erweiterten Instrumenten die Größe Ihres Postfachs, leeren den Ordner **Gelöschte Elemente** und archivieren ältere Elemente.

Unterhaltung

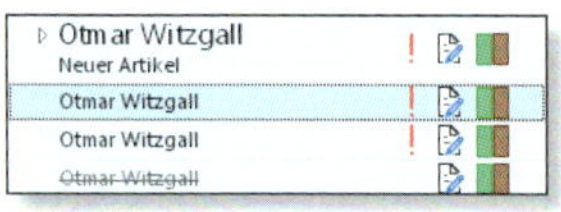

Zu einer Unterhaltung werden alle Elemente zusammengefasst, die sich auf denselben Betreff beziehen. Dies können Nachrichten, Termine oder Aufgaben sein. Da sich durch Antwort und Rückantwort Informationen wiederholen, entfernen Sie diese mit dem Befehl **Unterhaltung aufräumen** in den Ordner **Gelöschte Elemente**.

Virenschutz

Wichtig ist ein funktionierender Virenschutz. Dafür können Sie das in den Windows-Einstellungen integrierte *Windows-Sicherheit* oder die Antivirensoftware eines Drittanbieters nutzen. Wichtig sind dabei der Echtzeitschutz und aktuelle Virendefinitionen.

Visitenkarte

Die Visitenkarte wird beim Anlegen eines Kontakts im Bereich **Personen** automatisch angelegt. Sie kann besonders gestaltet und in einem standardisierten Format versendet werden. Alle E-Mail-Programme können die Visitenkarte öffnen und weiterverarbeiten.

Wichtigkeit

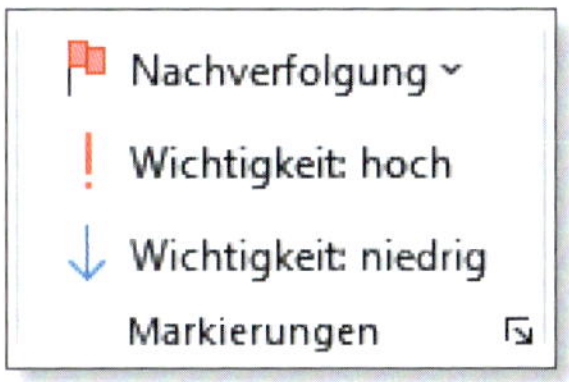

Mit der Funktion **Wichtigkeit** vergeben Sie die Prioritäten hoch, normal und niedrig. Damit klassifizieren Sie mit Symbolen Nachrichten, Termine und Aufgaben nach Wichtigkeit.

Windows-Sicherheit

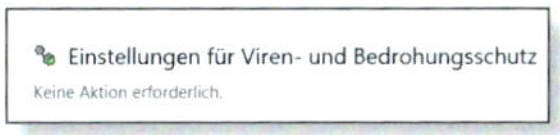

Im Dialogfenster **Windows-Sicherheit**, dann **Viren- und Bedrohungsschutz**, die Teil der Einstellungen sind, finden Sie einen Überblick über alle für die Sicherheit Ihres Computers relevanten Programme und deren Status: Netzwerk-Firewall, Virenschutz sowie Schutz vor Spyware und unerwünschter Software. Wenn der Status jeweils auf **Keine Aktion erforderlich** gesetzt ist, ist Ihr PC sicher.

Zeile für neue Elemente

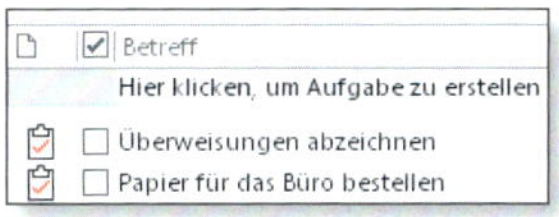

Standardmäßig ist im Bereich **Aufgaben** in der Listenansicht der Aufgaben die oberste Zeile für das Erstellen neuer Aufgaben aktiviert. Sie setzen den Cursor in das Eingabefeld **Hier klicken, um Aufgabe zu erstellen** und tippen den Betreff ein.

Stichwortverzeichnis

A

Stichwortverzeichnis

Stichwortverzeichnis

E

Stichwortverzeichnis

Stichwortverzeichnis

Stichwortverzeichnis

Stichwortverzeichnis

Stichwortverzeichnis

Z